U0822453

中华人民共和国民法典释论丛书

中国民法典

婚姻家庭编释论

主编　王歌雅
副主编　司　丹　陈　璐

本书撰稿人
（以撰写章节顺序为序）
王歌雅　刘旭峰　陈　璐
司　丹　张　健　李玉莹

法律出版社
LAW PRESS·CHINA
北京

图书在版编目(CIP)数据

中国民法典·婚姻家庭编释论 / 王歌雅主编. -- 北京 : 法律出版社, 2022

(中华人民共和国民法典释论丛书 / 杨震主编)

ISBN 978-7-5197-6988-8

Ⅰ. ①中… Ⅱ. ①王… Ⅲ. ①婚姻法-法律解释-中国②继承法-法律解释-中国 Ⅳ. ①D923.905 ②D923.55

中国版本图书馆 CIP 数据核字(2022)第 148810 号

中国民法典·婚姻家庭编释论
ZHONGGUO MINFADIAN·HUNYIN JIATINGBIAN SHILUN

王歌雅 主编

策划编辑 徐 菲
责任编辑 徐 菲
装帧设计 汪奇峰

出版发行 法律出版社
编辑统筹 法律出版社
责任校对 王 丰 郭艳萍
责任印制 胡晓雅
经　　销 新华书店

开本 710 毫米×1000 毫米 1/16
印张 22.75 **字数** 346 千
版本 2022 年 10 月第 1 版
印次 2022 年 10 月第 1 次印刷
印刷 天津嘉恒印务有限公司

地址:北京市丰台区莲花池西里 7 号(100073)
网址:www.lawpress.com.cn
投稿邮箱:info@lawpress.com.cn
举报盗版邮箱:jbwq@lawpress.com.cn
销售电话:010-83938349
客服电话:010-83938350
咨询电话:010-63939796

版权所有·侵权必究

书号:ISBN 978-7-5197-6988-8
定价:106.00 元

凡购买本社图书,如有印装错误,我社负责退换。电话:010-83938349

中华人民共和国民法典释论丛书
编委会

杨　震　王歌雅　孙　毅　申建平
李　憣　杨振宏　李丹丹

作 者 简 介

王歌雅

黑龙江大学二级教授，博导；黑龙江大学民商法学研究中心研究员；中国法学会婚姻家庭法学研究会副会长，中国婚姻家庭研究会副会长，教育部法学专业教学指导委员会委员，中国法学会《民法典·婚姻家庭编》《民法典·继承编》编纂项目组专家成员；入选国家高层次领军人才，曾获国家教学名师等称号；国家精品视频公开课：性别与法律主讲人；国家线上一流课程：婚姻家庭法主讲人，继承法慕课主讲人。

代表性著作：《扶养与监护纠纷的法律救济》《中国现代婚姻家庭立法研究》《中国婚姻伦理嬗变研究》《中国近代的婚姻立法与婚俗改革》《中国亲属立法的伦理意蕴与制度延展》《社会排挤与女性婚姻家庭权益的法律保障》《〈民法典·继承编〉立法研究》等。

代表性论文：《关于完善我国夫妻财产制的建议》《中国区际收养立法的历时性审视》《〈民法典·婚姻家庭编〉的编纂策略与制度走向》《民法典婚姻家庭编的价值阐释与制度修为》《论继承法的修正》《疏离与回归：女性继承权的制度建构》《〈民法典·继承编〉：编纂争议与制度抉择》《〈民法典·继承编〉：规范补益与制度精进》等。

总　序

2020年5月28日，令人难以忘怀。《中华人民共和国民法典》（以下简称《民法典》）由第十三届全国人民代表大会第三次会议通过并公布，自2021年1月1日起施行。《民法典》是中华人民共和国成立以来第一部以“法典”命名的法律，是新时代我国社会主义法治建设的重大成果。《民法典》的颁行，是我国法治建设的里程碑，对推进国家治理体系和治理能力现代化具有重大意义。

中华法系，源远流长。中华法系是中国古代法制文明与法治建设的瑰宝。在人类法制文明与法制建设中，中华法系以礼法合治、以礼辅法、德法兼修、以德善治的品质流传后世。《法经》《唐律疏议》承载着中华法制文明的法典追求，彰显中华法制文化的规范思想；诸法合体、刑民不分凝聚着中华法制文明的深厚底蕴和独特魅力，显示出中华法制文化的律令特色与格致特质；礼法结合、民惟邦本映衬着中华法制文明的隆礼重法和以民为贵，展现出中华法制文化的明德慎罚与德主刑辅；天下无讼和以和为贵昭示着中华法制文明的政教之本和德礼教化，体现出中华法制文化的恤刑思想与和善理念。习近平总书记指出：“我国古代法制蕴含着十分丰富的智慧和资源，中华法系在世界几大法系中独树一帜。”①

草拟民律，变法图强。草拟民律是近代民事立法与法律变革的缩影。在“西学东渐”“船坚炮利”“师夷长技”“以夷制夷”的特定情境下，变法图

① 中共中央文献研究室编：《习近平关于全面依法治国论述摘编》，中央文献出版社2015年版，第32页。

存、济世安邦、吸纳西法、革故鼎新成为中国法制近代化的思想基础与观念指征。《大清民律草案》的起草、《民国民律草案》的纂修、《中华民国民法》的施行，预示着中国古代法律体系的转型，显露出中国法律制度渐融世界民事立法行列的进程。"吸收世界各国大同之良规，兼采近世最新之学说"的修法信念，"凡我旧律义关伦常诸条，不可率行变革"的改良执念，促成了刑民分立、中西合璧、观念杂糅、习惯碰撞的民事立法样态与民事法律体系；演绎出推崇社会契约、呼吁个性解放、恪守公序良俗、更新国民道德的法律纂修取向和礼法嬗变特征。因为一定的文化是一定社会的政治和经济的反映。

法典编纂，人民至上。编纂民法典是新时代民事立法与法治改革的创举。在新中国法制建设史上，《民法典》无疑是民事立法的卓越典范与无上荣光。因为编纂一部真正属于中国人民的民法典，是新中国几代人的夙愿；形成一部适应新时代中国特色社会主义发展要求，符合我国国情和实际的体例科学、结构严谨、规范合理、内容完整、协调一致的民法典，是一项系统且重大的立法工程。《民法典》作为我国法律体系中条文最多、体量最大、编章结构最复杂的一部法律，系统整合了中华人民共和国成立70余年来长期实践形成的民事法律规范，汲取了中华民族5000多年优秀法律文化，借鉴了人类法治文明建设的有益成果，是一部体现我国社会主义性质、符合人民利益和愿望、顺应时代发展要求的民法典；是一部体现对生命健康、财产安全、交易便利、生活幸福、人格尊严等各方面权利平等保护的民法典；是一部具有鲜明中国特色、实践特色、时代特色的民法典。《民法典》以其7编1260条、10万多字的编章结构与规范内涵，回应了人民的期待，突出了以人民为中心的底色。

民法学人，共谱华章。奉献智慧、精益求精是民法学人久久为功、善作善成的写照。在我国先后四次启动民法制定工作以及长达五年的民法典编纂进程中，学界前辈展现了矢志不渝、博采众长的学术情怀与立法智慧，民法同人呈现了底蕴深厚、观点明晰的学术思想与立法范例。多方论证、集思广益、数易其稿、系统整合，成为科学立法、民主立法、依法立法的表征；条分缕析、观点争鸣、字斟句酌、编订纂修，成为体例设计、规范表述、价值内蕴的基础。无论是中国法学会民法典编纂项目领导小组组织专家起草的《民法典》(专家建议稿),还是全国人大常委会法制工作委员会形成的《民法典(草案)》,均仰赖民法典编纂所具备的制度基础、实践基础、理论基础和社会基础,均凸显出民法典在国家治理体系中的功能定位——《民法典》是实现社会治理现代化、促进社会和谐有序的基本法,是保障和促进社会主义市场经济建设健康发展的基本法,是推动政府依法行政、提升政府治理能力的基本法。只有讲好、用好《民法典》,方能展现其以人为本的人民性、与时俱进的时代性、立足国情的民族性、求真严谨的科学性。

弦歌不辍,共赴星光。跻身民事立法前沿、攻克民法理论难题,是黑龙江大学民商法学教学科研团队的初心与使命。2012 年 3 月,黑龙江大学成立民法典编纂课题组,着力研究民法典编纂中的热点、难点问题,期冀通过民法理论研讨提升民事立法智慧、助益民事司法实践。黑龙江大学民法典编纂课题组成立后,以杨震教授、王歌雅教授、孙毅教授、申建平教授、李憣副教授、杨振宏副教授为主要成员的课题组所有同人勤勉奋发、勠力同心、集思广益、取长补短,携手走过了相互鼓励、彼此劝勉、业精于勤、跬步千里的十年时光,相继起草了多个民事立法专家建议稿,共同呈现了民事立法智慧。2012 年 5 月,起草了《中华人民共和国继承法》(专家建议稿),共计 5 章 97 条。2015 年 5 月,起草了《民法典·总则编》(专家建议稿)中民事法律行为和代理两章,分别为 38 条和 26 条。2016 年 10 月和 2017 年 1 月,先后起草了《民法典·继承编》(专家建议稿)(一)和(二)中遗嘱继承和遗赠一章,分别为 36 条和 34 条。2017 年 7 月,起草了《中华人民共和国人格权法》(专家建议稿),共计 8 章 60 条。王歌雅教授作为中国法学会婚姻家庭法学研究会副会长参与起草了《民法典·婚姻家庭编》(专家建议稿)……时光荏苒,春华秋实。

青山明月,丹心道同。踔厉奋发、笃行不怠是黑龙江大学法学院民法同人的坚守与豪情。在《民法典》编纂进程中,民法同人多方研讨、献计献策。第十二届、第十三届全国人大代表杨震教授全程参与了《民法典(草案)》的讨论和修改,十年间先后向全国人大提交制定民法典的议案 40 余件,特别是 2018 年提交的《关于制定中华人民共和国人格权法》的议案,被第十三届全国人民代表大会第一次会议列为第290号议案，为人格权法的独立成编倾注了热诚与智慧。围绕《民法典（草案）》的起草和修改，黑龙江大学民法典编纂课题组陆续提出修改意见和建议……尺寸素心，金石为开。

释论记叙，希以弘扬。传播民法精神、诠释法典文化，是黑龙江大学民法典编纂课题组的情怀与责任。在《民法典》实施进程中，理解《民法典》、感悟《民法典》、解读《民法典》、实践《民法典》，是回应中国之问、世界之问、人民之问、时代之问的基点；弘扬核心价值、释明法律规范、秉持公平正义、践行人本理念，是信守中国之路、中国之治、中国之理的基石。《中华人民共和国民法典释论》将以8册系列图书，系统展现《民法典》的鲜明特色与创新发展，科学阐释《民法典》法源样态的多元性、原则理念的思想性、体系结构的创造性、制度规范的传承性、功能定位的价值性、权益保障的适用性。其中，总则编1册，物权编1册，合同编2册，人格权编1册，婚姻家庭编1册，继承编1册，侵权责任编1册。各编主编、合著、独著作者为：总则编——杨震；物权编——申建平；合同编——孙毅；人格权编——杨振宏、张小余；婚姻家庭编——王歌雅；继承编——王歌雅；侵权责任编——杨震。《中华人民共和国民法典释论》系列丛书总字数达260万余字。

思想引领，价值为基。《中华人民共和国民法典释论》系列丛书，以习近平法治思想为理论指导，以社会主义核心价值观为理念统领，以《民法典》及其司法解释为阐释要点，记录了《民法典》的编纂历程、编纂智慧、编纂成果、编纂贡献，梳理了《民法典》的学术思想、学术观点、学术理路、学术创新，展现了《民法典》的实践意义、实践特点、实践思考、实践效用，呈现了《民法典》的法治信仰、法治精神、法治文化、法治追求。

初心如磐，情怀不改。

不负历史，不负时代。

黑龙江大学民法典编纂课题组

2022年5月1日

前　言

《民法典》是新中国成立以来第一部以"法典"命名的法律，是新时代中国社会主义法治建设的重大成果。婚姻家庭编是《民法典》的重要组成部分，是调整我国婚姻家庭关系、稳定婚姻家庭秩序的重要法律规范。《民法典·婚姻家庭编》是对原有婚姻家庭制度的承续与发展，是具有时代性、创新性、伦理性、适用性的法律规范。

本书在编写过程中，主要对《民法典·婚姻家庭编》的规范内涵、制度体系、理论延展、价值内蕴、适用分析等进行阐释与论述，其体例设计与婚姻家庭编的体例设计保持了一致性，但又不乏创新性。与国内现有《民法典·婚姻家庭编》相关各类论著相比较，本书强化了理论性、实践性、价值性、适用性等特点。在理论性方面，本书注重阐释婚姻家庭制度的基本概念、基本规范、基本制度、基本原理，结合域外相关制度的比较考察，对我国现行婚姻家庭制度展开评述。在实践性方面，本书注重研究实务中的热点、难点问题，通过分析典型案例，探寻司法实务优化路径。在价值性方面，本书注重阐释习近平总书记关于注重家庭家教家风建设的重要论述，将婚姻家庭法治建设与践行社会主义核心价值观有机融合，增强家庭幸福和社会和谐的观念引领。在适用性方面，本书注重解读《民法典·婚姻家庭编》及其司法解释的规范要义，积极回应社会关切，推进婚姻家庭法治建设，提升婚姻家庭治理能力。

《中国民法典·婚姻家庭编释论》的出版，既可满足不同层次、不同人群理论研究和实务分析的需求，也可为法律人充分理解与运用婚姻家庭法律规范提供有益借鉴。

本书撰写分工如下(以撰写章节顺序为序):

王歌雅,第一章,第四章第一节、第四节;刘旭峰,第二章、第四章第二节;陈璐,第三章第一节、第二节;司丹,第三章第三节、第四节,第四章第三节;张健,第五章;李玉莹,第六章。

全书由副主编统稿、主编定稿。

本书编者

2022 年 5 月

本书缩略语表

《中华人民共和国宪法》	《宪法》
《中华人民共和国民法典》	《民法典》①
《中华人民共和国民法通则》	《民法通则》
《中华人民共和国婚姻法》(1950 年)	1950 年《婚姻法》
《中华人民共和国婚姻法》(1980 年)	1980 年《婚姻法》
《中华人民共和国婚姻法》(2001 年修正)	2001 年《婚姻法》(修正)
《中华人民共和国收养法》(1991 年)	1991 年《收养法》
《中华人民共和国收养法》(1998 年)	1998 年《收养法》
《中华人民共和国人口与计划生育法》	《人口与计划生育法》
《中华人民共和国妇女权益保障法》	《妇女权益保障法》
《中华人民共和国未成年人保护法》	《未成年人保护法》
《中华人民共和国残疾人保障法》	《残疾人保障法》
《中华人民共和国老年人权益保障法》	《老年人权益保障法》
《中华人民共和国反家庭暴力法》	《反家庭暴力法》
《中华人民共和国刑法》	《刑法》
《中华人民共和国行政复议法》	《行政复议法》

① 书中所涉《民法典》之分编,分别简称为《民法典·总则编》、《民法典·物权编》、《民法典·合同编》、《民法典·人格权编》、《民法典·婚姻家庭编》、《民法典·继承编》以及《民法典·侵权责任编》。

《中华人民共和国行政诉讼法》	《行政诉讼法》
《中华人民共和国治安管理处罚法》	《治安管理处罚法》
《中华人民共和国民事诉讼法》	《民事诉讼法》
《中华人民共和国农村土地承包法》	《农村土地承包法》
《中华人民共和国合同法》	《合同法》
《中华人民共和国劳动合同法》	《劳动合同法》
《中华人民共和国国籍法》	《国籍法》
《中华人民共和国劳动法》	《劳动法》
《中华人民共和国母婴保健法》	《母婴保健法》
《中华人民共和国传染病防治法》	《传染病防治法》
《中华人民共和国家庭教育促进法》	《家庭教育促进法》
《中华人民共和国农村土地承包法》	《农村土地承包法》
《最高人民法院关于适用〈中华人民共和国民法典〉婚姻家庭编的解释(一)》	《婚姻家庭编解释(一)》
《最高人民法院关于适用〈中华人民共和国婚姻法〉若干问题的解释(一)》	《婚姻法司法解释(一)》
《最高人民法院关于适用〈中华人民共和国婚姻法〉若干问题的解释(二)》	《婚姻法司法解释(二)》
《最高人民法院关于适用〈中华人民共和国婚姻法〉若干问题的解释(三)》	《婚姻法司法解释(三)》

CONTENTS 目 录

第一章 一般规定

第二章 结婚制度

第三章 家庭关系

第 一 章

一 般 规 定

2020 年 5 月 28 日,第十三届全国人民代表大会第三次会议通过了《民法典》,该法典于 2021 年 1 月 1 日起施行。《民法典》共计 7 编、84 章、1260 条,包括总则编、物权编、合同编、人格权编、婚姻家庭编、继承编、侵权责任编。《民法典》被喻为民众生活的百科全书,反映了民众的权益诉求,彰显了人民至上的立法理念。

第一节 婚姻家庭编概述

婚姻家庭编是《民法典》中的第五编,包括一般规定、结婚、家庭关系、离婚、收养,共 5 章,计 79 条。婚姻家庭编在传承原《婚姻法》①立法理念与制度优势的同时,遵循民主立法、科学立法、依法立法的原则,为完善我国的婚姻家庭制度、维护民众的婚姻家庭权益作出了积极贡献。

一、婚姻家庭编的编纂历程

自 2015 年全国人大常委会法工委启动《民法典》编纂工作后,中国法学会即成立了《民法典》编纂项目重点课题组,其中包括《民法典·婚姻家庭编》编

---

① 2001 年 4 月 28 日,第九届全国人民代表大会常务委员会第二十一次会议修正《婚姻法》。

纂项目课题组。

（一）《民法典·婚姻家庭编》（专家建议稿）的拟定

自中国法学会《民法典·婚姻家庭编》编纂项目课题组成立后，项目组专家参加了全国人大常委会法工委、中国法学会、全国妇联、最高人民法院、最高人民检察院、各省人大等组织的多场《民法典》编纂研讨会，围绕《民法典·婚姻家庭编》编纂的热点、难点等问题，开展了广泛调研，进行了科学论证，形成了《民法典·婚姻家庭编》（专家建议稿），并提交全国人大常委会法工委。

《民法典·婚姻家庭编》（专家建议稿）共分7章，分别为通则、结婚、夫妻关系、离婚、父母子女及其他近亲属关系、收养、监护，计155条。该建议稿的立法宗旨集中表现为：传承婚姻家庭法的立法传统，弥补婚姻家庭法的立法空白，实现婚姻家庭立法的制度创新，展示婚姻家庭立法的价值功能，顺应婚姻家庭立法的发展趋势，达至婚姻家庭立法的体系融合。

（二）《民法典·婚姻家庭编（草案）》的拟定

全国人大常委会法工委在《民法典》编纂进程中，拟定了《民法典·婚姻家庭编（草案）》共分5章，分别为一般规定、结婚、家庭关系、离婚、收养，计80条。该草案吸纳了《民法典·婚姻家庭编》（专家建议稿）的相关立法建议，并分别于2018年、2019年进行了三次审议。

三审后的《民法典·婚姻家庭编（草案）》共分5章，分别为一般规定、结婚、家庭关系、离婚、收养，计79条。其以原《婚姻法》《收养法》①为基础，在坚持婚姻自由、一夫一妻、男女平等等基本原则的前提下结合社会发展需要，修改完善了部分规定，增加了诸多新规定。

《民法典·婚姻家庭编（草案）》历经三审，反映出民众对婚姻家庭立法的期待、对婚姻家庭权益保障的诉求、对婚姻家庭发展方向的关注以及对婚姻家庭法治建设的瞩目。

（三）《民法典·婚姻家庭编》的颁行

《民法典·婚姻家庭编（草案）》在经过三审后，提交第十三届全国人民代表大会第三次会议审议，并于2020年5月28日审议通过。通过后的《民法

---

① 1998年11月4日，第九届全国人民代表大会常务委员会第五次会议修正《收养法》。

典·婚姻家庭编》自2021年1月1日起施行,《婚姻法》《收养法》同时废止。

为配合《民法典·婚姻家庭编》的实施,《婚姻家庭编解释(一)》已于2020年12月25日由最高人民法院审判委员会第1825次会议通过,自2021年1月1日起施行。

二、婚姻家庭编的立法说明

《民法典·婚姻家庭编》是对原《婚姻法》《收养法》的继承与发展,同时也吸纳了最高人民法院的相关司法解释,呈现出婚姻家庭立法的创新与亮点。婚姻家庭编的立法说明,包括以下五方面:

(一)一般规定

《民法典·婚姻家庭编》的第一章是一般规定,其在沿袭原《婚姻法》第一章总则规定的基础上,重申了婚姻自由、一夫一妻、男女平等等婚姻家庭制度的基本原则和具体规范,并在延展原《婚姻法》立法理念的同时,增加了如下内容:一是为贯彻落实习近平总书记关于加强家庭文明建设的重要讲话精神,重视家庭家教家风建设,更好地弘扬家庭美德,《民法典》第1043条第1款明确规定:"家庭应当树立优良家风,弘扬家庭美德,重视家庭文明建设。"二是为了更好地维护被收养的未成年人的合法权益,将联合国《儿童权利公约》关于儿童利益最大化的原则落实到收养工作中,《民法典》第1044条第1款规定了最有利于被收养人的原则,即"收养应当遵循最有利于被收养人的原则,保障被收养人和收养人的合法权益"。三是《民法典》第1045条界定了亲属、近亲属、家庭成员的范围,填补了我国婚姻家庭立法欠缺亲属制度的立法空白。

(二)结婚

《民法典·婚姻家庭编》的第二章是"结婚",其在原《婚姻法》第二章"结婚"的基础上,对有关规范与制度进行了完善:一是将受胁迫一方请求撤销婚姻的期间起算点由"自结婚登记之日起"修改为"自胁迫行为终止之日起"[①]。二是不再将"患有医学上认为不应当结婚的疾病"作为禁止结婚的情形,而是增加规定,一方在结婚登记前隐瞒重大疾病的,另一方可以向人民法院请求撤销婚

① 《民法典》第1052条第2款。

姻。[①] 三是完善了婚姻无效和被撤销制度，即《民法典》第 1054 条第 2 款增加规定，婚姻无效或者被撤销的，无过错方有权请求损害赔偿。[②]

（三）家庭关系

《民法典·婚姻家庭编》的第三章是“家庭关系”，包括夫妻关系、父母子女关系和其他近亲属关系。根据社会发展需要和婚姻家庭关系的变化，其在原《婚姻法》制度建构的基础上，完善了有关内容：一是明确了夫妻共同债务的范围。原《婚姻法》并没有规定夫妻共同债务的范围；2003 年《婚姻法司法解释（二）》第 24 条规定了夫妻共同债务的认定规则，该认定规则成为近年来社会关注的热点问题。2018 年 1 月 17 日，最高人民法院发布《关于审理涉及夫妻债务纠纷案件适用法律有关问题的解释》（法释〔2018〕2 号，已废止），修改了此前关于夫妻共同债务的认定规则，在一定程度上解决了离婚被负债的问题。从该司法解释施行效果看，其总体上能够有效平衡离婚各方利益，司法实践效果良好。因此，《民法典》第 1064 条吸收了该司法解释的相关规定，明确规定了夫妻共同债务的范围。二是规范了亲子关系的确认和否认制度。亲子关系问题涉及家庭稳定和未成年人的保护，作为民事基本法律，婚姻家庭编对此类诉讼进行了规范。[③]

（四）离婚

《民法典·婚姻家庭编》的第四章是“离婚”，其在原《婚姻法》的立法基础上，进一步完善了如下内容：一是增加了离婚冷静期制度。实践中，轻率离婚的现象增多，不利于婚姻家庭的稳定。为此，《民法典》第 1077 条规定了自婚姻登记机关收到离婚登记申请之日起 30 日内的离婚冷静期，在此期间，任何一方可以向登记机关撤回离婚申请。二是针对离婚诉讼中出现的“久调不判”问题，《民法典》第 1079 条第 5 款规定，经人民法院判决不准离婚后，双方又分居满 1 年，一方再次提起离婚诉讼的，应当准予离婚。三是关于离婚后子女的抚养。

---

① 参见《民法典》第 1053 条第 2 款。

② 参见王晨：《关于〈中华人民共和国民法典（草案）〉的说明——2020 年 5 月 22 日在第十三届全国人民代表大会第三次会议上》，载《中华人民共和国民法典》（大字版），中国法制出版社 2020 年版，第 290 ~ 291 页。

③ 参见王晨：《关于〈中华人民共和国民法典（草案）〉的说明——2020 年 5 月 22 日在第十三届全国人民代表大会第三次会议上》，载《中华人民共和国民法典》（大字版），中国法制出版社 2020 年版，第 291 页。

《民法典》第1084条第3款将原《婚姻法》规定的“哺乳期内的子女，以随哺乳的母亲抚养为原则”修改为“不满两周岁的子女，以由母亲直接抚养为原则”，以增强可操作性。四是《民法典》第1088条规定了离婚时的经济补偿请求权，且该请求权的适用不以夫妻财产制的形式为限，以维护曾对家庭负担较多义务一方的合法权益。五是《民法典》第1091条第5项将“有其他重大过错”规定为离婚损害赔偿的适用情形，[①]完善了离婚损害赔偿制度。

（五）收养

《民法典·婚姻家庭编》的第五章是“收养”，包括收养关系的成立、收养的效力、收养关系的解除。其在原《收养法》的基础上，进一步完善了有关制度：一是扩大被收养人的范围，删除被收养的未成年人仅限于不满14周岁的限制，修改为符合条件的未成年人均可被收养。[②] 二是与国家计划生育政策的调整相协调，将收养人须无子女的要求修改为收养人无子女或者只有一名子女。[③] 三是为进一步强化对被收养人利益的保护，在收养人的条件中增加“无不利于被收养人健康成长的违法犯罪记录”的规定，并规定民政部门应当依法进行收养评估。[④] 上述制度补益与规范增补，完善了我国的收养制度，有助于维护收养当事人的权益，稳定收养秩序。

三、婚姻家庭编的制度创新

《民法典·婚姻家庭编》的制度创新，既填补了婚姻家庭立法空白，也优化了婚姻家庭制度的立法设计与规范表达；在回应民众婚姻家庭权益保障诉求的基础上，呈现婚姻家庭立法的发展性、完善性。其立法亮点，体现在以下方面：

1. 确立了婚姻家庭受国家保护的理念，彰显了社会主义核心价值，切实维护了婚姻家庭的和谐与稳定。家庭应当树立优良家风，弘扬家庭美德，重视家庭文明建设，鼓励家庭成员间的互相关爱、互相帮助。

---

① 参见王晨：《关于〈中华人民共和国民法典（草案）〉的说明——2020年5月22日在第十三届全国人民代表大会第三次会议上》，载《中华人民共和国民法典》（大字版），中国法制出版社2020年版，第291～292页。

② 参见《民法典》第1093条。

③ 参见《民法典》第1098条第1项。

④ 参见《民法典》第1098条第4项、第1105条第5款。

2. 界定了亲属的种类，明确了近亲属与家庭成员的范围，理顺了亲属与家庭成员间的权利义务关系。

3. 维护了民众的结婚自由权，将患有重大疾病是否结婚的选择权、决定权交出结婚当事人自主行使，提升了结婚当事人的诚信要求。

4. 完善了对违法婚姻的规制，赋予了婚姻无效或者被撤销婚姻中的无过错方的损害赔偿请求权，维护了善意当事人的婚姻权益。

5. 增设了家事代理权，以协调家事代理纠纷，维护善意相对人的利益，促进交易安全。

6. 增加了夫妻的共同债务与个人债务的认定标准，体现了夫妻共签共债的基本要求，以避免当事人被债务化，维护社会秩序的稳定。

7. 规定了夫妻婚内析产的权利，以保障当事人的财产安全，及时履行扶养义务。

8. 增加了亲子关系的确认与否认制度，以解决亲子身份纠纷，维护当事人的人身权益与财产权益。

9. 增加了登记离婚的冷静期，充分保障当事人的离婚自愿，切实维护离婚当事人以及子女的利益。

10. 完善了诉讼离婚的法定事由，即经人民法院判决不准离婚后，双方分居满 1 年的，应当准予离婚。

11. 明确了父母离婚后子女的抚养原则，即不满 2 周岁的子女，以由母亲直接抚养为原则，从而最大化维护子女利益。

12. 拓展了离婚家务贡献补偿的适用范围，有助于维护家务贡献者的人身利益与财产利益，促进家庭成员共同履行家庭责任。

13. 完善了离婚损害赔偿制度，即通过增加兜底条款救济无过错一方，体现了离婚正义。

14. 完善了离婚财产分割制度，增加了照顾无过错方的原则。

15. 完善了收养制度，扩大了被收养人的范围，明确规定收养人不得有不利于被收养人健康成长的违法犯罪记录，完善了无效收养制度，维护了收养当事人的权益。

《民法典·婚姻家庭编》在编纂进程中，注重体系协调、尊重主体需要、维护性别平等、矫正社会排挤、维护公平正义，并在制度设计方面实现了如下立法目标:明确婚姻自由边界、充实夫妻关系内涵、规制亲子关系认定、实现收养制度回归。①

四、婚姻家庭编的价值定位

婚姻家庭制度是规范夫妻关系和家庭关系的基本准则。1980 年第五届全国人民代表大会第三次会议通过了修改的原《婚姻法》,2001 年该法进行了修正。1991 年第七届全国人民代表大会常务委员会第二十三次会议通过了《收养法》,1998 年该法作了修改。②《民法典·婚姻家庭编》传承了原《婚姻法》《收养法》的立法传统,展现了社会主义核心价值观;实现了原《婚姻法》《收养法》的法典化回归,完善了我国的婚姻家庭制度。③

(一)传承立法理念

《民法典·婚姻家庭编》的立法理念,既体现在其"一般规定"中,也体现在其他诸章和具体规范中。其对婚姻家庭立法理念的传承,将"实现自然人在这个领域内的人权和家庭和谐"④。

1. 实现立法理念的延续性

传承立法理念,是原《婚姻法》的立法传统,也是《民法典·婚姻家庭编》秉持的原则。立法理念集中体现在《民法典·婚姻家庭编》的基本原则中,即"实行婚姻自由、一夫一妻、男女平等的婚姻制度。保护妇女、未成年人、老年人、残疾人的合法权益"⑤。其源于 1950 年《婚姻法》的理念确立与 1980 年《婚姻法》的理念发展。就前者而言,体现为"废除包办强迫、男尊女卑、漠视子女利益的封建主义婚姻制度。实行男女婚姻自由、一夫一妻、男女权利平等、保护妇女和子女合法权益的新民主主义婚姻制度"⑥。就后者而言,体现为"实行婚姻自

---

① 参见王歌雅:《〈民法典·婚姻家庭编〉的编纂策略与制度走向》,载《法律科学(西北政法大学学报)》2019 年第 6 期。

② 参见王晨:《关于〈中华人民共和国民法典(草案)〉的说明——2020 年 5 月 22 日在第十三届全国人民代表大会第三次会议上》,载《中华人民共和国民法典》(大字版),中国法制出版社 2020 年版,第 272 页。

③ 参见王歌雅:《民法典婚姻家庭编的价值阐释与制度修为》,载《东方法学》2020 年第 4 期。

④ 龙翼飞:《编纂民法典婚姻家庭编的法理思考与立法建议》,载《法制与社会发展》2020 年第 2 期。

⑤ 《民法典》第 1041 条第 2 款、第 3 款。

⑥ 1950 年《婚姻法》第 1 条。

由、一夫一妻、男女平等的婚姻制度。保护妇女、儿童和老人的合法权益。实行计划生育”①。《民法典·婚姻家庭编》在秉持婚姻家庭立法理念延续性的同时,实现了立法理念传承与法律文化引领的结合。②

2. 秉持立法理念的发展性

为确保婚姻家庭立法理念的传承与发展,《民法典》第1042条延续了原《婚姻法》的禁止性规范,以应对治理婚姻家庭关系的现实需要。“禁止包办、买卖婚姻和其他干涉婚姻自由的行为。禁止借婚姻索取财物。禁止重婚。禁止有配偶者与他人同居。禁止家庭暴力。禁止家庭成员间的虐待和遗弃。”③该禁止性规范,最初源于1950年《婚姻法》第2条的规定,即“禁止重婚、纳妾。禁止童养媳。禁止干涉寡妇婚姻自由。禁止任何人籍婚姻关系问题索取财物”。后经1980年《婚姻法》的发展,④以及2001年《婚姻法》的修正。从“禁止纳妾、童养媳、干涉寡妇婚姻自由”,到“禁止有配偶者与他人同居、家庭暴力”,顺应了婚姻家庭关系建设的需要,彰显了婚姻家庭立法理念的发展性,实现了婚姻家庭权益保障与婚姻家庭立法完善的结合。

3. 体现立法理念的时代性

婚姻家庭立法理念与时代发展相同步。为适应婚姻家庭法治建设的时代要求,顺应我国人口政策的变化,《民法典》第1041条未沿袭“实行计划生育”的原则。当然,计划生育既包括“量”的计划,也包括“质”的计划。为配合原《收养法》的制度回归与法典化,确立与时代发展相同步的收养理念,规范收养关系,维护当事人的收养权益,《民法典》第1044条规定:“收养应当遵循最有利于被收养人的原则,保障被收养人和收养人的合法权益。禁止借收养名义买卖未成年人。”《民法典》第1105条第5款规定:“县级以上人民政府民政部门应当依法进行收养评估。”婚姻家庭编在体现婚姻家庭立法理念时代性的同时,实现了婚姻家庭立法理念的时代要求与法治建设的结合。⑤

---

① 2001年《婚姻法》(修正)第2条。

② 参见王歌雅:《民法典婚姻家庭编的价值阐释与制度修为》,载《东方法学》2020年第4期。

③ 2001年《婚姻法》(修正)第3条。

④ 参见1980年《婚姻法》第3条规定:“禁止包办、买卖婚姻和其他干涉婚姻自由的行为。禁止借婚姻索取财物。禁止重婚。禁止家庭成员间的虐待和遗弃。”

⑤ 参见王歌雅:《民法典婚姻家庭编的价值阐释与制度修为》,载《东方法学》2020年第4期。

（二）追求和谐稳定

《民法典·婚姻家庭编》的颁行，关乎14亿民众的切身利益，关乎婚姻家庭的建设方向与法治价值。为应对婚姻家庭领域多元的权益诉求、价值碰撞、观念更迭，《民法典·婚姻家庭编》"高度重视婚姻家庭关系的人伦本质与人文关怀"①，坚守了遵循亲属伦理、延续制度优势、促进性别和谐的价值理念，以维护婚姻家庭秩序的稳定。

1. 遵循亲属伦理

亲属伦理，包括夫妻伦理、亲子伦理、祖孙伦理、兄弟姐妹伦理及其他亲属关系伦理。② 亲属伦理既体现在《民法典·婚姻家庭编》的一般规定与各项制度中，也体现在具体规范中。为维护亲属伦理，协调亲属间的权利义务关系，《民法典·婚姻家庭编》在"一般规定"中，界定了亲属的种类、近亲属的范围、家庭成员的构成，完成了亲属制度的基本架构，弥补了原《婚姻法》欠缺亲属制度的立法空白，实现了界定亲属含义、护佑亲属权益、促进家庭和谐的立法目的。基于亲属法理与民俗习惯，亲属包括配偶、血亲和姻亲。③ 基于民事立法传统和权利义务关系，"配偶、父母、子女、兄弟姐妹、祖父母、外祖父母、孙子女、外孙子女为近亲属"④。基于亲属关系的亲疏远近与共同生活的亲属范围，"配偶、父母、子女和其他共同生活的近亲属为家庭成员"⑤。亲属内涵的界定与亲属制度的建构，有助于明晰亲属间的权利和义务，并将为亲属关系的和谐、亲属伦理的传承奠定法治基础。⑥

2. 延续制度优势

维护主体尤其是特定主体的婚姻家庭权益，是《民法典·婚姻家庭编》的价值定位。为发扬原《婚姻法》和《收养法》的制度优势，《民法典·婚姻家庭编》对切实可行、实践良好的相关制度予以延续，以实现婚姻家庭立法的连续性、稳定性与适用性。一是延续军婚保护制度，即"现役军人的配偶要求离婚，应当征

---

① 龙翼飞：《编纂民法典婚姻家庭编的法理思考与立法建议》，载《法制与社会发展》2020年第2期。

② 参见王歌雅：《中国婚姻伦理嬗变研究》，中国社会科学出版社2008年版，第366页。

③ 参见《民法典》第1045条第1款。

④ 《民法典》第1045条第2款。

⑤ 《民法典》第1045条第3款。

⑥ 参见王歌雅：《民法典婚姻家庭编的价值阐释与制度修为》，载《东方法学》2020年第4期。

得军人同意,但是军人一方有重大过错的除外"①。保护军婚,是我国婚姻家庭立法的优良传统,也是国家长治久安、人民安居乐业的重要保障。② 在和平年代保护军婚,既要维护军人及其配偶的婚姻自由,也要规制军人重大的婚姻过错行为,更要震慑、警示侵犯军婚的违法行为。二是延续女性生育利益保护制度,即"女方在怀孕期间、分娩后一年内或者终止妊娠后六个月内,男方不得提出离婚;但是,女方提出离婚或者人民法院认为确有必要受理男方离婚请求的除外"③。在特定期间限制男方的离婚诉权,是维护女性生育利益的措施,④也是保障胎儿、婴儿健康成长的手段,同时,兼顾了女方和男方的离婚权益。三是延续未成年人权益保护制度。未成年人是国家的未来、社会主义建设事业的生力军,维护其人身权益和财产权益,既是亲子伦理、家庭伦理的必然要求,也是收养伦理、代际伦理的重要内涵。《民法典·婚姻家庭编》既延续了亲子、祖孙、兄弟姐妹间的抚养(扶养)、教育、保护等制度,也延续了收养权益保护规范,以维护未成年人的被收养权益,⑤实现未成年人利益的最大化。⑥

3. 促进性别和谐

贯彻男女平等原则,是《民法典·婚姻家庭编》的价值取向。为践履性别平等的婚姻伦理和家庭伦理,《民法典·婚姻家庭编》沿袭婚姻家庭立法所秉持的性别平等优势,为性别的正义与和谐进行赋权。一是延续性别平等的制度优势,即在婚姻关系、家庭关系中继续贯彻男女平等的立法理念,维护夫妻、亲子、祖孙、兄弟姐妹在婚姻家庭关系中的性别平等、权益平等,实现性别的形式正义。二是发扬保护女性权益的规范优势,即在结婚、家庭关系、离婚等制度建构与规范配置中,侧重维护女性的婚姻家庭权益,实现性别的实质正义。如《民法典》第1087条规定:"离婚时,夫妻的共同财产由双方协议处理;协议不成的,由

① 《民法典》第1081条。

② 参见王歌雅:《中国现代婚姻家庭立法研究》,黑龙江人民出版社2004年版,第186页。

③ 《民法典》第1082条。

④ 参见王歌雅:《中国现代婚姻家庭立法研究》,黑龙江人民出版社2004年版,第148页。

⑤ 参见《民法典》第1114条规定:"收养人在被收养人成年以前,不得解除收养关系,但是收养人、送养人双方协议解除的除外。养子女八周岁以上的,应当征得本人同意。收养人不履行抚养义务,有虐待、遗弃等侵害未成年养子女合法权益行为的,送养人有权要求解除养父母与养子女间的收养关系。送养人、收养人不能达成解除收养关系协议的,可以向人民法院提起诉讼。"

⑥ 参见王歌雅:《民法典婚姻家庭编的价值阐释与制度修为》,载《东方法学》2020年第4期。

人民法院根据财产的具体情况，按照照顾子女、女方和无过错方权益的原则判决。对夫或者妻在家庭土地承包经营中享有的权益等，应当依法予以保护。”其他有关人身权益、财产权益的保护规范，均内蕴性别平等理念，有助于促进性别的平等与和谐。①

第二节　婚姻家庭编的基本原则

《民法典》第1041条规定：“婚姻家庭受国家保护。实行婚姻自由、一夫一妻、男女平等的婚姻制度。保护妇女、未成年人、老年人、残疾人的合法权益。”

一、婚姻家庭受国家保护原则

婚姻家庭是人类生命的摇篮，是人类生存与发展的基础。婚姻家庭担负着实现人口再生产、组织经济生活、教育等职能。保护婚姻家庭是婚姻家庭法的首要原则。国家保护婚姻家庭，目的在于促进民众的婚姻家庭福祉，维护社会的和谐与稳定发展，推动人类的文明与进步。

（一）保护婚姻家庭是国家的责任

我国《宪法》第49条第1款规定：“婚姻、家庭、母亲和儿童受国家的保护。”这一规定，既是对公民基本权利的赋权与保护，也是《民法典·婚姻家庭编》的立法渊源。保护婚姻家庭，目的在于维护民众的婚姻家庭权益，倡导婚姻家庭的移风易俗，促进婚姻家庭的物质文明和精神文明建设。

（二）保护婚姻家庭是公民的权利和义务

婚姻家庭是社会结构中的基本单位。保护婚姻家庭，有助于实现婚姻家庭观念的破旧立新，建立平等、和睦、文明的婚姻家庭关系。保护婚姻家庭，有助于提升依法解决婚姻家庭纠纷的意识与能力，摒弃“法不入家门”的陈腐观念，提升婚姻家庭的法治建设水平。

（三）保护婚姻家庭是全社会的共同责任

中国特色社会主义法治建设的根本目的是保障人民权益。婚姻家庭权益

---

① 参见王歌雅：《民法典婚姻家庭编的价值阐释与制度修为》，载《东方法学》2020年第4期。

是人民权益的重要内涵之一。保护婚姻家庭,在于保护婚姻家庭主体的结婚权益、家庭权益、离婚权益、收养权益,禁止侵害婚姻家庭权益的行为,维护婚姻家庭的和谐与稳定。

二、婚姻自由原则

婚姻自由是人类社会发展到一定阶段的产物。人们有无婚姻自由,是形式自由还是实质自由,由社会制度所决定。婚姻是否自由,是古代婚姻制度与近现代婚姻制度的分野。

(一)婚姻自由的含义

婚姻自由,是指婚姻当事人有权按照法律的规定,自主自愿地决定自己的婚姻问题,不受任何人的强制与干涉。婚姻自由是我国婚姻制度的重要内涵与基本原则,其具有以下特征:首先,婚姻自由是自然人的人身权利。婚姻自由权只能由本人行使,排除他人的强制与干涉。其次,婚姻自由权的行使必须符合法律规定。婚姻自由并非绝对自由,符合法定的条件和程序,是婚姻自由的保障。禁止借“婚姻自由”之名侵害他人的婚姻家庭权益和社会公共利益。

婚姻自由是我国公民的基本权利。保障婚姻自由,对巩固和发展社会主义婚姻家庭制度、维护社会的和谐稳定具有重要意义。婚姻自由包括结婚自由和离婚自由。

结婚自由,是指依法缔结婚姻关系的自由,即当事人有权决定自己是否结婚、与谁结婚、何时结婚,他人无权干涉。

离婚自由,是指依法解除婚姻关系的自由,即在夫妻感情确已破裂的情况下,任何一方均有权提出离婚,他人不得干涉。

结婚自由和离婚自由相互依存、相辅相成,是婚姻自由不可分割的两个方面。保障结婚自由,是为建立以爱情为基础的婚姻关系,实现结婚的意志自由;保障离婚自由,是为解除感情确已破裂的婚姻关系,实现离婚的意志自由。

结婚自由是实现婚姻自由的先决条件,离婚自由是结婚自由的必要补充。通过解除已经死亡的婚姻,为缔结平等、和谐的婚姻创造条件。结婚自由和离婚自由各有侧重,其目的是维护、巩固和发展以爱情为基础的婚姻家庭关系。

(二)婚姻自由原则的贯彻

为保障婚姻自由,《民法典》第 1042 条第 1 款规定:“禁止包办、买卖婚姻和其他干涉婚姻自由的行为。禁止借婚姻索取财物。”

1. 禁止包办、买卖婚姻和其他干涉婚姻自由的行为

包办婚姻,是指第三人(包括父母)违背婚姻自由原则,在违反当事人意愿的情况下,强迫其缔结的婚姻。

买卖婚姻,是指第三人(包括父母)以索取大量财物为目的,强迫他人缔结的婚姻。

包办婚姻与买卖婚姻既有联系又有区别。其联系有三:一是主体相同,均是第三人实施的行为;二是手段相同,均违背当事人的意志;三是性质相同,均是违法行为。其区别有二:一是买卖婚姻以索取大量财物为目的,而包办婚姻无此特征;二是包办婚姻不一定是买卖婚姻,而买卖婚姻必定是包办婚姻。

其他干涉婚姻自由的行为,是指除包办、买卖婚姻以外的干涉他人婚姻自由的行为,如干涉父母再婚、干涉他人离婚或再婚等。

2. 禁止借婚姻索取财物

借婚姻索取财物,是指除买卖婚姻以外的其他借婚姻索取财物的行为。

借婚姻索取财物的特征是,男女双方对结婚基本上是自主自愿的,但一方却向另一方索要财物,以此作为结婚的条件;该行为违反婚姻自由原则,是对婚姻自由权利的滥用。

借婚姻索取财物与买卖婚姻有所区别:一是索取财物的主体不同。前者是婚姻当事人本人索取,后者是婚姻当事人以外的第三人索取。二是缔结婚姻的意愿不同。前者是当事人基本自愿,后者是违背当事人双方或一方的意愿。三是行为的目的不同。前者是以结婚为目的,后者是以索取财物为目的。

三、一夫一妻原则

(一)一夫一妻制的含义

一夫一妻制,也称单偶婚制,是指一男一女互为配偶的婚姻形式。一夫一妻制经历了由性别不平等向性别平等的转化,即由男性的一夫一妻多妾制或变相的一夫多妻制转变为男性的一妻,而女性则为一夫。一夫一妻制是人类婚姻

走向平等与文明的标志,体现着人类社会婚姻模式的发展规律。一夫一妻制的含义有三:一是任何人不得同时有两个以上的配偶。二是已婚的男女双方在配偶死亡或离婚之前,不得再行结婚。三是一切公开或隐蔽的一夫多妻或一妻多夫都是非法的。

确立一夫一妻制,符合婚姻的自然属性和社会属性,也符合婚姻的伦理本质。一夫一妻制有利于建立以爱情为基础的婚姻关系,而爱情的专一性与排他性必然要求婚姻是一夫一妻的结合。实行一夫一妻制,有利于建立平等、忠诚、和睦的婚姻关系。

(二)一夫一妻原则的贯彻

为贯彻一夫一妻原则,《民法典》第 1042 条第 2 款规定:"禁止重婚。禁止有配偶者与他人同居。"

1. 禁止重婚

重婚,是指有配偶者又与他人结婚或与他人以夫妻名义同居生活的行为。重婚有两种类型:一是法律重婚,即有配偶者又与他人登记结婚的行为。二是事实重婚,即有配偶者又与他人以夫妻名义同居生活的行为。

重婚是对一夫一妻原则的破坏,重婚导致以下法律后果:一是结婚的禁止条件。违反一夫一妻制,不予结婚登记。二是婚姻无效的法定情形。重婚不具有婚姻效力。三是离婚的法定情形。调解无效时,应准予离婚。四是离婚损害赔偿的法定情形。因重婚而离婚时,无过错方有权请求离婚损害赔偿。五是离婚时分割夫妻共同财产的照顾情形。因重婚而离婚时,分割夫妻共同财产应按照顾无过错方的原则判决。构成重婚罪的,应追究刑事责任。

事实重婚和有配偶者与他人同居不同。事实重婚,是有配偶者又与他人以夫妻名义同居生活;有配偶者与他人同居,则不以夫妻名义同居生活。

2. 禁止有配偶者与他人同居

有配偶者与他人同居,是指有配偶者与婚外异性,不以夫妻名义,持续、稳定地共同居住的行为。① 禁止有配偶者与他人同居,是对禁止重婚的补充,是一夫一妻原则的要求。

有配偶者与他人同居,导致以下法律后果:一是不具有婚姻效力。二是离

① 参见《婚姻家庭编解释(一)》第 2 条。

婚的法定情形。配偶与他人同居,另一方可诉请离婚。如果调解无效,应准予离婚。三是离婚损害赔偿的法定情形。因配偶与他人同居而离婚时,无过错方有权请求离婚损害赔偿。四是离婚分割夫妻共同财产的照顾情形。因配偶与他人同居而离婚,在分割夫妻共同财产时,应照顾无过错方。

有配偶者与他人同居和其他破坏一夫一妻制的行为有所区别。有配偶者与他人同居,是持续、稳定的共同生活,具有固定的居所;其他破坏一夫一妻制的行为,主要包括通奸、姘居等。通奸,是指双方或一方有配偶的男女,秘密、自愿发生两性关系的违法行为。姘居,是指双方或一方有配偶的男女,非法的、缺乏长久共同生活目的的临时性、公开性的同居。

重婚、有配偶者与他人同居以及其他破坏一夫一妻制的行为,均违背夫妻应当互相忠实、互相尊重的原则,有碍婚姻关系的和谐与婚姻秩序的稳定,应当依法禁止。

四、男女平等原则

(一)男女平等的含义

男女平等,是指男女双方在婚姻家庭关系中的权利和义务平等。男女平等是我国社会主义婚姻家庭制度的本质特征,也是区别以男性为中心的婚姻家庭制度的重要标志。男女两性在婚姻家庭中的地位,是其社会地位的体现,制约于一定的社会制度。

近现代以来,伴随性别观念的变化,男女平等日渐成为婚姻家庭立法的基本原则。许多国家相继修改、删除了亲属法及相关法律中歧视女性的条款,改善了女性在法律上及在婚姻家庭中的地位。我国 1950 年《婚姻法》第 1 条就规定了男女权利平等的原则,对于荡涤男尊女卑、男权观念的婚姻家庭陋习具有重要意义。

婚姻家庭关系中的男女平等,是我国《宪法》男女平等原则的具体化,也是衡量男女平等的重要标志。男女平等是形式平等还是实质平等,是检验国家性别政策、法律文明与司法文明的重要指标。贯彻男女平等基本国策,实现婚姻家庭领域的男女平等,切实保护女性的婚姻家庭权益,有助于推动社会性别平等,并将为建设性别平等的婚姻家庭关系奠定观念基础。

（二）男女平等原则的贯彻

男女平等原则，体现在各项法律规范中。男女平等，包括婚姻关系的男女平等和家庭关系的男女平等；婚姻家庭主体的人身关系平等和财产关系平等；不同性别的婚姻家庭成员的法律地位平等，即夫妻、父母子女、兄弟姐妹、祖孙等家庭成员的人格平等、地位平等。

婚姻关系的男女平等，是指男女双方在结婚和离婚方面的权利和义务平等，即男女双方婚姻自由权平等，夫妻的家庭地位、权利义务关系平等。

家庭关系的男女平等，是指不同性别的家庭成员在家庭中的权利和义务平等，即父母子女关系平等，其他家庭成员关系平等。其他家庭成员关系，是指祖孙关系和兄弟姐妹关系等。

保障男女双方在婚姻家庭关系中的平等，有利于实现婚姻自由和一夫一妻制。若无男女平等，就无真正的婚姻自由和一夫一妻制。实现婚姻家庭关系的男女平等，应摒弃夫权思想和男尊女卑的旧观念，禁止歧视、虐待女性，禁止对女性实施家庭暴力，以实现男女两性实质意义的平等。

五、保护婚姻家庭成员合法权益原则

婚姻、家庭受国家保护。禁止破坏婚姻自由，禁止虐待老年人、妇女和未成年人。禁止歧视、侮辱、侵害残疾人。

（一）保护婚姻家庭成员合法权益原则的内涵

保护妇女、未成年人、老年人、残疾人的合法权益，是《民法典·婚姻家庭编》的基本原则，是对不同的性别、年龄的家庭成员的关爱与保护，是人格平等、社会文明的标志。

1. 保护妇女的合法权益

保护妇女的合法权益，是对男女平等原则的必要补充。能否保护妇女的合法权益，是衡量一个国家文明程度的天然尺度。对妇女的合法权益予以特别保护，基于以下原因：一是破除封建陋习。封建社会中的男尊女卑、男主女从观念，制造了性别隔离，侵犯了女性权益。摒弃漠视女性权益的性别观念，制裁侵犯女性权益的违法行为，才能保障女性的人身权益和财产权益。二是回应社会需要。伴随男女平等原则的贯彻实施，男女两性的婚姻家庭权益基本得到平等保障。由于传统性别观念作祟，侵犯女性婚姻家庭权益的违法行为依然存在。禁止侵犯女性的人身权益和财产权益的违法行为，才能有效保护女性的合法权益，促进性别平等。

《民法典·婚姻家庭编》对妇女合法权益的保护，体现在以下方面：一是夫妻在婚姻家庭关系中的地位平等。二是子女姓氏的选择男女平等，即子女可以随父姓，也可以随母姓。三是在一定期间限制男方的离婚诉权，以实现对女方身心健康、生育利益的特殊保护。四是离婚时分割夫妻共同财产，按照照顾女方权益的原则判决，以保障女方离婚后的基本生活需要，实现离婚自由。五是离婚时对女方的家务贡献予以补偿，由于女性往往承担较多的家务劳动，其家庭贡献较多，故离婚时应予以补偿，以维护女性的合法权益。即一方因抚育子女、照料老人、协助另一方工作等付出较多义务的，离婚时有权向另一方请求补偿，另一方应当予以补偿。六是离婚时对生活困难的女性予以经济帮助，社会排挤的存在，导致女性的经济收入往往弱于男性。对生活困难的女性予以离婚时的经济帮助，有利于实现离婚自由，有助于保护女性的离婚权益。

为保障妇女的合法权益，促进男女平等，充分发挥妇女在社会主义现代化建设中的作用，国家制定了《妇女权益保障法》。该法从政治权利、文化教育权益、劳动和社会保障权益、财产权益、人身权利、婚姻家庭权益等方面，对妇女的合法权益进行了全面、具体、系统的保护。

2. 保护未成年人的合法权益

未成年人是祖国的未来，是社会主义建设事业的接班人。保护未成年人的合法权益，是巩固和发展社会主义婚姻家庭制度的需要，也是国家建设和民族振兴的需要。

时代不同，未成年人的法律地位也不同。古代的家长专制，漠视未成年人的人身权和财产权。近现代的法律改革，提升了未成年人的法律地位，使亲子关系由父母本位向亲子本位、子女本位转化，子女利益最大化日渐成为各国亲子立法的努力方向与基本原则。

保护未成年人的合法权益，是社会责任，也是家庭职能。既要保障未成年人的生存权与发展权，也要保障未成年人的人身权和财产权。《民法典·婚姻家庭编》对未成年人权益的保障，体现在以下方面：一是父母有抚养、教育和保护未成年子女的权利和义务。二是婚生子女、非婚生子女、养子女和形成了抚养教育关系的继子女的法律地位平等。三是父母与子女的关系,不因父母离婚而消除。离婚后,父母对于子女仍有抚养、教育和保护的权利和义务。四是未成年子女有继承父母遗产的权利。五是有负担能力的祖父母、外祖父母或者兄、姐,对于父母已经死亡或者父母无力抚养的未成年孙子女、外孙子女或者未成年弟、妹,有抚养或者扶养的义务。六是在涉及未成年子女的事项上,应充分尊重其意愿,优先保护未成年子女的利益。

为保障未成年人的合法权益,促进未成年人在品德、智力、体质等方面的全面发展,培养有理想、有道德、有文化、有纪律的社会主义建设者和接班人,国家制定了《未成年人保护法》。该法从家庭保护、学校保护、社会保护、司法保护等方面,对未成年人的合法权益进行了全面保护。

3. 保护老年人的合法权益

尊敬、赡养、保护老年人是中华民族的传统美德。老年人曾为国家、社会和家庭贡献了毕生精力,在其年老体弱之时,理应得到来自国家、社会和家庭的物质帮助、生活照料和赡养扶助。保护老年人的合法权益,才能保障其老有所养、老有所医、老有所为、老有所乐。

人口老龄化,使老年人的物质帮助、生活保障、赡养扶助、精神健康等成为全球性的社会问题。保护老年人的合法权益,是国家、社会和家庭的共同责任。我国《宪法》第 45 条第 1 款规定:“中华人民共和国公民在年老、疾病或者丧失劳动能力的情况下,有从国家和社会获得物质帮助的权利。国家发展为公民享受这些权利所需要的社会保险、社会救济和医疗卫生事业。”

《民法典·婚姻家庭编》对老年人合法权益的保护,体现在以下方面:一是成年子女对父母有赡养、扶助和保护的义务。二是子女应当尊重父母的婚姻权利,不得干涉父母离婚、再婚以及婚后的生活。三是父母有继承子女遗产的权利。四是有负担能力的孙子女、外孙子女,对于子女已经死亡或者子女无力赡养的祖父母、外祖父母,有赡养义务。五是禁止虐待和遗弃老年人。

为保障老年人的合法权益,发展老龄事业,弘扬中华民族敬老、爱老、养老、助老的美德,国家制定了《老年人权益保障法》。该法从总则、家庭赡养与扶助、社会保障、社会服务、社会优待、宜居环境、参与社会发展、法律责任等方面,全面规定了保护老年人合法权益的具体措施,推动了老年人权益保障事业的发展。

4. 保护残疾人的合法权益

维护残疾人的合法权益,发展残疾人事业,保障残疾人平等地充分参与社会生活,共享社会物质文化成果,是我国宪法的基本原则。全社会应当发扬人道主义精神,理解、尊重、关心、帮助残疾人。残疾人在政治、经济、文化、社会和家庭生活等方面享有同其他公民平等的权利。国家鼓励残疾人自尊、自信、自强、自立,为社会主义建设贡献力量。国家和社会对残疾军人、因公致残人员以及其他为维护国家和人民利益致残的人员实行特别保障,给予抚恤和优待。

《民法典·婚姻家庭编》对残疾人合法权益的保护,体现在以下方面:一是残疾人的婚姻家庭权益受国家保护,禁止基于残疾的歧视。二是残疾人的婚姻家庭权利和人格尊严受法律保护,禁止侮辱、侵害残疾人。三是残疾人的扶养人必须对残疾人履行扶养义务,禁止对残疾人实施家庭暴力,禁止虐待、遗弃残疾人。四是残疾人的监护人必须履行监护职责,尊重被监护人的意愿,维护被监护人的合法权益。五是残疾人的亲属、监护人应当鼓励和帮助残疾人增强自立能力。

为保障残疾人的合法权益,发展残疾人事业,国家制定了《残疾人保障法》,该法从总则、康复、教育、劳动就业、文化生活、社会保障、无障碍环境、法律责任等方面,全面规定了保护残疾人合法权益的具体措施,推动了残疾人权益保障事业的发展,维护了残疾人的合法权益。

(二)保护婚姻家庭成员合法权益原则的贯彻

为保护妇女、未成年人、老年人、残疾人的合法权益,《民法典》第 1042 条第 3 款规定:"禁止家庭暴力。禁止家庭成员间的虐待和遗弃。"

1. 禁止家庭暴力

家庭暴力,常被喻为"家庭的癌症"、人类文明的大敌,是对家庭成员人格尊严、人身权益的践踏和侵犯。家庭暴力,易于造成肢体残障、人身伤亡、精神伤害、家庭离散等后果,导致受害者的身体、心灵、人格尊严、人格自由等遭受侵害,具有反人性、反人权的本质。禁止家庭暴力,是国家、社会和家庭的共同责任。

(1)家庭暴力的含义

家庭暴力,是指家庭成员之间以殴打、捆绑、残害、限制人身自由以及经常性谩骂、恐吓等方式实施的身体、精神等侵害行为。[①] 持续性、经常性的家庭暴力,构成虐待。[②]

家庭暴力具有以下特征:一是家庭暴力发生在家庭成员之间。二是家庭暴力包括肉体暴力、精神暴力、性暴力等。三是家庭暴力是对家庭成员实施的侵权行为或犯罪行为。四是家庭暴力具有主观故意。禁止家庭暴力,是创建民主、诚信、关爱的婚姻家庭关系的重要举措,也是维护平等、和睦、文明的婚姻家庭关系的基本保障。

(2)禁止家庭暴力的措施

家庭是社会的细胞。平等、文明、和睦、温馨的婚姻家庭关系,是每个家庭成员的人生追求,也是社会和谐与稳定的基础。早在 1995 年联合国第四次世界妇女大会在北京召开之时,我国政府就曾庄严承诺:禁止家庭暴力,并将"禁止家庭暴力"作为 2001 年《婚姻法》(修正)总则中的原则性条款。依据《民法典·婚姻家庭编》的规定,实施家庭暴力,是法定离婚情形,也是离婚损害赔偿的法定情形。

为禁止家庭暴力,2015 年 12 月 27 日,第十二届全国人民代表大会常务委员会第十八次会议通过了《反家庭暴力法》,并于 2016 年 3 月 1 日施行。该法从总则、家庭暴力的预防、家庭暴力的处置、人身安全保护令、法律责任等方面明确了立法宗旨,即预防和制止家庭暴力,保护家庭成员的合法权益,维护平等、和睦、文明的家庭关系,促进家庭和谐、社会稳定。[③]

①反家庭暴力的原则。反家庭暴力工作遵循预防为主,教育、矫治与惩处相结合原则。反家庭暴力工作应当尊重受害人真实意愿,保护当事人隐私。未成年人、老年人、残疾人、孕期和哺乳期的妇女、重病患者遭受家庭暴力的,应当给予特殊保护。[④]

②家庭暴力的预防。国家开展家庭美德宣传教育,普及反家庭暴力知识,增强公民反家庭暴力意识。具体内容包括:第一,为禁止家庭暴力,乡镇人民政

---

① 参见《反家庭暴力法》第 2 条。

② 参见《婚姻家庭编解释(一)》第 1 条规定,持续性、经常性的家庭暴力,可以认定为《民法典》第 1042 条、第 1079 条、第 1091 条所称的"虐待"。

③ 参见《反家庭暴力法》第 1 条。

④ 参见《反家庭暴力法》第 5 条。

府、街道办事处应当组织开展家庭暴力预防工作,居民委员会、村民委员会、社会工作服务机构应当予以配合协助。[①] 第二,各级人民政府应当支持社会工作服务机构等社会组织开展心理健康咨询、家庭关系指导、家庭暴力预防知识教育等服务。[②] 第三,人民调解组织应当依法调解家庭纠纷,预防和减少家庭暴力的发生。[③] 第四,用人单位发现本单位人员有家庭暴力情况的,应当给予批评教育,并做好家庭矛盾的调解、化解工作。[④] 第五,未成年人的监护人应当以文明的方式进行家庭教育,依法履行监护和教育职责,不得实施家庭暴力。[⑤]

③家庭暴力的处置。为禁止家庭暴力,受害人及其法定代理人可采取如下救济措施:第一,家庭暴力受害人及其法定代理人、近亲属可以向加害人或者受害人所在单位、居民委员会、村民委员会、妇女联合会等单位投诉、反映或者求助。有关单位接到家庭暴力投诉、反映或者求助后,应当给予帮助、处理。家庭暴力受害人及其法定代理人、近亲属也可以向公安机关报案或者依法向人民法院起诉。单位、个人发现正在发生的家庭暴力行为,有权及时劝阻。[⑥] 第二,公安机关接到家庭暴力报案后应当及时出警,制止家庭暴力,按照有关规定调查取证,协助受害人就医、鉴定伤情。无民事行为能力人、限制民事行为能力人因家庭暴力身体受到严重伤害、面临人身安全威胁或者处于无人照料等危险状态的,公安机关应当通知并协助民政部门将其安置到临时庇护场所、救助管理机构或者福利机构。[⑦] 第三,家庭暴力情节较轻,依法不给予治安管理处罚的,由公安机关对加害人给予批评教育或者出具告诫书。告诫书应当包括加害人的身份信息、家庭暴力的事实陈述、禁止加害人实施家庭暴力等内容。[⑧]

④人身安全保护令。当事人因遭受家庭暴力或者面临家庭暴力的现实危险,向人民法院申请人身安全保护令的,人民法院应当受理。当事人是无民事行为能力人、限制民事行为能力人,或者因受到强制、威吓等原因无法申请人身

---

① 参见《反家庭暴力法》第8条。

② 参见《反家庭暴力法》第9条。

③ 参见《反家庭暴力法》第10条。

④ 参见《反家庭暴力法》第11条。

⑤ 参见《反家庭暴力法》第12条。

⑥ 参见《反家庭暴力法》第13条。

⑦ 参见《反家庭暴力法》第15条。

⑧ 参见《反家庭暴力法》第16条。

安全保护令的，其近亲属、公安机关、妇女联合会、居民委员会、村民委员会、救助管理机构可以代为申请。①

⑤法律责任。家庭暴力不因家庭成员既有的身份关系——婚姻关系、血缘关系、姻亲关系、扶养关系而得以豁免，也不因家庭成员之间的情感联系而得以宽恕，对家庭暴力“零容忍”。第一，加害人实施家庭暴力，构成违反治安管理行为的，依法给予治安管理处罚；构成犯罪的，依法追究刑事责任。② 第二，被申请人违反人身安全保护令，构成犯罪的，依法追究刑事责任；尚不构成犯罪的，人民法院应当给予训诫，可以根据情节轻重处以1000元以下罚款、15日以下拘留。③ 第三，学校、幼儿园、医疗机构、居民委员会、村民委员会、社会工作服务机构、救助管理机构、福利机构及其工作人员未依照《反家庭暴力法》第14条规定向公安机关报案，造成严重后果的，由上级主管部门或者本单位对直接负责的主管人员和其他直接责任人员依法给予处分。④ 第四，负有反家庭暴力职责的国家工作人员玩忽职守、滥用职权、徇私舞弊的，依法给予处分；构成犯罪的，依法追究刑事责任。⑤

2. 禁止家庭成员间的虐待和遗弃

禁止家庭成员间的虐待和遗弃，是保护妇女、未成年人、老年人和残疾人合法权益的必然要求，也是维护家庭成员人身权益和财产权益的有效保障。

(1)虐待和遗弃的概念

虐待，是指以作为或不作为的形式，对家庭成员进行长期的歧视、折磨和摧残，使其肉体、精神遭受损害的违法行为。虐待可表现为作为，如打骂、恐吓、限制人身自由等；也可表现为不作为，如不提供必要的衣食、有病不予治疗等。

遗弃，是指负有抚养、扶养、赡养义务的一方，对需要抚养、扶养、赡养的另一方不履行其抚养、扶养、赡养义务的违法行为。遗弃通常表现为不作为。即依法应为而不为，导致被遗弃方的婚姻家庭权益受损。如父母不履行抚养子女的义务，夫或妻不履行相互扶养的义务，子女不履行赡养父母的义务等。

---

① 参见《反家庭暴力法》第23条。
② 参见《反家庭暴力法》第33条。
③ 参见《反家庭暴力法》第34条。
④ 参见《反家庭暴力法》第35条。
⑤ 参见《反家庭暴力法》第36条。

虐待和遗弃既有联系又有区别,其联系有四:一是均发生在家庭成员之间;二是均对家庭成员进行了人身侵害和财产侵害;三是受害人往往是家庭中的老弱病残和缺乏独立生活能力的人;四是行为主体具有主观过错。其区别在于两者承担的法律责任不同。如构成犯罪时,虐待罪和遗弃罪的构成要件与法律责任不同。

(2)禁止家庭成员间虐待和遗弃的措施

根据《民法典·婚姻家庭编》的规定,虐待和遗弃家庭成员导致如下法律后果:第一,家庭成员有权请求义务人履行抚养、扶养、赡养的义务。第二,家庭成员有权请求加害人承担民事责任。第三,构成离婚的法定情形。第四,构成离婚损害赔偿的法定情形。

虐待、遗弃家庭成员与实施家庭暴力既有联系又有区别。其联系有二:一是均发生在家庭成员之间;二是行为具有相似性或同一性。其区别有二:一是行为性质不同。家庭暴力不以实施暴力行为的次数、持续性、经常性为判断标准,即一次性、偶发性、轻微性的暴力行为也构成家庭暴力;而虐待行为则具有持续性和经常性的特征。持续性、经常性的家庭暴力,构成虐待;不作为的家庭暴力,构成遗弃。二是法律责任不同。虐待、遗弃家庭成员和实施家庭暴力构成犯罪时,均应承担刑事责任。虐待、遗弃行为分别构成虐待罪、遗弃罪,实施家庭暴力则根据其行为特点可构成虐待罪、遗弃罪、伤害罪或杀人罪等,其犯罪构成与责任承担均不同。

为禁止家庭成员间的虐待和遗弃,受害人可采取如下救济措施:第一,请求居民委员会、村民委员会以及所在单位予以劝阻、调解。第二,虐待、遗弃行为的受害人,有权请求公安机关依照《治安管理处罚法》的相关规定予以处罚。第三,虐待、遗弃行为的受害人,有权请求人民法院依法作出支付抚养费、扶养费、赡养费的判决。第四,虐待、遗弃家庭成员构成犯罪的,依法追究刑事责任。

六、重视家庭文明建设原则

家庭是社会的细胞,家庭文明是社会文明的缩影。家庭文明建设,是社会主义物质文明与精神文明建设的重要组成部分。只有重视家庭文明建设,才能传承婚姻家庭美德,践行注重家庭家教家风的理念。

(一)家庭文明建设的内涵

《民法典》第1043条第1款规定:“家庭应当树立优良家风,弘扬家庭美德,重视家庭文明建设。”

1.树立优良家风

家风,也称家庭的风气或风范,是指家庭建设所形成的稳定的生活作风、立身之本、伦理观念、道德风尚等总称。首先,优良家风是中华民族传统优秀文化的重要内涵。中华文化源远流长,家风文化积淀深厚。“天下之本在国,国之本在家。”优良家风,培养了仁人志士救亡图存、济世安邦的爱国风骨,陶冶了中华儿女自强不息、厚德载物的精神气节。其次,优良家风是中华民族传统家教的重要内涵。身教胜于言教,家教利于社稷。优良家风,培植了中华儿女“铁肩担道义,妙手著文章”的人生理想,流传着父辈子孙笃学慎行、勤勉成才的家教风范。最后,优良家风是我国家庭文明建设的重要内涵。优良家风,具有耳濡目染、潜移默化的精神力量,教化家庭成员遵纪守法、爱国爱家,引导家庭成员修身养德、廉洁齐家,昭示家庭成员守正创新、立德树人,倡导家庭成员相互尊重、相互关爱。树立优良家风,有助于建立平等、和睦、文明的婚姻家庭关系。

2.弘扬家庭美德

家庭美德,也称家庭道德,是规范家庭生活、调节家庭关系、鼓励或约束家庭成员行为的道德准则。弘扬家庭美德,是推动家庭文明建设和社会文明发展的重要条件。

家庭美德,是中华民族传统优秀道德的重要内涵。传统家庭美德内涵丰富,包括勤俭、节约、贵和的持家美德,谨慎、宽厚、知报的教子美德,修身、重行、改过的修身美德,慎独、自省、自强的处事美德。① 弘扬家庭美德,有助于家庭成员明大德、守公德、严私德,树立正确的人生观、价值观和婚姻家庭观,有助于家庭成员励志成才、报效国家、服务社会、建设家庭。

家庭美德,是我国社会主义道德建设的重要内涵。家庭美德,即家庭成员应该遵守和传承的美好道德风范,包括尊老爱幼、男女平等、夫妻和睦、勤俭持

① 参见张锡勤:《中国传统道德举要》,黑龙江教育出版社1996年版,第2~3页。

家和邻里团结。① 家庭美德,是保障婚姻家庭和谐幸福的基础,也是推进社会道德前行的力量。弘扬家庭美德,有助于维护家庭成员的人身权益和财产权益,有助于促进精神文明与社会稳定。

家庭美德,是我国家庭民主建设的重要内涵。家庭成员既是社会主义道德建设的参与者和受益者,也是家庭文明的建设者和受益者。弘扬家庭美德,就是要德法兼备,有效解决代际冲突、家庭纠纷、家庭失序、家德缺失等问题,切实维护家庭成员的合法权益,倡导家庭成员间的敬老爱幼、互相帮助。

弘扬家庭美德,既要加强家庭美德建设,遵循社会主义核心价值观,不断提升家庭成员的思想道德素质;也要引导家庭成员学习真知、虚心向上、开悟智慧、追求真理,鼓励家庭成员相互关爱、民主持家、相互尊重、共建家园。

3. 建设家庭文明

重视家庭文明建设,有助于巩固社会主义的婚姻家庭制度,促进婚姻家庭秩序的和谐与稳定。家庭文明建设,既包括家庭的物质文明、精神文明、法治文明建设,也包括家庭成员的人身关系文明与财产关系文明建设。

重视家庭文明建设,尤要建设两个文明:一是夫妻关系文明建设。夫妻关系文明建设的核心,即"夫妻应当互相忠实,互相尊重,互相关爱";依法处理夫妻关系,如共同抚养、教育、保护未成年子女,共同赡养、扶养、扶助老人及其他家庭成员;共同承担家庭费用和家务劳动,共同维护婚姻关系、提升婚姻质量。二是家庭关系文明建设。家庭关系文明建设的基点,即"家庭成员应当敬老爱幼,互相帮助";依法处理亲子关系及其他家庭成员关系,如尊重家庭成员的人格平等、人格独立、人格自由与人格尊严,维护家庭成员的人身权益和财产权益,共同建设自由、舒适、温馨的家庭乐园。

(二)家庭文明建设的保障

《民法典》第 1043 条第 2 款规定:"夫妻应当互相忠实,互相尊重,互相关爱;家庭成员应当敬老爱幼,互相帮助,维护平等、和睦、文明的婚姻家庭关系。"

1. 夫妻应当互相忠实、互相尊重、互相关爱

夫妻关系是家庭关系的核心。夫妻关系是否平等、和睦,既影响家庭成员之间的关系,也制约家庭的和谐与稳定。夫妻互相忠实、互相尊重、互相关爱,

---

① 江南雨、刘思羽主编:《家庭美德学习读本》,中共中央党校出版社 2001 年版,第 7 页。

既是夫妻道德、家庭美德的必然要求，也是维护平等、和睦、文明的婚姻家庭关系的基本前提。

(1)夫妻应当互相忠实

夫妻应当互相忠实，也称夫妻的忠实义务、忠诚义务、贞操义务。夫妻忠实有广义和狭义之分：广义的夫妻忠实，既包括夫妻互守贞操、不为婚外性行为，也包括不得恶意遗弃配偶，不为第三人利益牺牲、损害配偶的利益。狭义的夫妻忠实，也称贞操义务，是指夫妻保持专一、排他的性关系的义务。夫妻忠实，是婚姻的自然属性、社会属性的要求与规制。

夫妻忠实义务，经历了由单纯要求妻子的忠实到夫妻相互忠实的发展过程。古代社会，由于男尊女卑、三从四德、从一而终等封建婚姻家庭观念的影响，夫妻忠实义务仅是针对女性的片面的贞操义务，即女性必须恪守贞操；男性则无须遵守夫妻忠实义务，不仅可以一夫一妻多妾，而且对其婚外性行为也持宽容态度，即男性无须恪守贞操。近现代以来，伴随婚姻自由、男女平等、一夫一妻观念的普及与落实，片面要求女性恪守贞操义务的观念遭到批判与摒弃，夫妻忠实义务逐步演化为男女平等的义务，即夫妻应当互相忠实。

夫妻忠实义务是夫妻双方互相的义务。妻子有权要求丈夫忠实，丈夫有权要求妻子忠实。夫妻平等、互相忠实的义务，符合现代婚姻家庭关系的正义追求，符合当代婚姻家庭立法的公平理念。为贯彻夫妻互相忠实的原则，必须禁止重婚、禁止有配偶者与他人同居。

夫妻互相忠实是夫妻关系的基本规范。违背夫妻互相忠实的义务，将承担如下法律后果：一是重婚、有配偶者与他人同居以及其他有违夫妻忠实的行为，构成法定离婚情形；二是无过错方在离婚时可请求离婚损害赔偿；三是离婚分割夫妻共同财产时，人民法院应按照照顾无过错方权益的原则判决。

(2)夫妻应当互相尊重、互相关爱

夫妻互相尊重、互相关爱，是指夫妻在家庭事务和家庭生活中平等相待、互敬互爱、互相沟通、共担责任。建立互相尊重、互相关爱的夫妻关系，有助于提升婚姻质量、稳定婚姻秩序。

夫妻互相尊重、互相关爱是夫妻关系的基本准则，也是男女平等原则在夫妻关系中的具体体现。当人类社会摒弃了男尊女卑、夫尊妻卑的封建性别观念、夫妻观念后，夫妻关系迎来了人格独立、人格平等、人格自由、人格尊严的新时期。

夫妻互相尊重、互相关爱内涵丰富。就婚姻伦理规范而言，既指夫妻之间的情感忠诚、行为忠诚、同甘共苦、关心爱护，也指夫妻之间的以礼相待、民主协商、互相沟通、守望相助。就婚姻法律规范而言，则指夫妻之间互相尊重彼此的人身权和财产权。

夫妻应当互相忠实、互相尊重、互相关爱，这是当代婚姻家庭立法的基本规范。如《瑞士民法典》第159条第3款规定："夫妻双方应当相互忠诚并相互扶助。"[①]《法国民法典》第212条规定："夫妻应相互尊重、忠诚、救助与扶助。"[②]夫妻互相忠实、互相尊重、互相关爱是夫妻共同生活的必然要求，也是夫妻关系的本质所在。

2. 家庭成员应当敬老爱幼、互相帮助

敬老爱幼、互相帮助，是家庭成员处理相互关系的基本准则，也是维护平等、和睦、文明的婚姻家庭关系的必然要求。

(1)家庭成员应当敬老爱幼

敬老爱幼，既是家庭美德，也是法律义务。敬老，是指家庭成员中的晚辈对长辈的尊敬、赡养、扶助与照料。爱幼，是指家庭成员中的长辈对晚辈的爱护、抚养、教育与保护。敬老爱幼，即孝敬老人、爱护儿童。

敬老爱幼是中华民族的传统美德。"老吾老，以及人之老；幼吾幼，以及人之幼。"[③]孝敬老人，就是要尊重老人的物质、精神等需要，确保老人健康、愉快、幸福地安享晚年。爱护儿童，就是要满足儿童的生活、安全、心理、成长等需要，确保儿童身心健康、精神愉快地成长，把儿童培养成德、智、体、美、劳全面发展的社会主义的建设者和接班人。

敬老爱幼是家庭成员的法律义务。家庭成员具有抚养、扶养、赡养等权利义务关系，当家庭成员不履行抚养、扶养、赡养等义务时，需要抚养、扶养、赡养的家庭成员有要求其履行相关义务的权利。敬老爱幼，既是建构融洽、和谐家庭关系的前提，也是家庭幸福美满的保障。

---

① 《瑞士民法典》，于海涌、赵希璇译，[瑞士]唐伟玲校，法律出版社2016年版，第63页。

② 《法国民法典》，罗结珍译，北京大学出版社2010年版，第67页。

③ 《孟子·梁惠王上》。

(2)家庭成员应当互相帮助

互相帮助,是指家庭成员之间的扶助、照料、关心和慰藉。互相帮助,既体现在夫妻之间、亲子之间,也体现在祖孙之间、兄弟姐妹之间。

互相帮助是家庭成员的道德义务。家庭成员应当互相帮助,是处理家庭关系的基本准则,也是家庭物质文明、精神文明建设的重要内容。互相帮助,既可使家庭成员感受到夫妻之情、亲子之义、手足之谊、祖孙之爱,也可使家庭成员领略到生活的关爱与照料、事业的扶掖与支持。互相帮助,可增强家庭成员战胜困难、奋力前行的勇气与动力,也可增强家庭成员的向心力,增进家庭的和谐与稳定。

互相帮助是家庭成员的法律义务。家庭成员的法律地位平等。互相帮助,既体现在直系血亲与旁系血亲之间,也体现在自然血亲与拟制血亲之间。互相帮助,有助于家庭成员及时行使人身权和财产权,并实现人身权益和财产权益保障的最大化。

家庭成员应当敬老爱幼、互相帮助,这有助于弘扬社会主义婚姻家庭道德风尚,展现社会主义核心价值,维护社会主义的婚姻家庭制度。

第三节 亲属制度

亲属制度,是婚姻家庭制度中的重要组成部分。《民法典·婚姻家庭编》在一般规定中明确了亲属的种类,界定了近亲属和家庭成员,填补了亲属立法空白,完善了婚姻家庭立法,对协调法定亲属之间的权利和义务关系提供了法律规范。

一、亲属的含义

亲属,是指基于婚姻、血缘和法律拟制而形成的社会关系。亲属关系一经法律调整,便产生特定主体之间的权利义务关系。恩格斯指出:“父母、子女、兄弟、姐妹等称谓,并不是简单的荣誉称号,而是一种负有完全确定的、异常郑重的相互义务的称呼。这种义务的总合便构成这些民族的社会制度的实质部分。”①

① 《马克思恩格斯全集》(第21卷),人民出版社1965年版,第40页。

（一）亲属的分类

亲属有广义和狭义之分。广义的亲属，是指生物学意义的亲属，包括一切具有婚姻、血缘和姻亲关系的人，无亲等或世代的限制。其中一些亲属，没有法定的权利和义务，仅属伦理意义的亲属。狭义的亲属，是指法律意义的亲属，即基于婚姻、血缘或法律拟制而形成的具有法定权利义务关系的亲属。《民法典》第1045条有关亲属的规定，属狭义的亲属。

1. 亲属与家属

家属是家长的对称。我国古代实行家长制，家长以外的家庭成员均称为家属，家长对家属拥有人身和财产方面的特权。亲属的范围要广于家属，亲属不一定是家属，家属也不以亲属为限，因其包括妾和奴婢等。[①] 伴随家长制的废除及家庭成员地位的平等，家长与家属的称谓虽沿用至今，但已失去原有的法律意义。

2. 亲属与家庭成员

家庭成员，是指同居一家共同生活并互有权利义务关系的亲属。关于家庭成员的界定，各国立法例不同。有的采形式主义，即凡属同一户籍者，即为家庭成员；有的采实质主义，即凡为共同生活者，即为家庭成员，是否为同一户籍在所不问。家庭成员仅为亲属的一部分，通常限于父母、子女、兄弟姐妹等近亲属；亲属范围则更广。《民法典》第1045条第3款规定："配偶、父母、子女和其他共同生活的近亲属为家庭成员。"而"配偶、父母、子女、兄弟姐妹、祖父母、外祖父母、孙子女、外孙子女为近亲属"[②]。

（二）亲属的特征

亲属有其产生的特定的法律事实，也有法定的人身关系与财产关系的内涵。亲属具有以下特征：

1. 亲属的法律性。亲属具有一定的权利义务关系，即法定的亲属具有人身关系和财产关系。法定以外的亲属不存在权利义务关系，但不排除其自觉履行亲属间的伦理责任。

2. 亲属的原因性。亲属关系产生的原因包括婚姻关系、血缘关系和法律

---

① 参见杨大文主编：《婚姻家庭法》（第5版），中国人民大学出版社2012年版，第65页。

② 《民法典》第1045条第2款。

拟制。

3. 亲属的身份性。亲属具有特定的身份和称谓,亲属身份一经确定,不可随意变更或解除。因血缘产生的亲属身份具有永久性,不因任何法律事实而变更。因婚姻和法律拟制产生的亲属关系虽可变更,但法律保护合法的亲属关系。

二、亲属的分类与范围

(一)中国古代亲属的分类

中国古代社会实行宗法制度,将亲属分为三类:

1. 宗亲,也称内亲、本亲、本族,是指源于同一祖先的男系血亲。宗亲通常由三类亲属组成:一是源于同一祖先的男系血亲;二是源于同一祖先的男系血亲的配偶,即因娶入而归于本宗的妇女;三是源于同一祖先的未出嫁的女性,即在室女。宗亲是封建礼法所确认的重要亲属,可通过组成宗族组织,决定宗族的事务、纠纷、奖惩等事项。

2. 外亲,也称外姻、外族或女亲,是指与母亲和出嫁女相联系的亲属。

3. 妻亲,也称妻族,是指以妻子为中介联系的亲属。基于"三纲"及"男尊女卑"观念,宗亲是亲属的基础和核心,外亲、妻亲则处于次要地位。伴随性别平等观念的确立,中国古代的亲属分类已被摒弃,但其亲属观念仍有影响。

(二)现代亲属的分类

现代婚姻家庭法奉行男女平等原则。以亲属关系发生的原因为标准,亲属可分为三类:配偶、血亲和姻亲。《民法典》第 1045 条第 1 款规定:"亲属包括配偶、血亲和姻亲。"

1. 配偶

配偶,也称夫妻,是指男女双方因结婚而形成的亲属关系。在婚姻关系存续期间,夫妻互为配偶。关于配偶是否为亲属,当代各国立法例不同。德国和瑞士未把配偶作为亲属,亲属只包括血亲和姻亲。日本和韩国等把亲属分为血亲、姻亲和配偶。配偶是血亲和姻亲的产生基础。

2. 血亲

血亲,是指相互之间具有血缘关系的亲属,包括自然血亲和拟制血亲。

(1)自然血亲,是指出自同一祖先,有血缘联系的亲属。这些亲属无论是婚生还是非婚生,无论是全血缘(同父同母)还是半血缘(同父异母、同母异父),均是自然血亲。如父母与子女,祖父母与孙子女、外祖父母与外孙子女,兄弟姐妹、表兄弟姐妹、堂兄弟姐妹,伯、叔、姑、舅、姨与侄子女、甥子女等。

(2)拟制血亲,又称"准血亲",是指相互之间本无该种血亲应具有的血缘关系,但法律确认其与该种血亲具有相同的权利义务关系的亲属。如养父母与养子女,形成了抚养教育关系的继父母与继子女等。

3. 姻亲

姻亲,是指因婚姻关系而发生的亲属,但不包括配偶;主要包括血亲的配偶、配偶的血亲、配偶的血亲的配偶。

(1)血亲的配偶,即己身的直系血亲和旁系血亲的配偶。如女婿、儿媳、妹夫、弟媳等。

(2)配偶的血亲,即己身的配偶的直系血亲和旁系血亲。如公婆、岳父母、夫的兄弟姐妹、妻的兄弟姐妹等。

(3)配偶的血亲的配偶,即己身配偶的血亲的配偶。如连襟、妯娌等。

除上述分类外,还可以按其他标准对亲属进行分类:一是以亲属关系的亲疏远近为标准,亲属可分为近亲属和其他亲属。近亲属,通常是指一起共同生活、具有法定权利义务关系的亲属。近亲属之外的亲属,为其他亲属。二是以行辈为标准,亲属可分为长辈亲属、平辈亲属、晚辈亲属。长辈亲属,是指辈分高于自己的亲属,如父母、祖父母等。平辈亲属,是指辈分与自己相当的亲属,如夫妻、兄弟姐妹等。晚辈亲属,是指辈分低于自己的亲属,如子女、孙子女等。

(三)亲属的范围

亲属的范围,是指法律意义上的亲属范围。立法例不同,亲属的范围也不同。关于亲属范围的立法例,主要包括两类:一是分别限定立法,即法律并不概括限定亲属的范围,而是在具体的亲属关系或法律事项上分别规定亲属的法律效力。二是总体限定立法,即法律概括限定亲属的范围,此范围之外的亲属不受法律调整。

亲属范围虽广泛,但法律调整的亲属关系却是有限的。只有法律调整的亲属关系,才具有彼此间的权利和义务。法律调整以外的其他亲属关系,不具有权利和义务,可通过伦理道德、风俗习惯等加以调整。我国法定的亲属范围包括配偶、血亲和姻亲。有关亲属范围的规定,对于调整亲属关系具有规范意义。《民法典》第1045条第2款规定了近亲属的范围,第1048条规定了禁止结婚的亲属范围。

三、亲系和亲等

(一)亲系

亲系,是指亲属间的血缘联系。亲系作为亲属间的联络系统,有广义和狭义之分。广义的亲系,包括血亲和姻亲的联络系统;狭义的亲系,仅指血亲的联络系统。亲系的划分,适用于血亲和姻亲。以亲系为标准,可将亲属分为以下几类:

1. 男系亲和女系亲

男系亲,是指以男子为中介而联系的亲属;女系亲,是指以女子为中介而联系的亲属。

2. 父系亲和母系亲

父系亲,是指以父亲为中介而联系的亲属;母系亲,是指以母亲为中介而联系的亲属。

在亲属范围上,男系亲和女系亲、父系亲和母系亲的划分,既有联系又有区别。如自己与伯叔之子女,既是男系亲也是父系亲;自己与姑之子女,虽是父系亲,但却是女系亲,因其以女性为中介。

3. 直系亲和旁系亲

(1)直系血亲和旁系血亲。直系血亲,是指有直接血缘联系的血亲,包括生育自己和自己生育的血亲;旁系血亲,是指彼此之间具有间接血缘联系的血亲。

(2)直系姻亲和旁系姻亲。直系姻亲的含义有二:一是指配偶的直系血亲;二是指直系血亲的配偶。旁系姻亲,包括旁系血亲的配偶、配偶的旁系血亲和配偶的旁系血亲的配偶。

直系姻亲和旁系姻亲的分类,准用其配偶与配偶的血亲的亲系。如儿媳与公婆、女婿与岳父母为直系姻亲,是因其夫、妻与父母为直系血亲;自己与兄弟之妻、姐妹之夫为旁系姻亲,是因自己与兄弟姐妹为旁系血亲;夫妻一方与另一方的兄弟姐妹为旁系姻亲,是因夫或者妻与其兄弟姐妹为旁系血亲。

（二）亲等

亲等，是指亲属的等级，即计算亲属关系亲疏远近的单位。亲等数小，表明亲属关系近；亲等数大，表明亲属关系远。亲等的计算以血亲为基础，准用于姻亲，但不适用于配偶。世界上主要有两种亲等计算法：一是为当代多数国家采用的罗马法亲等计算法；二是为部分国家采用的寺院法亲等计算法。我国《民法典·婚姻家庭编》采用世代计算法。

1. 罗马法亲等计算法

罗马法亲等计算法，是古罗马帝国使用的计算亲属关系亲疏远近的制度，随着罗马法的传播和各国法律文化的交流，为当代许多国家所采用。

（1）直系血亲计算，是从己身向上或向下数，但不算己身，以一世为一亲等。如从己身向上数，父母为一亲等，祖父母、外祖父母为二亲等，依次类推。从己身向下数，子女为一亲等，孙子女、外孙子女为二亲等，依次类推。

（2）旁系血亲计算，是先从己身向上数至己身与对方共同的长辈直系血亲（同源直系血亲），再从该长辈直系血亲下数至对方，以世数相加之和定其亲等。

姻亲计算，以“姻亲从血亲”为原则，即姻亲的亲等以赖以发生姻亲的一方与其血亲的亲等数为亲等。

2. 寺院法亲等计算法

寺院法亲等计算法，是欧洲中世纪基督教寺院计算亲属关系亲疏远近的制度，是在罗马法亲等计算法的基础上修改而成。

（1）直系血亲计算，与罗马法相同，即从己身向上或向下数，但不算己身，以一世为一亲等。

（2）旁系血亲计算，与罗马法不同。先从己身向上数至己身与对方共同的长辈直系血亲（同源直系血亲），记下世数；再从对方向上数至该长辈直系血亲，记下世数，如果两边的世数相同，则以此数为旁系血亲亲等数；如果两边的世数不同，则按世数多的一边定其亲等数。

姻亲计算，同罗马法亲等计算法，即以赖以发生姻亲的一方与其血亲的亲等为亲等。

关于直系血亲的亲等计算，罗马法亲等计算规则与寺院法亲等计算规则相同。关于旁系血亲的亲等计算，罗马法亲等计算规则优于寺院法亲等计算规则。

3. 我国《民法典》中的世代计算法

依照《民法典》的规定，血亲关系的亲疏远近用“代”来表示，如直系血亲和三代以内的旁系血亲禁止结婚。代即世辈，以一辈为一代。

（1）直系血亲计算，是从己身开始，己身为一代，向上或向下数。上数至父母是二代，至祖父母、外祖父母为三代。向下数也如此，己身至子女是二代，至孙子女与外孙子女为三代，依次类推。

（2）旁系血亲计算，首先找出同源直系血亲，按直系血亲的计算法，从己身向上数至同源直系血亲，记下世代数；再从要计算的旁系血亲向上数至同源直系血亲，记下世代数。如果两边的世代数相同，即以此数定代数；如果两边的世代数不同，则取世代数大的一边定代数。

4. 我国古代的丧服制度

丧服制度，简称服制，是以服制的不同来区别亲属关系亲疏远近的制度。[①]丧服由重到轻，亲者、近者其服重；疏者、远者其服轻。五服以内为有服亲，五服以外为袒免亲即无服亲。丧服制是特定历史条件下的产物，是宗法等级制度的体现。丧服制度分五等：

第一等：斩衰，为三年之服。丧服用粗麻布制作，不缝下边。如儿子、在室女为父母丧，嫡孙为祖父母丧，妻为夫丧，有斩衰三年之服。

第二等：齐衰，服期长短有别。有齐衰杖期（持杖一年）、齐衰不齐杖（不持杖一年）、齐衰五月、齐衰三月之别。丧服以稍粗麻布制作，缝下边。如子为出母、嫁母丧，夫为妻丧（父母不在时），有齐衰杖期之服。孙为祖父母丧，出嫁女为父母丧，夫为妻丧（父母在时），有齐衰不杖期之服。曾孙、曾孙女（在室）为曾祖父母丧，有齐衰五月之服。玄孙、玄孙女（在室）为高祖父母丧，有齐衰三月之服。

第三等：大功，为九月之服。丧服以粗的熟布制作。如妻为夫之祖父母丧，父母为众子妇丧，有大功之服。

第四等：小功，为五月之服。丧服以稍粗的熟布制作。如己身为伯叔祖父母、堂伯叔父母丧，妻为夫的伯叔父母丧，有小功之服。

第五等：缌麻，为三月之服。丧服以稍细的熟布制作。如己身为族叔伯父

① 丧服是为哀悼死去的亲属而穿的衣服，用本色的粗布或麻布做成。

母丧,为妻之父母丧,有缌麻之服。

四、亲属关系的变动与效力

(一)亲属关系的变动

亲属关系的变动,包括亲属关系的发生和终止。亲属关系的发生,是指一定的法律事实的出现而使当事人间产生亲属关系。亲属关系的终止,是指一定的法律事实的出现而使当事人间的亲属身份和权利义务关系消灭。亲属关系的终止,有绝对终止和相对终止之分。前者指亲属的身份和权利义务关系完全消灭;后者指亲属的权利义务关系消灭,亲属身份并不消灭。亲属种类不同,其变动的原因也不同。

1. 配偶关系的发生和终止

(1)配偶关系的发生

配偶关系因婚姻的成立而发生。结婚是配偶关系依法产生的原因。《民法典》第 1049 条规定:"完成结婚登记,即确立婚姻关系。"结婚登记时间即配偶关系发生的时间。

(2)配偶关系的终止

配偶关系因婚姻的终止而消灭。婚姻因配偶死亡或离婚而终止。配偶一方自然死亡或人民法院宣告死亡生效的时间,婚姻登记机关发给离婚证或人民法院准予离婚的调解书或判决书生效的时间,即配偶关系终止的时间。

2. 血亲关系的发生和终止

(1)血亲关系的发生

①自然血亲关系的发生。自然血亲因出生而发生。出生是自然血亲关系发生的唯一原因。出生的时间即自然血亲发生的时间。

②拟制血亲关系的发生。拟制血亲关系因所拟制的亲属身份关系依法成立而发生。拟制血亲种类不同,发生原因也不同。如养父母与养子女的拟制血亲关系,因收养关系成立而发生;继父母与继子女的拟制血亲关系,因抚养教育关系的成立而发生。

(2)血亲关系的终止

①自然血亲关系的终止。自然血亲关系因死亡而终止。死亡是自然血亲关系终止的唯一原因,即自然血亲关系不能人为解除。自然死亡或人民法院宣

告死亡的判决书生效的时间,是自然血亲关系的终止时间。如子女被他人收养后,其与父母和父母方的自然血亲关系依然存在,仅终止了彼此间的权利义务关系,且须遵守禁婚亲规定,禁婚效力不消灭。

②拟制血亲关系的终止。拟制血亲关系因死亡或所拟制的亲属身份关系依法解除而终止。如养父母和养子女关系,可因一方死亡而终止,也可因依法解除收养关系而终止。自然死亡或人民法院宣告死亡的判决书生效的时间,发给解除拟制血亲关系证明的时间或人民法院准予解除拟制血亲关系的调解书或判决书生效的时间,即拟制血亲关系终止的时间。一方死亡而终止拟制血亲关系的,仅消灭彼此间的权利义务关系,双方的身份关系并不消灭,属于相对终止。依法解除拟制血亲关系的,既消灭身份关系,也消灭权利义务关系,属于绝对终止。

3. 姻亲关系的发生和终止

(1)姻亲关系的发生

姻亲关系因婚姻的成立而发生。婚姻成立的时间为姻亲关系发生的时间。婚姻的成立虽是姻亲关系发生的基础,但婚姻当事人各方应有血亲关系的存在。否则,不会产生姻亲关系。

(2)姻亲关系的终止

在通常情形下,姻亲关系可因离婚或配偶一方死亡而终止。《民法典》对姻亲关系的终止原因未做明确规定,依民俗习惯,离婚可终止姻亲关系;配偶一方死亡后是否终止姻亲关系,可由当事人自行决定。

关于离婚是否终止姻亲关系,有两种立法例:一是消灭主义,即姻亲可因离婚而终止。二是不消灭主义,即姻亲关系不因离婚而终止。

关于配偶一方死亡是否终止姻亲关系,各国立法不一。主要立法例有三:一是姻亲关系不终止;二是生存一方再婚前不终止,再婚后终止姻亲关系;三是由姻亲双方自行决定。

(二)亲属关系的效力

亲属关系的效力,即法定亲属所具有的权利义务关系。亲属关系的种类不同,法律效力也不同。

1. 在民法上的效力

亲属关系在民法上的效力,内容广泛。亲属的权利义务关系体现在以下方面:监护、代理、宣告失踪和宣告死亡、个体工商户和农村承包经营户的财产共有与债务承担、夫妻共有财产与家庭共有财产、相互扶养的义务、禁婚的义务、遗产继承、夫妻共同债务与债务清偿等。

2. 在刑法上的效力

亲属关系在刑法上的效力,主要表现在以下方面:某些犯罪主体是被害人的近亲属,如虐待罪、遗弃罪;某些犯罪主体是被害人的亲属或明知他人有特定亲属关系,如暴力干涉婚姻自由罪、破坏军婚罪、重婚罪;亲属在法定条件下享有告诉权,如暴力干涉婚姻自由罪、虐待罪、侮辱罪、诽谤罪等。

3. 在诉讼法上的效力

亲属关系在诉讼法上的效力,包括其在民事诉讼法、刑事诉讼法、行政诉讼法上的效力。具体效力表现在以下方面:回避义务,辩护和代理的权利,上诉、申诉的权利,申请执行的权利等。

4. 在国籍法上的效力

亲属关系在国籍法上的效力,体现为一定范围的亲属是取得、丧失和恢复国籍的依据。如父母双方或一方为中国公民,本人出生在中国或外国,具有中国国籍;但父母双方或一方为中国公民并定居在外国,本人出生时即具有外国国籍的,不具有中国国籍。[①] 父母无国籍或国籍不明,定居在中国,本人出生在中国,具有中国国籍。[②] 外国人或无国籍人,愿意遵守中国宪法和法律,是中国人的近亲属,可以经申请批准加入中国国籍。[③] 中国公民是外国人的近亲属,可以经申请批准退出中国国籍。[④] 曾有过中国国籍的外国人,具有正当理由,可以申请恢复中国国籍;被批准恢复中国国籍的,不得再保留外国国籍。[⑤]

此外,亲属关系在劳动法等领域,也具有相应的法律效力。如劳动者死亡后,其遗属依法享受遗属津贴等。[⑥]

---

① 参见《国籍法》第 4 条、第 5 条。

② 参见《国籍法》第 6 条。

③ 参见《国籍法》第 7 条。

④ 参见《国籍法》第 10 条。

⑤ 参见《国籍法》第 13 条。

⑥ 参见《劳动法》第 73 条第 2 款。

第二章

结婚制度

结婚制度是婚姻家庭制度的重要组成部分。一方面,男女两性自愿结合的真实意愿,法律予以充分尊重。男女双方在感情契合的基础上,通过结婚制度保障婚姻关系的合法成立。另一方面,“如果婚姻不是家庭的基础,那么它就会像友谊一样,也不是立法的对象了”①。男女双方结婚后,共同组建家庭,成为社会发展的细胞,担负着促进家庭文明与社会文化协同进步的使命。

第一节　结婚的法律阐释

结婚制度守护夫妻双方互相忠实,保障家庭成员平等和睦,保持优良家风传承发展。结婚制度的法律保障与法治国家的发展建设紧密相连。“全面依法治国是一个系统工程,必须统筹兼顾、把握重点、整体谋划,更加注重系统性、整体性、协同性。”②法律保障结婚制度,有助于促进民族团结共荣,维护社会和谐稳定,推动国家繁荣发展。

一、结婚的理念探寻

结婚制度是人类社会发展到一定历史阶段的产物,与其所处时代的政治制

① 《马克思恩格斯全集》(第 1 卷),人民出版社 1956 年版,第 183 页。

② 《习近平谈治国理政》(第 3 卷),外文出版社 2020 年版,第 285 页。

度、经济制度、文化制度、风俗制度相适应。结婚的理念探寻,既有赖于正确认知结婚的含义,也有赖于准确理解结婚的特征。

(一)认知结婚的含义

结婚,又称婚姻的成立或者婚姻的缔结。结婚是"男女双方依照法律规定的条件和程序,确立夫妻关系的重要民事法律行为"①。结婚的含义,可以从广义的角度和狭义的角度进行认知。广义的结婚是指婚姻成立的全部过程,包括订立婚姻的约定(婚约)和夫妻关系的确立。狭义的结婚仅指夫妻关系的确立,不包括订立婚姻的约定,即狭义的结婚不包括婚约。

考察结婚制度的历史演变,可以发现古代社会多采广义的结婚含义,而近现代社会多采狭义的结婚含义。古代社会重视婚约,订立婚约是男女双方结婚的必经程序,没有订立婚约的男女双方不被认可成立婚姻关系,这囿于当时社会制度的宗教礼法和伦理道德。随着政治、经济的发展,近现代社会文明程度显著提升,男女双方成立婚姻关系不再依附于婚约的订立。如果符合结婚的条件和程序,即使未订立婚约,男女双方亦可成立婚姻关系。这一做法,已被当今世界多数国家和地区的婚姻家庭立法所认可。我国《民法典·婚姻家庭编》中关于婚姻的成立,即采狭义结婚的含义。

(二)理解结婚的特征

结婚是产生夫妻关系的法律依据。结婚规范作为婚姻规范的重要组成部分,以结婚方式为载体,蕴含性别平等观念,贯彻男女平等原则,尊重婚姻当事人的结婚意愿。具体而言,结婚有如下特征:

1. 结婚的主体是男女双方。婚姻家庭关系的自然属性决定结婚系男女之间的两性结合。"同性之间能否成立婚姻,在人类历史上经历了从残酷对待到逐步宽容的改变。"②关于同性之间能否结婚,以及同性之间的婚姻在法律上能否给予保护,有些国家和地区对其予以确认。③ "虽然当今社会对同性之间成立家庭的态度已较之前有所改观"④,但基于婚姻家庭的伦理观念和法律传统的影

① 巫昌祯主编:《婚姻与继承法学》(第6版),中国政法大学出版社2017年版,第90页。

② 王歌雅主编:《婚姻家庭继承法学》(第2版),中国人民大学出版社2013年版,第64页。

③ 阿根廷、澳大利亚、巴西、美国、加拿大、英国、意大利、法国、德国、奥地利、匈牙利、西班牙、葡萄牙、荷兰、丹麦、比利时、挪威、瑞典等国家对同性婚姻给予不同程度的认可。

④ 夏吟兰:《民法分则婚姻家庭编立法研究》,载《中国法学》2017年第3期。

响,男女双方依然是结婚的主体。我国《民法典·婚姻家庭编》规定的结婚,是指男女双方依据法定的条件和程序确立夫妻关系的结合。

2. 结婚须符合法定要件。婚姻家庭关系的社会属性要求男女双方结婚须符合法定要件。"尽管不同的时代、国度对婚姻成立要件的规定不同,但均体现出对个人利益、社会利益和国家利益的高度关注。"①结婚的法定要件包括实质要件和形式要件。结婚的实质要件称为结婚条件,结婚的形式要件称为结婚程序。关于结婚的条件和程序,我国《民法典·婚姻家庭编》予以详细规定,以保障男女双方确立合法的婚姻关系和家庭关系。只有符合法定的条件和程序,才能成立婚姻关系;否则,不具有婚姻的效力。

3. 结婚的效力是确立夫妻关系。男女双方结婚后,彼此之间确立夫妻关系。夫妻关系包括人身关系和财产关系,其受婚姻家庭法律规范的保障和约束。夫妻之间应当互相忠实、互相尊重、互相关爱,其身份关系非经法定程序不得解除。而未经法律承认的男女两性结合,不能确立夫妻关系,也不能产生夫妻间的权利和义务。同时,男女双方因结婚与对方亲属之间产生姻亲关系,包括血亲的配偶、配偶的血亲、配偶的血亲的配偶。姻亲关系在法定情形下具有权利和义务。

二、结婚制度的沿革

"社会制度不同,结婚制度的性质、内容和特点也不同。"②以法社会学、法历史学的角度考察结婚制度,可以发现,社会制度对结婚制度的影响集中反映在结婚方式上。结婚制度主要经历了掠夺婚、有偿婚、聘娶婚、宗教婚、自由婚五个发展阶段。

(一)掠夺婚

掠夺婚也称为抢婚,是指男性以暴力方式劫夺女性,并宣称该被劫夺女性为其妻的结婚方式。掠夺婚出现于个体婚形成初期,且"随着对偶婚的发生,便开始出现抢劫和买卖妇女的现象"③。掠夺婚的主要特点为男性使用暴力抢劫

---

① 杨大文主编:《婚姻法学》,北京大学出版社1991年版,第84页。

② 魏振瀛主编:《民法》(第8版),北京大学出版社、高等教育出版社2021年版,第653页。

③ 《马克思恩格斯全集》(第21卷),人民出版社1965年版,第59页。

占有女性。如罗马法中记载的时效婚,即指罗马市民可以通过抢夺的方式,将邻族女性带回自己的家中,待1年时间过去后,双方之间的婚姻关系即被予以认可。印度《摩奴法典》中记载的罗刹婚,则是指允许男性通过武力方式,将女性强行带回男性家中。我国古籍《周易》中有关"匪寇,婚媾""乘马班如,泣血涟如"的描述,折射出掠夺婚的真实存在。

恩格斯在《家庭、私有制和国家的起源》中说道:"抢劫女子的现象,已经表现向个体婚制过渡的迹象,至少是以对偶婚的形式表现出这种迹象。"①同时,恩格斯在文中举例说明:"当一个青年男子,在朋友们的帮助下劫得或拐得一个姑娘的时候,他们便轮流同她发生性关系;但是在此以后,这个姑娘便被认为是那个发动抢劫的青年男子的妻子。"②原始社会中,社会文明程度较低,战争中失败一方的男性俘虏会被处死,女性则会成为战争胜利一方的妻子。掠夺婚的出现表明,原始社会的群婚已逐渐向个体婚进行过渡。

(二)有偿婚

有偿婚,是指男性以向女性或女性家庭给付一定对价作为条件,双方从而成立的婚姻。依据给付对价方式的不同,有偿婚可以分为买卖婚、交换婚、劳役婚。

买卖婚,是指以男性支付女性身价为要件的结婚方式。男女双方成立婚姻关系,男性须向女性家庭支付一定数量的财物。受男尊女卑封建思想的影响,女性没有独立的身份,女性遭受社会歧视,买卖婚在古代社会普遍存在。在买卖婚中,女性被视为一种可以交换的商品,男性通过财物交易的方式购买女性。买卖婚姻的方式可以是公开买卖,也可以是变相买卖。

交换婚,或称互易婚,是指双方家庭以交换女性作为媒介的结婚方式。交换婚具有以人易人、以人代财的特点。表现形式可以是父母各以其女儿换取子妇进行结婚,也可以是男性以其姐妹换取妻子进行结婚。"大洋洲等地的某些民族,在历史上曾有此习俗。"③交换婚表面上脱离了将女性视为商品进行买卖的结婚形式,但实际上却通过以人换婚的方式,将女性作为一种等价交换的物

① 《马克思恩格斯选集》(第4卷),人民出版社1972年版,第41页。
② 《马克思恩格斯选集》(第4卷),人民出版社1972年版,第41页。
③ 杨森、江得水、郭阳主编:《实用婚姻法学大全》,中国妇女出版社1990年版,第73页。

品进行互易结婚。

劳役婚,或称服役婚,是指男性以向女性家庭提供一定劳役或服务作为报偿的结婚方式。男性提供劳役的方式可能是为女性家庭提供劳力,直至女性家庭中的男性成年;也可能是男性在婚后直接在女性家庭中生活劳作,成为女性家庭中的一员。如《汉书·贾谊传》载,“家贫无有聘财,以身为质也”,即男性因自身条件欠缺、社会地位低下,从而入赘女性家庭。

(三)聘娶婚

聘娶婚,是指婚姻成立要求男性向女性家庭交付一定数量的聘礼、聘财。聘娶婚是礼制教义下产生的结婚方式,在崇尚礼法的古代社会尤为盛行。聘娶婚须遵循“六礼”制度。依《仪礼·士昏礼》载:“昏有六礼,纳采、问名、纳吉、纳征、请期、亲迎。”纳采,即男方家请媒人去女方家提亲,女方家答应议婚后,男方家备礼前去求婚。问名,即男方家请媒人问询女方的名字和出生年月日。纳吉,即男方将女子的名字、八字取回后,在祖庙进行占卜。纳征,亦称纳币,即男方家将聘礼送给女方家。请期,男家择定婚期,备礼告知女方家,求其同意。亲迎,婚前一两天女方送嫁妆、铺床,隔日新郎亲至女家迎娶。《礼记·昏义》载:“昏礼者,将合二姓之好,上以事宗庙,而下以继后世也,故君子重之。是以昏礼纳采,问名,纳吉,纳征,请期,皆主人筵几于庙,而拜迎于门外,入,揖让而升,听命于庙,所以敬慎重正昏礼也。”

(四)宗教婚

宗教婚,是指“按照教会法规定的条件和程序,经宗教仪式而成立的婚姻”①。宗教婚是伴随宗教的产生而确立的结婚方式。例如,欧洲中世纪,基督教被许多国家奉为国教,宗教与婚姻密切相连,宗教婚是当时社会主要的结婚方式。“结婚被视为七项圣典(亦称宣誓圣礼)之一。结婚须向当地教会申请,事先经教会公告。婚礼由神职人员主持,当事人须宣誓并接受神职人员的祝福。”②

(五)自由婚

自由婚,或称共诺婚、契约婚,是指婚姻成立以男女双方的合意为要件。男

---

① 魏振瀛主编:《民法》(第8版),北京大学出版社、高等教育出版社2021年版,第654页。

② 马忆南:《婚姻家庭继承法学》(第4版),北京大学出版社2019年版,第59页。

女双方成立婚姻以意思自由为基础,不受其他因素的干扰。自由婚主张婚姻是男女双方共同生活期间的契约,但与财产法上的契约并不相同,其具有鲜明的身份属性。自由婚的出现,凸显结婚当事人的意思自治,并对结婚制度的立法走向和价值追求产生深远影响。

三、结婚的立法主义

结婚的立法主义,是结婚制度在立法方式、立法目的上的价值选择。“一切立法体系的最终目的,可以归纳为两大目标:自由与平等。”①不同历史时期的结婚制度,在立法主义的择取方面均有所不同。“尽管有不同的文化和宗教形式,社会的婚姻制度的特征依然是爱情、忠诚与持久。”②结婚的立法主义主要有两种:一种是事实婚主义;另一种是形式婚主义。

(一)事实婚主义

事实婚主义,是指“在事实上有婚姻关系存在或有夫妻共同生活的事实存在,法律就赋予其婚姻的效力,承认其为夫妻关系并给予保护”③。婚姻家庭制度在最初形成时期,有关结婚制度方面的立法并不完备,对于婚姻关系的法律保护,是从男女共同生活的角度出发进行实际考量的。这种立法主义与当时社会生产力发展水平相适应。许多国家早期的结婚制度均采事实婚立法主义,如英国普通法婚姻。

经济基础决定上层建筑。在社会生产力水平较低时期,人们生活的空间区域相对聚集,婚姻关系通过事实婚立法主义能够得到认证和满足。但随着社会生产力水平的提高,经济生活发生变化,对结婚制度提出了新的要求。因此,单一的事实婚立法主义已经不能满足社会生活所需,而形式婚立法主义适时出现,填补了结婚立法主义的空白。

(二)形式婚主义

形式婚主义,是指“婚姻成立以法定形式为必需的依据,不管其有无事实上的婚姻关系存在,只要履行了法律规定的形式,法律就承认其婚姻关系并加以

① [法]卢梭:《社会契约论》,何兆武译,商务印刷馆 1963 年版,第 62 页。

② [德]孔汉思、库尔舍编:《全球伦理——世界宗教议会宣言》,何光沪译,四川人民出版社 1997 年版,第 25 ~ 26 页。

③ 王歌雅主编:《婚姻家庭继承法学》(第 2 版),中国人民大学出版社 2013 年版,第 64 页。

保护"①。形式婚主义侧重考察男女双方是否履行结婚程序,其主要包括三种:一是法律婚;二是世俗婚;三是宗教婚。法律婚是指婚姻成立依据法定程序。世俗婚是指婚姻成立依据社会习惯或民间婚俗。宗教婚是指婚姻成立依据教会仪式。

形式婚立法主义顺应了时代的进步和社会的发展,较为符合结婚制度的发展轨迹。但这并不意味着事实婚主义退出了结婚制度的立法舞台,事实婚主义仍具有一定程度的积极意义。为更好地保障婚姻家庭关系,维护社会和谐稳定,"我国法采用了形式婚主义的立法原则,但对符合法定要件的特定时期的事实婚姻也赋予其法律效力"②。

四、婚约

在不同的婚姻家庭立法时期,婚约有着不同的法律地位。各个国家和地区根据自身的地域文化、宗教信仰、家庭伦理等因素,表现出对婚约不同的法律态度。对婚约问题进行法律规制,有助于维护当事人的人格尊严与人身自由。婚约解除后,如果当事人之间产生返还彩礼等财物纠纷,应当予以权益救济。因为"每一个人都应当得到人道的对待"③,而不是基于彩礼的获得与索取。

(一)婚约的含义

婚约,即婚姻契约,也称准婚姻关系,是指男女双方以将来结婚为目的而事先订立的约定。其中,订立婚约的行为称之为订婚,订立婚约的男女双方称为未婚夫妻。

根据婚约的发展阶段,可以将婚约分为早期型婚约和晚期型婚约。其中,早期型婚约是婚姻成立的必经程序,而晚期型婚约已不是婚姻成立的必要环节。

1. 早期型婚约

早期型婚约,在古代社会中较为常见,对订婚男女双方具有极强的约束力。

第一,男女双方订立婚约是婚姻成立的必经程序;如果未订立婚约,婚姻关系往往被视为无效。如古巴比伦《汉穆拉比法典》中规定:"倘自由民娶妻而未

---

① 王歌雅主编:《婚姻家庭继承法学》(第2版),中国人民大学出版社2013年版,第65页。

② 魏振瀛主编:《民法》(第8版),北京大学出版社、高等教育出版社2021年版,第653页。

③ [德]孔汉思、库尔舍编:《全球伦理——世界宗教议会宣言》,何光沪译,四川人民出版社1997年版,第14页。

订契约,则此妇非其妻。”在罗马法中,男女双方没有婚约的结合,不能称为婚姻,而只能看作姘合。在欧洲中世纪,教会法占据统治地位,婚约是合法婚姻的重要基石。我国古代的婚姻规范也极为重视婚约,其主要表现为尊长主婚、聘币为定。“在我国,父母之命,大约起源于周代。”[①]《诗经·齐风·南山》载:“蓺麻如之何?衡从其亩。取妻如之何?必告父母。”《唐律疏议·户婚》规定:“诸卑幼在外尊长后为定婚,而卑幼自娶妻已成,婚如法;未成者从尊长,违者杖一百。”而男女双方的“婚约签订程序,即婚姻‘六礼’中的纳征程序”[②]。《仪礼·士昏礼》载:“六礼备谓之聘,六礼不备谓之奔。”“纳征,使使者纳币以成婚礼。”上述规定都足以说明在当时历史环境下,订立婚约对婚姻成立的重要影响。

第二,婚约一经订立,对男女双方均产生法律拘束力;倘若任何一方违反婚约,均会受到法律的制裁。依公元前20世纪埃什嫩那王国《俾拉拉马法典》规定,男女双方订立婚约后,如果女方父亲再行将其女儿许配给他人,女方父亲应将男方因订立婚约给付的聘礼加倍退还给男方;如果男性和已经与他人订立婚约的女性同居,应被判处死刑。依罗马法规定,如果一个人同时或者先后与二人订立婚约,将会受到“丧廉耻”的宣告制裁。我国古代对违反婚约的行为也有相关法律规定。如《唐律疏议·户婚》规定:“诸许嫁女,已报婚书或有私约,或但受聘财而辄悔志,杖六十,婚如约。”元代法律规定:“诸有女许嫁已报婚书及有私约,或已受聘财而辄悔者,笞三十七,更许他者,笞四十七,后娶知情者减一等,女归前夫。男家悔者,不坐,不返聘财。”[③]

2. 晚期型婚约

晚期型婚约,也称为近现代型婚约。与早期型婚约相比,晚期型婚约在内涵与外延上被赋予了新的法律含义,二者差异较大。

第一,订立婚约已不是婚姻成立的必经程序;男女双方是否订立婚约,由其自行决定。有些国家,如法国、日本等,在婚姻家庭法律规范中对婚约不做规定。有些国家,如墨西哥、秘鲁等,在婚姻家庭法律规范中虽对婚约加以规定,但订立婚约已不是婚姻成立的必经程序。如《秘鲁共和国新民法典》第239条

---

① 孙晓编著:《中国婚姻小史》,光明日报出版社1988年版,第46页。

② 王歌雅:《社会排挤与女性婚姻家庭权益的法律保障》,黑龙江人民出版社2019年版,第11页。

③ 《通制条格·户令·嫁娶》。

规定:“婚姻之相互允诺并不产生缔结婚姻的法律义务,对于就未履行允诺的情形所约定的条款,也不产生应予遵守的法律义务。”①

第二,订立婚约是男女双方的结婚合意,不是双方父母或他人的结婚意志。这充分体现了结婚自由的法律精神,与奉行“父母之命”的早期型婚约截然不同。如《智利共和国民法典》第98条规定:“婚约或订婚,或称相互接受的结婚允诺,为一种私行为,法律完全将之委诸个人的荣誉和良心。”②

第三,订立婚约不发生婚姻成立的法律效果,对男女双方无人身拘束力。婚姻成立应当符合结婚条件,履行结婚程序。男女双方订立婚约后,不产生夫妻关系的法律效力。如《德国民法典》第1297条第1款规定:“不得基于婚约而提出缔结婚姻的申请。”③《最新阿根廷共和国民法典》第165条规定:“本法典不承认将来的婚约。不存在任何请求履行婚姻允诺的诉权。”④

第四,男女双方订立婚约后,一方或者双方均可随时解除该婚约。婚约既可以由一方提出解除,也可以由双方协议解除。婚约宣告解除后,因订立婚约而产生的财产纠纷,应由法院予以处理。如《埃塞俄比亚民法典》第572条规定:“(1)违反婚约的责任人得偿付与婚约有关的一切费用。(2)违反婚约的责任人及其家庭成员得返还订婚时收受的礼物。”第573条规定:“对违反婚约不负责任的未婚夫或未婚妻或其家庭,可判给合理的赔偿,以填补因违反婚约导致的精神损害。”⑤

(二)我国对婚约的法律态度

“婚约最初渊源于买卖婚姻,买卖女子的要约成为婚姻成立的前提条件。”⑥随着“六礼”制度的建立、发展、完善,订立婚约对于缔结婚姻具有十分重要的意义。婚约的价值,“依礼制规范而言,在于婚姻因纳吉而定、由纳征而成;依法律规范而言,在于婚姻因收受聘财、交换婚书而即告成立”⑦。

在我国封建社会时期,婚约规范是婚姻成立的重要组成部分,若无婚约,便

---

① 《秘鲁共和国新民法典》,徐涤宇译,北京大学出版社2017年版,第54页。
② 《智利共和国民法典》,徐涤宇译,北京大学出版社2014年版,第15页。
③ 《德国民法典》(第5版),陈卫佐译注,法律出版社2020年版,第497页。
④ 《最新阿根廷共和国民法典》,徐涤宇译注,法律出版社2007年版,第47页。
⑤ 徐国栋主编:《埃塞俄比亚民法典》,薛军译,厦门大学出版社2013年版,第84~85页。
⑥ 邱玉梅:《婚约问题探析》,载《法商研究》2000年第5期。
⑦ 王歌雅:《社会排挤与女性婚姻家庭权益的法律保障》,黑龙江人民出版社2019年版,第10页。

无婚姻。男女双方订立婚约后,产生准婚姻的效力,且婚约被封建法律赋予强制执行效力。“故婚约既具有伦理性,又具有法律性。”①

我国1950年《婚姻法》、1980年《婚姻法》、2001年《婚姻法》(修正)及《民法典·婚姻家庭编》均未规定婚约。关于婚约的效力,通过相关的民事法律政策予以规范。具体包括:(1)1950年6月26日,中央人民政府法制委员会在《有关婚姻法施行的若干问题与解答》中规定,订婚不是结婚的必要手续。任何包办强迫的订婚,一律无效。男女自愿订婚者,听其订婚。订婚的最低年龄,男为19岁,女为17岁。一方自愿取消订婚者,得通知对方取消之。(2)1953年3月19日,中央人民政府法制委员会在《有关婚姻问题解答》中指出,订婚不是结婚的必要手续。男女自愿订婚者,听其订婚,但别人不得强迫包办。(3)1979年2月2日《最高人民法院关于贯彻执行民事政策法律的意见》中规定,现役军人的婚约关系,应予保护。(4)1980年《婚姻法》颁布后,“中国人民解放军总政治部曾明确提出对军人的婚约不承认其效力”②。根据上述民事法律政策,可概括出我国对于婚约的法律态度,具体内容如下:

第一,是否订立婚约,由男女双方本人自行决定,他人不得干涉和强迫。

第二,法律不禁止订立婚约,但也不提倡和鼓励订立婚约。

第三,法律不强制履行婚约,只有男女双方完全自愿才能实际履行。

第四,“双方同意解除婚约的,可自行解除;一方要求解除婚约的,无须征得对方的同意,作出意思表示之后,即可解除婚约”③。

(三)因婚约引起的财物纠纷处理

古代社会中,因订立婚约给付的财物,在我国一般称之为“彩礼”,又称订亲财礼、聘礼、聘财等。西周时确立并为后世所沿袭的“六礼”制度,是“彩礼”习俗的渊源。“签订婚书与收受聘财,虽同为婚约成立的形式要件,但聘财相较于婚书,更具伦理意义与法律效力。”④如《礼记·曲礼》载:“非受币,不交不亲。”《唐律疏议》释曰:“婚礼先以聘财为信,故礼云聘则为妻,虽无许婚之书,但受聘财亦是。”《元典章》规定:“古礼纳币,系今之下财也。”

---

① 王歌雅:《中国婚姻伦理嬗变研究》,中国社会科学出版社2008年版,第83页。

② 陈苇主编:《婚姻家庭继承法学》(第3版),中国政法大学出版社2018年版,第79页。

③ 王歌雅主编:《婚姻家庭继承法学》(第2版),中国人民大学出版社2013年版,第72页。

④ 王歌雅:《社会排挤与女性婚姻家庭权益的法律保障》,黑龙江人民出版社2019年版,第11页。

现代社会中,婚约同恋爱一样,是男女双方的情感体现,不属于婚姻家庭法律的调整范畴。男女双方在订立婚约时,往往伴随给付彩礼等行为。而解除婚约,则会引发返还彩礼等财物纠纷,对此法律应予规制。《婚姻家庭编解释(一)》第5条规定:"当事人请求返还按照习俗给付的彩礼的,如果查明属于以下情形,人民法院应当予以支持:(一)双方未办理结婚登记手续;(二)双方办理结婚登记手续但确未共同生活;(三)婚前给付并导致给付人生活困难。适用前款第二项、第三项的规定,应当以双方离婚为条件。"

外国婚姻家庭立法关于此类问题的处理,亦有相关的法律规定。如《德国民法典》第1301条规定:"婚姻不缔结的,订婚人任何一方可以依关于返还不当得利的规定,向另一方要求返还所赠的标的或作为订婚标志所给的标的。"①《瑞士民法典》第91条规定:"1.解除婚约,对于双方赠送的礼品,除日常礼品外,订婚者可相互要求返还,但因订婚者一方死亡导致婚约解除的情形,不在此限。2.礼品的实物已不存在的,按照不当得利的相关规则进行返还。"②

解除婚约或者恋爱终止时,应当妥善处理男女双方的财物纠纷。人民法院在对给付财物的原因、当地的婚俗习惯、给付人的生活条件等因素进行综合考量后,应视情况合理解决:

第一,对于订立包办、买卖婚姻的婚约而收取的财物,应依法没收或酌情返还。

第二,对以订婚为名骗取财物的,应将诈骗所得财物返还受害人;构成犯罪的,应依法追究其刑事责任。

第三,对以"结婚为目的的赠与,价值较高的,应酌情返还。一般的赠与物,受赠人无返还义务"③。

第四,对于当事人请求返还按照习俗给付的彩礼的,如果双方未办理结婚登记手续,或双方已办理结婚登记手续但确未共同生活,或婚前给付导致给付人生活困难(后两种情形的适用须以离婚为条件),给付一方请求返还的,应予支持。

---

① 《德国民法典》(第5版),陈卫佐译注,法律出版社2020年版,第498页。
② 《瑞士民法典》,于海涌、赵希璇译,[瑞士]唐伟玲校,法律出版社2016年版,第47~48页。
③ 张贤钰主编:《婚姻家庭继承法》,法律出版社1999年版,第92~93页。

第二节 结婚的条件和程序

结婚权益保障,通过结婚效力保障加以实现。结婚效力保障,既源于对结婚条件的遵守,也源于对结婚程序的恪守。遵从结婚的条件和程序,有助于维护婚姻和谐、保障家庭稳定。

一、结婚的条件

结婚条件,亦称婚姻成立的条件,是指男女双方结婚必须遵循的法定条件。结婚条件依据不同标准,主要划分为三种类型:一是实质要件和形式要件;二是必备条件和禁止条件;三是公益要件和私益要件。因合法性是婚姻的内在属性,故《民法典·婚姻家庭编》中关于结婚条件的规定,系对结婚的必备条件和禁止条件进行法律规范。

(一)结婚条件的类型

各个国家根据自身的实际国情,在婚姻家庭立法中均规定了结婚条件,以保证结婚行为合法有效,进而保障婚姻关系和谐与家庭关系稳定。结婚条件主要有以下分类:

1. 实质要件和形式要件

实质要件,是指"结婚当事人的本身状况以及一方与另一方的关系,均须符合法律的要求"①。如要求男女双方必须具有结为夫妻的意愿,必须符合法定婚龄,不存在结婚的法定障碍等。

形式要件,是指"婚姻成立的程序、方式必须符合法律的要求"②。如要求男女双方必须办理结婚登记,或者必须举行婚姻仪式并有见证人在场,方可成立婚姻关系。

结婚当事人符合结婚的实质要件,表明其具备成立婚姻关系的可能性。为将成立婚姻关系的可能性转变成现实性,须在此基础上,履行结婚的形式要件。

---

① 王歌雅主编:《婚姻家庭继承法学》(第2版),中国人民大学出版社2013年版,第66页。
② 王歌雅主编:《婚姻家庭继承法学》(第2版),中国人民大学出版社2013年版,第66页。

“在司法实践中，通常将婚姻成立的实质要件称为结婚条件，婚姻成立的形式要件称为结婚程序。”①

2. 必备条件和禁止条件

必备条件，也称积极要件，是指“要求结婚的当事人必须具备、不可缺少的法定条件”②。如男女双方成立婚姻关系的合意，符合婚姻成立的法定年龄等。

禁止条件，也称消极条件或婚姻成立的障碍，是指“要求结婚当事人不得具有法律规定的禁止结婚的障碍”③。如男女双方之间具有禁止结婚的亲属关系。

各国婚姻家庭立法关于结婚条件的要求，多从结婚的必备条件和禁止条件两个维度加以规范，《民法典·婚姻家庭编》也是采纳此种法律规范模式。

3. 公益要件和私益要件

公益要件，是指与社会公共利益有关的要件。如结婚当事人间不存在已有配偶者，不存在禁止结婚的亲属关系等。

私益要件，是指与私人利益有关的要件。如结婚当事人须具有结婚合意等。

“至于哪些要件涉及公共利益，哪些要件涉及私益，各国立法以及各国民法学者，往往有不同的主张。”④而《民法典·婚姻家庭编》关于结婚条件的法律规定，对二者兼而有之，既保障社会公共利益，又保护个人合法私益。

（二）结婚的必备条件

根据《民法典》第1041条第2款、第1046条、第1047条之规定，结婚必须具备三个条件：一是男女双方必须完全自愿；二是男女双方必须达到法定婚龄；三是男女双方必须符合一夫一妻制。三个必备条件须同时符合，缺一不可。

1. 男女双方完全自愿

《民法典》第1046条规定：“结婚应当男女双方完全自愿，禁止任何一方对另一方加以强迫，禁止任何组织或者个人加以干涉。”婚姻家庭受国家保护，实行婚姻自由原则。结婚自由权完全属于结婚当事人本人，由其自行决定是否结婚、与谁结婚、何时结婚。男女双方完全自愿是婚姻自由原则的具体体现，应当

---

① 魏振瀛主编：《民法》（第8版），北京大学出版社、高等教育出版社2021年版，第652页。

② 王歌雅主编：《婚姻家庭继承法学》（第2版），中国人民大学出版社2013年版，第66页。

③ 王歌雅主编：《婚姻家庭继承法学》（第2版），中国人民大学出版社2013年版，第67页。

④ 张贤钰主编：《婚姻家庭继承法》，法律出版社1999年版，第82页。

满足以下条件：

(1)男女双方必须具有结婚的行为能力

依《民法典》第143条之规定[1]，民事法律行为有效，须具备相应的条件。在立法体例上，《民法典·总则编》引领和调整《民法典·婚姻家庭编》，结婚行为作为一种民事法律行为，应当符合《民法典·总则编》的相关规定。所以，成立婚姻关系的男女双方，必须具有完全民事行为能力。

"男女之间关系的特征不应当是监护或剥削的行为，而应当是爱情、伙伴关系和相互信赖。"[2]男女双方通过结婚行为成立婚姻关系后，夫妻双方的人身关系和财产关系紧密相连，不仅彼此互为家庭成员，而且也涉及财产归属、债务负担、子女抚育、家事代理等婚姻家庭法律关系。而限制民事行为能力人、无民事行为能力人对于婚姻的成立以及婚姻成立后的法律关系，不能作出清晰的理解和准确的判断，甚至可能会对婚姻成立的含义产生歧义。所以，成立婚姻关系的男女双方，除应具备完全民事行为能力外，还应具备结婚的行为能力，即必须达到法定婚龄。

(2)男女双方必须具有同意结婚的真实意思表示

男女双方结婚是基于本人内心的情感真意，他人不得干涉或者强迫。而封建礼法思想下的结婚制度奉行"父母之命，媒妁之言"，依明《户令》载："凡嫁娶皆由祖父母、父母主婚，祖父母、父母俱无者从余亲主婚。"这种家长权之下的结婚制度，往往忽视了结婚当事人本人的内心真意，更多的是关注男女双方父母是否同意其子女成立婚姻关系，并且双方父母对子女之间的婚姻成立往往附加不同程度的条件。可见，封建礼法思想下的结婚制度，与结婚自由主义背道而驰，严重侵害了男女双方完全自愿结婚的意志自由。

男女双方成立婚姻关系的意思表示，应当表明男女双方的内心真意。因为意思表示的真实与否，决定了法律行为的效力，故而，意在成立婚姻关系的男女双方应具有结婚合意。"结婚合意，系指结婚当事人对婚姻成立的意思表示完

---

① 《民法典》第143条规定，具备下列条件的民事法律行为有效：(1)行为人具有相应的民事行为能力；(2)意思表示真实；(3)不违反法律、行政法规的强制性规定，不违背公序良俗。

② [德]孔汉思、库舍尔编：《全球伦理——世界宗教议会宣言》，何光沪译，四川人民出版社1997年版，第25页。

全一致。”[①]男女双方的结婚合意是婚姻自由原则的内在要求，也是婚姻成立意思自治的法律体现。反之，如果男女双方并非在结婚合意的基础上成立婚姻关系，如受胁迫结婚，会直接影响婚姻关系的法律效力，并且不利于家庭关系的和谐稳定。

2. 达到法定婚龄

《民法典》第1047条规定：“结婚年龄，男不得早于二十二周岁，女不得早于二十周岁。”结婚自由并非没有边界的自由，当事人申请结婚，须符合法定婚龄的要求。

(1)法定婚龄的确定因素

法定婚龄的确定，由婚姻家庭的双重属性——自然属性和社会属性所决定。

第一，婚姻家庭的自然属性要求结婚的男女双方，应当在身体、智力达到一定成熟程度的基础上，能够对结婚产生的婚姻关系和家庭关系有清楚的理解和认知，这与男女双方的年龄要求密切相关。因为伴随年龄的增长，男女两性对其自身的认知会发生变化；随着社会阅历的增多，男女两性对社会事物的理解也会发生改变。

第二，婚姻家庭的社会属性要求结婚制度应与当时所处社会环境的政治、经济、文化、生活等因素相适应。不同历史时期、不同地域文化，对于法定婚龄的要求均有所不同。如“依唐玄宗开元二十二年(公元734年)令，为男15岁、女13岁以上听婚嫁”[②]。而“明洪武令和清通典均以男16岁、女14岁以上为嫁娶之期”[③]。因为封建社会家庭生产经营需要充足的人口，以满足小农经济下的自给自足，所以法定婚龄与社会生产力的发展、人口再生产的要求相适应。《民法典·婚姻家庭编》规定男22周岁、女20周岁为法定婚龄，有其充分的科学基础，符合我国现今社会的生产力发展水平和人口生产状况。

(2)法定婚龄的理解适用

法定婚龄，是法律规定允许结婚的最低年龄。为更好地适用法定婚龄，应

① 马忆南：《婚姻家庭继承法学》(第4版)，北京大学出版社2019年版，第61页。

② 杨大文主编：《婚姻法学》，北京大学出版社1991年版，第94页。

③ 马忆南：《婚姻家庭继承法学》(第4版)，北京大学出版社2019年版，第62页。

作如下理解：

第一，法定婚龄是结婚的最低年龄。结婚当事人申请结婚，须双方同时符合法定婚龄。结婚当事人的年龄在法定婚龄以上，可以申请结婚；否则，不得申请结婚。因为结婚对当事人而言，“属于重大的人生规划，是否结婚需要更加成熟的心智以作出合理的判断”[①]。并且双方当事人在结婚后将组成家庭，需要承担相互扶养的义务和教育、保护子女的责任，这就要求当事人应具有维持婚姻家庭生活的现实能力。《民法典·婚姻家庭编》关于法定婚龄的规定，是基于我国现实国情的立法考量，既尊重自然规律，又符合社会发展需求。

第二，法定婚龄不是必须结婚的年龄。法定婚龄不是法律要求男女双方结婚的最高年龄，也不是法律要求男女双方必须结婚的年龄。“男子成婚年龄略高于女子，则为大多数国之通例。……于我国国情，亦尚适宜。”[②]新中国成立后，关于法定婚龄在不同时期的规定如下：1950 年《婚姻法》规定法定结婚年龄为男不早于 20 周岁、女不早于 18 周岁；1980 年《婚姻法》修改后，法定婚龄为男不早于 22 周岁、女不早于 20 周岁；2001 年《婚姻法》（修正），对于法定婚龄的规定未做调整；《民法典·婚姻家庭编》继续沿用 2001 年《婚姻法》（修正）关于法定婚龄的规定。

第三，法定婚龄是结婚合法与否的界限。《民法典·总则编》规定 18 周岁以上的自然人为成年人；[③]成年人为完全民事行为能力人，可以独立实施民事法律行为。[④] 由于结婚行为关涉婚姻关系的确立与家庭关系的建立，故《民法典·婚姻家庭编》关于法定婚龄的规定，高于《民法典·总则编》关于完全民事行为能力人的年龄要求。由此可见，法定婚龄由国家法律规范予以明确规定，具有结婚合意的男女双方均不得违反。“法定婚龄不是最佳结婚年龄，也不是实际结婚年龄，它是结婚合法与不法的界限。”[⑤]达到法定婚龄的当事人结婚，具有法律效力；否则，结婚违法，婚姻无效。

---

① 最高人民法院民法典贯彻实施工作领导小组主编：《中华人民共和国民法典婚姻家庭编继承编理解与适用》，人民法院出版社 2020 年版，第 60 页。

② 谢振民编著：《中华民国立法史》（下册），中国政法大学出版社 2000 年版，第 783 页。

③ 参见《民法典》第 17 条。

④ 参见《民法典》第 18 条第 1 款。

⑤ 魏振瀛主编：《民法》（第 8 版），北京大学出版社、高等教育出版社 2021 年版，第 657 页。

3. 符合一夫一妻制原则

《民法典》第1041条第2款规定："实行婚姻自由、一夫一妻、男女平等的婚姻制度。"一夫一妻制，是指意在成立婚姻关系的男女双方，在法律上均为未婚。一夫一妻制要求一个人不能同时有两个或两个以上的配偶，在婚姻关系存续期间，一个人只能有一个配偶。如果配偶一方未死亡（包括自然死亡和宣告死亡），配偶关系未解除，配偶中任何一方不得再行结婚。一夫一妻制是婚姻家庭法的基本原则，应当遵守与贯彻；如果男女双方结婚违反此原则，将构成重婚，不产生婚姻效力。

"社会的性别教化以及性别规范对一个人的性别角色的内化起了重要的引导、鼓励与暗示的作用，从而使个人对性别角色产生自我认同的强烈倾向。"①我国封建社会由于受男尊女卑思想的影响，导致女性在社会生活中处于弱势地位，女性的人格并未受到应有的尊重，女性在婚姻家庭中也未得到平等对待。"民主革命的胜利和中华人民共和国的成立，使我国的婚姻家庭制度改革进入了一个新的发展阶段。"②国家倡导男女平等，女性的社会地位有了明显的变化，女性的人格独立和家庭地位得到了显著的提升。过往封建社会所实行的一夫一妻多妾制予以取消，一夫一妻制成为新中国婚姻家庭立法的价值原则和精神导向。为深入贯彻落实一夫一妻制原则，我国《婚姻登记条例》第6条明确规定："办理结婚登记的当事人有下列情形之一的，婚姻登记机关不予登记：……（三）一方或者双方已有配偶的……"

在世界范围内，多数国家和地区在婚姻家庭立法中以一夫一妻制为基本原则，这是人类历史发展和社会文明进步的标志。"平等是一切人类同胞所具有的权利，这些人同样具有知觉——感情——认知，他们被置于同等条件下；享受与他们存在的需要和官能相联系的同样的财富，并在任何情况下，都不受支配，不受控制。平等被认为是一切人都可以享受的权利和正义。"③婚姻家庭立法确立一夫一妻制原则，是科学立法、民主立法的体现。实行一夫一妻制，对于成立婚姻关系的男女双方而言具有同等的法律约束力，任何人都没有特权凌驾于法

① 周安平：《性别与法律》，法律出版社2007年版，第17页。

② 王歌雅：《中国现代婚姻家庭立法研究》，黑龙江人民出版社2004年版，第131页。

③ ［法］皮埃尔·勒鲁：《论平等》，王允道译，商务印书馆2007年版，第282～283页。

律之上。

（三）结婚的禁止条件

《民法典》第1048条规定："直系血亲或者三代以内的旁系血亲禁止结婚。"该规定是结婚的禁止条件，也称婚姻成立的障碍。结婚当事人之间不能存在直系血亲和三代以内旁系血亲的血缘联系；否则，结婚违法，婚姻无效。

2001年《婚姻法》（修正）关于结婚的禁止条件规定了两项：一是禁止结婚的亲属；二是禁止结婚的疾病。《民法典·婚姻家庭编》删除了"患有医学上认为不应当结婚的疾病"的规定。这一立法修改，"缩减了禁止结婚的限制条件，拓宽了结婚自由的边界，也将患有重大疾病是否结婚，以及是否与之结婚的选择权完全交由当事人自由行使，提升了结婚主体的意思自治"①。

1. 禁止直系血亲和三代以内旁系血亲结婚

禁止成立婚姻的亲属关系，也称为禁婚亲，是指法律禁止一定范围内的亲属间结婚。禁婚亲，有广义和狭义之分。"广义的禁婚亲，包括一定范围的血亲与姻亲；狭义的禁婚亲，仅指一定范围的血亲。"②婚姻家庭立法规定禁婚亲，是基于优化子嗣传承的应然选择，也是维护亲属伦理的立法考量。

我国婚姻家庭立法关于禁婚亲的规定，在不同时期有不同的法律体现。新中国成立后，人民群众对封建伦理所倡导的"亲上加亲"并不排斥，如果法律对其强行加以禁止，恐社会公众对此不能完全理解和接受，故法律较为自由地规定表兄弟姐妹之间进行结婚"从习惯"。因此，1950年《婚姻法》第5条规定，为直系血亲，或为同胞的兄弟姊妹和同父异母或同母异父的兄弟姊妹者，禁止结婚；其他五代内的旁系血亲间禁止结婚的问题，从习惯。但随着社会的发展进步，封建的婚俗观念逐渐被祛除，提升人口素质、优化人口质量成为社会大众广泛接受的科学思想。1980年《婚姻法》则对禁婚亲规范予以修正，其第6条规定，"直系血亲和三代以内的旁系血亲"禁止结婚，即法律明确规定表兄弟姐妹之间禁止结婚。这一科学的婚姻家庭立法思想被2001年《婚姻法》（修正）所承继，并在《民法典·婚姻家庭编》中继续沿用。因此，关于禁婚亲的法律规定，已经根植于人民群众的婚俗意识之中，并得到社会的认可和人们的赞同。

---

① 王歌雅：《民法典婚姻家庭编的价值阐释与制度修为》，载《东方法学》2020年第4期。

② 魏振瀛主编：《民法》（第8版），北京大学出版社、高等教育出版社2021年版，第658页。

(1)禁止直系血亲结婚

“禁止直系血亲结婚是古代中外结婚立法的通例”[①],即自然的直系血亲和拟制的直系血亲均禁止结婚。

首先,禁止自然直系血亲结婚。现代社会十分重视亲属伦理与家庭道德,这是人类文明发展的价值选择。自然直系血亲之间如果成立婚姻关系,是对亲属伦理规则的冲击、家庭道德秩序的破坏,不被社会公众所接受。并且近亲之间生育子女,容易导致人口的生理缺陷或产生精神疾病。所以,基于婚姻家庭自然属性与社会属性的立法考量,法律禁止自然直系血亲之间成立婚姻关系。

其次,禁止拟制直系血亲结婚。拟制的直系血亲,如继父母与形成抚养教育关系的继子女、养父母与养子女,法律确认其与自然的直系血亲具有同等的权利义务关系,若成立婚姻关系,不能被法律规范和社会伦理所接纳。并且收养关系成立后,养子女与其亲生父母之间的自然血缘关系并未割裂,仍属于婚姻家庭立法中禁止结婚的范畴。

(2)禁止三代以内的旁系血亲结婚

禁止三代以内的旁系血亲结婚,是对 1980 年《婚姻法》禁婚亲规范的立法延续,其立法目的在于禁止中表婚。其中,三代以内的旁系血亲,包括伯、叔、姑、舅、姨,侄子女,外甥子女,兄弟姐妹(同胞兄弟姐妹、同父异母或同母异父兄弟姐妹),堂兄弟姐妹,表兄弟姐妹。

“在人类漫长的历史长河中,生育与婚姻一直被看作同一事物的两个方面,生育子女是婚姻的目的,婚姻则为生育子女的手段。”[②]科学研究表明,父母会将自身的生物属性遗传给子女;而近亲结婚生育的子女,容易产生疾病基因,并进行代际遗传,这与自然选择规律和优生优育理念相冲突。因此,禁止三代以内的旁系血亲结婚,“既是旁系血亲的结婚禁例及优生学的必然要求,也是家庭伦理规范,对于提升人口质量、增进民族健康、降低疾病风险具有积极意义”[③]。

2. 删除“患有医学上认为不应当结婚的疾病”的规定

新中国成立后,基于降低疾病遗传、优化人口质量的立法考量,1950 年《婚

---

① 王歌雅主编:《婚姻家庭继承法学》(第 2 版),中国人民大学出版社 2013 年版,第 69 页。

② 周安平:《性别与法律》,法律出版社 2007 年版,第 187 ~ 188 页。

③ 魏振瀛主编:《民法》(第 8 版),北京大学出版社、高等教育出版社 2021 年版,第 658 页。

姻法》第5条规定,有生理缺陷不能发生性行为者,患花柳病或精神失常未经治愈,患麻风或其他在医学上认为不应结婚之疾病者,禁止结婚。两性结合、生育子女是婚姻家庭的自然属性需求,不能因为生理缺陷而剥夺男女之间的结婚自由,故1980年《婚姻法》第6条规定,“患麻风病未经治愈或患其他在医学上认为不应当结婚的疾病”,禁止结婚。21世纪初期,由于社会医疗水平的不断提升,许多曾经不能治疗的疾病已经能够治愈,且新的疾病种类也在不断出现,对于哪些疾病应属于禁止结婚的范畴,法律不宜再作出列举式规定。因此,2001年《婚姻法》(修正)第7条采用概括式的立法规定,即患有医学上认为不应当结婚的疾病者,禁止结婚。现今社会,生物技术的大力发展,使人们抵御疾病的能力显著增强;基因工程的有力推进,使人们能够采取先进的科学手段预防疾病基因的代际遗传。毕竟生育子女、繁衍后代是婚姻家庭伦理的自然选择,不能机械地将存在疾病作为禁止结婚的条件。如果在符合法定条件的前提下,依靠科学的医疗技术手段,通过人工受孕方式生育子女,对此应当予以支持;如果目前的医疗科技水平无法治愈该疾病,不适宜生育子女,也可以通过法定程序收养子女,对此亦应当予以鼓励。因此,《民法典·婚姻家庭编》关于结婚的禁止条件仅规定了禁止结婚的亲属,即“直系血亲或者三代以内的旁系血亲禁止结婚”;将“患有医学上认为不应当结婚的疾病者”的规定予以删除。这一立法修改,既是婚姻家庭立法理念的完善,也是法律充分尊重和维护结婚自由的体现。

二、结婚的程序

结婚程序,亦称婚姻成立的程序,或称婚姻成立的形式要件,是指“男女双方结婚必须履行的法定方式和手续”①。结婚程序依据不同标准,主要有三种划分类型:一是仪式制;二是登记制;三是登记与仪式结合制。因公示性是婚姻的外在要求,故《民法典·婚姻家庭编》关于结婚程序的规定,采登记制立法主义。

(一)结婚程序的类型

婚姻家庭立法规定结婚程序,目的在于“引导当事人正确对待婚姻,明晰结婚的效力;通过法律规范,保障当事人及时行使结婚自由权,建立合法、自由的

① 王歌雅主编:《婚姻家庭继承法学》(第2版),中国人民大学出版社2013年版,第70页。

婚姻关系"①。时代与国度不同,结婚程序的类型也不同。

1. 仪式制

仪式制,是指结婚当事人须履行一定的仪式,婚姻关系方可成立。"它是一种古老的结婚制度,产生于个体婚制出现之初并且长期沿袭下来。"②仪式制分为三种:宗教仪式、世俗仪式、法律仪式。

宗教仪式,是指当事人成立婚姻关系,须有神职人员依照双方宗教信仰,主持结婚仪式。如《西班牙民法典》第59条规定:"婚姻仪式可适用某受认可的宗教派别规定的方式进行,并遵守国家或自治区的相关规定,国家或自治区没有相关规定的,遵守该地区的法律。"③

世俗仪式,是指当事人成立婚姻关系,须按照社会习俗和民间习惯,举行结婚仪式。如《埃塞俄比亚民法典》第606条第1款规定:"可以据之缔结依习惯的婚姻的条件和此等缔结的程式由当地习惯规定之。"④

法律仪式,是指当事人成立婚姻关系,须按照法律规定,由政府官员见证,举行结婚仪式。如《法国民法典》第165条规定:"结婚,在夫妇一方于第63条规定的公告之日,或者在免于公告的情况下,于第169条所指的免于公告之日有住所或居所的市镇行政区的户籍官员前公开举行。"⑤

2. 登记制

登记制,是指结婚当事人须按照婚姻家庭法律规定,到婚姻登记机关履行登记程序,从而产生婚姻效力的法律制度。若结婚当事人未到婚姻登记机关办理登记,其婚姻关系不成立。如《最新阿根廷共和国民法典》第188条第1款规定:"婚姻的缔结,应在未婚夫妻随同两名证人并依法定形式到场时,在当事人任何一方之住所地的人的民事身份和能力登记处的公务人员的面前,并在其办公场所公开进行。"⑥

登记制要求结婚当事人须向婚姻登记机关提交申请,接受婚姻登记机关的

---

① 魏振瀛主编:《民法》(第8版),北京大学出版社、高等教育出版社2021年版,第659页。

② 巫昌祯主编:《婚姻与继承法学》(第6版),中国政法大学出版社2017年版,第106页。

③ 《西班牙民法典》,潘灯、马琴译,中国政法大学出版社2013年版,第33页。

④ 徐国栋主编:《埃塞俄比亚民法典》,薛军译,厦门大学出版社2013年版,第88页。

⑤ 《法国民法典》,罗结珍译,北京大学出版社2010年版,第56页。

⑥ 《最新阿根廷共和国民法典》,徐涤宇译注,法律出版社2007年版,第52页。

审查。如《最新阿根廷共和国民法典》第 186 条规定："欲结婚之人应在其中任何一方的住所，出现于负责人的民事身份和能力之登记簿的公务人员面前，并应提交含有下列内容的申请：1. 其姓名，以及存在身份文件时该文件的号码；2. 年龄；3. 国籍、住所和出生地；4. 职业；5. 其父母的姓名、国籍、身份文件的号码（如知晓）、职业及住所；6. 曾经是否结婚，在肯定的情形，应说明原配偶的姓名、结婚地以及婚姻解除的原因。如果当事人双方或一方不会书写，公务人员应对此等陈述作出记录。"①目前，登记制已被多数国家和地区所认可。我国便是采纳登记制作为结婚程序的国家。

3. 登记与仪式结合制

登记与仪式结合制，是指结婚当事人一方面须按照登记制履行结婚登记，另一方面须按照仪式制举行结婚仪式，两方面结婚程序缺一不可。有些国家规定先举行结婚仪式，再办理结婚登记；有些国家则规定先办理结婚登记，再举行结婚仪式。如《瑞士民法典》第 97 条规定："1. 预备程序完毕，由户籍登记员主持婚礼。2. 订婚的双方当事人可以在他们选择的户籍所在地结婚。3. 宗教婚礼的举行不能先于世俗婚礼。"②第 102 条规定："1. 婚礼应当公开举行，并有两位成年且具有判断能力的证婚人在场。2. 户籍登记员应向订婚者双方分别询问有无结婚的意思。3. 在订婚者给予肯定的答复后，户籍登记员宣布双方因同意婚姻关系而结合。"③

（二）结婚登记的机关与程序

《民法典》第 1049 条规定："要求结婚的男女双方应当亲自到婚姻登记机关申请结婚登记。符合本法规定的，予以登记，发给结婚证。完成结婚登记，即确立婚姻关系。未办理结婚登记的，应当补办登记。"该规定是我国婚姻成立的法定形式要件，以男女双方办理结婚登记作为婚姻成立的标志。完成结婚登记，方可确立婚姻关系。国家通过行使公权力，为意在成立婚姻关系的男女双方提供法律监督和制度保障。

《民法典·婚姻家庭编》对结婚登记的机关和程序作出了原则性规定，通过

① 《最新阿根廷共和国民法典》，徐涤宇译注，法律出版社 2007 年版，第 51 页。

② 《瑞士民法典》，于海涌、赵希璇译，［瑞士］唐伟玲校，法律出版社 2016 年版，第 49 页。

③ 《瑞士民法典》，于海涌、赵希璇译，［瑞士］唐伟玲校，法律出版社 2016 年版，第 51 页。

《婚姻登记条例》[1]与《婚姻登记工作规范》[2]对婚姻登记制度予以具体细化。

1. 结婚登记机关

内地居民办理婚姻登记的机关是县级人民政府民政部门或者乡(镇)人民政府,省、自治区、直辖市人民政府可以按照便民原则确定农村居民办理婚姻登记的具体机关。中国公民同外国人,内地居民同香港特别行政区居民(以下简称香港居民)、澳门特别行政区居民(以下简称澳门居民)、台湾地区居民(以下简称台湾居民)、华侨办理婚姻登记的机关是省、自治区、直辖市人民政府民政部门或者省、自治区、直辖市人民政府民政部门确定的机关。[3]

婚姻登记管辖按照行政区域划分。具体包括:(1)县、不设区的市、市辖区人民政府民政部门办理双方或者一方常住户口在本行政区域内的内地居民之间的婚姻登记。省级人民政府可以根据实际情况,规定乡(镇)人民政府办理双方或者一方常住户口在本乡(镇)的内地居民之间的婚姻登记。(2)省级人民政府民政部门或者其确定的民政部门,办理一方常住户口在辖区内的涉外和涉香港、澳门、台湾居民以及华侨的婚姻登记。办理经济技术开发区、高新技术开发区等特别区域内居民婚姻登记的机关由省级人民政府民政部门提出意见报同级人民政府确定。(3)现役军人由部队驻地、入伍前常住户口所在地或另一方当事人常住户口所在地婚姻登记机关办理婚姻登记。婚姻登记机关不得违反上述规定办理婚姻登记。[4]

婚姻登记机关应当配备专职婚姻登记员。[5] 婚姻登记员由本级民政部门考核、任命。婚姻登记员应当由设区的市级以上人民政府民政部门进行业务培训,经考核合格,取得婚姻登记员培训考核合格证明,方可从事婚姻登记工作。[6]

2. 结婚登记程序

结婚登记程序包括申请、审查、登记三个部分。

---

① 中华人民共和国国务院令第387号,自2003年10月1日起施行,1994年《婚姻登记管理条例》废止。

② 中华人民共和国民政部民发〔2015〕230号,自2016年2月1日起实施,2003年《婚姻登记工作暂行规范》废止。

③ 参见《婚姻登记条例》第2条。

④ 参见《婚姻登记工作规范》第5条。

⑤ 参见《婚姻登记工作规范》第23条。

⑥ 参见《婚姻登记工作规范》第24条第1款、第2款。

(1)申请

我国申请结婚登记的管辖依据为结婚当事人的常住户口。①内地居民结婚,男女双方应当共同到一方当事人常住户口所在地的婚姻登记机关办理结婚登记。也就是说,内地居民申请办理结婚登记,如果双方常住户口在同一地区,到其同一地区的婚姻登记机关申请办理结婚登记;如果双方常住户口不在同一地区,可以到其中任何一方常住户口所在地的婚姻登记机关申请办理结婚登记。②中国公民同外国人在中国内地结婚的,内地居民同香港居民、澳门居民、台湾居民、华侨在中国内地结婚的,男女双方应当共同到内地居民常住户口所在地的婚姻登记机关办理结婚登记。[①]

婚姻登记机关受理结婚登记申请的条件是:①婚姻登记处具有管辖权;②要求结婚的男女双方共同到婚姻登记处提出申请;③当事人男年满 22 周岁,女年满 20 周岁;④当事人双方均无配偶(未婚、离婚、丧偶);⑤当事人双方没有直系血亲和三代以内旁系血亲关系;⑥双方自愿结婚;⑦当事人提交 3 张 2 寸双方近期半身免冠合影照片;⑧当事人持有《婚姻登记工作规范》规定的有效证件。[②]

结婚当事人的身份、籍别不同,申请结婚登记所需提供的有效证件分别为:

①内地居民。办理结婚登记应当提交本人有效的居民身份证和户口簿,因故不能提交身份证的可以出具有效的临时身份证。居民身份证与户口簿上的姓名、性别、出生日期、公民身份号码应当一致;不一致的,当事人应当先到有关部门更正。户口簿上的婚姻状况应当与当事人声明一致;不一致的,当事人应当向登记机关提供能够证明其声明真实性的法院生效司法文书、配偶居民死亡医学证明(推断)书等材料;不一致且无法提供相关材料的,当事人应当先到有关部门更正。当事人声明的婚姻状况与婚姻登记档案记载不一致的,当事人应当向登记机关提供能够证明其声明真实性的法院生效司法文书、配偶居民死亡医学证明(推断)书等材料。[③]

②现役军人。办理结婚登记应当提交本人的居民身份证、军人证件和部队

① 参见《婚姻登记条例》第 4 条。

② 参见《婚姻登记工作规范》第 28 条。

③ 参见《婚姻登记工作规范》第 29 条。

出具的军人婚姻登记证明。居民身份证、军人证件和军人婚姻登记证明上的姓名、性别、出生日期、公民身份号码应当一致；不一致的，当事人应当先到有关部门更正。①

③香港居民。办理结婚登记应当提交：a. 港澳居民来往内地通行证或者港澳同胞回乡证；b. 香港居民身份证；c. 经香港委托公证人公证的本人无配偶以及与对方当事人没有直系血亲和三代以内旁系血亲关系的声明。②

④澳门居民。办理结婚登记应当提交：a. 港澳居民来往内地通行证或者港澳同胞回乡证；b. 澳门居民身份证；c. 经澳门公证机构公证的本人无配偶以及与对方当事人没有直系血亲和三代以内旁系血亲关系的声明。③

⑤台湾居民。办理结婚登记应当提交：a. 台湾居民来往大陆通行证或者其他有效旅行证件；b. 本人在台湾地区居住的有效身份证；c. 经台湾公证机构公证的本人无配偶以及与对方当事人没有直系血亲和三代以内旁系血亲关系的声明。④

⑥华侨。办理结婚登记应当提交：a. 本人的有效护照；b. 居住国公证机构或者有权机关出具的、经中华人民共和国驻该国使（领）馆认证的本人无配偶以及与对方当事人没有直系血亲和三代以内旁系血亲关系的证明，或者中华人民共和国驻该国使（领）馆出具的本人无配偶以及与对方当事人没有直系血亲和三代以内旁系血亲关系的证明。与中国无外交关系的国家出具的有关证明，应当经与该国及中国均有外交关系的第三国驻该国使（领）馆和中国驻第三国使（领）馆认证，或者经第三国驻华使（领）馆认证。⑤

⑦外国人。办理结婚登记应当提交：a. 本人的有效护照或者其他有效的国际旅行证件。b. 所在国公证机构或者有权机关出具的、经中华人民共和国驻该国使（领）馆认证或者该国驻华使（领）馆认证的本人无配偶的证明，或者所在国驻华使（领）馆出具的本人无配偶证明。与中国无外交关系的国家出具的有关证明，应当经与该国及中国均有外交关系的第三国驻该国使（领）馆和中国驻

---

① 参见《婚姻登记工作规范》第 30 条。
② 参见《婚姻登记工作规范》第 31 条。
③ 参见《婚姻登记工作规范》第 32 条。
④ 参见《婚姻登记工作规范》第 33 条。
⑤ 参见《婚姻登记工作规范》第 34 条。

第三国使(领)馆认证,或者经第三国驻华使(领)馆认证。[①]

(2)审查

审查环节是结婚登记程序的重要组成部分。当事人申请办理结婚登记,婚姻登记机关应当对其申请予以审查。

婚姻登记机关应当对结婚登记当事人出具的证件、证明材料进行审查并询问相关情况。[②] 婚姻登记员受理结婚登记申请,应当按照下列程序进行:①询问当事人的结婚意愿;②查验《婚姻登记工作规范》规定[③]的相应证件和材料;③自愿结婚的双方各填写一份《申请结婚登记声明书》,《申请结婚登记声明书》中"声明人"一栏的签名必须由声明人在监誓人面前完成并按指纹;④当事人现场复述声明书内容,婚姻登记员作监誓人并在监誓人一栏签名。[④] 关于审查环节,可以从以下两个方面进行理解:

第一,结婚申请人应当情感真诚,恪守诚信。一方面,男女双方申请结婚登记,应本人亲自到达婚姻登记机关现场,向婚姻登记员表达结婚意愿。男女双方申请结婚登记,不能通过他人代为办理,不应存在冒名顶替的行为。另一方面,男女双方申请结婚登记,应当提交符合法律要求的证件、证明材料。男女双方所提交的证件、证明材料应当完备、真实、准确、无误,不应存在涂改、伪造的情况,不得弄虚作假。

第二,婚姻登记员应当依法履行审查职责,严格执行审查程序。一方面,婚姻登记员应审慎考察表达结婚意愿的男女双方是否符合结婚条件,即男女双方是否完全自愿,是否已到法定婚龄,是否符合一夫一妻制,是否存在禁止结婚的血亲关系。另一方面,婚姻登记员可以根据具体情况向男女双方进行询问,男女双方应当如实回答,不得有隐瞒、欺诈的行为。

(3)登记

对当事人符合结婚条件的,应当当场予以登记,发给结婚证。[⑤] 颁发结婚证,应当在当事人双方均在场时按照下列步骤进行:①向当事人双方询问核对

---

① 参见《婚姻登记工作规范》第35条。

② 参见《婚姻登记条例》第7条。

③ 参见《婚姻登记工作规范》第29~35条。

④ 参见《婚姻登记工作规范》第36条。

⑤ 参见《婚姻登记条例》第7条。

姓名、结婚意愿。②告知当事人双方领取结婚证后的法律关系以及夫妻权利、义务。③见证当事人本人亲自在《结婚登记审查处理表》上的“当事人领证签名并按指纹”一栏中签名并按指纹;“当事人领证签名并按指纹”一栏不得空白,不得由他人代为填写、代按指纹。④将结婚证分别颁发给结婚登记当事人双方,向双方当事人宣布:取得结婚证,确立夫妻关系。⑤祝贺新人。[①] 婚姻登记员每办完一对结婚登记,应当依照《婚姻登记档案管理办法》,对应当存档的材料进行整理、保存,不得出现原始材料丢失、损毁情况。[②]

对当事人不符合结婚条件不予登记的,应当向当事人说明理由。[③] 婚姻登记机关对不符合结婚登记条件的,不予受理。当事人要求出具《不予办理结婚登记告知书》的,应当出具。[④] 当事人如果认为其符合结婚登记条件,而婚姻登记机关不予办理结婚登记的,可以申请行政复议;对复议决定不服的,可以提起行政诉讼。

(三)结婚登记的效力

男女双方向婚姻登记机关申请办理结婚登记,婚姻登记机关受理后,经审查符合结婚条件的,依法向双方颁发结婚证。结婚证,是男女双方婚姻关系有效成立的法律文书。结婚证的颁发,意味着男女双方之间的婚姻关系受到法律保护,从此成为合法夫妻,享有和履行婚姻家庭法律规范中的夫妻权利与夫妻义务。

1. 符合法律规定的结婚登记

“婚姻登记在性质上属于一种民事登记,与户籍登记或者收养登记的性质相类似。”[⑤]因此,结婚登记应当符合法律规定,其目的在于确认当事人的婚姻状态,从而保护结婚当事人的合法权益。为准确把握符合法律规定的结婚登记,主要应关注结婚登记的性质、效果及其有关的注意事项。

---

① 参见《婚姻登记工作规范》第41条。

② 参见《婚姻登记工作规范》第44条。

③ 参见《婚姻登记条例》第7条。

④ 参见《婚姻登记工作规范》第45条。

⑤ 最高人民法院民法典贯彻实施工作领导小组主编:《中华人民共和国民法典婚姻家庭编继承编理解与适用》,人民法院出版社2020年版,第75页。

(1)结婚登记的性质

“在婚姻登记中,行政机关的职责仅是对当事人行使婚姻自由权的合法性及其结果进行审查确认,因此,婚姻登记虽不属于行政许可范畴,但仍属于行政确认行为,系一种具体行政行为。”[①]婚姻登记机关是国家行政机关,代表国家行使行政确认的公权力,依法对男女双方申请办理结婚登记予以行政确认。婚姻登记机关对于男女双方提交的结婚登记申请,应当认真核对男女双方提交的身份信息和证件、证明材料,仔细审查男女双方是否符合办理结婚登记的条件。对于符合结婚条件的男女双方,依法颁发结婚证。

(2)结婚登记的效果

男女双方办理结婚登记后,确立夫妻关系,并与父母、子女和其他共同生活的近亲属成为家庭成员。[②] 办理登记结婚后,男女双方的婚姻关系受法律保护。夫妻之间可以自行决定家庭生活的场所,不受他人干涉。法律指引夫妻之间可以互为对方家庭的成员,但不要求结婚后必须成为对方家庭的成员,夫妻之间也可以自行组建家庭。当“人们有了幸福美满的婚姻和民主和睦的家庭生活,就会以饱满的热情和充沛的干劲搞好工作、生产和学习”[③]。

(3)与结婚登记有关的注意事项

第一,男女双方如果符合结婚登记的条件,而未办理结婚登记,应当予以补办结婚登记。《婚姻家庭编解释(一)》第6条规定:“男女双方依据民法典第一千零四十九条规定补办结婚登记的,婚姻关系的效力从双方均符合民法典所规定的结婚的实质要件时起算。”

第二,男女双方如果未办理结婚登记而以夫妻名义共同生活,提起离婚诉讼,应当区别情形对待。《婚姻家庭编解释(一)》第7条规定,未依据《民法典》第1049条规定办理结婚登记而以夫妻名义共同生活的男女,提起诉讼要求离婚的,应当区别对待:①1994年2月1日民政部《婚姻登记管理条例》公布实施以前,男女双方已经符合结婚实质要件的,按事实婚姻处理。②1994年2月1

---

① 最高人民法院民法典贯彻实施工作领导小组主编:《中华人民共和国民法典婚姻家庭编继承编理解与适用》,人民法院出版社2020年版,第75页。

② 《民法典》第1050条规定:“登记结婚后,按照男女双方约定,女方可以成为男方家庭的成员,男方可以成为女方家庭的成员。”

③ 王歌雅:《中国现代婚姻家庭立法研究》,黑龙江人民出版社2004年版,第219页。

日民政部《婚姻登记管理条例》公布实施以后,男女双方符合结婚实质要件的,人民法院应当告知其补办结婚登记。未补办结婚登记的,依据本解释第3条规定①处理。

第三,男女双方如果未办理结婚登记而以夫妻名义共同生活,一方死亡,另一方以配偶身份主张享有继承权的,应当区别情形对待。《婚姻家庭编解释(一)》第8条规定:"未依据民法典第一千零四十九条规定办理结婚登记而以夫妻名义共同生活的男女,一方死亡,另一方以配偶身份主张享有继承权的,依据本解释第七条的原则处理。"

2. 不符合法律规定的结婚登记

按照结婚登记程序,男女双方应当亲自到婚姻登记机关递交结婚申请,并按照法律规定向婚姻登记机关提交所需证件和证明材料。若结婚登记出现不符合法律规定的情形,表明结婚登记程序存在瑕疵,即"结婚登记中存在程序违法或者欠缺必要形式要件"②。

(1)结婚登记程序存在瑕疵的情形

"国家通过结婚登记,对公民的婚姻成立进行审查和监督,以保障婚姻自由、一夫一妻、男女平等的社会主义婚姻制度的实行,防止包办、买卖婚姻等违法行为的发生,确保婚姻家庭秩序的稳定。"③但在司法实务中,仍存在结婚登记程序瑕疵问题,主要表现为以下四种情形:一是男女一方或双方,本人未亲自到婚姻登记机关申请办理结婚登记;二是男女一方或双方,冒用他人身份、借用他人身份、使用虚假身份申请办理结婚登记;三是男女一方或双方,提供虚假、伪造、涂改的证明或材料申请办理结婚登记;四是婚姻登记机关超越管辖权限办理结婚登记。

(2)结婚登记程序存在瑕疵的纠纷处理

"结婚登记程序固然是为保护婚姻当事人的利益而设定,但法律更重视结

---

① 《婚姻家庭编解释(一)》第3条规定:当事人提起诉讼仅请求解除同居关系的,人民法院不予受理;已经受理的,裁定驳回起诉。当事人因同居期间财产分割或者子女抚养纠纷提起诉讼的,人民法院应当受理。

② 王歌雅主编:《婚姻家庭继承法学》(第2版),中国人民大学出版社2013年版,第74页。

③ 魏振瀛主编:《民法》(第8版),北京大学出版社、高等教育出版社2021年版,第659页。

婚登记的实质。"①当事人如果认为结婚登记存在程序瑕疵,依《婚姻家庭编解释(一)》第17条第2款之规定②,可以通过申请行政复议或者提起行政诉讼的方式,主张撤销婚姻登记。撤销婚姻登记的法律后果为婚姻关系自始不存在,婚姻关系被撤销之前所存在的人身关系将归于消灭,在此期间所获得的财产利益也将重新定性处理。

第一,行政复议。结婚登记行为是具体行政行为,结婚登记的目的是保障当事人的婚姻效力。当事人如果认为结婚登记行为存在程序瑕疵,申请撤销婚姻登记,依据《行政复议法》的相关规定③,可以选择向进行婚姻登记的民政机关的同级人民政府或者上级民政机关申请行政复议。由行政复议机关对结婚登记行为的合法性与合理性进行审查,从而作出适当的行政复议决定。

第二,行政诉讼。人民法院对当事人提出撤销婚姻登记的诉讼请求,应当予以审慎对待,因为"撤销婚姻登记的后果等同于没有登记,双方当事人之间不存在受到法律保护的夫妻关系"④。为此,人民法院在审理时,要综合考虑婚姻当事人的信赖保护利益,全面考量行政程序违法的程度。《最高人民法院行政审判庭关于婚姻登记行政案件原告资格及判决方式有关问题的答复》规定:"婚姻关系双方或一方当事人未亲自到婚姻登记机关进行婚姻登记,且不能证明婚姻登记系男女双方的真实意思表示,当事人对该婚姻登记不服提起诉讼的,人民法院应当依法予以撤销。"

当事人以结婚登记程序存在瑕疵为由主张撤销婚姻登记的,根据《行政诉讼法》的相关规定⑤,申请行政复议不是提起行政诉讼的前置程序。当事人可以

---

① 最高人民法院民法典贯彻实施工作领导小组主编:《中华人民共和国民法典婚姻家庭编继承编理解与适用》,人民法院出版社2020年版,第76页。

② 《婚姻家庭编解释(一)》第17条第2款规定:"当事人以结婚登记程序存在瑕疵为由提起民事诉讼,主张撤销结婚登记的,告知其可以依法申请行政复议或者提起行政诉讼。"

③ 《行政复议法》第12条第1款规定:"对县级以上地方各级人民政府工作部门的具体行政行为不服的,由申请人选择,可以向该部门的本级人民政府申请行政复议,也可以向上一级主管部门申请行政复议。"

④ 最高人民法院民法典贯彻实施工作领导小组主编:《中华人民共和国民法典婚姻家庭编继承编理解与适用》,人民法院出版社2020年版,第76页。

⑤ 《行政诉讼法》第44条第1款规定:"对属于人民法院受案范围的行政案件,公民、法人或者其他组织可以先向行政机关申请复议,对复议决定不服的,再向人民法院提起诉讼;也可以直接向人民法院提起诉讼。"

先向行政机关申请复议，对复议决定不服的，再向人民法院提起行政诉讼；也可以直接向人民法院提起行政诉讼。

第三节　婚姻的无效与撤销

婚姻有效，即合法有效的婚姻，要求婚姻当事人在符合结婚条件的基础上，依法履行结婚的程序。“婚姻无效，指对违法婚姻依法否定其效力并保证结婚条件和程序付诸实施的法律制度，包括无效婚姻和可撤销婚姻。”[①]为了维护社会公共利益和婚姻当事人的合法权益，婚姻家庭立法应“通过对违法婚姻的制裁，阻止婚姻成立时的违法行为；保障和促进合法婚姻的建立与发展”[②]。

一、无效婚姻

无效婚姻，是指“因欠缺婚姻成立的法定要件而不具有婚姻效力的违法婚姻”[③]。1950 年《婚姻法》和 1980 年《婚姻法》均未规定无效婚姻制度。基于维护婚姻家庭和谐稳定的立法考量，2001 年《婚姻法》（修正）增设了无效婚姻制度，《民法典·婚姻家庭编》对其予以承继和完善。

（一）无效婚姻的情形

《民法典》第 1051 条规定：“有下列情形之一的，婚姻无效：（一）重婚；（二）有禁止结婚的亲属关系；（三）未到法定婚龄。”无效婚姻的情形，均违背结婚的实质要件。

1. 重婚

重婚是指已经成立婚姻关系的人，与他人再次成立婚姻关系。重婚是一种违法行为，严重违反一夫一妻制基本原则，破坏社会主义公共秩序与婚姻家庭和谐稳定。重婚行为严重者，将受到《刑法》关于重婚罪的刑事处罚。婚姻家庭范畴内的重婚，包括以下几种情形：

---

① 王歌雅主编：《婚姻家庭继承法学》（第 2 版），中国人民大学出版社 2013 年版，第 76 页。

② 李志敏主编：《比较家庭法》，北京大学出版社 1988 年版，第 81 页。

③ 魏振瀛主编：《民法》（第 8 版），北京大学出版社、高等教育出版社 2021 年版，第 661 页。

(1)一方已经登记结婚,后通过采取欺骗婚姻登记机关工作人员或者与婚姻登记机关工作人员恶意串通的方式,与第三人再次办理结婚登记,即成立两个法律婚姻的重婚。

(2)一方已经登记结婚,后与第三人以夫妻名义共同生活,虽未办理结婚登记,但已取得法律上认可的事实婚姻效力,即先成立法律婚姻,后成立事实婚姻。

(3)一方已经取得法律上认可的事实婚姻效力,后与第三人登记结婚,即先成立事实婚姻,后成立法律婚姻。

(4)一方已经取得法律上认可的事实婚姻效力,后与他人以夫妻名义共同生活,再次取得法律上认可的事实婚姻效力,即先后均成立事实婚姻。

2. 有禁止结婚的亲属关系

直系血亲或者三代以内的旁系血亲禁止结婚。① 其中,直系血亲包括自然直系血亲和拟制直系血亲。基于繁衍生育、亲属伦理的立法考量,禁止一定范围内的亲属结婚,有利于提高国家人口质量、提升社会人口素质,并已被现代法律文明所采纳。如果违反此项规定,男女双方之间的婚姻关系应属无效。

3. 未到法定婚龄

结婚年龄是,男不得早于22周岁,女不得早于20周岁。② 男女双方办理结婚登记,均须达到法定婚龄,如果未到法定婚龄而办理结婚登记,则双方之间的婚姻关系应属无效。法定婚龄的设置,是基于国家人口政策、社会伦理道德、家庭责任承担等多种因素综合考量的结果。男女双方均须在生理、心理达到一定成熟程度的基础上,方可通过结婚组建家庭,从而担负起应有的家庭责任和社会责任。

在司法审判中认定无效婚姻,应以法定无效情形的存在为前提。如果无效婚姻的情形,在婚姻当事人提起诉讼时已经消失,依《婚姻家庭编解释(一)》第10条规定:"当事人依据民法典第一千零五十一条规定向人民法院请求确认婚姻无效,法定的无效婚姻情形在提起诉讼时已经消失的,人民法院不予支持。"也就是说,婚姻当事人一方或双方"在结合当时具有婚姻无效的原因,在无效原

---

① 参见《民法典》第1048条。

② 参见《民法典》第1047条。

因消失后,不得再宣告该婚姻无效"①。

(二)请求确认婚姻无效的请求权主体及行使期间

《婚姻家庭编解释(一)》第9条规定:"有权依据民法典第一千零五十一条规定向人民法院就已办理结婚登记的婚姻请求确认婚姻无效的主体,包括婚姻当事人及利害关系人。"而利害关系人的范畴,依据请求婚姻无效的具体事由加以确定。

1. 请求确认婚姻无效的请求权主体

(1)以重婚为由请求确认婚姻无效的请求权主体

以重婚为由请求确认婚姻无效的,请求权主体"为当事人的近亲属及基层组织"②。重婚行为违反一夫一妻制法律原则,不仅损害无过错婚姻当事人的个人私益,还侵害社会公益。为此,婚姻当事人的近亲属及基层组织均有权据此情形申请宣告婚姻无效。其中,近亲属包括:配偶、父母、子女、兄弟姐妹、祖父母、外祖父母、孙子女、外孙子女;基层组织包括:无过错婚姻当事人的所在单位、居民委员会或村民委员会、派出所、民政部门、工会、妇联等。

(2)以未到法定婚龄为由请求确认婚姻无效的请求权主体

以未到法定婚龄为由请求确认婚姻无效的,请求权主体"为未到法定婚龄者的近亲属"③。由于此情形侵害的婚姻权益为婚姻当事人的个人私益,所以提出请求权的利害关系人为婚姻当事人的近亲属。

(3)以有禁止结婚的亲属关系为由请求确认婚姻无效的请求权主体

以有禁止结婚的亲属关系为由请求确认婚姻无效的,请求权主体"为当事人的近亲属"④。婚姻当事人之间是否具有禁止结婚的亲属关系,即是否属于禁婚亲的范畴,一般不为外界社会公众所知晓,故提出请求权的利害关系人为婚姻当事人的近亲属。

关于请求确认婚姻无效的诉讼主体地位,对于婚姻当事人而言,提出请求的一方当事人为原告,另一方当事人为被告。对于利害关系人而言,依《婚姻家庭编解释(一)》第15条规定:"利害关系人依据民法典第一千零五十一条的规

① 马忆南:《婚姻家庭继承法学》(第4版),北京大学出版社2019年版,第73页。

② 《婚姻家庭编解释(一)》第9条第1项。

③ 《婚姻家庭编解释(一)》第9条第2项。

④ 《婚姻家庭编解释(一)》第9条第3项。

定,请求人民法院确认婚姻无效的,利害关系人为原告,婚姻关系当事人双方为被告。夫妻一方死亡的,生存一方为被告。”

2. 请求确认婚姻无效的请求权行使期间

关于请求确认婚姻无效的请求权行使期间,《民法典·婚姻家庭编》未作规定。因无效婚姻涉及婚姻当事人私益与社会公益,依据婚姻家庭法理,“请求权的行使期间为无效婚姻情形存续期间。如婚姻无效的法定情形消失的,则婚姻无效的请求权终止。将请求确认婚姻无效请求权的行使期间与婚姻无效的法定情形的存续期间相统一,可督促请求权人及时行使权利”①。

(三)婚姻无效的宣告机关及程序

在家事纠纷中,因违背结婚的实质要件而导致宣告婚姻无效的案件占有一定比重。因而,婚姻家庭立法规定无效婚姻制度,“有利于预防和减少婚姻纠纷,保障公民的婚姻权益”②。为切实理解和适用无效婚姻制度,需对宣告婚姻无效的机关及程序进行明确。

1. 婚姻无效的宣告机关

婚姻无效的宣告机关为人民法院。婚姻当事人或者利害关系人请求确认婚姻无效的,应当向人民法院提起,婚姻无效只能由人民法院宣告。③

我国婚姻家庭立法关于宣告婚姻无效机关的规定,由婚姻登记机关、人民法院均有权宣告婚姻无效,转变为只有人民法院有权宣告婚姻无效。1994 年《婚姻登记管理条例》第 25 条规定:“申请婚姻登记的当事人弄虚作假、骗取婚姻登记的,婚姻登记管理机关应当撤销婚姻登记,对结婚、复婚的当事人宣布其婚姻关系无效并收回结婚证,对离婚的当事人宣布其解除婚姻关系无效并收回离婚证,并对当事人处以 200 元以下的罚款。”2003 年《婚姻登记条例》施行,《婚姻登记管理条例》同时废止。至此,婚姻登记机关再无宣告婚姻无效的权力。

婚姻登记机关是行政机关,行使行政权力;人民法院是司法机关,行使司法权力。婚姻关系的法律效力涉及婚姻当事人的权益保障,一旦当事人的婚姻关

---

① 魏振瀛主编:《民法》(第 8 版),北京大学出版社、高等教育出版社 2021 年版,第 662 页。

② 马忆南:《婚姻家庭继承法学》(第 4 版),北京大学出版社 2019 年版,第 73 页。

③ 参见最高人民法院民法典贯彻实施工作领导小组主编:《中华人民共和国民法典婚姻家庭编继承编理解与适用》,人民法院出版社 2020 年版,第 85 页。

系被人民法院宣告无效，婚姻关系自始不存在，对婚姻当事人所产生的法律后果影响重大。因此，婚姻无效的宣告机关应为人民法院。人民法院通过行使审判职能，查明婚姻当事人之间的婚姻关系是否存在法律规定的无效情形，运用司法监督权力予以裁判婚姻效力，是对当事人业已成立的婚姻关系进行效力确认的最佳选择。

2. 婚姻无效的宣告程序

"无效婚姻制度是结婚制度的重要组成部分，对于保障结婚条件和程序的执行，保护合法婚姻，预防和制裁违法婚姻具有重要意义。"①人民法院审理确认婚姻无效案件，在适用婚姻无效宣告程序时，应当注意以下几方面：

(1)人民法院审理确认婚姻无效案件，不适用调解和撤诉制度。《婚姻家庭编解释(一)》第11条第1款规定："人民法院受理请求确认婚姻无效案件后，原告申请撤诉的，不予准许。"第2款规定："对婚姻效力的审理不适用调解，应当依法作出判决。"

民事诉讼中设置调解和撤诉制度，可以使当事人在法律赋予的权限范围内处分自己的民事权利，有利于缓解双方当事人之间的矛盾。通过调解制度，可以使当事人在协商一致的基础上解决纠纷，而双方达成的调解协议，经过人民法院确认后产生法律效力。如果当事人之间的纠纷已经实际解决，或者当事人之间的纠纷已无继续解决的必要，当事人可以向人民法院主动申请撤诉。

婚姻家庭受国家保护，人民法院应当以法律规定为依据，判断是否存在宣告婚姻无效的情形，从而依法对当事人的婚姻效力作出判决。而婚姻效力涉及社会公共秩序和家庭权益的保障，婚姻当事人无权自行处理。所以，审理确认婚姻无效案件，不宜适用调解和撤诉制度。也就是说，无效婚姻的确认，不能准许婚姻当事人之间协商调解，也不能准许婚姻当事人撤诉，只能由人民法院判决确定。

(2)人民法院审理确认婚姻无效案件，婚姻当事人可以提出财产分割、子女抚养的请求，人民法院对此应当予以一并处理。《婚姻家庭编解释(一)》第11条第3款规定："涉及财产分割和子女抚养的，可以调解。调解达成协议的，另行制作调解书；未达成调解协议的，应当一并作出判决。"

---

① 夏吟兰主编：《婚姻家庭继承法》(第2版)，中国政法大学出版社2017年版，第81页。

婚姻关系被认定无效后,将涉及婚姻当事人的子女抚养和财产分割问题。人民法院将其予以一并审理,有利于减少婚姻当事人的诉讼程序,减轻婚姻当事人的诉累。子女抚养和财产分割问题的处理,属于婚姻当事人的私权自由,可以自行协商解决,从而达成调解协议;如未能达成调解协议,可以通过诉讼程序,由人民法院裁判解决。

(3)人民法院审理离婚案件,可依职权审查婚姻效力。《婚姻家庭编解释(一)》第12条规定:“人民法院受理离婚案件后,经审理确属无效婚姻的,应当将婚姻无效的情形告知当事人,并依法作出确认婚姻无效的判决。”

人民法院作为国家的司法审判机关,代表国家行使审判职权,履行司法监督职责。当事人的婚姻关系是否有效,国家公权力机关有权对其进行监督。人民法院审理离婚案件时,若查明存在无效婚姻的情形,应当依职权向婚姻当事人予以释明,并有权主动宣告婚姻无效。

(4)离婚案件与确认婚姻无效案件同时存在,人民法院应当如何处理。《婚姻家庭编解释(一)》第13条规定:“人民法院就同一婚姻关系分别受理了离婚和请求确认婚姻无效案件的,对于离婚案件的审理,应当待请求确认婚姻无效案件作出判决后进行。”

在司法实践中,如果一方当事人或者利害关系人向人民法院请求确认婚姻无效,而另一方当事人向人民法院提起离婚诉讼,由于是否存在婚姻效力,是审理离婚案件的前提,所以“在这种情况下,人民法院应当中止对离婚案件的审理,先就宣告婚姻无效的案件进行判决”①。

(5)夫妻一方或双方死亡后,为保障生存一方当事人或者利害关系人的权益,人民法院应受理其请求确认婚姻无效的诉讼。《婚姻家庭编解释(一)》第14条规定:“夫妻一方或者双方死亡后,生存一方或者利害关系人依据民法典第一千零五十一条的规定请求确认婚姻无效的,人民法院应当受理。”

(6)人民法院审理因重婚导致无效婚姻的案件,如果涉及财产处理问题,应保障合法婚姻当事人的诉讼权利。《婚姻家庭编解释(一)》第16条规定:“人民法院审理重婚导致的无效婚姻案件时,涉及财产处理的,应当准许合法婚姻

---

① 最高人民法院民法典贯彻实施工作领导小组主编:《中华人民共和国民法典婚姻家庭编继承编理解与适用》,人民法院出版社2020年版,第88页。

当事人作为有独立请求权的第三人参加诉讼。"

(7)人民法院须严格依据法律规定判断是否存在无效婚姻的情形。《婚姻家庭编解释(一)》第17条第1款规定:"当事人以民法典第一千零五十一条规定的三种无效婚姻以外的情形请求确认婚姻无效的,人民法院应当判决驳回当事人的诉讼请求。"

(8)人民法院根据当事人的诉讼请求,经审理后依法确认婚姻无效的,应当收缴双方的结婚证书。《婚姻家庭编解释(一)》第21条规定:"人民法院根据当事人的请求,依法确认婚姻无效或者撤销婚姻的,应当收缴双方的结婚证书并将生效的判决书寄送当地婚姻登记管理机关。"

(9)确认婚姻无效判决与撤销死亡宣告判决,二者之间并不矛盾。宣告死亡是一种法律上的推定,如果被宣告死亡的婚姻当事人重新出现,其宣告死亡的判决将予以撤销。而确认婚姻无效的判决是对婚姻效力的认定,即便撤销死亡宣告,亦不影响已被依法确认婚姻无效的判决的效力。也就是说,无论被宣告死亡的婚姻当事人是否重新出现,双方当事人的婚姻关系自始没有法律约束力。

二、可撤销婚姻

可撤销婚姻,是指"因欠缺婚姻合意,经请求权人请求,依法撤销后不具有婚姻效力的违法婚姻"[①]。1950年《婚姻法》和1980年《婚姻法》均未规定可撤销婚姻制度。伴随婚育观念的变化和家庭伦理观念的进步,婚姻家庭法律制度发生着与时俱进的改变,为更好地保障婚姻家庭当事人的婚姻权益,2001年《婚姻法》(修正)增设了可撤销婚姻制度,这"对于建立、健全结婚制度,加强我国婚姻法制建设具有十分重大的意义"[②]。《民法典·婚姻家庭编》对其予以承继和完善。

(一)可撤销婚姻的情形

《民法典》第1052条规定:"因胁迫结婚的,受胁迫的一方可以向人民法院请求撤销婚姻。请求撤销婚姻的,应当自胁迫行为终止之日起一年内提出。被

① 魏振瀛主编:《民法》(第8版),北京大学出版社、高等教育出版社2021年版,第663页。

② 巫昌祯主编:《婚姻与继承法学》(第6版),中国政法大学出版社2017年版,第113页。

非法限制人身自由的当事人请求撤销婚姻的,应当自恢复人身自由之日起一年内提出。”第1053条规定:“一方患有重大疾病的,应当在结婚登记前如实告知另一方;不如实告知的,另一方可以向人民法院请求撤销婚姻。请求撤销婚姻的,应当自知道或者应当知道撤销事由之日起一年内提出。”依据上述规定,婚姻当事人主张撤销婚姻的法定情形为:(1)胁迫结婚;(2)一方患有重大疾病且结婚登记前未如实告知。

1. 胁迫结婚

一方当事人实施胁迫行为,其目的是威胁另一方当事人,干预其结婚意愿,从而迫使其同意结婚。关于“胁迫”的认定,《婚姻家庭编解释(一)》第18条第1款规定:“行为人以给另一方当事人或者其近亲属的生命、身体、健康、名誉、财产等方面造成损害为要挟,迫使另一方当事人违背真实意愿结婚的,可以认定为民法典第一千零五十二条所称的‘胁迫’。”

“因受胁迫而同意结婚的,这种意思表示是不真实的,双方当事人之间缺乏有效的结婚合意。”[①]依据婚姻家庭法理及司法实践,可以从以下方面对“胁迫”加以理解:

第一,胁迫行为的主体,即胁迫他人同意结婚的行为人,可能是婚姻当事人,也可能是婚姻当事人以外的其他人。“实施胁迫行为的人并不局限于婚姻的一方当事人,还包括第三人,实践中常见的为受胁迫方或者婚姻另一方当事人的父母、近亲属等。”[②]

第二,胁迫行为人的主观状态,应为具有胁迫的故意[③]。胁迫行为人通过实施胁迫行为,限制受胁迫者的意志自由,使受胁迫者作出与其内心真意相反的意思表示,以期实现胁迫目的——受到胁迫的人同意并接受结婚行为。

第三,胁迫行为的对象,可能是受胁迫的当事人本人,也可能是受胁迫的当事人的近亲属。

---

① 房绍坤、范李瑛、张洪波编著:《婚姻家庭继承法》(第6版),中国人民大学出版社2020年版,第42页。

② 最高人民法院民法典贯彻实施工作领导小组主编:《中华人民共和国民法典婚姻家庭编继承编理解与适用》,人民法院出版社2020年版,第91页。

③ 故意,是指行为人明知自己的行为会发生侵害他人权益的结果,并且希望或者放任这种结果发生的主观状态。

第四，胁迫行为的方式，可能是身体上的强制——限制受胁迫当事人或者其近亲属的人身自由；也可能是精神上的控制——以对受胁迫当事人或者其近亲属的生命、身体、健康、名誉、财产等方面即将实施侵害或者造成损害为要挟。

第五，胁迫行为的结果，是使受到胁迫的当事人产生心理畏惧，并受制于胁迫行为人，听从胁迫行为人的指示，最终使受胁迫当事人违背自由意志，从而同意成立婚姻关系。

2. 一方患有重大疾病且结婚登记前未如实告知

结婚的情感基础是男女双方相互真诚、相互理解、相互信任。在结婚登记前，男女双方不应存在法律上禁止隐瞒的情形。为保障当事人完全自愿结婚的内心真意，男女双方在结婚登记前，一方须将自身的身体状况即是否患有重大疾病，如实告知对方。

2001 年《婚姻法》(修正)关于可撤销婚姻的法定情形，仅规定为受胁迫或者被限制人身自由而结婚。《民法典·婚姻家庭编》在此基础上，将一方患有重大疾病但结婚登记前未如实告知，作为可撤销婚姻的法定情形。关于这一规定，应从以下方面予以掌握。

(1)关于"重大疾病"

关于"重大疾病"，《民法典·婚姻家庭编》未作出明确规定，可以参考借鉴《母婴保健法》相关法律规范加以理解和适用。"婚前医学检查包括对下列疾病的检查：(一)严重遗传性疾病；(二)指定传染病；(三)有关精神病。"①"指定传染病，是指《中华人民共和国传染病防治法》中规定的艾滋病、淋病、梅毒、麻风病以及医学上认为影响结婚和生育的其他传染病。严重遗传性疾病，是指由于遗传因素先天形成，患者全部或者部分丧失自主生活能力，后代再现风险高，医学上认为不宜生育的遗传性疾病。有关精神病，是指精神分裂症、躁狂抑郁型精神病以及其他重型精神病。"②上述规定可以作为人民法院审理此类案件的参考依据，并结合其他案件事实，在进行综合考量后依法做出裁判。

(2)一方在办理结婚登记前患有重大疾病

结婚登记要求男女双方必须完全自愿，具有成立婚姻关系的情感合意。婚

---

① 《母婴保健法》第 8 条第 1 款。

② 《母婴保健法》第 38 条第 1～3 项。

姻关系成立后,男女双方将组建家庭、共同生活。为此,在办理结婚登记前,如一方当事人患有重大疾病,且为对方当事人所知晓,将便于对方当事人作出是否自愿与其成立婚姻关系以及成立婚姻关系后如何共同应对重大疾病的决定。但是,如果一方当事人是在办理结婚登记后患有重大疾病,则不属于可撤销婚姻的情形。

(3)患有重大疾病的一方在结婚登记前未履行如实告知义务

一方当事人患有重大疾病会给婚姻生活带来不便,并且某些重大疾病具有遗传性,若未如实告知,另一方当事人未能做好相应的避孕准备,可能导致出生的子女患有遗传疾病,从而引发夫妻矛盾,增加家庭负担。因此,在办理结婚登记前,患有重大疾病的一方当事人,应当向对方当事人履行如实告知义务,不应故意遮蔽、隐瞒。但是在办理结婚登记前,如果一方当事人不知晓自身已患有重大疾病,而在双方办理结婚登记后才知晓,因其主观上并不具备故意隐瞒、拒绝如实告知对方真实情况的恶意,则不属于可撤销婚姻的情形。

(二)申请撤销婚姻的请求权主体及行使期间

适用可撤销婚姻制度,“可以使违法结合得到纠正,恢复原状,从总体上保证婚姻的质量,预防和减少婚姻纠纷。使当事人免受违法婚姻之害,是对其婚姻权益的重要保障”①。

1. 申请撤销婚姻的请求权主体

“申请撤销婚姻的请求权主体只能是一方当事人,其他任何人或者组织均无请求撤销婚姻的权利。当事人是否行使撤销婚姻的请求权,只能由本人决定。”②撤销婚姻的请求权主体,依据可撤销婚姻的具体情形加以确定。

(1)对于因受胁迫而结婚,享有撤销婚姻的请求权主体为“受胁迫一方的婚姻当事人本人”。

胁迫行为人的行为对象可能是受胁迫一方当事人本人或者其近亲属,但胁迫行为人的最终目的是使受胁迫一方当事人本人在违背内心真意的情况下同意结婚,侵害的是受胁迫一方当事人本人的结婚意思自治。所以,《婚姻家庭编解释(一)》第18条第2款规定:“因受胁迫而请求撤销婚姻的,只能是受胁迫一

① 马忆南:《婚姻家庭继承法学》(第4版),北京大学出版社2019年版,第73页。
② 魏振瀛主编:《民法》(第8版),北京大学出版社、高等教育出版社2021年版,第663页。

方的婚姻关系当事人本人。”

(2)对于因一方患有重大疾病,而在结婚登记前未向另一方如实告知,享有撤销婚姻请求权的主体为“未被如实告知的另一方婚姻当事人本人”。

办理结婚登记前,一方患有重大疾病,未向另一方如实告知,侵害的是另一方婚姻当事人的知情权。并且,“明知患有重大疾病却未如实告知的本质上属于欺诈,因此,只有被隐瞒的另一方当事人才享有撤销权,实施隐瞒行为的一方当事人不能行使撤销权”①。

2. 申请撤销婚姻的请求权行使期间

可撤销婚姻的撤销权,其法律性质为形成权。为维护婚姻当事人的合法权益,使婚姻关系的效力尽快予以确定,法律规定了撤销婚姻请求权的行使期间,且该行使期间是除斥期间。根据可撤销婚姻的不同情形,分为以下两种:

(1)因受胁迫结婚的当事人请求撤销婚姻的,应当自胁迫行为终止之日起一年内提出;被非法限制人身自由的当事人请求撤销婚姻的,应当自恢复人身自由之日起一年内提出。

胁迫是一种持续的状态,受到胁迫的婚姻当事人只有在胁迫行为终止时,方能不受胁迫压力,真实表达自己的意思表示。《民法典·婚姻家庭编》对2001年《婚姻法》(修正)中“受胁迫的一方撤销婚姻的请求,应当自结婚登记之日起一年内提出”②的规定进行了法律完善,将其调整为“请求撤销婚姻的,应当自胁迫行为终止之日起一年内提出”。如此规定,更有利于对受到胁迫一方婚姻当事人的利益保护。《婚姻家庭编解释(一)》第19条规定,《民法典》第1052条规定的“一年”,不适用诉讼时效中止、中断或者延长的规定。受胁迫或者被非法限制人身自由的当事人请求撤销婚姻的,不适用《民法典》第152条第2款③的规定。

(2)因一方办理结婚登记前未如实告知另一方患有重大疾病,未被如实告知的婚姻当事人请求撤销婚姻的,自知道或者应当知道撤销事由之日起一年内

---

① 最高人民法院民法典贯彻实施工作领导小组主编:《中华人民共和国民法典婚姻家庭编继承编理解与适用》,人民法院出版社2020年版,第101页。

② 2001年《婚姻法》(修正)第11条。

③ 《民法典》第152条第2款规定:“当事人自民事法律行为发生之日起五年内没有行使撤销权的,撤销权消灭。”

提出。

重大疾病的隐藏性较深，男女双方在办理结婚登记后，婚姻当事人如果不是刻意关注，实则很难发现。因其侵害婚姻当事人的个人私益，应由其自主决定是否撤销婚姻。所以，未获得如实告知的另一方婚姻当事人，请求撤销婚姻的，“应当自知道或者应当知道撤销事由之日起一年内提出”。此处规定的“一年”为除斥期间，不适用诉讼时效中止、中断或延长的规定。当事人在法律规定的期限内不行使权利的，撤销权归于消灭。也就是说，一年除斥期间经过之后，当事人再以该法律规定主张撤销婚姻的，人民法院将不予支持。

（三）撤销婚姻的机关及程序

依婚姻家庭法理，可撤销婚姻制度中的撤销“只是从法律上否定违法结合的婚姻效力，还事物以本来面目”[①]。因此，撤销“本身并不是一种制裁手段。但是，这种法律上的判断，却为对导致违法婚姻发生的责任主体适用相应的制裁手段提供了依据”[②]。

1. 撤销婚姻的机关

撤销婚姻的机关是人民法院。婚姻家庭立法中关于撤销婚姻机关的规定，由人民法院、婚姻登记机关均有权撤销婚姻，修改为只有人民法院有权撤销婚姻。

2001 年《婚姻法》（修正）第 11 条规定：“因胁迫结婚的，受胁迫的一方可以向婚姻登记机关或人民法院请求撤销该婚姻。”2003 年《婚姻登记条例》明确赋予婚姻登记机关有权撤销婚姻，同时对当事人请求撤销婚姻应予提交的证明材料加以规定：“因胁迫结婚的，受胁迫的当事人依据婚姻法第十一条的规定向婚姻登记机关请求撤销其婚姻的，应当出具下列证明材料：（一）本人的身份证、结婚证；（二）能够证明受胁迫结婚的证明材料。婚姻登记机关经审查认为受胁迫结婚的情况属实且不涉及子女抚养、财产及债务问题的，应当撤销该婚姻，宣告结婚证作废。”[③]而后，2015 年修订的《婚姻登记工作规范》再次明确结婚登记机关有权撤销婚姻，并对撤销程序予以规定：“受胁迫结婚的婚姻当事人，可以向

---

① 马忆南：《婚姻家庭继承法学》（第 4 版），北京大学出版社 2019 年版，第 73 页。

② 马忆南：《婚姻家庭继承法学》（第 4 版），北京大学出版社 2019 年版，第 73 页。

③ 《婚姻登记条例》第 9 条。

原办理该结婚登记的机关请求撤销婚姻。"[①]"撤销婚姻应当按照初审—受理—审查—报批—公告的程序办理。"[②]但是,《民法典·婚姻家庭编》对上述规定进行了修改,明确规定有权撤销婚姻的机关只能是人民法院。

结婚登记办理完毕,男女双方即已成立合法有效的婚姻关系。婚姻关系属于民事法律关系,而婚姻关系之所以被撤销,是因其违背结婚的实质要件——当事人的完全自愿。一旦当事人的婚姻关系被依法撤销,其婚姻自始没有法律约束力,当事人将面对子女抚养、财产分割等问题的处理,而婚姻登记机关显然不具有处理这些法律纠纷的职能。为全面保障当事人的婚姻利益,由人民法院依据司法职权,通过审判方式调查取证、查清案件事实更为适宜。故而《民法典·婚姻家庭编》将撤销婚姻的机关确定为人民法院,由司法权力对婚姻的撤销予以审查确认,这是婚姻家庭立法的进步与完善。

2. 撤销婚姻的程序

可撤销婚姻,系"因违背当事人的真实意思而成立的婚姻,或者已成立的婚姻缺乏结婚的某个要件,有撤销权的当事人可行使撤销权,使已经发生效力的婚姻归于无效"[③]。人民法院审理撤销婚姻的案件,对于撤销婚姻程序的适用,应当注意以下几个方面:

(1)人民法院在离婚案件审理中,不得依职权主动撤销婚姻效力。这是无效婚姻与可撤销婚姻在审理程序上的区别。无效婚姻破坏婚姻家庭的社会秩序,侵害社会公共利益,人民法院可以依职权判决婚姻无效。而可撤销婚姻违背结婚自愿原则,侵害婚姻当事人的意思自治,人民法院审理撤销婚姻案件,如果发现可撤销婚姻的情形,应当遵循"不告不理"的民事诉讼原则,不得依职权撤销婚姻的效力。

(2)人民法院审理撤销婚姻案件,根据撤销婚姻的不同情形,确定审理重点。①对于因受胁迫而请求撤销婚姻的案件,应审查行为人是否具有胁迫的主观恶意、行为人是否实施了足以胁迫他人的行为、受胁迫人是否因胁迫行为而违背结婚意愿、胁迫行为与结婚行为之间是否具有法律上的因果关系。②对于

---

① 《婚姻登记工作规范》第46条。

② 《婚姻登记工作规范》第47条。

③ 最高人民法院民法典贯彻实施工作领导小组主编:《中华人民共和国民法典婚姻家庭编继承编理解与适用》,人民法院出版社2020年版,第90页。

因一方婚前未履行重大疾病如实告知义务而另一方请求撤销婚姻的案件，应审查一方是否患有重大疾病、一方患有重大疾病的时间是否在办理结婚登记前、一方患有重大疾病在办理结婚登记前是否已向另一方履行如实告知义务。

（3）人民法院根据当事人的诉讼请求，审理后依法撤销婚姻的，应当收缴双方的结婚证书。《婚姻家庭编解释（一）》第21条规定："人民法院根据当事人的请求，依法确认婚姻无效或者撤销婚姻的，应当收缴双方的结婚证书并将生效的判决书寄送当地婚姻登记管理机关。"

三、婚姻无效与被撤销的法律后果

《民法典》第1054条规定："无效的或者被撤销的婚姻自始没有法律约束力，当事人不具有夫妻的权利和义务。同居期间所得的财产，由当事人协议处理；协议不成的，由人民法院根据照顾无过错方的原则判决。对重婚导致的无效婚姻的财产处理，不得侵害合法婚姻当事人的财产权益。当事人所生的子女，适用本法关于父母子女的规定。婚姻无效或者被撤销的，无过错方有权请求损害赔偿。"

为准确把握无效婚姻和可撤销婚姻，应将其与撤销婚姻登记进行比较分析、梳理阐释。"结婚登记被撤销的法律后果与婚姻被宣告无效或被撤销的法律后果相同，其登记自始无效，婚姻当事人自始不存在婚姻权利义务法律关系。"①但二者属于截然不同的法律范畴，具体区别如下：

第一，无效婚姻制度是"法律设立的一种对形式上已经成立的婚姻关系，由当事人或者利害关系人针对该婚姻关系是否有效成立提出异议的一种救济制度"②。如果"将符合结婚实质要件但结婚登记程序上存在瑕疵的婚姻不予区分一概宣告无效"③，属于肆意扩张无效婚姻的适用范围，不利于婚姻关系的稳定与家庭关系的和睦。依据《婚姻家庭编解释（一）》第17条的规定，结婚登记

---

① 最高人民法院民法典贯彻实施工作领导小组主编：《中华人民共和国民法典婚姻家庭编继承编理解与适用》，人民法院出版社2020年版，第76～77页。

② 最高人民法院民事审判第一庭：《婚姻法司法解释的理解与适用》，中国法制出版社2002年版，第44页。

③ 最高人民法院民法典贯彻实施工作领导小组主编：《中华人民共和国民法典婚姻家庭编继承编理解与适用》，人民法院出版社2020年版，第76页。

中存在程序瑕疵,不属于《民法典·婚姻家庭编》规定的无效婚姻的法定事由,当事人不能以结婚登记程序存在瑕疵为由主张婚姻关系无效。

第二,设立可撤销婚姻制度,“有利于增强执法力度,制裁结婚问题上的违法行为”①。但可撤销婚姻与撤销婚姻登记,二者之间具有明显的法律界分。一是可撤销婚姻属于民事法律范畴。可撤销婚姻,因违背完全自愿原则,当事人可以向人民法院提起民事诉讼,请求将已经成立的婚姻关系予以撤销。二是撤销婚姻登记属于行政法律范畴。结婚登记是婚姻登记机关的具体行政行为。当事人若认为结婚登记中存在程序瑕疵,可以依法申请行政复议或者提起行政诉讼,请求对已办理的结婚登记予以撤销。

关于婚姻无效与被撤销的法律后果,应依据《民法典·婚姻家庭编》及《婚姻家庭编解释(一)》的相关规定,重点关注其对当事人和子女所产生的效力。

(一)对当事人的效力

婚姻无效或者被撤销后,自始没有法律约束力。《婚姻家庭编解释(一)》第20条规定:“民法典第一千零五十四条所规定的‘自始没有法律约束力’,是指无效婚姻或者可撤销婚姻在依法被确认无效或者被撤销时,才确定该婚姻自始不受法律保护。”

2001年《婚姻法》(修正)第12条规定:“无效或被撤销的婚姻,自始无效。”在此基础上,《民法典·婚姻家庭编》将其凝练表述为,“无效的或者被撤销的婚姻自始没有法律约束力”②,使其对法律后果的规范更加明晰、精确。

1. 人身关系效力

人民法院宣告婚姻无效或者撤销婚姻后,男女双方共同生活期间为同居关系。双方之间不具有夫妻的权利义务关系,不存在近亲属及家庭成员关系,不产生法定继承权。

2. 财产关系效力

夫妻财产制所调整的财产关系,以夫妻身份关系的存在为前提,“无效或被撤销婚姻当事人同居期间并非婚姻关系存续期间,在此期间所得的财产,不能

① 马忆南:《婚姻家庭继承法学》(第4版),北京大学出版社2019年版,第73页。
② 《民法典》第1054条第1款。

适用关于夫妻财产制的规定"①。为此,婚姻被依法确认无效或者撤销后,应明确当事人同居期间所得财产的性质,规范同居期间所得财产的处理,保障无过错当事人的损害赔偿请求权。

(1)同居期间所得财产的性质

婚姻被确认无效或者撤销后,男女双方同居期间所得的财产,依据《婚姻家庭编解释(一)》第22条规定处理,"被确认无效或者被撤销的婚姻,当事人同居期间所得的财产,除有证据证明为当事人一方所有的以外,按共同共有处理"。

(2)同居期间所得财产的处理原则

人民法院依法宣告婚姻无效或者撤销婚姻后,若双方当事人决定终止同居关系,不存在依法分割夫妻共同财产的问题。"如果双方有约定为共同的财产,或虽无约定但在实际生活中形成了某种财产共有关系,应按民法中有关共有关系终止的一般规定处理。"②具体处理原则如下:

第一,尊重男女双方的意思自治,其可对财产分割事宜进行协议处理。婚姻被依法宣告无效或者撤销后,双方当事人如果对财产处理已达成协议,且该协议符合《民法典》的规定,应承认财产处理协议的法律效力。然而,"这并不是对无效或被撤销婚姻的肯定或承认,而是对公民民事权利的尊重和对民事法律行为的保护"③。

第二,男女双方分割共同财产,不得侵害合法婚姻当事人的财产权益。"在因重婚而导致婚姻无效的情形下,重婚的双方当事人对同居期间的财产的处理很可能损害重婚一方第一个合法婚姻的配偶一方当事人的财产权益。"④所以,人民法院审理重婚导致的无效婚姻案件时,涉及财产处理的,应当准许合法婚姻当事人作为有独立请求权的第三人参加诉讼。⑤ 这是因重婚导致婚姻被宣告无效时处理财产问题的特别规定,即不得侵害合法婚姻当事人的财产权益。

---

① 杨大文、龙翼飞主编:《婚姻家庭法》(第7版),中国人民大学出版社2018年版,第100页。

② 杨大文、龙翼飞主编:《婚姻家庭法》(第7版),中国人民大学出版社2018年版,第100页。

③ 杨大文、龙翼飞主编:《婚姻家庭法》(第7版),中国人民大学出版社2018年版,第100页。

④ 最高人民法院民法典贯彻实施工作领导小组主编:《中华人民共和国民法典婚姻家庭编继承编理解与适用》,人民法院出版社2020年版,第106页。

⑤ 参见《婚姻家庭编解释(一)》第16条。

(3)无过错方的损害赔偿请求权

2001年《婚姻法》(修正)未规定婚姻无效或者被撤销的无过错方的损害赔偿请求权,而是仅规定离婚时无过错方的损害赔偿请求权①。合法婚姻关系在解除时,对于无过错方当事人应当予以保护;当婚姻被确认无效或者撤销时,亦应当对于无过错方给予保护。《民法典·婚姻家庭编》增设婚姻无效或者被撤销的无过错方的损害赔偿请求权,这有利于保障无过错婚姻当事人的合法权益,符合社会公众的认知期待,体现了以人为本的法律思想。对于此项规定的适用,应注意以下几点:

第一,举证责任的承担。主张无过错方损害赔偿请求权的当事人,应当承担举证责任,即举证证明其对婚姻被宣告无效或者撤销不具有过错,并且因婚姻被宣告无效或者撤销而受有损害。如果双方当事人对于导致婚姻无效或者被撤销均具有过错,则双方当事人均不享有损害赔偿请求权。

第二,损害赔偿的范围,包括物质损害赔偿和精神损害赔偿。无过错方当事人为成立婚姻关系,投入了情感、精力、财力等。当婚姻关系非因自身原因,被人民法院确认无效或者撤销,无过错方当事人在身体和心理上将遭受沉重的打击,过错方当事人对此应当予以赔偿。关于赔偿的方式、数额等,可由双方当事人协议;协议不成的,由人民法院判决。

(二)对子女的效力

在法律性质上,父母子女关系不同于婚姻关系。"婚姻无效或可撤销的原因是欠缺婚姻成立的法定条件,而父母子女关系是以相互之间的血缘联系为依据的。"②因此,婚姻关系被人民法院宣告无效或者撤销后,男女双方之间虽不再具有夫妻关系,但双方共同生活期间所生子女,其合法权益应当依法保护。

父母与子女之间的自然血亲关系不能割离。具体关注的问题包括:一是无效婚姻或被撤销婚姻中受胎的子女,在其出生时,父母若已成立合法的夫妻关系,则该子女应视为婚生子女。二是"无效婚姻或被撤销婚姻中受胎、出生的子

---

① 2001年《婚姻法》(修正)第46条规定,有下列情形之一,导致离婚的,无过错方有权请求损害赔偿:(1)重婚的;(2)有配偶者与他人同居的;(3)实施家庭暴力的;(4)虐待、遗弃家庭成员的。

② 房绍坤、范李瑛、张洪波编著:《婚姻家庭继承法》(第6版),中国人民大学出版社2020年版,第46页。

女与父母间的权利和义务，不受其父母婚姻无效和被撤销的影响"[①]。

《民法典·婚姻家庭编》保护无效婚姻或者被撤销婚姻当事人在共同生活期间所生子女，有助于实现子女利益的最大化。父母对其未成年子女应当承担抚养、教育、保护的义务，成年子女对其父母应当承担赡养、扶助、关爱的义务，并且父母与子女之间有相互继承遗产的权利。

第四节 事实婚姻

婚姻家庭基于不同的社会环境和文化传统，其立法表征亦有所不同。在社会历史的发展进程中，出现过许多与事实婚姻相近似的婚姻形式。"如罗马法中的时效婚、英美的普通法婚姻、日本的内缘婚、古巴的非正式婚、联邦德国的同居婚等，都具有事实婚的性质。"[②]

一、事实婚姻的含义铺陈

事实婚姻，是法律婚姻的对称，是指没有配偶的男女双方，虽未履行结婚程序，但以夫妻名义同居生活，且人们也认为其是夫妻关系的结合。究其本质而言，事实婚姻"是指欠缺婚姻成立的程序要件且以夫妻关系相待的两性结合"[③]。

事实婚姻具有以下特征：一是男女双方均没有配偶；二是男女双方以夫妻名义共同生活；三是男女双方未履行结婚程序。

婚姻成立应当符合结婚条件，履行结婚程序。然而，事实婚姻是对法律婚姻的冲击。一方面，事实婚姻削弱了结婚程序的法定性、严肃性。履行结婚程序是法律婚姻的重要特征，事实婚姻影响结婚程序的履行落实。另一方面，事实婚姻影响国家对婚姻成立的监督。国家在婚姻家庭立法中设置结婚程序，意在审查当事人是否符合结婚条件，从而保障婚姻成立的神圣性、权威性。

---

① 杨大文、龙翼飞主编：《婚姻家庭法》（第7版），中国人民大学出版社2018年版，第101页。

② 张贤钰主编：《婚姻家庭继承法》，法律出版社1999年版，第98页。

③ 魏振瀛主编：《民法》（第8版），北京大学出版社、高等教育出版社2021年版，第665页。

但如果不承认事实婚姻的合法性，便无法对现实生活中已经存在的子女出生、财产分割等问题予以法律保护，从而引发社会矛盾，不利于家庭稳定与社会和谐。因此，在现代社会中，多数国家的婚姻家庭立法对事实婚姻的法律态度越来越慎重。

二、事实婚姻的法律确认

婚姻家庭立法规定结婚程序，意在向当事人宣传婚姻家庭法律知识，增强婚姻家庭法治观念，预防违法行为的发生，提升和谐婚姻家庭关系的建设能力，进而增强婚姻家庭纠纷的治理能力。但是，社会生活中仍然存在事实婚姻的原因，在于一些人法律观念淡薄，漠视履行结婚程序，“特别是一些不具备法定结婚条件的人，为达到结婚目的，故意规避法律的审查和监督”①。为此，国家应当对事实婚姻进行法律规制，以维护婚姻家庭的正常秩序。

（一）事实婚姻的立法主义

法律对事实婚姻的规定，深受婚俗习惯影响。事实婚姻应否得到法律保护，主要有三种立法主义：一是承认主义；二是不承认主义；三是相对承认主义。

1. 承认主义

承认主义，即承认事实婚姻的法律效力。男女双方只要符合结婚的实质要件，其婚姻效力即得到法律确认。具体内涵为：男女双方不具有禁止结婚的情形，并以夫妻名义共同居住、共同生产生活，双方虽未履行结婚程序，但法律对其婚姻关系予以确认。如罗马法中的时效婚和英美的普通法婚姻。

2. 不承认主义

不承认主义，即不承认事实婚姻的法律效力。男女双方虽符合结婚条件，但只要未履行结婚程序，法律便不予确认其婚姻效力。采不承认主义国家的立法者认为：婚姻为要式行为，男女双方如果意在成立婚姻关系，则须向国家婚姻登记机关进行申报，否则其自行结合的关系不被法律所认可和保护。如《日本民法典》第739条第1款规定：“婚姻，依《户籍法》（昭和22年法律第224号）的规定登记，发生效力。”②第742条规定：“婚姻，仅在下列情形，无效：……2. 当事

---

① 巫昌祯主编：《婚姻与继承法学》（第6版），中国政法大学出版社2017年版，第120页。

② 《日本民法典》，刘士国、牟宪魁、杨瑞贺译，中国法制出版社2018年版，第183页。

人未提出婚姻登记申请时。”①

3. 相对承认主义

相对承认主义,即有条件地承认事实婚姻的法律效力。这意味着法律为婚姻关系设定了有效条件,当事实婚姻满足相应条件时,即可转化为合法婚姻。有关国家和地区根据自身的实际情况,大致规定了以下三种转化条件:一是补办法定手续。根据寺院法的婚姻法理,若缺少结婚形式要件,则婚姻关系无效,但男女双方可以通过重新履行法定程序或补办结婚手续而使其具有婚姻的法律效力。二是满足同居年限要求。如联邦德国婚姻法律要求同居 3 年以上,即可确认其婚姻效力。三是须经法院确认。如古巴法律要求,非正式婚姻的当事人应具备单身和稳定的条件,在得到法院承认后,即产生正式婚姻的法律效力。

(二)我国对事实婚姻的法律态度

基于社会制度和文化传统的影响,我国婚姻家庭立法未对事实婚姻作出明确规定。但在司法实践中,“最高人民法院对此所作的历次司法解释,表明了事实婚姻的法律对策在不同时期中是有所变化的”②。这种变化表明我国对于事实婚姻采取了循序渐进的法律态度,即从承认事实婚姻逐渐转向不承认事实婚姻,并大致经历了三个发展阶段。在不同社会时期采取不同的法律政策,其目的是逐渐取消对事实婚姻的保护和承认,使人们对于结婚登记制度有一个适应和接纳的过程,从而深刻认识到结婚登记制度的法律意义和社会效果。

第一阶段:有条件地承认事实婚姻(新中国成立至 1989 年 11 月 21 日前)

新中国成立前,我国曾经历漫长的封建社会时期。封建婚姻家庭观念在社会文化和思想意识中存有痕迹,并为事实婚姻的留存提供了土壤。人们普遍认为,只要父母认可、收受聘财、举行婚礼,即可成立婚姻关系,至于是否办理结婚登记并不重要。然而,婚姻家庭行为不能脱离法律的指导与监督,这种落后的思想与婚姻家庭法治观念背道而驰。

(1)1953 年 3 月,中央人民政府法制委员会在《有关婚姻问题的解答》中指出,1953 年 3 月贯彻婚姻法运动以前的事实婚姻,仅欠缺结婚登记手续的,仍承认其夫妻关系的效力。

---

① 《日本民法典》,刘士国、牟宪魁、杨瑞贺译,中国法制出版社 2018 年版,第 184 页。

② 马忆南:《婚姻家庭继承法学》(第 4 版),北京大学出版社 2019 年版,第 70 页。

(2)1979 年 2 月 2 日《最高人民法院关于贯彻民事政策法律的意见》规定,①事实婚姻是指没有配偶的男女,未进行结婚登记,以夫妻关系同居生活,群众也认为是夫妻关系的。②人民法院审理这类案件,要坚持结婚必须进行登记的规定,不登记是不合法的,要进行批评教育。处理具体案件要根据党的政策和婚姻法的有关规定,从实际情况出发,实事求是地解决。③双方或一方不满婚姻法结婚年龄的婚姻纠纷,如未生育子女,在做好工作的基础上,应解除其非法的婚姻关系,如已生有子女等特殊情况,应根据婚姻法的有关规定,对于女方及子女利益给予照顾。④对双方已满婚姻法结婚年龄的事实婚姻纠纷,应按一般的婚姻案件处理。

(3)1984 年 8 月 30 日《最高人民法院关于贯彻执行民事政策法律若干问题的意见》规定:"没有配偶的男女,未按婚姻法规定办理结婚登记手续,即以夫妻名义同居生活,是违法的。处理这类纠纷,应对双方当事人进行严肃的批评教育,指出其行为的违法性和危害性,促使当事人增强法制观念。对起诉时双方都已达到婚姻法规定的婚龄和符合结婚的其他条件的,可按婚姻法第二十五条规定的精神处理,如经过调解和好或者撤诉的,应着其到有关部门补办结婚登记手续;起诉时双方或一方仍未达到法定婚龄或不符合结婚的其他条件的,应解除其同居关系。所生子女的抚养或财产的分割问题,按婚姻法的有关规定处理。"

第二阶段:从严承认事实婚姻(1989 年 11 月 21 日至 1994 年 2 月 1 日)

这一阶段,"依然有条件地承认事实婚姻,但认定条件相对严格,体现出从严的司法原则"①。1989 年 11 月 21 日《最高人民法院关于人民法院审理未办结婚登记而以夫妻名义同居生活案件的若干意见》规定:"1. 1986 年 3 月 15 日《婚姻登记办法》施行之前,未办结婚登记手续即以夫妻名义同居生活,群众也认为是夫妻关系的,一方向人民法院起诉'离婚',如起诉时双方均符合结婚的法定条件,可认定为事实婚姻关系;如起诉时一方或双方不符合结婚的法定条件,应认定为非法同居关系。2. 1986 年 3 月 15 日《婚姻登记办法》施行之后,未办结婚登记手续即以夫妻名义同居生活,群众也认为是夫妻关系的,一方向人民法院起诉'离婚',如同居时双方均符合结婚的法定条件,可认定为事实婚姻关系;如同居时一方或双方不符合结婚的法定条件,应认定为非法同居关系。"

① 魏振瀛主编:《民法》(第 8 版),北京大学出版社、高等教育出版社 2021 年版,第 666 页。

第三阶段：不承认事实婚姻（1994 年 2 月 1 日以后）

结婚行为不能背离婚姻家庭法律规范的指引和监督。事实婚姻的存在，必将冲击法律的稳定性，易于导致包办婚姻、买卖婚姻，不利于保护妇女、儿童的合法权益。

（1）1994 年 2 月 1 日《婚姻登记管理条例》第 24 条规定："未到法定结婚年龄的公民以夫妻名义同居的，或者符合结婚条件的当事人未经结婚登记以夫妻名义同居的，其婚姻关系无效，不受法律保护。"

（2）1994 年 4 月 4 日《最高人民法院关于适用新的〈婚姻登记管理条例〉的通知》规定："1994 年 2 月 1 日，民政部发布了新的《婚姻登记管理条例》，并于发布之日起施行。因此，自 1994 年 2 月 1 日起，没有配偶的男女，未经结婚登记即以夫妻名义同居生活的，其婚姻关系无效，不受法律保护。对于起诉到人民法院的，应按非法同居关系处理。"

（3）2001 年 12 月 25 日发布的《婚姻法司法解释（一）》第 5 条规定："未按婚姻法第八条规定办理结婚登记而以夫妻名义共同生活的男女，起诉到人民法院要求离婚的，应当区别对待：（一）1994 年 2 月 1 日民政部《婚姻登记管理条例》公布实施以前，男女双方已经符合结婚实质要件的，按事实婚姻处理。（二）1994 年2 月 1 日民政部《婚姻登记管理条例》公布实施以后，男女双方符合结婚实质要件的，人民法院应当告知其在案件受理前补办结婚登记；未补办结婚登记的，按解除同居关系处理。"

（4）2020 年 12 月 29 日发布的《婚姻家庭编解释（一）》第 7 条规定，未依据《民法典》第 1049 条规定办理结婚登记而以夫妻名义共同生活的男女，提起诉讼要求离婚的，应当区别对待：①1994 年 2 月 1 日民政部《婚姻登记管理条例》公布实施以前，男女双方已经符合结婚实质要件的，按事实婚姻处理。②1994 年 2 月 1 日民政部《婚姻登记管理条例》公布实施以后，男女双方符合结婚实质要件的，人民法院应当告知其补办结婚登记。未补办结婚登记的，依据本解释第 3 条[①]规定处理。

---

① 《婚姻家庭编解释（一）》第 3 条规定："当事人提起诉讼仅请求解除同居关系的，人民法院不予受理；已经受理的，裁定驳回起诉。当事人因同居期间财产分割或者子女抚养纠纷提起诉讼的，人民法院应当受理。"

在补办结婚登记后,当事人的婚姻效力是否应当溯及既往以及溯及何时的问题,《婚姻家庭编解释(一)》予以明确规定,婚姻关系的效力从双方均符合《民法典》所规定的结婚的实质要件时起算。[①]

上述关于事实婚姻的司法解释,表明了我国法律对于事实婚姻的确认原则。即便当事人符合法律关于事实婚姻的认定要求,但国家依然鼓励当事人履行结婚程序——办理结婚登记,从而使当事人的婚姻关系获得更全面的法律保障。

三、事实婚姻的法律效力

为保护妇女和儿童的合法权益,有利于婚姻家庭关系的稳定,维护安定团结,在一定时期内,有条件的承认其事实婚姻关系,是符合实际的。[②] 符合司法解释确认条件的事实婚姻,具有与法律婚姻同等的法律效力。

(一)对当事人的效力

事实婚姻对当事人的效力,体现在夫妻人身关系和夫妻财产关系两个方面。

1. 夫妻人身关系

"夫妻关系是家庭关系中的核心和基础。夫妻关系的核心是夫妻在家庭中的地位和相互间的权利和义务。"[③]事实婚姻中的男女双方具有配偶身份,彼此之间产生夫妻人身关系。夫妻双方为共同生活的伴侣,在家庭中地位平等,应当互爱互敬、互相帮助、互相扶养、和睦团结。

2. 夫妻财产关系

男女双方在事实婚姻期间所得财产,除法律另有规定或双方另有约定外,为夫妻共同财产。因日常生活所需或基于双方共同意思表示形成的债务,为夫妻共同债务,应当共同偿还。

男女双方离婚时,应平等分割夫妻共同财产、公平分担夫妻共同债务。分割离婚夫妻共同财产,要注意照顾子女、女方的利益,保护无过错方的合法权

---

① 《婚姻家庭编解释(一)》第6条规定:"男女双方依据民法典第一千零四十九条规定补办结婚登记的,婚姻关系的效力从双方均符合民法典所规定的结婚的实质要件时起算。"

② 参见王歌雅:《中国现代婚姻家庭立法研究》,黑龙江人民出版社2004年版,第224页。

③ 王歌雅:《中国现代婚姻家庭立法研究》,黑龙江人民出版社2004年版,第141页。

益。分担离婚夫妻共同债务,要关注保障离婚当事人的权益,维护利害关系人的利益。

(二)对子女的效力

男女双方在事实婚姻期间生育的子女为婚生子女,产生父母子女间的权利义务关系。父母有扶养未成年子女的权利和义务,应当保护子女的身心健康和生命安全,保障子女的经济供养。同时,父母应当妥善教育子女,督促其学习文化知识,引导其逐步完善人格。成年子女对父母负有赡养、扶助和保护的义务。

男女双方离婚时,对于未成年子女,双方可以协议约定抚养事宜;协议不成的,由人民法院根据具体情况判决。不满 2 周岁的子女,以由母亲直接抚养为原则;已满 8 周岁的子女,应当尊重其真实意愿。

四、事实婚姻与同居关系辨析

"没有配偶的男女出于自愿而同居生活,如果仅仅是单纯的同居而没有财产或者子女抚养方面的纠纷,它就是一个社会问题而不属于法律调整的对象。但如果因为财产或者未婚同居生育的子女抚养而发生纠纷,则属于法律调整的范围。"①为准确理解、辨析事实婚姻与同居关系,应当关注同居关系的含义,厘清同居关系的性质,阐释同居关系的效力。

(一)同居关系的含义审视

同居关系,也称同居或非婚同居,是指男女双方之间没有婚姻关系而进行共同生活的行为。未办理结婚登记的男女双方虽同居生活,但不构成事实婚姻。

同居关系具有如下特征:一是同居主体为男女双方;二是同居行为表现为男女双方共同生活;三是同居的男女双方未办理结婚登记;四是同居行为不构成事实婚姻。

(二)同居关系的性质确认

同居关系,表现为没有夫妻关系的男女双方共同居住生活,但却以夫妻称谓相互对待。关于同居关系的性质认定,我国婚姻家庭司法实践经历了"非法

① 房绍坤、范李瑛、张洪波编著:《婚姻家庭继承法》(第 6 版),中国人民大学出版社 2020 年版,第 48 页。

同居”与“同居”两个阶段。

第一阶段:非法同居关系

1994 年 2 月 1 日民政部《婚姻登记管理条例》施行之前,未办理结婚登记的男女双方,以夫妻名义同居生活的,如果不符合结婚的实质要件,按非法同居关系对待。这一时期,国家着力推进结婚登记制度的实行。“国家通过结婚登记,可以对婚姻的建立进行监督。它有利于维护法律的严肃性,防止包办、买卖婚姻以及早婚和重婚纳妾事件的发生,以国家的强制力确保社会主义婚姻家庭制度的巩固。”①

第二阶段:同居关系

1994 年 2 月 1 日民政部《婚姻登记管理条例》施行之后,未办理结婚登记的男女双方,以夫妻名义同居生活的,如果已经符合结婚的实质要件,应当补办结婚登记。未补办结婚登记的,按同居关系处理。因为“就法理而言,法无明文禁止性规定的行为,即为合法行为。‘非法’应当是指违反了法律规定的行为,而我国法律并没有禁止无婚姻关系者同居的规定”②,所以,应将“非法同居关系”一词予以修正为“同居关系”。

(三)同居关系的效力

我国婚姻家庭立法对于同居关系的态度为“既不禁止也不支持”。当事人因同居期间财产分割或子女抚养问题产生纠纷,向人民法院提起诉讼的,人民法院应当受理。“同居者与子女间的关系及相互之间的财产关系,仍属于人民法院受理民事案件的范围。”③为了更好地指导司法实践,应当对同居关系的效力加以分析,包括对当事人的效力和对子女的效力。

1. 对当事人的效力

同居关系对当事人的效力,体现在人身关系和财产关系两个方面。

(1)人身关系

男女双方同居期间,不具有配偶身份,不产生夫妻间的权利义务关系。《婚

---

① 巫昌祯主编:《婚姻与继承法学》(第 6 版),中国政法大学出版社 2017 年版,第 107 页。

② 房绍坤、范李瑛、张洪波编著:《婚姻家庭继承法》(第 6 版),中国人民大学出版社 2020 年版,第 48 页。

③ 房绍坤、范李瑛、张洪波编著:《婚姻家庭继承法》(第 6 版),中国人民大学出版社 2020 年版,第 49 页。

姻家庭编解释(一)》第3条规定:“当事人提起诉讼仅请求解除同居关系的,人民法院不予受理;已经受理的,裁定驳回起诉。当事人因同居期间财产分割或者子女抚养纠纷提起诉讼的,人民法院应当受理。”

(2)财产关系

男女双方同居期间所得的财产,如有约定,按照双方约定处理;如未约定,基于双方共同劳动所得的收入,为共有财产。男女双方同居期间,各自继承或者受遗赠的财产,为其个人财产。

男女双方解除同居关系时,对于共有财产的分割,双方可以协议;协议不成的,由人民法院根据财产的具体情况判决。

2. 对子女的效力

男女双方同居期间生育的子女为非婚生子女,其与婚生子女具有同等的法律地位,产生父母子女间的权利义务关系。父母有抚养未成年子女的权利和义务,应当保护其身心健康和生命安全,保障其经济供养;同时,父母应当妥善教育子女,督促其学习文化知识,引导其逐步完善人格。而成年子女对父母负有赡养、扶助和保护的义务。

男女双方解除同居关系时,对于未成年子女,双方可以协议约定抚养事宜;协议不成的,由人民法院根据具体情况判决。不满2周岁的子女,以由母亲直接抚养为原则;已满8周岁的子女,应当尊重其真实意愿。

(四)事实婚姻与同居关系的区别

事实婚姻与同居关系虽有一定的相似之处——男女双方共同生活,但二者之间却具有不同的法律性质。事实婚姻与同居关系的主要区别,一方面可以通过形式意义上的时间界限加以划分,另一方面可以通过实质意义上的婚姻效力予以区分。

1. 时间界限

(1)1994年2月1日民政部《婚姻登记管理条例》公布实施以前,未按法律规定办理结婚登记而以夫妻名义共同生活的男女,如双方已经符合结婚的实质要件,按事实婚姻处理。

(2)1994年2月1日民政部《婚姻登记管理条例》公布实施以后,未按法律规定办理结婚登记而以夫妻名义共同生活的男女,如双方已经符合结婚的实质要件,但未补办结婚登记,按同居关系处理。

2. 婚姻效力

事实婚姻具有婚姻效力。男女双方产生夫妻间的权利义务关系，有相互继承遗产的权利，有相互扶养的义务。夫妻一方因家庭日常生活需要而实施的民事法律行为，对夫妻双方发生效力。男女双方解除婚姻关系，适用离婚制度相关规定。

同居关系不具有婚姻效力。男女双方不产生夫妻间的权利义务关系，无相互继承遗产的权利，也无相互扶养的义务。双方之间不存在夫妻日常家事代理权，如需对外代理民事行为，适用《民法典·总则编》中关于代理的相关规定。男女双方解除同居关系时，不适用离婚制度的相关规定。

第三章

家庭关系

家庭关系是家庭成员在家庭范围内构建的一种社会关系,其以主体为标准划分为夫妻关系、父母子女关系和其他家庭成员之间的关系。我国《民法典》第1040条开篇立意,明确规定了我国《民法典·婚姻家庭编》调整因婚姻家庭产生的民事关系。因此,调整家庭关系是婚姻家庭立法所肩负的重要使命。

第一节 家庭关系的内涵

家庭关系是以婚姻关系为基础,以血缘关系为纽带,基于结婚、出生、法律拟制等原因所产生的以权利和义务为内容的法律关系。关于家庭关系的界定,必然牵涉"婚姻关系",但是婚姻关系与家庭关系在我国学理以及规范表述中具有一定的差异性。"婚姻家庭编的调整范围,是婚姻家庭产生的民事法律关系,规定的是亲属身份关系的发生、变更和消灭,以及配偶、父母子女和其他一定范围的亲属之间的身份地位和权利义务关系。"[①]婚姻关系是男女以终生生活为目的而结合的夫妻关系。[②] 家庭关系是男女双方通过缔结婚姻组成双人的家庭,再由夫妻双方的血缘联结将共同生活的成员进行了一定范围的扩充后的家庭

---

① 中国法制出版社编:《中华人民共和国民法典(实用版)·婚姻家庭编》,中国法制出版社2020年版,第2页。

② 参见余延满:《亲属法原论》,法律出版社2007年版,第135页。

成员之间的关系。简言之,“家庭的存在和人口的生产,就实质来说,都是婚姻的直接的重要的成果”①。

一、家庭关系的性质

面对某一概念,各学科会依据各自的研究角度进行思考、界定。社会学认为我们在生活中所说的家庭关系,指的是家庭人际关系,是家庭成员间的相处模式。② 而生物学家认为家庭关系是家庭成员间的基因遗传关系。对家庭关系性质的探究,不能脱离社会学与生物学的内在理论。

(一)家庭关系的二元属性

“组建家庭,是人类的自然属性和社会属性综合作用的结果。”③家庭关系作为人类发展历史上最重要的社会关系,其相较于其他社会关系而言,不仅具有普遍的社会属性,还具有独特的自然属性。正是由于家庭关系兼具自然属性和社会属性,其复杂程度远远高于其他社会关系,运用法律规范对其进行调节所需考量的因素也就更加综合化。

1. 自然属性

家庭关系的自然属性,是指家庭成员之间的关系具有客观存在的生物学规律的自然性。家庭的产生即是起源于自然属性,男女两性之性爱是人性的本能,而后通过生育繁衍后代,以血缘相连,产生子女父母、兄弟姐妹、祖孙关系,以此形成由亲属构成的亲缘共同体。既然自然属性是家庭关系产生的基础,婚姻家庭法律制度必须维护家庭关系的自然属性,即应遵从生物学、遗传学、基因学等科学规律。例如,关于结婚,法律有结婚的法定年龄、直系血亲和三代以内的旁系血亲禁止结婚、重大疾病可撤销婚姻等规定;关于离婚,立法规定了不满2周岁的子女在离婚时原则上由母亲一方直接抚养;关于收养,无配偶收养人与异性被收养人之间应当达到40周岁的年龄差。这些规定均遵从了男女两性之间、父母子女之间的生理学与生物学方面的特征,是家庭关系自然属性的法律延续。

---

① 谭仁杰:《婚姻经济学》,河南人民出版社1992年版,第32页。

② 参见丁文、徐泰玲:《当代中国家庭巨变》,山东大学出版社2001年版,第49页。

③ 王歌雅主编:《性别与法律》,黑龙江大学出版社2018年版,第146页。

2. 社会属性

家庭是由一定数量的具有亲属关系的人员所组成的共同体，是社会的基本组成细胞。家庭，既是生产单位也是消费单位，是社会发展的基石。“家庭被认为是一种基本社会制度，因为它具有繁育后代和社会化的重要功能，并且在所有社会中都能找到它的某种存在形式。”[①]从本质上而言，家庭关系是社会关系的一种，家庭关系具有社会属性，且为本质属性，是其与其他以性爱和血缘为基础的动物与动物之间关系的区别所在。家庭关系的社会属性主要体现为以下两方面：

其一，社会发展样态决定婚姻家庭的存在形式。婚姻家庭形式的变化是社会发展的表征和缩影。“家庭作为社会的细胞，家庭关系就要受到外部因素即社会因素的影响，其影响因素也是多元的。社会结构的经济基础和上层建筑决定了人的生存和发展。社会形态的法律、伦理、道德、风俗习惯、文化传统、宗教信仰等都是家庭关系的影响因素。”[②]人类历史发展过程中的群婚制、对偶婚制、一夫一妻制均为其所处时代的社会产物，并产生相应的婚姻秩序，如随着封建社会专制主义的强化，婚姻中的男尊女卑思想亦更为浓重。[③]

其二，婚姻家庭的职能具有明显的社会属性，社会更替促使婚姻职能发生转变。自家庭诞生后，家庭成员之间就产生了经济依赖，经济依赖主要体现在生产和消费两个环节，并使婚姻家庭具有生产职能和消费职能。社会经济关系是社会关系中的基础关系，物质资料的生产、交换和消费是社会经济关系的重要环节。随着社会生产力的提高，“家庭作坊”的生产经营模式日渐式微，社会化大生产使家庭的生产职能被弱化，家庭渐渐发展为以消费为主要职能的生活共同体。但这仅仅是社会经济关系内部因素的此消彼长，婚姻家庭关系的社会经济职能并未消失。

（二）家庭关系的显著特征

家庭关系是存在于家庭成员之间的被法律所确认的以权利与义务为内容的法律关系。家庭成员是由一定范围内的共同生活的近亲属组成，包括夫妻、

---

① ［美］大卫·诺克斯、卡洛琳·沙赫特：《情爱关系中的选择——婚姻家庭社会学入门》（第9版），金梓等译，北京大学出版社2009年版，第14页。

② 潘允康：《婚姻家庭社会学》，北京大学出版社2018年版，第125页。

③ 参见王歌雅：《中国婚姻伦理嬗变研究》，中国社会科学出版社2008年版，第18页。

子女、兄弟姐妹、祖父母、外祖父母、孙子女、外孙子女等。家庭成员之间的权利义务关系相较于其他社会关系而言具有其自身的特征，亦是其与其他社会关系的区别所在。

1. 家庭关系具有伦理性

与其他社会关系不同，家庭关系所具有的自然属性决定了家庭关系的伦理性。首先，婚姻伦理最主要的体现为性伦理。人和动物之间的本质区别是对性的自我控制，即用理性抑制自然本能，自觉规范性秩序。其次，家庭关系映射出社会意识。“家庭关系体现出一定时期人们伦理道德的价值取向。”①人们所处时代的伦理价值取向属于当时社会意识的范畴。婚姻制度是社会生活中的重要制度之一，伦理价值取向决定婚姻家庭模式和制度，从而对社会产生重大影响。例如，血亲乱伦禁忌或血缘性伦理禁止直系血亲之间发生性行为，从而使直系血亲间的婚姻禁例随之产生。② 正是由于家庭关系的伦理性，才使得婚姻家庭制度与婚姻家庭伦理密不可分，婚姻家庭伦理需要婚姻家庭制度来外化和具体，婚姻家庭制度需要依靠婚姻家庭伦理来强化和稳固，二者共同规范婚姻家庭行为。

2. 家庭关系具有强制性

我们所探讨的家庭关系是家庭法律关系，其以强制性规范为主，以任意性规范为辅。强制性规范要求家庭关系主体必须依据法律规定作为或不作为，不可任意约定。主要原因体现于两方面：其一，家庭关系必须遵从自然社会的客观存在，遵从自然生物的进化机理，不得人为任意决断和处理。其二，“家庭和睦则社会安定，家庭幸福则社会祥和，家庭文明则社会文明”③。婚姻家庭不仅关涉家庭成员的切身利益，也关乎社会的稳定，而社会稳定是社会发展的保障。因此，基于稳定社会秩序的目的，立法更多地适用了强制性法律规范。强制性主要体现在人身关系法律规范中，如婚姻家庭关系中的歧视、虐待、遗弃等行为均会受到国家强制力的规制④。

① 曹贤信：《亲属法的伦理性及其限度研究》，群众出版社 2012 年版，第 74 页。

② 参见王歌雅：《中国婚姻伦理嬗变研究》，中国社会科学出版社 2008 年版，第 12 页。

③ 习近平：《论党的宣传思想工作》，中央文献出版社 2020 年版，第 281 页。

④ 参见王歌雅：《中国亲属立法的伦理意蕴与制度延展》，黑龙江大学出版社 2008 年版，第 130 页。

二、家庭关系的类型

家庭关系是家庭成员之间法定的权利和义务关系。依据权利义务的主体以及权利义务的内容,可以将家庭关系予以细化。将家庭关系进行种类划分,可以更加深入地、全面地明晰家庭关系,进而构建出调整民事主体关系、保障民事主体权益的法律制度。

(一)基于主体的不同

从所调整的主体范围来看,家庭关系包含因缔结婚姻所创设的夫妻关系,还包括以自然血缘所产生的父母子女关系、兄弟姐妹关系以及祖父母与孙子女、外祖父母与外孙子女之间的关系。其中,夫妻关系是家庭关系中最主要的部分。

1. 夫妻关系

夫妻关系的产生源于婚姻的缔结。夫妻关系包括夫妻之间的人身关系和财产关系。按照家庭中的婚姻关系和代际关系,现代家庭关系可以分为:由夫妻二人组成的夫妻家庭,由父母及其未成年子女或未婚子女组成的核心家庭,由两代及以上夫妻组成的主干家庭,由核心家庭或主干家庭加上其他旁系亲属组成的扩大家庭。从现代家庭关系的类型中可以看出,夫妻是缔结婚姻、组成家庭和延续后代的主体,夫妻关系是家庭关系中的基础性关系。

2. 父母子女关系

父母子女关系即亲子关系,包括亲生父母子女关系、养父母子女关系以及具有抚养关系的继父母子女关系。在现代社会,随着人们生活方式和生活理念的变化,以父母及其未成年子女或未婚子女组成的核心家庭成为最普遍、最主要的家庭模式,亲子关系的重要程度亦不弱于夫妻关系。基于加强子女权益的保护以及亲子关系的调整,我国于 2021 年 10 月 23 日通过了《家庭教育促进法》,该法自 2022 年 1 月 1 日实施。该法规定了父母负有兼顾未成年人道德品质与身体素质全面成长的教育义务。《家庭教育促进法》对我国家庭关系的引导和规制具有重要意义,与《民法典·婚姻家庭编》的规定相得益彰,深化了优良家庭、家教、家风的家庭关系建设。

3. 其他家庭成员之间的关系

除了夫妻、父母子女外,其他家庭成员之间也具有相应的权利义务关系。

祖父母和孙子女、外祖父母和外孙子女的关系统称为祖孙关系。祖父母、外祖父母与孙子女和外孙子女是隔代的直系血亲关系，其在具备法定条件的情况下，可以形成抚养和赡养关系。兄弟姐妹作为旁系血亲，其在自然血缘关系上远于直系血亲，所以兄弟姐妹之间的权利义务关系在某些特定情形之下才会产生。

（二）基于内容的不同

按照家庭成员间权利义务关系的内容，家庭关系分为家庭人身关系和家庭财产关系。人身权和财产权是民事主体的两大权利，民事主体享有人身权和财产权是家庭关系划分为家庭人身关系和家庭财产关系的理论来源和权利基础。为保护一方的权利，就须另一方履行自己的义务，权利与义务相结合形成了家庭成员之间的法律关系。

1. 家庭人身关系

家庭人身关系，是指家庭成员在家庭中所享有的人身权利和对其他家庭成员所负有的人身义务。基于人身权自身所蕴含的内容，其分人格权和身份权。由于婚姻和家庭是成员在取得法定身份后所构建的组织体，故在婚姻家庭中，身份权处于基础和主要地位。而人格权则更趋同于普通民事主体之间的权利，如夫妻姓名权、婚姻自由权等。家庭身份关系包括夫妻忠实义务，夫妻日常家事代理权，夫妻扶养义务，父母对子女抚养、教育和保护的义务。其中，夫妻日常家事代理权属于夫妻人身关系还是夫妻财产关系，一直存有争议，但深究其权利本质，其源于男女在婚姻中的夫妻身份。家庭人身关系最显著的特点是非财产性，尽管有些权利义务体现了财产性，如扶养义务和日常家事代理权，但此类权利与义务关系均为间接体现财产性，而非同于家庭财产关系为家庭成员间直接的财产权利与义务关系。

2. 家庭财产关系

家庭是家庭成员进行情感交流和情感慰藉的场所，也具有组织和运行经济生活的功能，以此提供家庭成员生存和生活的物质保障，这就决定了家庭成员之间会产生相应的财产关系。家庭财产关系是由家庭人身关系所派生出来的家庭关系，其以家庭人身关系的存在为开始，以人身关系的终止为结束，是直接体现财产内容的家庭成员之间的权利与义务关系。家庭财产关系主要体现为夫妻财产关系，包括夫妻财产的归属、夫妻债务的认定、夫妻间的继承等具体内容。

三、家庭关系的立法赓续

家庭关系一直都是婚姻家庭立法中的核心部分，是婚姻法之中流砥柱。并且随着时代的发展、人们思想意识的提升，家庭关系越来越得到人们的重视，在立法中亦得到更为精进的调整和完善。

（一）1950 年《婚姻法》的规定

1950 年《婚姻法》的颁行具有特定的历史意义，其担负着废除封建婚姻制度、建立新中国焕然一新的婚姻制度的重要使命。基于鲜明的立法目的，该部法律在调整家庭关系上，集中于夫妻关系，较少涉及父母子女关系，未涉及兄弟姐妹关系、祖孙关系。在夫妻关系上，该法力求破除封建残余思想，保障女性享有同男性平等的权利，保障女性之独立人格。其对家庭关系的规定，可从立法的体例和内容两方面来探究。

在立法体例上，其将夫妻间的权利和义务、父母子女间的关系分别置于第三章和第四章。此时立法未将夫妻关系和父母子女关系合并为家庭关系的做法，体现出当时立法对家庭关系的概念、内容、体系等存在认知偏差。

在立法内容上，其用六条法律规范明确规定夫妻间的权利和义务。权利包括夫妻地位平等，参与社会活动与工作的权利，对家庭财产的平等处理权、姓名权、遗产继承权；义务包括夫妻间相互尊重和扶助的义务、共同抚育子女的义务以及劳动生产的义务。而在亲子关系上，则设置了四条法律规范，其中权利部分包括父母子女相互的遗产继承权、非婚生与婚生子女法律地位平等的权利、继子女不得被继父母虐待和遗弃的权利；义务的内容包括父母抚育子女之义务、子女赡养扶助父母之义务以及父母与子女不得虐待和遗弃对方之义务。

从立法体例看，基于当时社会发展的现实情况，我国亟须一部重塑婚姻家庭观念的法律。时代需求的紧迫性导致了该法具有精练、简洁的特点，尤其在家庭关系部分体现得极为明显，仅规定了夫妻关系和父母子女关系，无其他家庭成员关系的规定。从立法内容来看，该法树立和贯彻了平等原则，即在家庭关系部分，规定了夫妻地位平等、参与社会生活之平等以及财产权方面的平等；在亲子关系部分，明确了婚生子女和非婚生子女的地位、权利平等。囿于当时的社会背景，婚姻家庭平等概念具有重要意义。

（二）1980 年《婚姻法》的规定

为应对新的社会问题，修改婚姻法成为必然之举。因为新中国成立之时男女地位严重不平等的问题已经得到了较大改善，妇女社会地位和家庭地位得到了显著的提升，因此，在坚持贯彻男女平等原则不动摇的基础之上，需要将立法视角分散化、范围扩大化，从而完善我国婚姻家庭关系的法律规范。1980 年《婚姻法》较之 1950 年《婚姻法》在立法体例上有所改变，在第三章设立了“家庭关系”一章，将夫妻间的权利义务与父母子女关系合并为家庭关系，在体例上具有形式上的美感。在立法内容上，家庭关系部分较 1980 年《婚姻法》在法律条文的数量上增加了 5 条，同时，还对若干规范在原条文基础之上进行了扩充和细化。

首先，夫妻关系立法变化并不很大，但每一处调整都意义重大，影响着国家发展和人民生活。在夫妻人身关系中，依据我国人口政策增加了计划生育义务。在夫妻财产关系部分，正式确立共同所有制为我国夫妻法定财产制，并赋予夫妻约定财产制的合法效力。

其次，1980 年《婚姻法》认识到亲子关系对于家庭建设的重要性，增加了父母赡养费请求权、子女抚养费请求权和子女姓名权。同时，还规定了父母就未成年子女对他人造成的损害应承担赔偿责任。

最后，为弥补 1950 年《婚姻法》仅规定夫妻间、父母子女间的权利和义务的遗憾，1980 年《婚姻法》将祖孙关系和兄弟姐妹关系纳入了法律调整的范围，明确了彼此间的权利和义务。在“家庭关系”一章，明确规定祖孙之间在法定情形下负有相互扶养和赡养的义务，兄姐在父母死亡或无力抚养时对未成年弟妹负有抚养义务。至此，我国婚姻法调整的家庭关系包括夫妻关系、父母子女关系、祖孙关系、兄弟姐妹关系，从而使婚姻法不仅是规定婚姻的成立、存续、终止等内容的法律，也是调整家庭成员之间的权利与义务关系的法律。1980 年《婚姻法》扩大了婚姻家庭法的调整范围，增强了婚姻家庭法对人们生活的影响力。

（三）2001 年《婚姻法》（修正）的规定

2001 年，婚姻法迎来了修改契机。“20 年来，伴随着经济、文化的发展，人们的思想观念也发生了变化，婚姻家庭领域也出现了一些新问题。”[①]“修改

---

① 王歌雅：《中国现代婚姻家庭立法研究》，黑龙江人民出版社 2004 年版，第 305 页。

1980年《婚姻法》是婚姻家庭法适用社会发展的需要,也是完善婚姻家庭法制建设的需要。”①

1980年《婚姻法》实施的20年,是我国民众家庭模式、家庭生活与家庭关系发生了翻天覆地的变化的20年,规范家庭关系的法律制度也应当随着社会的变化而有所调整。2001年《婚姻法》(修正)对家庭关系的调整作出了重要的补充和完善:其一,完善夫妻财产制。通过列举明确规定了夫妻共同财产和夫妻个人财产的范围。其二,细化夫妻约定财产制。1980年《婚姻法》承认夫妻约定财产制具有法律效力,2001年《婚姻法》(修正)则继续完善了夫妻约定财产制,明确规定了约定财产制的具体类型和内外效力。其三,强化父母子女和兄弟姐妹之间的赡养扶助责任。首先,增加了子女不能干涉父母再婚、不得因父母再婚而拒绝履行赡养义务的规定。其次,在兄姐对弟妹于特定情况下应负抚养义务规定的基础上,增加了有能力之弟妹对生活困难的兄姐也应当负有扶养义务的规定,使兄弟姐妹之权利义务双向对应。

(四)《民法典·婚姻家庭编》的规定

基于我国的长远发展,必须构建助益我国婚姻家庭向善发展的法律体系,完善对婚姻家庭关系的法律规制。《民法典·婚姻家庭编》在家庭关系的调整上更加注重《民法典》的整体要求和我国社会的现实需要。

从形式设计来看,婚姻家庭编延续了2001年《婚姻法》(修正)将家庭关系设为一章的立法模式。并且将“章”又拆分成“节”,即第一节为“夫妻关系”,第二节为“父母子女关系和其他近亲属关系”,上述立法设计使家庭关系的法律体例更加清晰明了。从法律文本内容来看,《民法典·婚姻家庭编》完成了多项极为重要的调整:第一,依据我国人口政策的调整,删除了夫妻具有计划生育的义务的规定。第二,正式设立了夫妻日常家事代理权制度。第三,明确了夫妻共同债务的认定标准。第四,规定了婚内财产分割制度。第五,增加了亲子关系确认和否认之诉。以上若干制度虽然在我国早已存在,但其是以原《婚姻法》司法解释的形式予以司法适用,《民法典·婚姻家庭编》将其进行立法吸收,使之成为法律规定。

---

① 蒋月主编:《婚姻家庭法》,浙江大学出版社2008年版,第35页。

第二节　夫妻关系的建构

家庭成员之间具有无比强烈的生存依赖和千丝万缕的情感羁绊。婚姻家庭肩负着满足家庭成员对物质和情感的双重需求。婚姻作为家庭的基本组织，其夫妻关系必然是家庭关系中的核心部分，也是我国婚姻法律规范所调整的主要对象。夫妻关系是法律所保护和规制的夫妻之间的权利义务关系，依据权利与义务关系的内容，可将其分为夫妻人身关系和夫妻财产关系。

一、夫妻人身关系

夫妻人身关系是法律所规定的人格和身份上的权利与义务关系，不具有经济和财产上的内容。其作为婚姻缔结所产生的本质关系，是婚姻之道德伦理、人文关怀的重要体现。婚姻的缔结使原本互相独立的人之间产生了事实联系和法律关系。婚姻法律规范的意义不仅是维护婚姻的长久和稳定，亦是保障婚姻主体的权益得以实现。夫妻在婚姻家庭中的姓名权、劳动与学习权利、生命健康权、性自主权、生育权、日常家事代理权等人身权益都受到法律的保障。同时，夫妻也应履行扶养、同居、忠实等法定义务。就人格权来说，夫妻人身权利是宪法、民法以及国际人权法之人格权保障在婚姻法内的贯彻和体现。随着社会经济、政治、文化的发展，夫妻间的人格权保障越来越受到重视，法律制度的完善和创新也在随之推进。“身份是指民事主体在特定的社会关系中所具有的较稳定的地位”①，不同于夫妻人格关系，夫妻身份关系具有明显的、明确的主体特殊性，即配偶身份。婚姻契约论认为结婚与签订合同的性质相同，男女双方意思表示一致自愿签订婚姻契约，取得合同当事人的地位，构建了民事法律关系。但配偶身份相较于合同当事人身份而言，其符合的不仅仅是契约秩序，还包括人伦秩序。此种人伦秩序在法律制度产生之前就已存在，法律使其成了更为严格的法秩序。

---

① 余延满：《亲属法原论》，法律出版社 2007 年版，第 112 页。

（一）夫妻地位平等

“平等是社会主义法律的基本属性。这是马克思主义法治理论的基本观点。”①夫妻在婚姻家庭中的地位平等是夫妻人身关系的基本原则，是我国婚姻法对家庭关系的首要要求，处于家庭关系一章的开篇。我国《宪法》第48条第1款规定：“中华人民共和国妇女在政治的、经济的、文化的、社会的和家庭的生活等各方面享有同男子平等的权利。”宪法要求婚姻法应当贯彻男女平等原则，以调整家庭关系。尽管我国男女平等原则的贯彻已经取得了长足的发展，但在一些观念闭塞的地区，男尊女卑思想仍然存在。因此，夫妻地位平等的规定在当今社会依然具有必要性和现实性。“作为民法典的分则，婚姻家庭编的基本原则既要遵循民法总则的基本原则，还要对总则的基本原则根据婚姻家庭关系的特殊属性予以具体化并进行适当补充。”②除了遵从宪法外，夫妻在婚姻家庭中地位平等也是对我国民法平等原则的贯彻和补充。我国《民法典》第4条规定了民事主体在民事活动中的法律地位一律平等。民法平等原则主要调整民事主体之间的财产交易行为，而婚姻家庭法的平等原则更倾向于规制夫妻人身关系。

夫妻在婚姻家庭中的地位平等来源于夫妻的人格平等，“夫妻人格平等，即夫妻间的社会地位平等和家庭地位平等”③。夫妻法律地位平等原则体现了我国对妇女人格权的保障。由于历史传统、文化习俗等因素，男性长期掌握家庭事务、统领家族女性。随着时代的进步、思想意识的觉醒，女性从被视为男性的附属而回归于独立个体，并具有独立而完整之人格。“在社会主义国家，随着生产力的不断进步和各项制度的发展完善，剥削最终会被消灭，一切不平等和不公正的体制制度必然被消除，全体人民在政治、经济、社会等各方面享有同等的权利，进而实现人的自由、全面发展。”④

夫妻在婚姻家庭中的地位平等是我国婚姻家庭法之原则性规范，是男女平

---

① 《习近平法治思想概论》编写组：《习近平法治思想概论》，高等教育出版社2021年版，第108页。

② 夏吟兰：《婚姻家庭编立法的主要问题与对策研究》，载夏吟兰、龙翼飞主编：《家事法研究》，社会科学文献出版社2018年版，第121页。

③ 王歌雅：《社会排挤与女性婚姻家庭权益的法律保障》，黑龙江人民出版社2019年版，第129页。

④ 《习近平法治思想概论》编写组：《习近平法治思想概论》，高等教育出版社2021年版，第108～109页。

等享有婚姻家庭权利的基础。民事主体地位的平等标示着民事主体所享权利和承担义务之平等，夫妻法律地位平等决定着夫妻的权利和义务的平等。例如，《意大利民法典》第143条规定："依婚姻，夫及妻取得同一的权利，而且负同一的责任。"[①]我国婚姻家庭法同样规定了夫妻双方在家庭中平等地享有权利并承担义务，共同协商家庭事务，共同对家庭负责，以构建和谐稳定的婚姻和家庭。

（二）夫妻姓名权

"姓名，乃用以区别人己的一种语言上的标志，将人予以个别化，表现于外，以确定其人的同一性。"[②]姓名不仅是一个称呼或符号，还是一个人的标志，"由于姓名是自然人人格的外在表现，因而姓名权也是人格权的重要内容"[③]。

在夫妻关系中探讨姓名权问题，无疑是带有人格权法和婚姻法之双重法律色彩。《民法典》第1012条规定了自然人享有姓名权，姓名权是一项具体人格权，是所有民事主体都享有的权利。那么，婚姻关系的介入是否会使夫妻各自的姓名权让渡？答案是否定的。《民法典》第1056条规定了夫妻双方都有使用自己姓名的权利，该规定是从1950年《婚姻法》延续至今的规定，标示着我国从新中国成立之初就重视构建人格独立、人格自由、人格平等的婚姻家庭关系和社会关系，保障民事主体的人格权益。

相较于姓名权，夫妻姓名权的研究主要集中于夫妻姓氏的使用，可以说是"夫妻姓氏权"。我国台湾地区学者林秀雄先生透过历史考究，认为夫妻姓名权的立法取向与当时社会对夫妻一体主义与夫妻别体主义的崇尚有极大的关联，"属于婚姻效力之一的夫妻称姓，自然亦因夫妻一体主义与夫妻别体主义之不同，而有不同之立法"[④]。夫妻一体主义下，多采夫妻同姓；奉行夫妻别体主义的则多采夫妻别姓，妻子在结婚之后依然使用本姓。如今，有些国家依据自身的历史传统和社会文化，依然强制妻从夫姓或妻冠夫姓。而随着男女平权运动的发展，从保障人格权的角度出发，女性可以自由地决定是否沿用自己的姓氏更

① 《意大利民法典》，陈国柱译，中国人民大学出版社2010年版，第32页。

② 王泽鉴：《人格权法》，北京大学出版社2013年版，第116页。

③ 王利明主编：《中国民法典学者建议稿及立法理由·人格权编、婚姻家庭编、继承编》，法律出版社2005年版，第241页。

④ 林秀雄：《婚姻家庭法之研究》，中国政法大学出版社2001年版，第266页。

加体现出性别平等和人格独立,即婚姻不应强制女性变更姓氏。我们尊重个人对从夫姓或冠夫姓的自由选择和意思表示,但需要破除被强制从夫姓或冠夫姓的行为。例如,《日本民法典》第 750 条规定:“夫妻,按结婚时的约定,称丈夫或妻子的姓氏。”①《德国民法典》第 1355 条第 1 款规定:“配偶双方应确定共同的家族姓氏(婚姻姓氏)。配偶双方使用他们所确定的婚姻姓氏。配偶双方不确定任何婚姻姓氏的,在婚后也各自使用自己在结婚时所使用的姓氏。”②

我国的姓氏文化与我国宗法制度息息相关,在宗法制度中,姓氏代表着血统。婚姻家庭法是最具民族文化、风俗伦理的法律。在我国,并无夫妻结婚共同确定一个婚姻姓氏的社会习惯,普遍在结婚时继续使用夫妻二人自己的出生姓氏或结婚之时的个人姓氏。因此,基于特定的社会情况,我国立法对夫妻姓名权规定得较为简单,即夫妻双方都有使用自己姓名的权利,任何人不可强迫他人更改姓名。夫妻双方可以于婚前和婚后通过自愿、平等地协商,在意思表示一致的基础之上决定姓氏。“只要当事人双方达成协议,无论是妻从夫姓或是夫从妻姓,或者夫妻双方共同选定第三姓,均为法律所允许。”③

(三)夫妻人身自由权

夫妻人身自由权,是指夫妻享有从业、学习和参加社会活动的自由,不受配偶的约束。人身自由权是《宪法》规定的公民基本权利。《宪法》作为我国的根本大法,对《民法典》具有指导作用。我国《民法典》第 1057 条规定:“夫妻双方都有参加生产、工作、学习和社会活动的自由,一方不得对另一方加以限制或者干涉。”

在婚姻家庭领域,以夫妻身份为视角对人身自由权进行规定是必要的。虽然该条对男女双方均平等适用,但更倾向于以保护女性为目的。在任何时代,女性都享有通过学习和就业等社会活动实现自身价值、获得满足感与成就感的权利。1950 年《婚姻法》第 9 条规定了夫妻双方均有选择职业、参加工作和参加社会活动的自由。1980 年《婚姻法》增加了夫妻享有学习的自由。2001 年《婚姻法》(修正)和《民法典·婚姻家庭编》沿用了 1980 年《婚姻法》的规范表

---

① 《日本民法典》,刘士国、牟宪魁、杨瑞贺译,中国法制出版社 2018 年版,第 185 页。
② 《德国民法典》(第 5 版),陈卫佐译注,法律出版社 2020 年版,第 507 页。
③ 蒋月主编:《婚姻家庭法》,浙江大学出版社 2008 年版,第 112 页。

述。生产、工作、学习、社会活动统称为社会生活，人们从社会生活中获取物质保障和精神滋养。参与社会生活是人之存在的价值体现，参与社会生活的权利不得因婚姻状况而受到任何形式的侵害。

构建男女平等的婚姻关系是我国婚姻家庭法的重要立法宗旨，夫妻在婚姻家庭中的地位平等已为夫妻在婚姻家庭中的权益保障奠定了基调。“男女平等，既指男女在宪法、法律上的平等，也指男女在社会生活、婚姻家庭生活中的平等，更指社会生活与社会地位的平等。”[①]女性是否可以自由地参与社会生活是夫妻在婚姻家庭中地位平等的重要体现之一。“男主外、女主内”的历史传统迫使我国女性承担了绝大部分甚至是全部的家务劳动，婚后参加工作和继续学业往往面临重重阻碍，其根源就是男女实质意义上的不平等。我国法律保护女性在婚姻家庭中的人格权、受教育权、劳动权、财产权等合法权利，反对配偶及家庭成员实施禁止已婚女性参加工作、学习与参与政治、文化、科学等社会活动以及参与社会组织和社会团体的行为。当然，自由并非无节制的自由，如《德国民法典》第 1356 条第 2 款规定：“配偶双方均有权从业。他们在择业和从业时，必须对配偶另一方和家庭的利益作必要的照顾。”[②]《瑞士民法典》第 167 条规定：“夫妻各方在选择和从事职业或事业时，应考虑其配偶及夫妻共同利益。”[③]德国与瑞士不仅赋予夫妻人身自由权，还对此进行了一定限制的立法值得我国借鉴。男女两性不可全然不顾家庭、家事和家务，照顾家庭依然是夫妻共同的职责，夫妻应当共同维护和经营家庭生活，促进个人与家庭的共同进步。

（四）夫妻扶养义务

《民法典》第 1059 条规定：“夫妻有相互扶养的义务。需要扶养的一方，在另一方不履行扶养义务时，有要求其给付扶养费的权利。”我国自 1950 年《婚姻法》到《民法典·婚姻家庭编》，均对夫妻之间的扶养义务进行了规定。

1. 夫妻扶养义务的含义

扶养是同辈之间的相互扶助和供养，包括夫妻之间的扶养和兄弟姐妹之间的扶养。夫妻之间的扶养，是指夫妻互相在物质上和生活上给予对方与自身条

---

① 王歌雅：《社会排挤与女性婚姻家庭权益的法律保障》，黑龙江人民出版社 2019 年版，第 234 页。

② 《德国民法典》（第 5 版），陈卫佐译注，法律出版社 2020 年版，第 508 页。

③ 《瑞士民法典》，于海涌、赵希璇译，［瑞士］唐伟玲校，法律出版社 2016 年版，第 65 页。

件和能力一致的扶助和供养。夫妻扶养义务是配偶身份所引发的法律效果,开始于婚姻缔结,结束于婚姻终止,即使夫妻处于分居状态时也应当为对方提供生活中的必要帮助。

2. 夫妻扶养义务的性质

关于夫妻扶养义务的性质,其本质应为夫妻人身关系,而非夫妻财产关系。1980 年《婚姻法》和 2001 年《婚姻法》(修正)将夫妻扶养义务的规定安排于夫妻财产制规定之后,《民法典·婚姻家庭编》则对其所处位置作出了变动,即将其设置于夫妻共同亲权之后、日常家事代理权和夫妻财产制之前。《民法典·婚姻家庭编》对夫妻扶养义务位置的调整,体现出立法对夫妻扶养义务性质的认定更加倾向于夫妻人身关系。"夫妻之间的扶养,带有明显的身份特征。"① 夫妻扶养义务源于婚姻关系的缔结、夫妻身份关系的产生。基于婚姻所蕴含的夫妻为生活共同体的内在精神,夫妻间的扶养义务是婚姻缔结所产生的直接效力之一。"婚姻既为当事人以终身的共同生活为目的的结合关系,夫妻相负扶养义务,乃夫妻关系本质的要素。"②夫妻应当互相尊重、互相帮助,且使配偶与自己处在同一生活水平、保持同一生活质量,以实现婚姻的功能和意义。法律保障被扶养一方在婚姻家庭中的生存和生活权利,包括生命权、健康权、人格尊严等。财产供养是实现民事主体权益保障的手段,且非唯一手段,其还包括身体力行的扶助和照顾。例如,定时地辅助身患残障的配偶进行户外运动、定期前往医院进行身体检查等。因此,法律依据婚姻的当然效力,赋予夫妻相互帮助、相互扶养的权利和义务,体现出夫妻人身关系的本质。

3. 夫妻扶养义务的反思

夫妻扶养义务在各国民法中的表达有所不同。例如,《菲律宾民法典》和《日本民法典》分别规定了夫妻之间应当相互"帮扶"和相互"扶助",③我国民法则规定了夫妻之间应当相互"扶养"。综合我国与外国的立法表达,夫妻扶养的

---

① 蒋月主编:《婚姻家庭法》,浙江大学出版社 2008 年版,第 124 页。

② 余延满:《亲属法原论》,法律出版社 2007 年版,第 252 页。

③ 《菲律宾民法典》第 109 条规定,夫妻必须共同生活,相互尊敬和忠诚,并相互帮助和扶养。参见《菲律宾民法典》,蒋军洲译,厦门大学出版社 2011 年版,第 22 页。《日本民法典》第 752 条规定,夫妻须同居、互相协力与扶助。参见《日本民法典》,刘士国、牟宪魁、杨瑞贺译,中国法制出版社 2018 年版,第 185 页。

内容应包含夫妻在经济上的供养和生活上的扶助。在当事人请求权利救济时，不应仅局限扶养费的支付，还应当赋予权利人以获得扶助请求权，包括物质扶助、身体扶助以及精神扶助。其中，物质扶助不仅为金钱扶助，还包括住房等物质保障；身体扶助即体力帮助，“扶助是家庭共同生活职能的基本实现条件，缺少这种权利的规定，可能使家庭中需要体力帮助的家庭成员无法生存”；①精神扶助主要指的是精神慰藉和精神关爱等情感给予，随着物质生活水平的提升、社会精神文明的进步，夫妻之间的扶养应当高于维持对方基本生存和生活的标准，因为满足物质基础上的精神慰藉与精神关爱同样不可忽视。

（五）夫妻生育权

生育是夫妻双方的大事，容易引发夫妻双方严重的矛盾和激烈的冲突。我国法律对夫妻生育权的规制应从两方面理解：第一，生育权是一项人格权，指的是自然人所享有的依法决定是否生育子女的自由，包括生育自由、不生育自由以及选择生育方式的自由。无配偶者和恋爱关系、同居关系、婚姻关系中的当事人都具有生育权。夫妻关系间的生育权为狭义生育权，权利主体为婚姻关系中的夫妻。《民法典》第990条列举了生命权、身体权、健康权等权利为人格权，同时为了保持法律的开放性，规定了自然人享有基于人身自由、人格尊严而产生的其他人格权益。因此，我国《民法典》虽然并未将生育权作为具体人格权来规定，但生育权完全符合其他人格权益的性质，其可以作为一般人格权来规制和保护。第二，《民法典·婚姻家庭编》在删除了2001年《婚姻法》（修正）中的实行计划生育的法律规定后，再无关于生育权的相关规范。因此，《婚姻家庭编解释（一）》为解决司法实践中的实际问题，规定了夫以妻擅自中止妊娠侵犯其生育权为由请求损害赔偿的，人民法院不予支持；以此要求离婚的，则将其作为导致婚姻破裂的一项情形，准予夫妻双方离婚。

我国《民法典》未规定生育权，显然存在遗憾。《民法典·婚姻家庭编》未将生育权冲突引发的夫妻感情破裂作为法定离婚情形之一，而是将其由司法解释予以规定，不仅凸显民事立法对夫妻生育权的重视不足，而且不利于民众对夫妻生育权的法律救济。生育权包含生育自由与不生育自由，丈夫的生育自由与妻子的不生育自由平等受法律保护，二者没有先后和优劣之分。生育权的实

① 杨遂全：《民法婚姻家庭亲属编立法研究》，法律出版社2018年版，第173页。

现是夫妻配合的结果，如果双方意愿相左，那么权利冲突在所难免。而由于生理结构的本质差别，妻子拥有独立的生育决定权，妻子有权利自己决定生育或不生育。如果夫妻双方关于生育问题的矛盾已不可调和，可以视为婚姻关系确已破裂，准予离婚，这是现阶段法律规范兼顾夫妻双方生育权保障的最优途径。

（六）夫妻日常家事代理权

1950 年《婚姻法》、1980 年《婚姻法》以及 2001 年《婚姻法》（修正）均规定了夫妻对共同财产享有平等的处理权，但由于规定过于简洁，可操作性较弱。随着 2001 年《婚姻法》（修正）的出台，最高人民法院制定的《婚姻法司法解释（一）》第 17 条对夫妻共同财产平等处理权进行了解释，深化了人们对法律规范的理解，便于司法实践中的法律适用。第一，夫妻任何一方均有权因日常生活需要而处理共同财产。第二，在非因日常生活需要时，夫妻一方无权独立对共同财产作出处理。基于对善意第三人信赖利益的保护，如果第三人有理由相信其为夫妻共同意思表示，夫妻一方的行为效力及于夫妻另一方。《婚姻法司法解释（一）》第 17 条被认为是我国日常家事代理权的立法雏形，是立法机关对日常家事代理权的法律效果的明确表态。《民法典》第 1060 条规定："夫妻一方因家庭日常生活需要而实施的民事法律行为，对夫妻双方发生效力，但是夫妻一方与相对人另有约定的除外。夫妻之间对一方可以实施的民事法律行为范围的限制，不得对抗善意相对人。"至此，我国正式确立了日常家事代理权法律制度。

1. 日常家事代理权的权利性质

"家庭作为共同生活的一个社会细胞组织，必然面临一些共同的事务需要，我国亦不例外。"[①]婚姻的缔结使夫妻二人组建生活共同体，日常家事代理权起到了保障生活共同体运行的重要作用。日常家事代理权，是指夫妻一方在与第三人就家庭日常事务为一定法律行为时，享有代理另一方的权利。此概念是从权利角度进行的界定，即将日常家事代理权明确为夫妻在婚姻家庭中的一种权利。而《民法典·婚姻家庭编》则倾向于从日常家事代理权的法律效果，即被代理一方承担的法律行为所引发的义务角度予以界定。

---

① 王利明主编：《中国民法典学者建议稿及立法理由·人格权编、婚姻家庭编、继承编》，法律出版社 2005 年版，第 250 页。

关于日常家事代理权的性质,一直存在较大的争议。其中,最主要的就是法定代理权说的合理性问题。法定代理权说以《德国民法典》将日常家事代理权的性质确认为法定代理权为依据,认为日常家事代理权非意定代理,是不可被限制的法定代理。①

《德国民法典》对日常家事代理权虽予以明确规定,但大部分国家的立法并未规定日常家事代理权。"苏联和东欧国家的婚姻家庭法,多数无夫妻相互代理权规定,仅规定子女教育和其他家庭生活,由夫妻共同解决,仅有个别国家曾对夫妻相互代理有专门规定。"②然而,众多未规定日常家事代理权的国家在其社会活动中依然认可日常家事代理权引发的效力。这是因为日常家事代理权产生于夫妻实际生活,而非法律赋予,"从日常家事代理权制度的起源上来看,日常家事代理权正是产生于丈夫在处理日常家务上的力不从心"③。例如,在《婚姻法司法解释(一)》实行之前,我国并没有涉及日常家事代理效力的法律规定,但在我国社会生活中,日常家事代理权已被实际运用,被第三人认可,被整个社会认同,成为具有约束力的法律确信。在社会生活中,夫妻以及第三人或许并不清楚日常家事代理权的法律含义和法学概念,但却明确知道其所产生的法律后果,即夫妻一方在日常家事范围内所为民事行为,夫妻另一方同样享有相应的权利、承担相应的义务。鉴于法定代理权说具有的难以弥合的理论漏洞,民法学界又提出了婚姻效力说。婚姻效力说认为日常家事代理权的产生来源于婚姻的本质,是婚姻赋予、产生的当然效力。我国《民法典·婚姻家庭编》关于日常家事代理权的含义界定就是对婚姻效力的描述,并以法律规范的形式促进本已存在的该项权利的效用发挥。婚姻效力说应是法定代理权说的深层基础,以其作为日常家事代理权的性质更为恰当。

2. 日常家事代理权的行使规则及法律效果

日常家事代理权以夫妻在婚姻家庭中的地位平等为原则,即夫妻平等地享有日常家事代理权。夫妻一方行使日常家事代理权时,无论其是以夫妻共同的名义还是以单方的名义行使,均不影响效力的认定。日常家事代理权的行使范

① 参见王礼仁、何昌林:《夫妻债务的司法认定与立法完善》,人民法院出版社 2019 年版,第 199 页。

② 蒋月主编:《婚姻家庭法》,浙江大学出版社 2008 年版,第 121 页。

③ 夏吟兰、薛宁兰主编:《民法典之婚姻家庭编立法研究》,北京大学出版社 2016 年版,第 185 页。

围是家庭日常事务,包括衣食住行、休闲娱乐、医疗保健、教育培训、亲友婚丧嫁娶等诸多事项。对于此类在家庭生活中经常出现的事项,夫妻双方均有权独自处理,无须另一方提前授权或同意。与此同时,夫妻一方在日常家事范围内行使日常家事代理权应当具有适当性,即日常家事所涉及的财产价值应与家庭生活水平、消费方式以及当地习惯等相一致。例如,在家庭“居住”这一环节中,夫妻一方为家庭购置家具,无须配偶授权或同意即为夫妻共同行为。但当夫妻一方为家庭购置新的商品房时,则需要夫妻双方提前协商、意思表示一致。如果一方滥用日常家事代理权,他方可以对其进行限制。滥用行为包括有过错的不当行使代理权和因精神、身体原因导致的主观无过错的不堪行使代理权。①但为保障交易安全和善意第三人的信赖利益,夫妻对日常家事代理权的限制不得对抗善意第三人。

日常家事代理权不仅可以方便夫妻共同生活,还有利于保障交易安全。《民法典·婚姻家庭编》规定了夫妻一方因行使日常家事代理权所为的法律行为,对另一方同样产生法律约束力,依此享有权利、履行义务、承担责任。第三人按照约定或法律规定有权要求配偶一方履行义务,当夫妻双方未履行义务,将成为共同责任人,承担民事责任。由于日常家事代理权在实际应用中具有较强的模糊性,为保障第三人权益,夫妻应承担连带责任,除非夫妻一方与第三人另有约定。虽然日常家事代理权与表见代理并非同一性质,但在日常家事代理权的效力认定中可以适用表见代理的相关规定,②其目的在于保护善意第三人的利益,保障交易的动态安全。因此,当夫妻一方实施的行为系个人行为或超越日常家事代理权权限时,如第三人有理由相信其为行使日常家事代理权的,他方配偶应当承担连带责任。

二、夫妻财产关系

“婚姻即使在现代也不可能如同理想主义者所设想的那样仅仅关涉性和情爱的。它一直关涉利益及其分配,在现代社会,可能尤其如此。”③在缔结婚姻之

① 参见夏吟兰、薛宁兰主编:《民法典之婚姻家庭编立法研究》,北京大学出版社 2016 年版,第 187 页。

② 参见夏吟兰:《我国夫妻共同债务推定规则之检讨》,载《西南政法大学学报》2011 年第 1 期。

③ 李银河、马忆南主编:《婚姻法修改论争》,光明日报出版社 1999 年版,第 46 页。

后，除了人身关系外，夫妻之间还会产生相应的财产关系。夫妻财产关系是由夫妻人身关系所派生的，其与夫妻人身关系共同组成了完整的夫妻关系。夫妻财产关系不仅关乎家庭成员共同生活的经济基础，还关乎夫妻独立的财产权。

（一）夫妻财产制

夫妻财产归属、使用、管理等是夫妻生活的重要内容，“因而法律特设夫妻财产制，作为处理夫妻财产关系的依据，以实现夫妻的平等和婚姻共同生活的圆满”①。夫妻财产制是规定夫妻婚前和婚后财产的所有权、对外责任及离婚财产分割的制度。夫妻财产法律制度与一般财产法存有壁垒，二者的立法目的及具体规定均有所不同，夫妻财产制要兼顾保障婚姻机体财产的完整性和个人财产的独立性，而一般财产法则追求个人利益以及社会交易效用的最大化。

1. 夫妻财产制的分类

基于财产制确立的根据不同，夫妻财产制分为法定财产制和约定财产制。法定财产制是由法律直接规定的夫妻财产制度。约定财产制是指婚姻当事人双方经过充分协商，经意思表示一致共同选择法律规定的某一种夫妻财产制，继而可排除法定财产制的适用，如果夫妻未约定或约定无效时则必须适用法定财产制。法定财产制与约定财产制均是夫妻实行何种财产制的依据，而不是夫妻具体适用的包含夫妻财产关系内容的财产制。嫁资制、吸收财产制、统一财产制、联合财产制、共同财产制以及分别财产制，才是法定财产制和约定财产制所指向的包含具体内容的财产制。

嫁资制，系嫁资的提供、归属、管理、使用、收益和处分及返还的制度。嫁资制是罗马法的规定，即在父权社会背景下，女性在婚前没有财产，家长仅在结婚时提供嫁资。在古罗马帝政时期之前，嫁资被视为女方对男方的赠与，在任何情况下，男方均不负有返还义务。而帝政时期之后，嫁资被视为女方填补家用的财产，在婚姻关系终止时，男方负有返还的义务。

吸收财产制，是指妻子在婚前和婚姻存续期间所取得的财产均归属于丈夫的财产制度。此制度是在夫妻一体主义原则下，妻子人格被丈夫完全吸收的体现。我国封建社会的夫妻财产制度也接近于吸收财产制，其与我国封建社会的男尊女卑观念相贯通。

---

① 余延满：《亲属法原论》，法律出版社2007年版，第253页。

统一财产制，是指妻子须在结婚时将全部财产转移给丈夫，在婚姻关系解除时可以请求返还的财产制度。统一财产制亦源于罗马法，法国以及瑞士都曾确立过该类财产制为法定财产制。

联合财产制，是指丈夫和妻子在结婚时将各自所有财产统一交由丈夫管理，在婚姻关系解除时，丈夫或其继承人再把妻子的财产或财产之价值返还给妻子或妻子的继承人的财产制度。

共同财产制，是指夫妻双方财产全部或部分为夫妻共同财产，由夫妻共同所有。共同财产制的历史较为久远，早期的日耳曼法和法国法都将共同财产制规定为法定财产制。

分别财产制，是指夫妻双方各自婚前和婚姻关系存续期间的财产归各自所有，独自享有处分权，不受对方约束的财产制度。分别财产制源于夫妻别体主义原则，即婚姻的成立不会改变民事主体的财产权。但在夫妻别体主义之下，家庭依然是夫妻共同生活的组织，家庭费用支出等应由夫妻二人共同承担。分别财产制在尊重女性独立人格上具有积极意义，使女性个人财产不被男性吸收，彰显了男女平等的价值追求。但其体现的男女平等只是形式意义的男女平等，在实质上反而使女性陷入更为弱势的地位，因此，其更适合于夫妻经济实力较为接近的家庭。

2. 我国法定夫妻财产制的具体内容

“选择哪一种财产制作为法定财产制与一个国家的历史文化传统、风俗习惯等有着密切联系。”[①]我国立法选定了共同财产制为法定财产制，共同财产制延续至今，具有极强的生命力，且在自身发展过程中，又形成了不同形式的财产制：一般共同制，是指夫妻双方各自的一切婚前和婚后财产均为夫妻共同财产；动产及所得共同制，是指夫妻婚前动产及婚后所得财产归夫妻共同所有，排除了婚前不动产归夫妻共有；劳动所得共同制，是指夫妻婚后劳动所得为夫妻共同财产，因继承、遗赠、赠与等所得财产为夫妻个人财产；婚后所得共同制，是指婚姻关系存续期间夫妻所得财产归夫妻双方共同所有，所得不限于劳动所得，但法律另有规定的除外。

我国法定财产制的立法经历了三个重要发展过程。1950 年《婚姻法》仅规

① 杨晋玲：《夫妻财产制比较研究》，民族出版社 2004 年版，第 22 页。

定了夫妻双方对于家庭财产有平等的所有权与处理权。而具有法律解释性质的《关于中华人民共和国婚姻法起草经过和起草理由的报告》显示：家庭财产包含夫妻双方的婚前财产、婚后所得财产以及未成年子女的财产。通过报告可知，我国1950年《婚姻法》所设立的法定财产制为共同财产制中的一般共同制。随着我国国情的变化，1980年《婚姻法》则将一般共同制更改为婚后所得共同制，除了法律另有规定外，夫妻双方婚后取得的财产全部为夫妻共同财产。

2001年《婚姻法》（修正）延续了婚后所得共同制为我国法定夫妻财产制的规定，但经济社会的复杂化对立法规范夫妻财产关系提出了更高要求。2001年《婚姻法》（修正）第17条第1款规定了夫妻在婚姻关系存续期间所得的工资、奖金、生产和经营的收益、知识产权的收益、非遗嘱或赠与合同中确定只归夫妻一方的财产以及其他应当归夫妻共同所有的财产为夫妻共同财产。第2款则将夫妻对共同所有的财产有平等的处理权的规定予以原貌保留。因日常家事需要处理共同财产的，双方均可独自处理；非因日常家事需要处理共同财产的，应当双方相互协商，共同决定。为兼顾交易安全，《婚姻家庭编解释（一）》第28条规定了夫妻一方未经另一方同意出售夫妻共同所有的房屋，第三人善意购买、支付合理对价并已办理不动产登记，另一方主张追回该房屋的，人民法院不予支持。但离婚时，夫妻另一方可以对处分房屋的一方主张损失赔偿。

《民法典》第1062条基本保留了2001年《婚姻法》（修正）关于法定夫妻财产制的规定，但进行了相应调整。第一，增加婚后劳务报酬为夫妻共同财产。劳动所得指夫妻一方或者双方从事一切劳动包括脑力劳动、体力劳动所获得的工资报酬和奖金报酬等。随着社会工作形式的多样化，薪酬获取不仅限于工资形式，相较于工资而言，劳务报酬一般是一次性、临时性的工作收入，劳资双方签订的是劳务合同而非劳动合同。第二，增加投资收益为夫妻共同财产。2001年至2020年的20年间，我国市场经济得到了快速发展，人们的经济观念也发生了巨大的转变，除了直接投身生产经营活动外，越来越多的人通过交易股票、基金、债券等以获得丰厚的经济收益。投资经营收益同样凝结了夫妻共同体的付出，应当被认定为夫妻共同财产。第三，将赠与所得财产更改为受赠财产，受赠的表述更加全面，不仅包含受赠与还包括受遗赠。

以上三方面变化属《民法典》的非实质性修订，其原因是在修订之前，我国司法实践普遍通过目的解释和扩张解释将劳务报酬适用于工资的规定，将投资收益适用于经营收益的规定，将遗赠适用于赠与的规定。司法实践的做法符合我国婚后所得共同制的内涵。尽管其为非实质性修订，但依然具有重要意义，便于司法实践对夫妻共同财产法律规定的精准适用以及民众对法律制度的清晰了解。

知识产权的收益要结合知识产权法的内容予以确认。知识产权的收益涵盖了著作权、专利权和商标权的收益，具体指向为著作权人发行作品或允许他人使用作品而获得的报酬；专利人许可他人使用专利或者转让专利权所取得的收入；商标所有人许可他人使用其注册商标或转让商标权所取得的收入等。在确认知识产权收益是否为夫妻共同财产时，其确认标准并非为知识产权权利本身是否在婚内取得，而是知识产权的财产性收益是否在婚内实际取得或明确可以取得，这是司法解释作出的具体理解和适用规定。知识产权为权利人所专有，其具有明显的人身属性，而知识产权收益属于财产权，之所以将婚内取得或可以确定取得的知识产权收益认定为夫妻共同财产，是考虑到在婚姻关系存续期间配偶对权利人的支持和助力。而不以知识产权权利的取得时间为确认依据，是因为知识产权未必产生一定收益，当其不产生收益时，其仅为权利人的智力成果，没有可以变现的财产。当夫妻离婚时，在婚姻关系存续期间已经实际取得的知识产权收益作为夫妻共同财产分割较为简单和容易，而对于尚未实际取得、却已明确可以取得的知识产权收益如何分割则较为复杂和困难。如果知识产权人预先将知识产权收益分配给配偶，则将使自身面临财产风险。而如果法院责令当事人于知识产权收益日后实际兑现之时再解决该问题，则又不符合离婚财产清算的制度追求。因此，最高人民法院认为，人民法院应在离婚之时将知识产权收益的数额、当事人双方的支付时间等具体问题予以明确，待知识产权收益被实际取得时，双方按照离婚时人民法院所确认的方案处理即可。

一方继承、受赠的财产作为夫妻共同财产，但遗嘱或赠与合同中确定只归夫妻一方的财产除外的规定，是法律尊重遗嘱人和赠与人的意志自由、保护民事主体财产处分权的体现。在我国，关于父母出资买房的法律认定一直是民众关注的焦点。《婚姻家庭编解释（一）》第 29 条规定了父母在当事人结婚前为当事人双方购置房屋出资的，如无明确表示是赠与双方的视为对己方子女的赠与。父母在当事人结婚后对购房出资的，如无约定或约定不明确的，则为当事人双方的共同财产。买房是子女嫁娶时面临的重大问题，目前大城市房产金额高昂，可能需要购房人倾其所有，甚至倾父母所有才能缴足首付款，所以，房产出资以及房产本身的归属因涉及男女双方家庭中父母、子女两代人的财产权益而格外重要。司法解释在此问题的规定上保持了谨慎的态度，兼顾了夫妻财产制和物权法的规定，力求做到公平公正。

财产的种类纷繁复杂，夫妻财产的种类亦随之丰富。其他应当归夫妻共同所有的财产包括：(1)一方以个人财产投资取得的收益；(2)男女双方实际取得或者应当取得的住房补贴、住房公积金；(3)男女双方实际取得或者应当取得的基本养老金、破产安置补偿费。上述财产是《婚姻家庭编解释(一)》第25条对其他应当归夫妻共同所有的财产的列举。当下人们的劳动所得不仅包括工资、奖金，还包括多种福利。例如，住房公积金、养老保险金在我国早已普及，其在购房以及养老方面发挥了巨大作用，成为人们重要的财产组成部分。而关于个人财产的投资收益，该解释第26条则规定了夫妻一方婚前个人财产在婚后产生的除了孳息和自然增值外的收益为夫妻共同财产。个人财产在婚后产生的收益分为投资经营收益、天然孳息、法定孳息与自然增值。投资经营收益是经营人通过主观能动性予以增加的财产，其中包含了人力、财力、心力的投入，且必然有家庭的支持和贡献。如果将其认定为个人财产，不仅无视了配偶一方的付出，同时会滋长双方专注于个人财产的经营而推卸理应承担的家庭责任，不利于家庭的稳定和发展。天然孳息是指按照原物的自然规律而滋生和繁衍的新的独立物，如母鸡下的蛋、果树结下的果实等。法定孳息是指物依据法律规定或当事人的法律行为而产生的孳息，如利息和租金。自然增值是指因通货膨胀或市场行情的变化所致的价值提升。天然孳息与自然增值属于被动增值，并未凝结夫妻共同体的努力，应属个人财产。法定孳息不应全部认定为个人财产，比如租金，如果一方将个人的婚前房产出租，而夫妻对该房产共同照看、维护，则租金就凝结了家庭的协力，归属于夫妻共同所有则更为公平。而同为法定孳息的婚前存款之利息，则应为个人财产。司法解释第26条并未对孳息加以区分，且将孳息全部认定为夫妻个人财产。但依据夫妻共同财产的协力理论，我国司法解释关于法定孳息归属的认定有待商榷。

3. 我国约定财产制的立法构造

基于意思自治原则，夫妻双方享有约定夫妻财产所有权归属的权利，该约定优先于法定财产制适用。约定财产制进一步分为开放型约定财产制和封闭型约定财产制。开放型约定财产制即法律未对夫妻选择财产制的种类和范围进行限制和规定，只要双方在完全自愿的基础之上达成合意即可。虽然法律给予婚姻当事人双方在构建财产关系时最大限度的自由，但约定内容不能违背公序良俗以及损害国家、集体和他人的利益。封闭型约定财产制与开放型约定财产制相反，是指法律提供夫妻财产制种类供婚姻当事人选择，只有在此范围内进行约定才具有法律效力。我国采取的是封闭型约定财产制。《民法典》第1065条保留了2001年《婚姻法》(修正)第19条内容，规定了夫妻可以约定婚姻关系存续期间所得财产以及婚前财产归各自所有、共同所有或部分各自所有、部分共同所有。夫妻财产约定应当采用书面形式，没有约定或约定不明确的，适用法定财产制规定。夫妻对婚姻关系存续期间所得的财产以及婚前财产的约定，对双方具有约束力，但不得对抗善意第三人。即只有在相对人知道夫妻约定财产归各自所有时，夫妻约定财产制才对相对人产生效力。

(1)夫妻财产制约定的订立时间

《民法典》第1065条虽然整体保留了2001年《婚姻法》(修正)第19条的规定，但还是有细微调整，即将财产约定的主体由夫妻更改为了男女双方。目前关于当事人进行财产制约定的时间，主要存在两种立法例，一是夫妻应当在婚前进行约定，如日本民法①。二是无时间限制，婚前和婚后约定均可，如瑞士民法②。自我国立法规定夫妻约定财产制以来，一直依据私法自治原则，尊重当事人的意思表示，并未对约定时间限制，夫妻可以在婚前和婚后任何时间约定适用夫妻财产制。如果是在婚前进行的约定，由于此时二人未结成夫妻，所以《民法典》第1065条第1款将财产约定的主体由“夫妻”更改为“男女双方”，统一表述了约定双方婚前和婚后的身份，使原法律规范更加严谨。

(2)夫妻财产制约定的成立要件

我国夫妻财产制约定涉及夫妻婚姻财产分配以及第三人的财产权益和交

---

① 《日本民法典》第755条规定，夫妻在婚姻登记前，未对其财产订立特别的契约时，其财产关系依第二分节的规定。第756条规定：夫妻订立与法定财产制相异的契约时，非在婚姻登记前对其进行登记，不得以之对抗夫妻的继承人及第三人。参见《日本民法典》，刘士国、牟宪魁、杨瑞贺译，中国法制出版社2018年版，第186页。

② 《瑞士民法典》第182条规定，(1)婚姻协议可以在婚前订立，也可以在婚后订立。(2)夫妻双方只能在法律许可的范围内选择、废止或变更夫妻财产制。参见《瑞士民法典》，于海涌、赵希璇译，[瑞士]唐伟玲校，法律出版社2016年版，第69页。

易安全,其成立需要具备必要的条件。第一,夫妻财产制约定要求签订双方必须为完全民事行为能力人。依据《民法典》第22条的规定,夫妻财产制约定并非纯获利的民事法律行为,且内容较为复杂,其应当适用于具有完全民事行为能力的夫妻之间。同时,夫妻财产制约定具有人身属性,不可被法定代理人代理、同意、追认等。因此,男女双方中只要有一方为非完全民事行为能力人,则只能适用法定财产制。第二,当事人意思表示真实。夫妻财产制约定应出自当事人双方真实的意思表示,即当事人在意志自由之时认识到自己的行为会产生何种法律效果。对于当事人一方基于被欺诈、胁迫、乘人之危以及重大误解而签订的夫妻财产制协议,当事人一方在一定时限内有权行使撤销权。被撤销后的夫妻财产制约定自始无效。第三,不得违反法律、行政法规的强制性规定,不得违背公序良俗以及不得恶意串通损害他人合法权益。法律给予当事人充分的私法自治空间,但夫妻财产制约定的内容应在合法、合理的限度内,无边界的自由是对社会和他人的一种侵害。第四,夫妻财产制约定必须采取书面形式。相较于口头形式,书面形式的证明力更强,夫妻财产制约定是一种要式行为,必须采取书面形式。书面形式包括一般书面形式和特殊书面形式,一般书面形式包含书面合同、电子邮件、传真等,特殊书面形式主要指公证形式。法国和瑞士对此要求较高,均要求夫妻在对财产制进行约定时不仅要采用书面形式还要经公证人公证。① 而我国婚姻家庭法只规定了夫妻财产制约定应采用书面形式,未强制要求公证。

(3)我国夫妻财产制约定的效力

我国夫妻财产约定成立即生效,对当事人双方产生约束力,可以对抗知道该约定的第三人。夫妻财产制的效力分为对内效力和对外效力,夫妻对内依据意思自治签订财产协议成立并生效;夫妻财产约定的对外效力是指夫妻对婚姻财产的约定可否对抗第三人。夫妻财产制约定是夫妻通过协商对婚姻财产作出的安排,法律保障婚姻当事人的意思表示自由,但该约定毕竟是夫妻二人的

---

① 《法国民法典》第1394条第1款规定,夫妻间的所有财产协议均应在公证人前,有订立协议的诸当事人或他们的委托代理人在场并且均表同意的情况下作成。参见《法国民法典》,罗结珍译,北京大学出版社2010年版,第357页。《瑞士民法典》第184条规定,婚姻协议必须采用公证书的形式并由双方当事人签字,在必要的情况下还要由法定代理人签字。参见《瑞士民法典》,于海涌、赵希璇译,[瑞士]唐伟玲校,法律出版社2016年版,第70页。

内部约定，从保护第三人对家庭共同体的信赖和保障交易安全来看，应当是夫妻财产约定在第三人知晓时才对其发生效力。日本规定了较为严格的登记对抗制度，如《日本民法典》第 756 条规定："夫妻订立与法定财产制相异的契约时，非在婚姻登记前对其进行登记，不得以之对抗夫妻的继承人及第三人。"[①]而我国未采取登记对抗制，如《民法典》1065 条第 3 款规定，夫妻对婚姻关系存续期间所得的财产约定归各自所有，夫妻一方对外所负的债务，相对人知道该约定的，以夫妻一方的个人财产清偿。相对人不知道该约定的，则应当以夫妻双方的财产清偿。

4. 夫妻特有财产

为了保障民事主体保有必要的个人财产，需要限制或缩小夫妻共同财产制下夫妻共同财产的范围。因此，法律在实施夫妻共同财产制的同时规定了夫妻特有财产。夫妻特有财产也称为夫妻保留财产，是指夫妻在实行共同财产制时，依照法律规定或夫妻约定，夫妻各自保留一定范围的个人财产，对该财产独自进行管理、使用、收益和处分，另一方不得干涉。根据产生原因的不同，夫妻特有财产可分为法定的特有财产和约定的特有财产。法定的特有财产，是指依照法律规定所确认的夫妻双方各自保留的个人财产，即特有财产的范围已由法律规定，当事人直接适用。约定的特有财产，是指夫妻婚后约定分别保留的个人财产，其范围由当事人自己约定。《民法典》第 1063 条规定："下列财产为夫妻一方的个人财产：（一）一方的婚前财产；（二）一方因受到人身损害获得的赔偿或者补偿；（三）遗嘱或者赠与合同中确定只归一方的财产；（四）一方专用的生活用品；（五）其他应当归一方的财产。"

一方婚前财产，是指男女双方在结婚之前各自所有的财产，包括婚前个人劳动所得财产、继承或受赠的财产以及其他合法财产，财产形式涵盖货币、动产、不动产、股权和债权等。我国司法解释曾规定一方的婚前财产在婚后由夫妻双方共同使用的情形下，经营、管理的房屋和其他价值重大的生产资料经过 8 年，贵重的生活资料经过 4 年就将转化为夫妻共同财产。[②] 婚前财产凝结的是

---

① 《日本民法典》，刘士国、牟宪魁、杨瑞贺译，中国法制出版社 2018 年版，第 186 页。

② 参见《最高人民法院关于人民法院审理离婚案件处理财产分割问题的若干具体意见》（已废止）第 6 条。

夫妻个人的劳动成果以及父母的财产支持,转化为夫妻共同所有并不合理。当时我国过于重视夫妻一体主义,从而忽视了该规则缺乏物权法原理基础,且不利于个人财产权益的保障。为此,《婚姻家庭编解释(一)》第 31 条明确规定了夫妻一方的个人财产不因婚姻关系的延续而转化为夫妻共同财产。但婚前财产的投资经营收益、孳息和自然增值则有所不同。[①]

一方因受到人身损害而得到的赔偿和补偿,是用于保障受害人维持生存和生活的基本费用,具有人身属性。为保护受害人的人身权益和财产权益,此类财产应归个人所有,不能作为夫妻共同财产。赔偿和补偿费用的具体种类可依据《民法典》第 1179 条规定处理,即侵害他人造成人身损害的,应当赔偿医疗费、护理费、交通费、营养费、住院伙食补助费、误工费;造成残疾的,还应当赔偿残疾生活辅助器具费和残疾赔偿金。《婚姻家庭编解释(一)》第 30 条还规定了军人的伤亡保险金、伤残补助金、医药生活补助费等基于军人特定身份而取得的财产属于夫妻个人财产。

一方单独继承和受赠的财产为个人财产。根据继承法的规定,被继承人在生前可以按照个人意愿依法以遗嘱的方式处分其个人财产,指定遗嘱继承人或受遗赠人。依据合同法,赠与合同是赠与人与受赠人之间达成的协议,法律尊重和保护赠与人的意思表示。如果将被继承人和赠与人指定的财产认定为夫妻共同财产,则违背了被继承人、赠与人的财产处分权。只有将该类财产规定为接受方的个人财产,才可以保持该类财产的完整性和专属性。因此,《民法典》第 1062 条第 1 款规定了因继承或受赠的财产属于夫妻共同财产,但遗嘱或赠与合同中确定只归夫妻一方的财产除外。

一方专用的生活用品包括个人衣物、配饰、书籍、身体辅助器材等,均属极具个人属性的特殊财产,理应为夫妻个人财产。在司法实践中,应当注意生活用品和贵重物品的区别。一方独自使用的价值极大的贵重品、奢侈品等如果全部归一方所有,对另一方则明显不公。此时,应以公平原则合理确定财产权益

---

① 《婚姻家庭编解释(一)》第 25 条规定,婚姻关系存续期间,下列财产属于《民法典》第 1062 条规定的“其他应当归共同所有的财产”:(1)一方以个人财产投资取得的收益;(2)男女双方实际取得或者应当取得的住房补贴、住房公积金;(3)男女双方实际取得或应当取得的基本养老金、破产安置补偿费。《婚姻家庭编解释(一)》第 26 条规定,夫妻一方个人财产在婚后产生的收益,除孳息和自然增值外,应认定为夫妻共同财产。

归属,在物权难以分割时,可给予另一方财产补偿以平衡双方财产权益之保障。

夫妻特有财产的划定是立法在夫妻共同财产制内对夫妻个人财产权的保护,对保持夫妻双方作为独立个体的生活的连续性和完整性具有重要意义。我国立法以列举的方式对夫妻个人财产的范围进行了较为明确的界定。但列举式的立法规定终究难以涵盖纷繁复杂的现实生活中的所有方面。同时,随着社会的发展,财产获取方式的多元化使新财产类型的不断出现成为必然。为了保持法律的灵活性,立法同时设置了概括性条款,为日后新出现的个人财产类型留下法律适用的空间和余地。

(二)夫妻间赠与

《民法典·婚姻家庭编》并未对夫妻间的赠与行为进行规定,盖因赠与合同在合同编中已有所规定,婚姻家庭编没有单独规范的必要。但司法解释又将此问题单独提出,可见在司法实践中涉夫妻间赠与案件的处理具有一定的特殊性,需要明确、适用的规范指引。《婚姻家庭编解释(一)》第32条规定了婚前或者婚姻关系存续期间,当事人约定将一方所有的房产赠与另一方或双方共有,赠与方在房产所有权转移登记之前撤销赠与,而另一方请求判令继续履行的,人民法院可以按照《民法典》第658条规定处理。该条规定是对《婚姻法司法解释(三)》第6条的改良,即在原规范基础上增加了"共有",以解决我国民众所关注的女方要求或男方主动在男方婚前房产登记上添加女方姓名的问题。

关于夫妻间的赠与是否可以撤销的问题在法律适用上引发了争议,《民法典》第658条规定除了经过公证的赠与合同以及公益、道德义务性质的赠与合同以外,赠与人在赠与财产权利转移之前可以撤销赠与。而《民法典》第1065条第2款规定了夫妻对婚前和婚内财产的约定对双方具有约束力。因此,有观点认为夫妻间赠与可以援引该条,夫妻间赠与视为夫妻对夫妻财产的约定,是将夫妻一方的个人财产约定为对方个人所有或夫妻双方共同所有。该约定自订立时生效,不可按照赠与合同的规定行使任意撤销权。但该观点被最高人民法院否定,最高人民法院认为从性质上来说夫妻间赠与和夫妻财产制约定为两种法律行为,夫妻间赠与系就单项财产归属的变更,而夫妻财产制约定是对婚姻关系缔结前与婚姻关系存续期间的种类财产归属的安排。详言之,我国《民法典·婚姻家庭编》规定了夫妻可以概括地约定采用何种夫妻财产制,既可以约定财产分别所有、一般共同共有和部分共同共有、部分分别所有,还可以具体到约定某一项财产所有权、家庭生活费用的负担、家庭债务的清偿等其他财产关系事项。夫妻财产制约定可以说是“一揽子”协议，夫妻间赠与则为单项财产协议。夫妻间赠与从本质上并未脱离赠与合同的辐射范围，其具有的身份特征不足以否定赠与人的任意撤销权，否则将不利于维护赠与人合法的财产权益，同时容易催生借婚姻之名义谋取钱财的道德风险。

（三）夫妻债务的认定标准

夫妻债务问题因事关夫妻二人和债权人三方的财产利益，因而受到立法和司法的高度重视，在理论与实践的反复博弈间，夫妻债务认定成为我国婚姻家庭法的难题。夫妻债务是夫妻双方或一方对婚外第三人所负的债务，即夫妻共同债务和夫妻个人债务的总称。夫妻共同债务，是指双方或一方为共同生活所负的债务，包括为履行扶养义务所负债务，夫妻一方或双方为治疗疾病所负的债务，夫妻购置家庭用品、修缮房屋及为支付生活开支所负的债务等。夫妻个人债务，是指夫妻一方单独所负的与夫妻双方共同生活无关的债务。一般包括：男女各自婚前所负的债务；双方约定由个人负担的债务；一方未经对方同意，擅自资助与其没有扶养义务的亲朋所负的债务；一方未经对方同意，独自筹资从事经营活动，但收入未用于共同生活所负的债务。

一直以来，我国立法都规定用于夫妻共同生活的债务为夫妻共同债务。反之，被排除于夫妻共同债务之外的债务即为夫妻个人债务。《民法典》在已有基础之上构建了更为全面的夫妻债务认定规则。《民法典》第 1064 条规定：“夫妻双方共同签名或者夫妻一方事后追认等共同意思表示所负的债务，以及夫妻一方在婚姻关系存续期间以个人名义为家庭日常生活需要所负的债务，属于夫妻共同债务。夫妻一方在婚姻关系存续期间以个人名义超出家庭日常生活需要所负的债务，不属于夫妻共同债务；但是，债权人能够证明该债务用于夫妻共同生活、共同生产经营或者基于夫妻双方共同意思表示的除外。”该规定是对 2018 年《最高人民法院关于审理涉及夫妻债务纠纷案件适用法律有关问题的解释》的吸收，该解释在适用后经过司法实践的检验，成为立法正式确认的夫妻债务认定标准。

现行的夫妻债务认定标准具有深厚的法理基础。法律尊重债权债务关系的双方当事人的意思自治，夫妻双方可与债权人约定夫妻共同债务。如果举债时没有夫妻的共同约定，法律亦承认事后追认之意思表示的法律效力。认定夫妻共同签字及事后追认的债务为夫妻共同债务，是意思自治的应有之义。依据共同签字行为可清晰、明确地认定债权债务关系，故将其规定为夫妻共同债务的认定标准能够引导当事人加强对共同签字的注意，在预防争议发生以及解决事后纠纷上具有一定的积极性。夫妻在婚姻关系存续期间以个人名义为家庭日常生活需要所负的债务为夫妻共同债务。日常家事代理权是夫妻的法定权利，依据日常家事代理权的法律效果，夫妻一方因日常家事独立所为的民事行为，效力及于配偶一方，因日常家事所负债务即为夫妻共同债务。家庭日常生活需要所负债务，主要包括因家庭生活用品的购置、家庭交通工具的维修、家庭日常消费的开支、家庭成员疾病的治疗等所负债务。因日常家事需要所负债务的举证责任在债权人一方，但为了不过度增加债权人的举证负担，最高人民法院的做法是债权人只要能够证明涉案债务依其所能够相信的事实系用于家庭日常需要即可。

夫妻一方在婚姻关系存续期间以个人名义超出家庭日常生活需要所负的债务，不属于夫妻共同债务。债权人能够证明该债务用于夫妻共同生活、共同生产经营或者基于夫妻双方共同意思表示的除外，此款是对“用于夫妻共同生活”的夫妻共同债务认定标准的立法延续，并且扩大至“夫妻共同利益”标准，即使是婚前债务，如果用于婚后共同生活，则同样为夫妻共同债务。而夫妻共同生产经营不要求夫妻双方均具有实际经营的行为，如果夫妻一方经营而另一方对经营收入受益，也被包含于夫妻共同生产经营的范围内。除此之外，《民法典》第 1065 条还规定了夫妻分别财产制下的共同债务排除，夫妻约定财产分别所有，则夫妻一方负债为个人债务，但应以夫妻实行分别财产制被债权人知晓为条件。

（四）婚内分割共同财产请求权

为保护婚姻主体的财产权益，夫妻应当被赋予婚内分割共同财产请求权。我国采取的是严格分割共同财产的立法态度，即以不允许分割共同财产为原则，以允许分割共同财产为例外。《民法典》第 1066 条规定：“婚姻关系存续期间，有下列情形之一的，夫妻一方可以向人民法院请求分割共同财产：（一）一方有隐藏、转移、变卖、毁损、挥霍夫妻共同财产或者伪造夫妻共同债务等严重损害夫妻共同财产利益的行为；（二）一方负有法定扶养义务的人患重大疾病需要医治，另一方不同意支付相关医疗费用。”

《民法典》第 1066 条吸纳的是《婚姻法司法解释（三）》第 4 条之内容。配偶拒付己方负有法定扶养义务的人患重大疾病的医疗费用的行为不仅妨害了民事主体承担自身的法定义务,还侵害了被扶养人接受扶养的权利。法律为保障被扶养人的生命健康权及婚姻家庭伦理道德而设置了该款项。但值得进一步思考的是,关于扶养人对被扶养人的扶养义务的范围远远比支付医药费广泛得多,例如夫妻一方的父母日常生活面临严重困难,如果管理夫妻共同财产的配偶一方拒绝支付相关财产供其履行赡养义务,将对父母的生命健康产生严重危害。然而,该项规定并未将生活困难等情况涵盖进来。因此,司法实践应当以共有物的分割规则作为理论依据,从而对该法条进行扩大解释。《民法典》第303条规定,在共有关系存续期间,共有人约定不得分割共有财产的,应当按照约定,维持动产和不动产的共有关系,但有重大理由需要分割的,可以请求分割。夫妻共同财产制可以适用共同共有的法律原理和法律规定,如夫妻一方具有重大理由需要分割夫妻共同共有财产的,可以在婚内请求分割。如此运用体系解释将夫妻婚内财产分割请求权的范围合理化的扩大适用,体现了婚姻法与物权法的衔接,以及夫妻财产关系与一般财产关系的融合。

(五)夫妻相互继承权

《民法典》第1061条规定:“夫妻有相互继承遗产的权利。”夫妻继承权因结婚而产生,因离婚而结束,具有明显的身份性。继承权的性质为财产权,夫妻继承行为的实施是财产转移的过程,属于夫妻财产关系。继承分为法定继承和遗嘱继承,《民法典》第1127条规定了配偶为第一顺序法定继承人。遗嘱继承是按照被继承人之意愿将个人财产指定由法定继承人中的一人或数人继承。因此,无论是法定继承还是遗嘱继承,配偶都属于继承人的范围。

继承是由身份引发的财产关系。之所以规定夫妻有相互继承遗产的权利,是因为夫妻为生活共同体,夫妻之间具有相互扶养的义务;夫妻之间的扶养义务并不会因夫妻一方的死亡而终结,继承人可以遗产继续履行夫妻扶养义务。在遗嘱继承中,饱受争议的是继承人的遗嘱自由问题,该问题的实质是婚姻家庭中个人自由的程度和边界。我们认为虽然继承权是一种财产权利,但继承关系的发生基于的是身份关系,身份关系应当遵从婚姻家庭关系的伦理秩序。诸如富商将遗产全部留给婚外第三者的做法之所以不被法律保护,盖因其违反了公序良俗原则,而公序良俗体现为身份关系的内在秩序,在身份关系内,财产秩序要服从于伦理秩序。最后,需要说明的是,我国对夫妻相互继承权的规定仅是针对夫妻继承权的原则性规定,而关于继承规则的其他具体规定属于继承法的范畴,婚姻家庭法与继承法分工不同,各司其职。

第三节 父母子女关系的调整

父母子女关系,又称亲子关系,在法律上被界定为父母与子女之间的权利义务关系。在血缘关系当中,父母子女是最近的直系血亲,是家庭法律关系的重要组成部分。

一、父母子女关系概述

父母子女关系是家庭关系的重要组成部分,其关系到家庭养老育幼功能的实现。对父母子女关系种类及立法演进的考察,有利于确定父母子女间的权利义务内容。

(一)父母子女关系的种类

父母子女关系是亲子立法的基础,根据不同的标准,其可作不同的分类。我国《民法典》以父母子女关系的血缘形成方式为标准,将其分为自然血亲的父母子女关系和拟制血亲的父母子女关系。

自然血亲的父母子女关系,是基于子女出生的事实而形成的亲了关系,其不能人为解除,只能因一方死亡而消灭。即使子女被他人收养,自然血亲间消除的也只是父母子女间的权利义务关系而非血缘关系。自然血亲的父母子女关系包括生父母与婚生子女间的关系、生父母与非婚生子女间的关系。

拟制血亲的父母子女关系,是基于法律确认而形成的与自然血亲具有同等权利义务的亲子关系。由于该种亲子关系由法律拟制而产生,故父母子女可以依法解除权利义务关系从而解除拟制血亲关系。拟制血亲的父母子女关系包括继父母与形成抚养关系的继子女间的关系、养父母与养子女间的关系。此外,由于人工生育子女与其父母关系因采用的技术手段不同而有较大差异,故将其单独划分为一类。

(二)我国父母子女关系的立法演进

新中国成立后,我国第一部《婚姻法》即1950年《婚姻法》第四章专门规定了“父母子女间的关系”，其中确立了父母子女间平等的权利义务关系以及婚生子女、非婚生子女、养子女、继子女间的地位平等。1980 年《婚姻法》在立法体例上，不再将“父母子女间的关系”做专章立法，而是将其融入“家庭关系”一章当中。在内容上，除继承了 1950 年《婚姻法》相关规定外，还增加了子女姓氏决定的权利、父母管教的权利、父母保护子女的义务、损害赔偿的义务等内容。1980 年《婚姻法》确定了以保护未成年子女合法权益为原则、父母子女间法律地位平等、相互扶养和相互继承的新型亲子法律关系。[①] 2001 年《婚姻法》(修正)在父母子女关系方面去除了父母对子女管教权的规定，突出强调了父母对子女保护的义务。目前，“父母子女关系和其他近亲属关系”单独作为一节被规定在《民法典·婚姻家庭编》当中。虽然其在立法表述上有所调整，但内容上几乎继承了前述法律规范。《民法典·婚姻家庭编》突出体现了父母与子女间的权利义务平等，以及不同类型子女间地位的平等性。从我国父母子女关系的立法发展可以看出，对子女的保护，经历了从一般保护到“子女最大利益”的保护进程，充分反映了我国亲子立法的进步与发展。

二、亲生父母子女关系

(一)自然生育子女的认定

“婚外性生活既无法禁绝，已婚女子所生的孩子，也就可以不一定在生物上是她丈夫的骨肉了。婚姻的目的是在确定社会性的父亲，对于生物性的父亲的确定，倒还属于次要，事实上父与子的生物关系的要求确定本身是一种社会的规定。”[②]上述表明，通过国家制度将生物性的父母认定为社会性的父母。进言之，无论是对亲生子女的确认还是否认，都必须经过法律程序才能实现。

1. 婚生子女的推定和否认

“亲子关系是婚姻关系的衍生物，是家庭关系的重要组成部分。由于父亲和母亲对孩子的权利和义务，是和社会对于这同一个孩子的权利和义务相结合的，故亲子关系的推定和否认，对父亲、母亲和子女都具有至关重要的意义。”[③]

---

① 参见马忆南：《婚姻家庭继承法学》(第 4 版)，北京大学出版社 2019 年版，第 145 页。

② 费孝通：《乡土中国·生育制度·乡土重建》，商务印书馆 2011 年版，第 172 页。

③ 王歌雅、郝峰：《婚姻关系：价值基础与制度建构——兼评〈中华人民共和国婚姻法〉司法解释(三)》，载《法学杂志》2011 年第 12 期。

(1)婚生子女的推定

目前各国的婚生推定制度,以生母及其配偶的婚姻关系为中心,如果母亲受胎期间或者子女出生时是在婚姻关系存续中,则该子女即被推定为生母以及其配偶法律上的婚生子女。①

①父子关系的推定

虽然各国法律对于在何种情形下子女将被推定为婚生子女的规定不尽相同,但通常将妻在婚姻关系存续期间受胎或所生的子女,推定为夫的婚生子女,从而确定父女关系。综观世界各国的亲子立法,婚生子女的推定大致有三种立法例:一是仅以受胎时间为标准,即在"婚姻关系存续期间受胎的子女为婚生子女;同时法律对子女的受胎时间予以严格限制"②。如《日本民法典》第772条规定:"妻子于婚姻期间怀胎的子女,推定为丈夫的子女。自婚姻成立之日起经过二百日后,或者自婚姻解除或撤销之日起三百日内出生的子女,推定为婚姻期间怀胎。"③《葡萄牙民法典》第1798条规定:"为着法律上之效力,受孕时刻须在子女出生前300日之首120日内定出,但属以下各条所规定之例外情况者除外。"④二是仅以子女出生时间为标准,即子女于婚姻关系存续期间或婚姻关系解除后300日以内出生时,推定为婚生子女。如《瑞士民法典》第255条第1款规定:"夫妻在婚姻存续期间出生的子女,则推定丈夫为其父亲。"⑤《德国民法典》第1593条规定:"婚姻已因死亡而被解除,且子女在婚姻被解除后300日以内出生的,准用父亲身份的推定。"⑥三是以受胎或出生择一为标准,即在婚姻关系存续期间受胎或出生的子女为婚生子女。如《法国民法典》第312条规定:"婚姻期间受胎或出生的子女,(母之)夫为其父。"⑦《越南婚姻家庭法》第63条第1款规定:"婚姻期间所生子女或婚姻期间受孕的子女是夫妻共同的子女。"⑧

---

① 参见李立如:《朝向子女最佳利益的婚生推定制度》,载《中原财经法学》2004年第13期。
② 王歌雅、贺轶文:《婚姻家庭法论》,黑龙江人民出版社2004年版,第213页。
③ 《日本民法典》,刘士国、牟宪魁、杨瑞贺译,中国法制出版社2018年版,第190页。
④ 《葡萄牙民法典》,唐晓晴等译,北京大学出版社2009年版,第318页。
⑤ 《瑞士民法典》,于海涌、赵希璇译,[瑞士]唐伟玲校,法律出版社2016年版,第87页。
⑥ 《德国民法典》(第5版),陈卫佐译注,法律出版社2020年版,第560页。
⑦ 《法国民法典》,罗结珍译,北京大学出版社2010年版,第96页。
⑧ 《越南社会主义共和国民法典》,吴远富译,厦门大学出版社2007年版,第211页。

②母子关系的推定

在自然生育过程中,子女出生的事实通常可以推定母子关系的存在,因此,绝大多数国家并未将其写入立法当中。但是也有国家的"立法者认为,随着现代科技的发展,特别是人工生育技术的进步,妇女可以生育一个在基因上和自己毫无关系的子女(如通过卵子捐献、胚胎捐献),所以这一规定尤为必要"①,故将母子关系的推定写入立法当中,从而避免出现"分裂的母亲身份"。如《德国民法典》第1591条规定:"子女的母亲是生该子女的女子。"②在英国和美国,母子关系在法律上也是按照"谁分娩,谁为子女母亲"的原则确立的,而不论孩子是否在血缘上和她有关系。

(2)婚生子女的否认

"婚生推定可能与真实血缘关系不相一致,为了此种例外不幸发生时能及时得到更正以维护血缘关系的真实,保障当事人的权益(尤其是推定父的保障),便须有救济的途径存在。'婚生否认'的制度所肩负的使命即在于此。"③婚生否认,是指该子女虽在其母与夫之婚姻关系存续中所出生,但该子女与母之夫并无血缘上的关系,母之夫遂请求法院以诉讼判决程序予以推翻法律上的婚生推定。

①否认的主体

按照传统的法律,仅丈夫享有否认权。然而,随着子女利益最大化逐渐成为亲子立法的基本原则,更多的国家在赋予丈夫否认权的同时,还赋予生母、子女以否认权,甚至只要为了子女利益,其他相关主体也可以享有否认权。从世界立法例来看,否认的主体有三类:一是仅丈夫享有否认权。如《埃塞俄比亚民法典》第790条规定:"只有通过适用立法规范被赋予孩子的父亲身份的人,可提起否认父子关系之诉。孩子的母亲、主张孩子的父亲身份的人、公共检察官或孩子自己,都不得为此等效果之申请。"④二是丈夫及其继承人享有否认权。如《巴西新民法典》第1601条规定:"丈夫有权质疑妻子所生子女是否属于自

① [德]迪特尔·施瓦布:《德国家庭法》,王葆莳译,法律出版社2010年版,第271页。

② 《德国民法典》(第5版),陈卫佐译注,法律出版社2020年版,第560页。

③ 王洪:《从婚生推定到父性推定》,载夏吟兰、龙翼飞、郭兵、薛宁兰主编:《婚姻家庭法前沿——聚焦司法解释》,社会科学文献出版社2010年版,第233页。

④ 徐国栋主编:《埃塞俄比亚民法典》,薛军译,厦门大学出版社2013年版,第114页。

己，此种诉权不受时效限制。质疑亲子关系后，质疑人的继承人有权继续诉讼。”[①]三是丈夫、妻子、子女或公权力机关享有否认权。如《俄罗斯联邦家庭法典》第52条第1款规定：“对于按照本法典规定在出生登记簿上进行的父母登记，只有依照司法程序根据作为婴儿的父亲和母亲登记的人的申请，或者根据实际为婴儿的生父或生母的人，以及达到成年年龄的该子女本人，子女的监护人（保护人），法院认定为无行为能力的父母的监护人的申请可提出异议。”[②]从上述立法例可以看出，各国的立法理念有所不同。当以保障亲子血缘的真实性为目的时，国家的立法就会扩大否认主体的范围；而当兼顾亲子血缘的真实性和亲子身份的稳定性时，国家就会限制否认主体的范围。然而，无论是基于何种目的的立法模式，其根本出发点和落脚点都是为了维护子女最大利益。

②否认权的行使方式

依各国立法，否认权均须通过诉讼方式行使。只是有的国家明确规定了否认之诉。如《日本民法典》第775条规定：“否认权，通过对子女或者行使亲权的母亲提起的婚生否认之诉行使。无行使亲权的母亲时，法院须选任特别代理人。”[③]而有的国家则通过规定否认诉权的行使期间表明否认之诉的存在。如《意大利民法典》第244条规定：“由母的方面所为的父性否认的诉权，应在子女出生后六个月的期间内提起……否认父性的诉权，自到达成年时起，或者自成年以后知得否认的事实时起，一年以内，亦得由子女提起。”[④]各国基于国情需要，采用了不同的立法模式，但无论哪种立法模式都以诉讼作为否认亲子关系的必要条件，这充分体现了否认权行使的严肃性与谨慎性。

③否认权的行使期限

为维护亲子身份的稳定性，各国立法均对否认权的行使期限进行了限制规定。如《德国民法典》第1600b条规定：“父亲身份，可以在2年以内在裁判上予以撤销。该期间自权利人知悉不利于父亲身份的情事起算。”[⑤]再如，美国《路

---

① 《巴西新民法典》，齐云译，徐国栋审校，中国法制出版社2009年版，第252页。

② 《俄罗斯联邦家庭法典》，鄢一美译，罗利伟校。转引自中国法学会婚姻法学研究会编：《外国婚姻家庭法汇编》，群众出版社2000年版，第483页。

③ 《日本民法典》，刘士国、牟宪魁、杨瑞贺译，中国法制出版社2018年版，第190页。

④ 《意大利民法典》，陈国柱译，中国人民大学出版社2010年版，第50页。

⑤ 《德国民法典》（第5版），陈卫佐译注，法律出版社2020年版，第565页。

易斯安那民法典》第 189 条第 1 款规定："对父亲身份的否认之诉受 1 年的诉讼时效限制。该时效自丈夫知道或应当知道孩子出生之日起算。"[①]由于各国规定的否认权人的范围不同，导致在否认权行使期限的规定上详略各异。但从其立法例来看，否认权行使的期限大都较短，这一方面为了保证现有的稳定性，使子女原有的生长环境不被打扰；另一方面也充分体现了立法对秩序价值的追求。

2. 非婚生子女的准正和认领

尽管非婚生子女出生的原因各有不同，但作为无过错的子女仍有权获得与婚生子女同等的权利。为此，各国纷纷通过准正和认领制度来确认亲子身份，从而维护非婚生子女的利益。

(1) 非婚生子女的准正

准正，通常是指非婚生子女因父母事后结婚而取得婚生子女地位的制度。从目前立法例来看，规定准正制度的国家并不多。这是因为在实际生活中，父母事后的结婚行为并未改变非婚生子女的生活状态，无论是在血缘关系方面还是子女生活的环境方面都与婚生子女无异，故无须再进行身份确认。但也有部分国家对准正有着严格的规定，其立法模式有二：一是父母结婚，婚前所生子女即为婚生子女。如英国 1976 年《准正法》第 2 条规定："非婚生子女的父亲、母亲与另一个人结婚的，只要该子女存活的，该婚姻就应当自结婚之日起准正该子女为婚生子女。"[②]二是父母结婚，且被父母承认的子女为婚生子女。如《越南婚姻家庭法》第 63 条第 2 款规定："结婚登记之前出生并为父母承认的子女也是夫妻共同的子女。"[③]与第二种立法模式相比，第一种仅以婚姻宣告子女身份的立法模式，既简便快捷，又能使子女权益得到最大保护，还更有利于实现准正的目的。而第二种立法模式与认领制度相交叉，因为非婚生子女的认领是其条件之一，故无论父母是否结婚，非婚生子女都能取得同婚生子女相等的地位。

(2) 非婚生子女的认领

认领，通常是指父母对婚姻之外出生子女的承认。通过认领不仅可使亲子间的血缘关系和社会关系保持一致，还可以使亲子在获得稳定身份关系的同时

---

① 徐国栋主编：《路易斯安那民法典》，娄爱华译，胡雪梅校，厦门大学出版社 2010 年版，第 23 页。

② 《英国婚姻家庭制定法选集》，蒋月等译，法律出版社 2008 年版，第 91 页。

③ 《越南社会主义共和国民法典》，吴远富译，厦门大学出版社 2007 年版，第 211 页。

充分行使其权利，承担其义务。从各国亲子立法来看，认领通常有两种形式：自愿认领和强制认领。

自愿认领，又称任意认领，是指生父母主动承认该非婚生子女为自己所生的子女。自愿认领在各国均有规定，只是行使的方式有所差异。如《日本民法典》第 781 条规定："认领，依《户籍法》的规定，通过登记申请进行。认领，亦可以遗嘱进行。"[①]《巴西新民法典》第 1690 条、《意大利民法典》第 254 条也有类似规定。从上述内容可知，自愿认领所采取的方式比较灵活，既可以通过出生登记、公证文书、申报户籍或向法官申请等方式进行，也可以通过遗嘱方式进行，只要其作出认领的方式具有法律上的公信力即可。

强制认领，是指非婚生子女的父母不愿认领子女时，由相关人请求法院强制父母认领子女。强制认领主要是针对未成年子女的认领，这种认领形式并非所有国家都有规定。这可能是因为强制认领，一方面违背了意思自治原则，另一方面在被迫情况下的认领可能会引发不利于未成年子女成长的情形。但有的国家却认为，强制认领能够使父母尽到抚养子女的责任。如《巴西新民法典》第 1616 条规定："裁定调查亲子关系之诉的判决产生与认领同样的效力；但此等判决可命令子女的扶养和教育由其父母或对子女的身份提出过争议的人以外的人承担。"[②]《菲律宾民法典》第 283 条、第 284 条也规定了强制认领的情形。

无论是自愿认领还是强制认领，都是以子女利益为根本出发点，通过认领使子女能够正式成为生父母家族的成员，在满足子女心理需求的同时，还能保障子女的被抚养权、继承权等合法权益。

①认领当事人

认领当事人即非婚生子女和其父母，但各国在立法上对认领当事人范围的规定却不尽相同。大多数国家通常将认领人和被认领人分别予以规定。

认领人范围的规制有两种情况：一是父母均可认领。如《日本民法典》规定，非婚生子女可以由父亲或母亲认领。认领的父亲或母亲即便是未成年人或成年被监护人，亦无须其法定代理人同意。这是"非婚生子女无父母"理念在立法中的体现。二是仅父亲可认领。《瑞士民法典》第 260 条规定："在仅存在母

---

① 《日本民法典》，刘士国、牟宪魁、杨瑞贺译，中国法制出版社 2018 年版，第 191 页。

② 《巴西新民法典》，齐云译，徐国栋审校，中国法制出版社 2009 年版，第 253 页。

子关系的情形下,父亲可以承认其子女。如承认者为未成年人或受禁权性监护的人,须经其法定代理人同意。承认,应向户籍登记员作出声明,或通过遗嘱作出声明,或当确认亲子关系之诉尚未判定时向法官作出声明。”[①]该立法模式认为,母子、母女关系已基于分娩事实确定,无须再重复认定。

关于被认领人的范围,各国普遍都将未成年子女和成年子女囊括在内。但基于国情的不同,有的国家将被认领人扩大到胎儿或已故子女,如《日本民法典》第783条规定:“父亲,可以认领胎内的子女。在此情形,须取得母亲的承诺。对于已死亡的子女,丈夫或母亲以其有直系卑亲属为限,可以认领。在此情形,其直系卑亲属为成年人时,须取得其承诺。”[②]有的国家则将乱伦所生子女排除在被认领人之外,如《意大利民法典》第251条规定:“虽然只是非婚生,但其间在直系场合没有限制;而在旁系场合,在有二亲等内血亲的拘束或有关直系的姻亲的拘束存在的人其间所生的子女,不得由其父母认领。但该人等在怀胎当时不知其间存在的拘束,或者于由姻亲关系发生的婚姻被宣告无效时,不在此限。只有父母的一方为善意时,子女的认领得只由该一方为之。”[③]由此可知,无论是扩大还是限缩,对被认领人范围的设立的目的都是要保证合乎代际伦理。

②认领的效果

认领实施后,子女与父母在法律上的关系即予以确定,非婚生子女取得婚生子女的地位。并且,为维护亲子身份的稳定性,认领成立后不得任意撤销。如《日本民法典》第784条、第785条规定:“认领溯及至出生时发生效力。但是,不得损害第三人已取得的权利。已进行认领的父亲或母亲,不得撤销其认领。”[④]《意大利民法典》第256条规定:“认领不得撤回。其包含于遗嘱时,即使于其遗嘱撤回场合,亦自遗嘱人死亡之日起有其效力。”[⑤]“认领是确定父母子女身份的重要行为。血缘关系的客观存在是认领行为是否生效的关键。”[⑥]认领

---

① 《瑞士民法典》,于海涌、赵希璇译,[瑞士]唐伟玲校,法律出版社2016年版,第91页。

② 《日本民法典》,刘士国、牟宪魁、杨瑞贺译,中国法制出版社2018年版,第191页。

③ 《意大利民法典》,陈国柱译,中国人民大学出版社2010年版,第52页。

④ 《日本民法典》,刘士国、牟宪魁、杨瑞贺译,中国法制出版社2018年版,第191页。

⑤ 《意大利民法典》,陈国柱译,中国人民大学出版社2010年版,第53页。

⑥ 孟令志:《论亲子关系的确定》,载夏吟兰、龙翼飞、郭兵、薛宁兰主编:《婚姻家庭法前沿——聚焦司法解释》,社会科学文献出版社2010年版,第228页。

行为发生后,不仅能够满足子女健康成长的物质条件,还能够使子女摆脱非婚生子女的歧视,获得精神上的满足。

3. 我国自然生育子女的认定立法

近年来,亲子关系确认纠纷案件的增加促使了我国相关立法的发展。《民法典》首次对亲子认定进行了法律规制,确保了亲子认定纠纷的解决有法可依。其第 1073 条规定:“对亲子关系有异议且有正当理由的,父或者母可以向人民法院提起诉讼,请求确认或者否认亲子关系。对亲子关系有异议且有正当理由的,成年子女可以向人民法院提起诉讼,请求确认亲子关系。”同时,《婚姻家庭编解释(一)》对该条的司法适用予以进一步解释,其第 39 条规定:“父或者母向人民法院起诉请求否认亲子关系,并已提供必要证据予以证明,另一方没有相反证据又拒绝做亲子鉴定的,人民法院可以认定否认亲子关系一方的主张成立。父或者母以及成年子女起诉请求确认亲子关系,并提供必要证据予以证明,另一方没有相反证据又拒绝做亲子鉴定的,人民法院可以认定确认亲子关系一方的主张成立。”从上述立法可知,我国亲子确认或者否认的主体为父亲、母亲和成年子女,行使的方式为诉讼方式,举证责任为“谁主张,谁举证”。虽然,法律规范还比较粗略,有待进一步完善,但这一突破性的规定为我国亲子关系立法的进一步发展奠定了良好基础。

(二)人工生育子女的认定

科技的发展突破了人类传统的生殖方式,现代生殖技术利用医学的最新成果,通过人工手段促使精子和卵子结合成受精卵,继而发育成生命个体。这一变化引发了一系列法律与伦理问题,并在亲子身份认定方面表现得最为突出。由于人工生育技术的不同,出生的子女不仅需要确认父亲,还需要确认母亲。

1. 人工授精

人工授精(artificial insemination, AI),是指用人工方式将精液注入女性体内以取代性交途径使其妊娠的一种方法。根据精液来源不同,分为丈夫精液人工授精和供精人工授精。[①] 丈夫精液人工授精,又称为同质人工授精(artificial insemination by husband, AIH)。由于同质人工授精的精子和卵子来自夫妻二人,其所改变的仅是精子和卵子的结合环境,在此情形下出生的婴儿与夫妻间

① 参见《中华人民共和国人类辅助生殖技术管理办法》第 24 条第 2 款。

存在血缘关系，与自然出生的子女无异，故可适用传统的亲子立法。供精人工授精，又称为异质人工授精（artificial insemination by donor，AID）。由于第三人的精子使出生的婴儿与其母亲的丈夫没有血缘关系，因此，该婴儿生物上的父亲身份和社会上的父亲身份发生了冲突。美国是较早对此进行立法的国家，1973 年颁布的《统一父母身份法》第七章为"人工生育的子女"。其规定：在有执照的医师的监督和丈夫的同意下，妻子经由丈夫之外的第三人的精子受精时，丈夫依法被视为因此出生子女的生父；丈夫的同意需以书面形式，并经夫妻双方签名；医师需向卫生部证明丈夫的同意、夫妻签名的真实性以及人工授精的日期，并应保密及将档案密封；医师未为上述行为时，不影响亲子关系；异质人工授精的精子提供者不视为胎儿的父亲。[①] 随着人工授精技术的适用，美国大多数州都制定了人工授精法案，有些州在其民法典中予以明确规定，如《路易斯安那民法典》第 188 条规定："丈夫同意妻子辅助受孕的，不得否认由此所生的孩子为其子女。"[②]目前，世界上已有许多国家在立法中确立人工生育子女的法律地位。这些规定避免了"分裂的父母身份"出现，赋予人工生育子女一个稳定明确的亲子关系。

2. 体外受精

体外受精，民间通称为试管婴儿，是体外受精——胚胎移植技术及其各种衍生技术的简称，是指从女性体内取出卵子，在器皿内培养后，加入经技术处理的精子，待卵子受精后，继续培养，到形成早期胚胎时，再转移到子宫内着床，发育成胎儿直至分娩的技术。[③] 1978 年，世界上第一个试管婴儿路易斯·布朗在英国诞生，从此拉开了对试管婴儿法律问题探讨的序幕。基于体外受精的技术特点，使精子、卵子乃至于子宫都成了可变因素。从多数国家立法来看，无论精子或卵子是否来自夫妻，只要是将受精卵移入妻子的子宫内孕育，那么由此出生的婴儿在法律上就是该夫妻的子女。如《巴西新民法典》第 1597 条第 4 款规定："在利用自源剩余胚胎的情形，随时通过人工植入获得的子女，推定为该子女是在婚姻存续期间孕育的。"[④]而捐精或捐卵者不能成为该婴儿的父亲或母

---

① See Sanford N. Katz, *Family Law in America*, Oxford University Press, 2003, p. 219 – 221.

② 徐国栋主编：《路易斯安那民法典》，娄爱华译，胡雪梅校，厦门大学出版社 2010 年版，第 23 页。

③ 参见《中华人民共和国人类辅助生殖技术管理办法》第 24 条第 3 款。

④ 《巴西新民法典》，齐云译，徐国栋审校，中国法制出版社 2009 年版，第 251 页。

亲。如《法国民法典》第311－19条规定:“在由第三人作为捐赠人提供协助、通过医学方法生育的情况下,捐赠人与采用此种方法出生的儿童之间,不得确立任何亲子关系性质的联系。”①对受精卵移入妻子之外第三人的子宫内孕育的,是代孕的一种情况。

3. 代孕

代孕,是指代他人怀孕生育,其既有可能是通过人工授精技术实现,也有可能是通过体外受精技术实现。由于代孕被视为子宫的出租,既有不尊重女性之嫌,也有违人的尊严,因此,各国对于代孕的认知的分歧较大。“人,一般说来,每个有理性的东西,都自在地作为目的而实存着,他不单纯是这个或那个意志所随意使用的工具。在他的一切行为中,不论对于自己还是对其他有理性的东西,任何时候都必须被当作目的”②,因此,许多国家都禁止代孕行为。美国是为数不多的承认代孕的国家之一。在美国法上,对不同代孕情形下出生子女的认定有着不同的规定。在人工授精的情形下,代孕母亲不仅提供子宫,还提供卵子。由此而出生的婴儿与夫妻之间的关系视为通过收养而建立的法定血亲关系。代孕母亲与夫妻双方所签订的代孕合同视为收养合同。当代孕母亲为已婚者时,代孕合同还需其夫的同意。否则,出生的婴儿也可被视为代孕母亲与其夫因人工授精而出生的子女。在子女出生后,代孕母亲拒绝将子女交给缔约夫妻时,法院存在不同的判例。有时会将代孕母亲的拒绝视为对子女收养的撤回,但通常法院都会从子女最大利益出发来确定其父母。③ 而在体外受精的情形下,代孕母亲则是仅提供子宫。对此,“法院的判决与各州的有关规定是,若基因父母间有婚姻关系存在,且代理孕母同意放弃所有的亲权,则基因父母为法律上的生父母,代理孕母与子女无任何关系,当然也不得主张探视权”④。

4. 我国人工生育子女认定的立法

我国《民法典》并未对人工生育子女认定问题作出明确规定,但在《婚姻家庭编解释(一)》中的第40条予以规定,其内容为:“婚姻关系存续期间,夫妻双

---

① 《法国民法典》,罗结珍译,北京大学出版社2010年版,第94页。

② [德]伊曼努尔·康德:《道德形而上学原理》,苗力田译,上海世纪出版集团2012年版,第36页。

③ See Sanford N. Katz, *Family Law in America*, Oxford University Press, 2003, p. 161－167.

④ 王丽萍:《亲子法研究》,法律出版社2004年版,第91页。

方一致同意进行人工授精，所生子女应视为婚生子女，父母子女间的权利义务关系适用民法典的有关规定。”该条规定虽然延续了1991年《最高人民法院关于夫妻离婚后人工授精所生子女的法律地位如何确定的复函》中的内容，但在法律层级上的突破对于人工生育子女身份的确认具有里程碑式的重要意义。

除此之外，我国颁布的有关人工生育的法律规范及法律性质的文件还有：2001年，卫生部颁布的《人类辅助生殖技术管理办法》和《人类精子库管理办法》；2003年，卫生部颁布的《人类辅助生殖技术和人类精子库伦理原则》和《人类辅助生殖技术与人类精子库评审、审核和审批管理程序》以及2006年颁布的《人类辅助生殖技术与人类精子库校验实施细则》。在这些法律文件中，仅有《人类辅助生殖技术和人类精子库伦理原则》和《人类辅助生殖技术管理办法》中有涉及人工生育子女认定的规定，其他的法律规范均是对人工生育技术的规制。并且在上述两个法律规范中规定的内容更加强调的是医疗机构、医务人员的告知义务，而不是直接规定父母与人工生育子女间的权利义务。

三、继父母子女关系

继父母子女关系是由于父亲或者母亲再婚而形成的姻亲关系。子女对于父母的再婚配偶称为继父母，丈夫或者妻子对于其再婚配偶的子女称为继子女。父母再婚配偶与子女间形成了继父母子女关系，但这种关系是否形成法律上的继父母子女关系，因继父母是否对继子女进行了抚养、教育而有所不同。

（一）继父母子女间的法律关系

从国外立法情况来看，继父母子女间的关系通常被认定为姻亲关系，彼此之间通常不存在法律上的权利义务关系，仅在特殊情况下会赋予继父母对未成年子女享有一定的权利。例如《德国民法典》第1687b条：“（1）单独享有照顾权的父母一方之不是子女的父亲或母亲的配偶，在与享有照顾权的父母一方取得一致意见的情况下，有在子女的日常生活事务中参与决定的权能。（2）有延迟危险时，该配偶有权实施对子女最佳利益来说为必要的一切有法律上意义的行为；必须不迟延地通知有照顾权的父母一方。”[①]1975年《澳大利亚家庭法》第66D条规定：“（1）根据本节之规定，如果法院依据第66M条作出命令，裁定继

---

① 《德国民法典》（第5版），陈卫佐译注，法律出版社2020年版，第591页。

承父母承担抚养义务是恰当的,则继父母才承担抚养义务。(2)继父母对继子女的抚养义务:(a)次于生父母对其子女的抚养义务;并且(b)并不能减轻生父母对其子女的抚养义务。”①《瑞士民法典》第 299 条规定:“夫妻任何一方,应对于另一方对其生子女行使亲权,应当给予适当的支持;如有需要,也可以代表另一方行使亲权。”②从上述立法例可知:第一,继父母子女间的权利是单项的,即为了未成年子女的成长而赋予继父母一定的权利。第二,必须以儿童最大利益为前提。第三,继父母对未成年继子女的权利是生父母权利的补充。

（二）我国继父母子女间形成抚养教育关系的认定

《民法典》第 1072 条规定:“继父母与继子女间,不得虐待或者歧视。继父或者继母和受其抚养教育的继子女间的权利义务关系,适用本法关于父母子女关系的规定。”该条表明:首先,无论继父母和继子女之间是否形成抚养教育关系,彼此都不得虐待或者歧视。其次,只有形成了抚养教育关系的继父母子女关系,才具有法律上的父母子女关系,否则,继父母子女间仅具有称谓上的父母子女关系。由于我国在立法上并未对继父母子女间抚养教育关系认定的标准予以规定,因此在实践中较难操作。实践中,通常根据继父母对继子女在经济上或者生活上是否尽了抚养义务来认定。经济上的抚养主要包括给付继子女的生活费、教育费、医疗费等,生活上的抚养义务主要包括与未成年子女共同生活,对其生活上照料、帮助,在思想品德、学业上对继子女关怀、培养等。③

一旦继父母子女间的抚养教育关系被认定,他们之间就形成了法律上的拟制血亲关系,其权利义务与自然血亲的父母子女关系相同。换言之,继父母对继子女有抚养教育的权利义务、有继承的权利,继子女对继父母有赡养的义务、有继承的权利。同时,该子女与其生父母间的权利义务关系并未消灭,这就使得继子女享有双重权利,负有双重义务。正是基于上述情形,实践中,并非所有具备抚养教育情节的继父母子女都愿意建立法律上的父母子女关系。因此,国家鼓励有意与继子女形成抚养教育关系的继父母收养继子女。

（三）继父母子女关系的解除

继父母子女关系是基于特定原因而形成的,故其也可以基于一定原因予以

① 《澳大利亚家庭法》(2008 年修正),陈苇等译,群众出版社 2009 年版,第 162 页。

② 《瑞士民法典》,于海涌、赵希璇译,[瑞士]唐伟玲校,法律出版社 2016 年版,第 110 页。

③ 参见马忆南:《婚姻家庭继承法学》(第 4 版),北京大学出版社 2019 年版,第 164 页。

解除,我国法律对此却未有明确规定,实践中通常采取以下原则:

第一,没有形成抚养教育关系的继父母子女关系,因生父或生母与继母或继父婚姻终止而解除。但如因生父母死亡而导致婚姻终止的,继子女仍可自愿与继父母延续父母子女的称谓关系。

第二,已形成抚养教育关系的继父母子女关系,可在下列情况下解除:一是生父母再婚关系存续期间,继父母不再在经济上或者生活上抚养继子女,或者继父母声明不与继子女形成法律上的父母子女关系。由于继父母对继子女的抚养是一种自愿行为,故继父母具有一定的自主权。二是生父母再婚关系终止时,无论是因离婚而终止或者因生父母死亡而终止,继父母与继子女之间的抚养关系均不当然解除。继父母与继子女已形成的抚养关系是一种独立的权利义务关系,不因生母或生父与继父或继母婚姻关系的终结而自然消除。[①] 虽然生父母与继父母间的婚姻关系是继父母子女关系形成的前提,但能否形成法律上权利义务关系的关键在于继父母是否对继子女进行了抚养教育的事实。如生父或生母与继母或继父离婚,除未成年继子女被生父母一方带走,继父母终止对该继子女的抚养而致抚养关系自然解除外,被继父母长期抚养并已成年的继子女受继父母抚养教育的事实不能消失,有抚养教育关系的继父母与继子女间父母子女的权利和义务,仍不能自然终止。一方要求解除这种权利义务关系的,人民法院应视具体情况作出是否准许解除的调解或判决。[②] 如生父母再婚后死亡,已形成抚养教育关系的继父母对未成年或未独立生活的继子女,仍有继续抚养教育的义务。如生存的另一方生父母要求将该子女领回抚养,但继父母不同意的,该子女并不当然归生父或生母抚养,应由双方协商解决;协议不成的,则由人民法院根据儿童最大利益原则进行判决。如继父母要求解除抚养关系,只有在该继子女生存的另一方生父母有抚养能力或有其他近亲属抚养时,才允许解除,如未成年继子女不堪忍受继父母虐待,要求解除抚养关系的,应予准许;对已成年的继子女,如继父母子女关系恶化而不堪共同生活的,可因一方或双方的要求而解除。[③] 继父母子女间的法律关系解除,双方之间的拟制血亲

---

① 参见马忆南:《婚姻家庭继承法学》(第4版),北京大学出版社2019年版,第165页。

② 参见1988年1月22日颁布的《最高人民法院关于继父母与继子女形成的权利义务关系能否解除的批复》。

③ 参见马忆南:《婚姻家庭继承法学》(第4版),北京大学出版社2019年版,第165页。

关系随之消除，他们之间不再互负权利义务关系。但被继父母抚养教育成年，并已独立生活的继子女，对年老丧失劳动能力又无生活来源的继父母，应承担给付生活费的义务，这是法律正义价值的要求。对于继父母子女间的称谓关系，可根据当事人自愿的原则予以保留。

四、父母对子女的权利义务

父母对子女的权利义务在世界范围内有着不同的表现形式，在监护与亲权二分的国家中，父母对子女的权利义务表现为亲权，在仅有监护的国家中，其表现为监护权。

（一）域外父母对子女的权利义务考察

1. 人身方面的权利义务

人身方面的权利义务，又称为人身照护权，是指父母对未成年子女身体上抚养、照顾和精神上指导、教育的权利义务。对子女的抚养、照顾，主要是对外来危害的预防，其作用相对消极；而对子女的指导、教育，主要是为保障其身心的健康成长，作用相对积极。然而，无论是积极作用还是消极作用，父母对子女人身方面权利的最终目的都是使子女的人身安全得到保障，身心得到和谐发展，人格尊严受到尊重。

（1）抚养、照顾权

未成年人的身心尚未成熟，他们在成长过程中首先离不开的就是父母的抚养与照管。因此，抚养、照顾未成年子女在各国立法上不仅是父母的权利，还是父母的义务。如《德国民法典》第 1631 条第 1 款规定："人身照顾尤其包括照料、教育、监督子女和决定其居所的义务和权利。"[①]《日本民法典》第 820 条规定："行使亲权的人，为子女的利益享有监护、教育的权利，并负有义务。"[②]此外，《巴西民法典》第 1634 条、《法国民法典》第 372 条、《菲律宾民法典》第 316 条也都有类似规定。父母的抚养、照顾是未成年子女健康成长的重要前提，故许多国家在立法编排上都将其规定在其他亲权内容之前。

---

① 《德国民法典》（第 5 版），陈卫佐译注，法律出版社 2020 年版，第 580 ~ 581 页。

② 《日本民法典》，刘士国、牟宪魁、杨瑞贺译，中国法制出版社 2018 年版，第 202 页。

(2)居所指定权

父母对居所的指定,是为了保障未成年子女能够生活在一个安全、稳定的生活环境中,使其既能够防止他人的不法侵害,又能够便于父母的照管。如《日本民法典》第821条规定:"子女须以行使亲权的人指定的场所作为其居所。"①《瑞士民法典》第25条第1款规定:"亲权之下的未成年人,以其父母的住所为住所;父母无共同住所的,以有权监护该未成年人的一方的住所为住所;其余的情形则以其居所地为住所。"②但有的国家认为父母对子女的抚养、照管中已隐含了子女应与父母生活在同一住所,故未将居所指定权单独规定。

(3)惩戒权

惩戒权是自古以来父母权利就含有的内容,是父母教育子女的一种手段,但在行使的过程中必须有一定的限度,不能借惩戒、管教之名对子女施行家庭暴力。如《日本民法典》第822条规定:"行使亲权的人,在依第820条的规定监护及教育子女时,可以在必要限度内对其进行惩戒。"③《菲律宾民法典》第316条规定:"对未获准治产的子女,父亲和母亲有矫正他们和适度惩戒他们的权利。"④《德国民法典》第1631条第2款规定:"子女有受非暴力教育的权利。体罚、心灵上的伤害和其他侮辱性措施是不允许的。"⑤由于未成年子女身心还不健全,其行为上难免失之偏颇,在其成长过程中离不开家长的管教,因此,惩戒权一直被流传至今。

(4)子女返还请求权

子女返还请求权,是指"当未成年子女被人非法诱骗、拐卖、隐匿或扣留时,亲权人有权要求司法机关追究不法行为人的刑事责任,并归还子女"⑥。各国在亲子立法中大都对此有所规定。如《德国民法典》第1632条规定:"人身照顾包括向一切不法地对父母双方或父母一方扣留子女的人请求交出子女的权利。另外,人身照顾包括甚至以对第三人有利和不利的效力确定子女的交往的权

① 《日本民法典》,刘士国、牟宪魁、杨瑞贺译,中国法制出版社2018年版,第202页。
② 《瑞士民法典》,于海涌、赵希璇译,[瑞士]唐伟玲校,法律出版社2016年版,第13页。
③ 《日本民法典》,刘士国、牟宪魁、杨瑞贺译,中国法制出版社2018年版,第202页。
④ 《菲律宾民法典》,蒋军洲译,厦门大学出版社2011年版,第48页。
⑤ 《德国民法典》(第5版),陈卫佐译注,法律出版社2020年版,第581页。
⑥ 王歌雅、贺铁文:《婚姻家庭法论》,黑龙江人民出版社2004年版,第233页。

利。"[①]《巴西新民法典》第 1634 条第 6 款规定:"对未成年子女的人身,父母应该追诉非法扣留他们之人。"[②]《俄罗斯联邦家庭法典》第 68 条第 1 款规定:"父母有权向非依法律或者法院判决而将孩子置留于自己处的任何人请求归还孩子。如果发生争议,父母为维护自己的权利有权向法院提起诉讼。在审理该请求时,如果得出结论,将孩子归还父母有悖于孩子的利益,法院有权考虑孩子的意见,拒绝满足父母的诉讼请求。"[③]子女返还请求权也被视为是居所指定权的延伸,当其他人改变未成年人的居所时,其父母有权要求返还子女至原有居所。

(5)代理权及同意权

代理权及同意权,是指因未成年子女虽有权利能力但在行为能力上是有欠缺的,故当有些行为无法独立行使时,需要得到法定代理人的代理或同意,从而弥补其行为能力的不足。对父母的代理权及同意权,各国立法均有明确规定。如《德国民法典》第 1629 条第 1 款规定:"父母照顾包括对子女的代理。父母共同代理子女;意思表示须以子女为相对人而作出的,向父母一方作出即已足够。"[④]《日本民法典》第 5 条规定:"未成年人为法律行为时,必须经过其法定代理人同意。但单纯取得权利或者免除义务的法律行为,不在此限。"[⑤]《瑞士民法典》第 304 条第 1 款规定:"对于第三人,父母在其亲权范围内为子女的法定代理人。"[⑥]

此外,有的国家根据本国的历史传统和社会需要,还确定了特有的具体规范。如《巴西新民法典》第 1634 条第 3 款规定了婚姻同意权,即"对未成年子女的人身,父母应该同意或否认他们的结婚请求"[⑦]。《瑞士民法典》第 301 条第 4 款规定了姓名决定权,即"父亲和母亲应为子女取名"。第 303 条第 1 款规定了宗教教育权,即"父母决定子女的宗教教育"[⑧]。《日本民法典》第 823 条第 1 款

① 《德国民法典》(第 5 版),陈卫佐译注,法律出版社 2020 年版,第 582 页。

② 《巴西新民法典》,齐云译,徐国栋审校,中国法制出版社 2009 年版,第 256 页。

③ 《俄罗斯联邦家庭法典》,鄢一美译,罗利伟校。转引自中国法学会婚姻法学研究会编:《外国婚姻家庭法汇编》,群众出版社 2000 年版,第 490 页。

④ 《德国民法典》(第 5 版),陈卫佐译注,法律出版社 2020 年版,第 578 ~ 579 页。

⑤ 《日本民法典》,刘士国、牟宪魁、杨瑞贺译,中国法制出版社 2018 年版,第 4 页。

⑥ 《瑞士民法典》,于海涌、赵希璇译,[瑞士]唐伟玲校,法律出版社 2016 年版,第 112 页。

⑦ 《巴西民法典》,齐云译,徐国栋审校,中国法制出版社 2009 年版,第 256 页。

⑧ 《瑞士民法典》,于海涌、赵希璇译,[瑞士]唐伟玲校,法律出版社 2016 年版,第 111 页、第 112 页。

规定了职业许可权,即“子女,非经行亲权人许可,不得经营职业”①。第833条规定了代替子女的亲权行使权,即“行使亲权的人,代替服从其亲权的子女行使亲权”②。《德国民法典》第1631c条规定了绝育禁止权,即“父母不得允许子女绝育”③。

由上述内容可知,各国在亲子立法中,对未成年子女人身方面亲权的一般规定大体相同。同时,各国根据宗教信仰、传统文化等国情的需要还制定了具有民族特色的亲权内容。这些规定充分体现了亲子制度的共同性和地域性的特征。

2. 财产方面的权利义务

财产方面的权利义务,是指父母对未成年子女财产的管理、使用、收益以及适当处分的权利义务。对财产管理的法律规制,不仅可以保护未成年子女的财产利益,防止父母权利滥用,还可以有效维护商品交易安全和社会经济秩序。

(1)管理权

管理权,是指父母管理子女的财产使该财产保持或增加其价值,并不被第三人侵害的权利。财产管理权是父母行使财产上亲权的首要内容,各国对此均有明确规定。如《法国民法典》第383条第1款规定:“在父母共同行使亲权的情况下,由父母共同对子女的财产实行法定管理。”④《瑞士民法典》第318条第1款规定:“在享有亲权期间,父母有权管理子女的财产。”⑤尽管父母是子女最亲近的人,但他们在行使管理权时也应尽到善良管理人的义务,否则也应赔偿相应损失。如《日本民法典》第827条规定:“行使亲权人,须管理自己事务的相同注意,行使其管理权。”⑥《德国民法典》第1664条规定:“在进行父母照顾时,父母只须对他们在自己的事务中通常所尽的注意向子女负责任。父母双方对损害负责任的,他们作为连带债务人负责任。”⑦上述内容表明,父母在管理子女财产的过程中,因未尽到注意义务而对子女财产造成损害的,不因其亲子间的

① 《日本民法典》,刘士国、牟宪魁、杨瑞贺译,中国法制出版社2018年版,第202页。
② 《日本民法典》,刘士国、牟宪魁、杨瑞贺译,中国法制出版社2018年版,第204页。
③ 《德国民法典》(第5版),陈卫佐译注,法律出版社2020年版,第581页。
④ 《法国民法典》,罗结珍译,北京大学出版社2010年版,第128页。
⑤ 《瑞士民法典》,于海涌、赵希璇译,[瑞士]唐伟玲校,法律出版社2016年版,第120页。
⑥ 《日本民法典》,刘士国、牟宪魁、杨瑞贺译,中国法制出版社2018年版,第203页。
⑦ 《德国民法典》(第5版),陈卫佐译注,法律出版社2020年版,第584页。

亲密关系而免除父母的责任，父母仍要承担损害赔偿责任。这也充分体现了当代亲子关系中父母与子女间的平等主体地位。

(2)用益权

用益权，是指父母在不损害子女财产利益的条件下，享有使用该财产并获取收益的权利。许多国家对此都有明确规定，如《法国民法典》第383条第2款规定："法定的使用、收益权与法定管理相关联：法定的使用、收益权共同属于父母双方，或者属于父母中负责对财产进行法定管理的人。"[①]又如《瑞士民法典》第319条规定："父母应将子女财产的收益用于支付子女的抚养、教育及培训费用，并可在合理的限度内用于家庭支出。收益支付上述费用后有结余的，仍应归入子女的财产。"[②]再如《意大利民法典》第324条规定得更加具体："行使权能的父母，对于子女财物的用益权为共有。收取的果实，为家族的维持及子女的训育及教育使用。但下列财物不适用于法定用益权：一、以自己劳动的收入由子女取得的财物；二、为取得经验、技术或者学习职业对于子女遗留或赠与的财物；三、行使权能的父母或者其一方，以没有其所谓用益权的条件而遗留或赠与的财物。但此条件，对于以特留份的权原名义归属于子女的财物没有其效果；四、因继承、遗赠或赠与归属于子女的财物，而且违反行使权能的父母意思为子女的利益而承认者。于只其一方赞成其承认场合，法定用益权专属于该一方。"[③]由各国对子女财产用益权的规定可知，父母对子女财产用益权的内容既保障了子女本人对财产的使用，又体现了子女作为家庭成员应尽的义务，还避免了父母对子女财产的滥用。

(3)处分权

处分权，是指父母在管理未成年子女的财产过程中，对财产的处置行为，其通常包括财产的消耗、转让等内容。如《瑞士民法典》第320条规定："损害赔偿以及其他类似赔偿所支付的资金，只要符合日常需要，可以分批使用于子女的抚养。为了子女的抚养、教育或培训，子女保护机构可以允许父母从子女其他财产中提取特定的数额。"[④]为保障子女的财产权益免遭侵害，有的国家还在立

① 《法国民法典》，罗结珍译，北京大学出版社2010年版，第128页。
② 《瑞士民法典》，于海涌、赵希璇译，[瑞士]唐伟玲校，法律出版社2016年版，第120页。
③ 《意大利民法典》，陈国柱译，中国人民大学出版社2010年版，第71页。
④ 《瑞士民法典》，于海涌、赵希璇译，[瑞士]唐伟玲校，法律出版社2016年版，第121页。

法上对父母的处分权予以限制。《德国民法典》第1641条规定:“父母不得在代理子女中作出赠与。道德上的义务或对礼仪所须作的考虑因之而得到满足的赠与除外。”[①]由于财产处分权对子女的财产权影响较大,故在行使过程中应予以必要的监督和严格限制,以避免造成无法挽回的法律后果。

(4)代理权及同意权

父母对未成年子女的代理权及同意权,不仅体现在人身方面,还体现在财产方面。财产上的代理权及同意权,是指父母对未成年子女接受赠与和继承等行为,或者对与未成年人的年龄、智力相适应或不相适应的处分财产的行为所享有的代理权或同意权。[②] 对于未成年子女财产的代理权及同意权,有的国家在亲子立法上予以单独规定,如《日本民法典》第824条规定:“行使亲权的人,管理子女的财产,且就有关财产的法律行为代表其子女。但是,将发生以其子女的行为为标的的债务时,须得到本人的同意。”[③]而有的国家则将身份上的和财产上的代理权及同意权予以概括规定。如《意大利民法典》第320条第1款规定:“父母共同以排他的方法行使其权能的其一方,关于民事上的一切行为代理已出生及将来出生的子女,而且管理其财物。”[④]无论是哪种立法模式,其立法目的都是通过父母的代理或同意来补足未成年子女行为能力的欠缺,从而维护未成年子女的利益。

3. 父母权利义务的中止和消灭

当代社会父母权利义务的行使目的,主要是为保障未成年子女的身心健康,是典型的利他主义。“尽管利他主义较为普遍地存在于家庭之中,事实也证明,父母为了照顾子女会花大量的时间,为了子女的教育和健康会花费金钱,但也有些父母虐待子女。”[⑤]因此,各国立法上对滥用亲权的法律后果多有规定,以及时消除对未成年子女的侵害,保护未成年子女的利益。

(1)父母权利义务的中止

父母权利义务的中止,又称为亲权的暂停,是指父母因事实上或法律上的

① 《德国民法典》(第5版),陈卫佐译注,法律出版社2020年版,第583页。

② 参见王歌雅、贺轶文:《婚姻家庭法论》,黑龙江人民出版社2004年版,第234页。

③ 《日本民法典》,刘士国、牟宪魁、杨瑞贺译,中国法制出版社2018年版,第202页。

④ 《意大利民法典》,陈国柱译,中国人民大学出版社2010年版,第70页。

⑤ [美]加里·斯坦利·贝克尔:《家庭论》,王献生、王宇译,商务印书馆1998年版,第314页。

原因不能或不易行使亲权时，由法院宣告中止亲权的行使，待中止事由消除时，再恢复亲权行使的制度。[①] 从中止的事由来看，有的国家仅将父母权利义务不能行使的情形纳入其中，即不包括滥用亲权。如《菲律宾民法典》第 331 条规定："因父亲或在适当情形母亲被依法宣告无行为能力或不在，以及因民事禁治产，亲权中止。"[②]有的国家则将不能和不易行使亲权的情形一并纳入父母权利义务中止事由当中。如《巴西新民法典》第 1637 条规定："如父母滥用亲权，不履行其中包括的义务或毁损子女的财产，应任何亲属或检察院的请求，法官有权采取他认为未成年人及其财产的安全所要求的合理措施；如有必要，甚至可中止亲权。父亲或母亲因要判处 2 年以上监禁的犯罪依不可上诉的判决受罚的，同样可中止他们行使其亲权。"[③]《德国民法典》第 1673 条、第 1674 条规定："父母一方无行为能力的，其父母照顾停止。父母一方系限制行为能力人的，亦同。家事法院确认父母一方事实上长期不能进行父母照顾的，父母照顾停止。家事法院确认停止原因不复存在的，父母照顾再行恢复。"[④]由于亲权中止不仅关系到父母权利的行使，还关系到子女利益的维护，因此，中止的事由不仅要由法律明确规定，中止的程序也要通过司法机关进行。

（2）父母权利义务的消灭

父母权利义务的消灭，又称为亲权的终止。其通常包括两种情形：一是绝对消灭，即亲权已无存在的必要。如未成年子女成年，子女死亡、子女被视为完全民事行为能力人等情形。二是相对消灭，即父母无法行使权利而导致亲权消灭。质言之，亲权的相对消灭就是亲权主体的变更。例如，收养行为发生时，亲生父母的亲权就相对消灭。由于亲权消灭大都伴随其他法律事实或法律事件的发生，无须再被依法宣告，因此，对亲权消灭进行特别规定的国家并不多，现有规定的国家也没有对绝对消灭和相对消灭事由进行区分。如《巴西新民法典》第 1635 条规定："亲权由于以下原因消灭：（1）父母或子女死亡；（2）子女取得准治产；（3）成年；（4）收养；（5）按第 1638 条规定的形式做出的法院判决。"第 1638 条规定："在以下情形，父亲或母亲因审判行为丧失其亲权：（1）无节制

---

① 参见司丹：《亲子关系的体系建构与制度延展》，法律出版社 2016 年版，第 137 页。

② 《菲律宾民法典》，蒋军洲译，厦门大学出版社 2011 年版，第 50 页。

③ 《巴西新民法典》，齐云译，徐国栋审校，中国法制出版社 2009 年版，第 256～257 页。

④ 《德国民法典》（第 5 版），陈卫佐译注，法律出版社 2020 年版，第 587 页。

地处罚子女;(2)遗弃子女;(3)实施违反道德或善良风俗的行为;(4)反复地发生前条规定的不履行。"[①]由上述内容可知,当父母权利义务相对消灭的法定事由消除后,父母可以恢复对子女的权利义务,而父母的权利义务绝对消灭后则无法恢复。

(二)我国父母对子女的权利义务规制

我国现行有关的亲子立法上并不存在亲权概念,但法律上规定的父母对未成年子女的抚养、教育、管理、保护等权利义务,实际上属于亲权的内容。但在具体的立法规范中,因父母的婚姻状况不同,"亲权"的行使方式也有所不同。父母对子女权利义务的规范,我国《民法典》仅是宏观规定。其第1067条规定:"父母不履行抚养义务的,未成年子女或者不能独立生活的成年子女,有要求父母给付抚养费的权利。成年子女不履行赡养义务的,缺乏劳动能力或者生活困难的父母,有要求成年子女给付赡养费的权利。"第1068条规定:"父母有教育、保护未成年子女的权利和义务。未成年子女造成他人损害的,父母应当依法承担民事责任。"此外,《婚姻家庭编解释(一)》第41条规定:"尚在校接受高中及其以下学历教育,或者丧失、部分丧失劳动能力等非因主观原因而无法维持正常生活的成年子女,可以认定为民法典第一千零六十七条规定的'不能独立生活的成年子女'。"第42条规定:"民法典第一千零六十七条所称'抚养费',包括子女生活费、教育费、医疗费等费用。"第43条规定:"婚姻关系存续期间,父母双方或者一方拒不履行抚养子女义务,未成年子女或者不能独立生活的成年子女请求支付抚养费的,人民法院应予支持。"由上述立法可知,我国《民法典》及其司法解释中虽未明确规定"亲权"的概念,但却反映了"亲权"内容。

第四节 其他近亲属关系的效力

其他近亲属关系,主要是指除夫妻、父母子女关系外,近亲属间的权利义务关系,主要包括祖父母、外祖父母与孙子女、外孙子女间的抚养与赡养,以及兄弟姐妹间的扶养义务。

---

① 《巴西新民法典》,齐云译,徐国栋校,中国法制出版社2009年版,第256~257页。

一、祖孙间的权利义务关系

祖孙关系是一种隔代亲属，包括祖父母与孙子女、外祖父母与外孙子女。随着社会的变迁，家庭结构虽然已由直系家庭制向夫妻家庭制过渡，以夫妻关系和父母子女关系为中心的核心家庭已成为主要的家庭模式，但是，祖孙关系仍然是具有现代意义的家庭关系。祖父母与孙子女、外祖父母与外孙子女之间，是二亲等的直系血亲。在一般情况下，子女由父母抚养，父母由子女赡养，祖孙之间不发生抚养关系。但是，当发生某种客观原因，导致父母子女之间无法直接履行抚养、赡养的权利义务时，(外)祖父母与(外)孙子女之间在一定条件下就产生了抚养、赡养义务。我国《民法典》对此作出了明确规定。

(一)(外)祖父母对(外)孙子女的抚养义务

《民法典》第1074条第1款规定："有负担能力的祖父母、外祖父母，对于父母已经死亡或者父母无力抚养的未成年孙子女、外孙子女，有抚养的义务。"由此可知，(外)祖父母对(外)孙子女抚养的法定条件有三：一是祖父母、外祖父母有负担能力。有负担能力，是指祖父母、外祖父母的劳动收入和其他收入满足日常所需外仍有剩余，或适当降低生活水平后仍有剩余。这里的日常所需应包括法定抚养义务的支出，如对子女的抚养、父母的赡养等。尽管对(外)孙子女的抚养也是法律明确规定的，但其是有条件的抚养，所以，其理应在无条件的法定抚养之后。如果祖父母或外祖父母中数人均有负担能力，则应根据他们的经济情况共同负担。[1] 二是孙子女或外孙子女的父母已经死亡或父母无力抚养。死亡包括自然死亡和宣告死亡。父母无力抚养，是指不能以自己的劳动收入和其他收入满足自身生活需要，或无法满足第一顺序法定继承人的合理的生活、教育、医疗等需要。三是孙子女或外孙子女未成年。根据儿童最大利益原则，未成年人需要特殊的关心与保护，故在父母不能履行抚养义务时，祖父母、外祖父母无论是从亲缘关系上还是从亲情联系上，都是最佳抚养义务人。

(二)(外)孙子女对(外)祖父母的赡养义务

《民法典》第1074条第2款规定："有负担能力的孙子女、外孙子女，对于子女已经死亡或者子女无力赡养的祖父母、外祖父母，有赡养的义务。"该条是对

---

① 参见马忆南：《婚姻家庭继承法学》(第4版)，北京大学出版社2019年版，第190页。

祖父母、外祖父母抚养孙子女、外孙子女的回应，无论是从亲情伦理角度，还是从权利义务相对等角度，孙子女、外孙子女在符合特定条件时均应履行赡养祖父母、外祖父母的义务。其特定条件主要包括两个方面：一是孙子女或外孙子女有负担能力。有负担能力的标准应等同于祖父母、外祖父母抚养孙子女、外孙子女时的负担能力。这里需要考虑的是孙子女、外孙子女的配偶，“孙子女和外孙子女的配偶依据男女平等原则也有负担家庭生活费用的义务，而且在其配偶的收入更高的情况下应该承担更多的生活费用。即使实行约定财产制，生活费用的负担也不得违反抚养和赡养的有关规定。这样解释也符合保护老人合法权益的原则”①。因此，即便法律对孙子女、外孙子女的赡养义务未作规定，但也应予以综合考虑。二是祖父母、外祖父母的子女已经死亡或子女无力赡养。死亡包括自然死亡和宣告死亡。无力赡养同样是指不能以自己的劳动收入和其他收入满足自身生活需要，或无法满足第一顺序法定继承人的合理的生活、教育、医疗等需要。

二、兄弟姐妹间的权利义务关系

兄弟姐妹是最亲近的旁系血亲，包括同父母的兄弟姐妹、同父异母或同母异父的兄弟姐妹、养兄弟姐妹和有扶养关系的继兄弟姐妹。在一般情况下，兄弟姐妹均由他们的父母抚养，而他们相互间不发生扶养关系。但是，当发生某种客观原因，导致父母不能或无力履行抚养义务时，兄弟姐妹之间在一定条件下就产生了扶养义务。

（一）兄、姐对弟、妹的扶养义务

《民法典》第1075条第1款规定：“有负担能力的兄、姐，对于父母已经死亡或者父母无力抚养的未成年弟、妹，有扶养的义务。”由此可知，兄、姐对弟、妹扶养义务的条件有三：一是兄、姐有负担能力。有负担能力，是指以自己的劳动收入和其他收入满足自身生活需要和第一顺序法定继承人的合理生活、教育、医疗等需要后仍有剩余，或适当降低生活水平后有剩余。如果兄、姐中数人均有负担能力，则应根据他们的经济情况共同负担。需要注意的是，如果兄、姐已经结婚，还应综合考虑配偶的情况。二是父母已经死亡或无力抚养。死亡包括自

① 马忆南：《婚姻家庭继承法学》（第4版），北京大学出版社2019年版，第190页。

然死亡和宣告死亡。父母无力抚养,是指不能以自己的劳动收入和其他收入满足自身生活需要,或无法满足第一顺序法定继承人的合理生活、教育、医疗等需要。三是弟、妹未成年。弟、妹包括亲弟、妹,养弟、妹和有扶养关系的继弟、妹。如某一未成年人既有负担能力的祖父母、外祖父母,又有有负担能力的兄、姐,他们应该处于同等的地位,由他们根据自己的经济情况共同负担。

(二)弟、妹对兄、姐的扶养义务

《民法典》第1075条第2款规定:"由兄、姐扶养长大的有负担能力的弟、妹,对于缺乏劳动能力又缺乏生活来源的兄、姐,有扶养的义务。"弟、妹对兄、姐的扶养义务条件也是三个方面:一是弟、妹由兄、姐扶养长大。由兄、姐扶养长大的弟、妹,是指长期依靠兄、姐提供全部或主要扶养费用直到以自己的收入作为主要生活来源的弟、妹。[①] 二是弟、妹有负担能力。有负担能力的要求与兄、姐扶养弟、妹的负担能力标准相同,同样,如果弟、妹已经结婚的,也要综合考虑配偶的情况。三是兄、姐缺乏劳动能力又缺乏生活来源。缺乏劳动能力,是指丧失劳动能力或现有劳动能力不足。缺乏生活来源,是指维持基本生活保障的资源的缺乏。如果现存积蓄足够维持生活,即使没有生活资源的增长,也不属于缺乏生活来源的范畴。

总之,祖父母、外祖父母与孙子女、外孙子女间的抚养与赡养,以及兄弟姐妹之间的扶养义务虽是法定义务之一,但其是补充性的法定义务,以不严重影响义务人的基本生活为前提。

---

① 参见马忆南:《婚姻家庭继承法学》(第4版),北京大学出版社2019年版,第191页。

第 四 章

离婚制度

离婚制度是婚姻家庭制度的重要组成部分,完善的离婚制度具有保障当事人的离婚自由和离婚权益、促进社会和谐与公平正义等功能。《民法典·婚姻家庭编》在第四章“离婚”一章规定了离婚制度,主要内容包括离婚的条件和程序、离婚对当事人的效力、离婚对子女的效力、离婚救济等。离婚制度是《民法典·婚姻家庭编》中较具中国特色与创新特色的一章,既是对我国司法实践中切实可行的离婚制度的总结与升华,也是对我国优秀离婚立法资源的整合与传承。

第一节　离婚的条件和程序

离婚制度的核心要素之一,即离婚的条件和程序。其作为离婚制度的核心要件与程序,关涉离婚当事人的离婚自由与权益保障以及利害关系人的意思自治与权益维护。《民法典·婚姻家庭编》在传承婚姻家庭立法中有关离婚制度立法传统的基础上,完善、优化了离婚制度,使离婚制度更加有助于保障民众的婚姻家庭权益,彰显了保障离婚自由、防止轻率离婚的法治原则。

一、离婚的条件

离婚的条件,也称离婚的法定条件或法定情形,是当事人应具备的法定的离婚的条件或情形。当事人能否离婚、应否离婚，应以是否具备法定离婚条件为判断标准。离婚的条件，依离婚程序的不同，分为登记离婚的条件和诉讼离婚的条件。

（一）登记离婚的条件

1. 登记离婚的含义

登记离婚，也称双方自愿离婚或协议离婚，是指双方当事人基于合意依行政程序解除婚姻关系的离婚方式。

登记离婚具有以下特点：一是离婚程序简便、快捷，具有降低离婚成本的优势；二是离婚协议由当事人自愿达成，易于自觉遵守和履行；三是离婚过程无须陈述离婚原因，有利于保护当事人的隐私权；四是离婚登记尊重当事人的意思自治，有助于离婚的文明建设。

尽管登记离婚具有上述特点，但在登记离婚时，仍需防止轻率离婚以及规避法定义务的离婚，避免对离婚自由的滥用，以维护当事人及利害关系人的合法权益。欧美国家大多不承认登记离婚，离婚必须经过诉讼程序。承认登记离婚的国家，也要在离婚的条件与程序上进行必要的限制。①

2. 登记离婚的条件

《民法典》第1076条规定："夫妻双方自愿离婚的，应当签订书面离婚协议，并亲自到婚姻登记机关申请离婚登记。离婚协议应当载明双方自愿离婚的意思表示和对子女抚养、财产以及债务处理等事项协商一致的意见。"登记离婚的条件如下：

（1）当事人自愿离婚

登记离婚的必备条件之一，是当事人双方就解除婚姻关系自愿达成协议。也就是说，离婚协议是真实的，而非虚假的；是完全自愿的，而非受对方或第三人欺诈、胁迫或因重大误解形成的。登记离婚的当事人必须具有完全民事行为能力。无民事行为能力或限制民事行为能力的当事人应当依诉讼程序离婚。

（2）对子女抚养、财产以及债务等已协商一致

离婚协议包括离婚后子女归何方抚养，子女的抚养费如何负担；夫妻共同财产如何分割，共同债务如何清偿以及离婚后是否需要经济帮助等。上述协

---

① 参见魏振瀛主编：《民法》（第8版），北京大学出版社、高等教育出版社2021年版，第695页。

议,须符合男女平等、保护妇女和未成年人合法权益的原则,不得违背《民法典》的有关规定。

依据《婚姻登记条例》第12条的规定,办理离婚登记的当事人有下列情形之一的,婚姻登记机关不予受理:(1)未达成离婚协议的;(2)属于无民事行为能力人或者限制民事行为能力人的;(3)其结婚登记不是在中国内地办理的。

(二)诉讼离婚的条件

1. 诉讼离婚的含义

诉讼离婚,是指当事人通过诉讼程序由人民法院裁决的离婚方式。

诉讼离婚具有以下特点:一是离婚程序遵循《民事诉讼法》的有关规定;二是坚持调解与判决相结合的原则;三是人民法院居中裁判,客观确认、裁决离婚当事人的诉讼证据与诉讼请求;四是离婚调解书、离婚判决书具有同等的法律效力。

诉讼离婚,坚守保障离婚自由、防止轻率离婚的立法主义,遵循"感情确已破裂,调解无效"的原则。

2. 诉讼离婚的条件

《民法典》第1079条第2款规定,感情确已破裂,调解无效,是诉讼离婚的法定条件,也是人民法院处理离婚纠纷应遵循的原则。

以感情确已破裂作为诉讼离婚的法定条件,符合婚姻关系的本质。婚姻关系的核心要素是夫妻感情,有无夫妻感情,是婚姻关系能否存续的前提。如果夫妻感情确已破裂,婚姻关系也就失去了存在的基础和条件,依法解除已经"死亡"的婚姻,符合婚姻关系的本质。如果感情尚未破裂,双方还有恢复和好的可能,就应督促当事人改善婚姻关系,判决不准离婚。既不能用法律手段强制解除感情尚未破裂的婚姻,也不能用法律手段强行维持感情确已破裂的婚姻。

感情确已破裂是准予离婚的实质条件,调解无效是程序性规定。如果夫妻感情确已破裂,调解无效,应当准予离婚;如果夫妻感情未破裂或尚未完全破裂,即使调解无效,也可不准离婚。

为准确判断夫妻感情确已破裂,《民法典》第1079条第3款规定:有下列情形之一,调解无效的,应当准予离婚:

(1)重婚或者与他人同居;

(2)实施家庭暴力或者虐待、遗弃家庭成员;

(3)有赌博、吸毒等恶习屡教不改;

(4)因感情不和分居满2年;

(5)其他导致夫妻感情破裂的情形。

一方被宣告失踪,另一方提起离婚诉讼的,应当准予离婚。[①]

经人民法院判决不准离婚后,双方又分居满1年,一方再次提起离婚诉讼的,应当准予离婚。[②]

二、离婚的程序

离婚的程序,也称离婚的形式要件,是当事人离婚时应遵守的法定程序。离婚的程序,因登记离婚和诉讼离婚而有所不同。

(一)登记离婚的程序

1. 办理离婚登记的机关

根据《婚姻登记条例》第2条第1款的规定,内地居民办理离婚登记的机关是县级人民政府民政部门或者乡(镇)人民政府,省、自治区、直辖市人民政府可以按照便民原则确定农村居民办理离婚登记的具体机关。

2. 办理离婚登记的程序

《民法典》第1077条规定:“自婚姻登记机关收到离婚登记申请之日起三十日内,任何一方不愿意离婚的,可以向婚姻登记机关撤回离婚登记申请。前款规定期限届满后三十日内,双方应当亲自到婚姻登记机关申请发给离婚证;未申请的,视为撤回离婚登记申请。”根据《民法典》第1076条至第1078条的规定,离婚登记按如下程序办理:

(1)申请。夫妻双方自愿离婚的,应当签订书面离婚协议,共同到有管辖权的婚姻登记机关提出申请,并提供以下证件和证明材料:

①内地婚姻登记机关或者中国驻外使(领)馆颁发的结婚证;

②符合《婚姻登记工作规范》第29条至第35条规定的有效身份证件;

③在婚姻登记机关现场填写的《离婚登记申请书》。

(2)受理。婚姻登记员按照《婚姻登记工作规范》有关规定对当事人提交

① 参见《民法典》第1079条第4款。

② 参见《民法典》第1079条第5款。

的上述材料进行初审。

申请办理离婚登记的当事人有一本结婚证丢失的，当事人应当书面声明遗失，婚姻登记员可以根据另一本结婚证受理离婚登记申请；申请办理离婚登记的当事人的两本结婚证都丢失的，当事人应当书面声明结婚证遗失并提供加盖查档专用章的结婚登记档案复印件，婚姻登记员可根据当事人提供的，上述材料受理离婚登记申请。

婚姻登记员对当事人提交的证件和证明材料初审无误后，发给《离婚登记申请受理回执单》。对不符合离婚登记申请条件的，不予受理。当事人要求出具《不予受理离婚登记申请告知书》的，应当出具。

(3)冷静期。自婚姻登记机关收到离婚登记申请并向当事人发放《离婚登记申请受理回执单》之日起 30 日内，任何一方不愿意离婚的，可以持本人有效身份证件和《离婚登记申请受理回执单》(遗失的可不提供，但需书面说明情况)，向受理离婚登记申请的婚姻登记机关撤回离婚登记申请，并亲自填写《撤回离婚登记申请书》。经婚姻登记机关核实无误后，发给《撤回离婚登记申请确认单》，并将《离婚登记申请书》《撤回离婚登记申请书》与《撤回离婚登记申请确认单(存根联)》一并存档。

自离婚冷静期届满后 30 日内，双方未共同到婚姻登记机关申请发给离婚证的，视为撤回离婚登记申请。

(4)审查。自离婚冷静期届满后 30 日内(期间届满的最后一日是法定休假日的，以节假日后的第一日为期限届满的日期)，双方当事人应当持《婚姻登记工作规范》第 55 条第 4 项至第 7 项规定的证件和材料，共同到婚姻登记机关申请发给离婚证。

婚姻登记机关按照《婚姻登记工作规范》第 56 条和第 57 条规定的程序和条件审查和执行。婚姻登记机关对不符合离婚登记条件的，不予办理。当事人要求出具《不予办理离婚登记告知书》的，应当出具。

(5)登记(发证)。婚姻登记机关按照《婚姻登记工作规范》第 58 条至第 60 条规定，予以登记，发给离婚证。

离婚协议书一式三份，男女双方各一份并自行保存，婚姻登记处存档一份。婚姻登记员在当事人持有的两份离婚协议书上加盖"此件与存档件一致，涂改无效。×××婚姻登记处××××年××月××日"的长方形红色印章并填写日期。多页离婚协议书同时在骑缝处加盖此印章，骑缝处不填写日期。当事人亲自签订的离婚协议书原件存档。婚姻登记处在存档的离婚协议书加盖“×××登记处存档件××××年××月××日”的长方形红色印章并填写日期。①

（二）诉讼离婚的程序

《民法典》第1079条第1款规定：“夫妻一方要求离婚的，可以由有关组织进行调解或者直接向人民法院提起离婚诉讼。”对男女一方要求离婚，另一方不同意离婚的纠纷，既可在诉讼程序外由有关组织进行调解，也可依诉讼程序直接向人民法院起诉离婚。

1. 有关组织对离婚纠纷的调解

有关组织对离婚纠纷的调解，是诉讼程序以外的调解，且并非一方要求离婚的必经程序。当事人可以根据意愿和实际情况，决定是否由有关组织调解。有关组织包括当事人所在单位、居民委员会、村民委员会和婚姻登记机关等。对不愿调解或调解不成的，当事人可直接向人民法院提起离婚诉讼。

2. 离婚诉讼中的调解和判决

《民法典》第1079条第2款规定：“人民法院审理离婚案件，应当进行调解；如果感情确已破裂，调解无效的，应当准予离婚。”无论是有关组织调解无效而提起的离婚诉讼，还是当事人一方直接向人民法院提起的离婚诉讼，人民法院均应依法审理。

人民法院对离婚案件的调解，是诉讼程序中的调解，是人民法院审理离婚案件的必经程序。其既是司法机关依法行使审判职能的重要环节，也是我国司法实践经验的总结。人民法院对离婚案件进行调解，必须坚持自愿、合法的原则，在查明事实真相、分清是非、做好当事人思想工作的基础上，促使双方和好或达成离婚协议（协议的内容不得违反法律规定）。人民法院进行调解时，可以邀请有关个人或组织协助。被邀请的个人或组织，应当协助人民法院进行调解。

在适用诉讼离婚条件时，应关注诉讼离婚的两项特别规定：

（1）对现役军人配偶离婚诉权的限制

《民法典》第1081条规定：“现役军人的配偶要求离婚，应当征得军人同意，

---

① 参见《民政部关于贯彻落实〈中华人民共和国民法典〉中有关婚姻登记规定的通知》，民发〔2020〕116号，自2021年1月1日起施行。

但是军人一方有重大过错的除外。”以上规定通过对军人配偶离婚请求权的限制，实现对现役军人婚姻的特别保护。“军人一方有重大过错”，可以依据《民法典》第1079条第3款第1项至第3项规定及军人有其他重大过错导致夫妻感情破裂的情形予以判断。①

人民军队担负着巩固国防、抵御外来侵略、保家卫国的神圣职责。对现役军人的婚姻给予特殊保护，既是我国婚姻家庭立法的优良传统，也符合国家和人民的根本利益。在适用本条规定时，应注意以下几点：

①现役军人，是指正在人民解放军或人民武装警察部队服役，具有军籍的人员。

②现役军人的配偶，是指与现役军人具有婚姻关系者，不包括与现役军人有婚约关系者。

③现役军人的配偶要求离婚，是指非军人向现役军人提出离婚的情形。如现役军人向非军人一方提出离婚，或者男女双方均为现役军人的离婚纠纷，不适用《民法典》第1081条特别规定，而应按一般规定处理。

④“征得军人同意”，是指军人配偶要求离婚时，如果未经军人本人同意，一般不得准予离婚。在处理离婚纠纷时，既要依法保护现役军人的婚姻，也要根据具体情况保护军人配偶的合法权益。在现役军人的配偶提出离婚而军人不同意离婚时，应通过军人所在部队团以上的政治机关对军人做思想工作，尽量调解和好或准予离婚。

⑤“军人一方有重大过错的除外”，是针对“征得军人同意”而言，即“征得军人同意”并非绝对。如果夫妻双方感情确已破裂是由军人一方的重大过错导致的，如重婚或者与他人同居、实施家庭暴力或者虐待、遗弃家庭成员及其他重大过错，即便军人一方不同意离婚，法院也应判决准予离婚。

⑥现役军人的配偶提出离婚“征得军人同意”的规定，只是保护军人婚姻的民事方法。如果离婚纠纷是因第三者介入、破坏军人婚姻家庭引起的，则应排除外来干扰，帮助当事人改善和巩固婚姻家庭关系。破坏现役军人婚姻构成犯罪的，应按有关规定予以刑事制裁。

---

① 参见《婚姻家庭编解释(一)》第64条。

(2)特定期间对男方离婚诉权的限制

《民法典》第1082条规定:"女方在怀孕期间、分娩后一年内或者终止妊娠后六个月内,男方不得提出离婚;但是,女方提出离婚或者人民法院认为确有必要受理男方离婚请求的除外。"通过对男方离婚请求权的限制,可以加强对怀孕期间、分娩后1年内或者终止妊娠后6个月内的妇女以及胎儿和婴儿的特殊保护。

女方在怀孕期间、分娩后1年内或者终止妊娠后6个月内,身体和精神均要承受一定压力,其身心和精神状态直接关系到胎儿和婴儿的发育和成长,以及自身的身心恢复。为保护妇女、胎儿和婴儿的身心健康,需要在特定期间对男方的离婚请求权进行限制。在适用本条规定时,应注意以下几点:

①该规定仅推迟了男方提起离婚之诉的期间,并未剥夺其离婚请求权。待上述期间届满后,男方仍可依法行使离婚请求权。

②女方在此期间内提出离婚,不受《民法典》第1082条规定的限制。女方在此期间提出离婚,往往出于某些紧迫事由,且本人对离婚及其后果已有思想准备,如不及时受理,将不利于保护孕、产妇和胎儿、婴儿的生命安全和人身利益。如果男女双方在上述期间自愿离婚,应予准许,其符合《民法典》第1082条规定的本旨。

③人民法院认为确有必要受理男方离婚请求的除外,是指根据有关规定和司法解释,在男方有正当理由提出离婚时,可作变通处理:

a. 双方确有不能继续共同生活的重大、紧迫的事由,如一方对另一方有危及人身安全等情形时,应视其紧迫性及时受理男方的离婚请求。

b. 女方婚后与人通奸以致怀孕,男方提出离婚时,如婚后通奸怀孕的事实为女方所不争执或经查证属实,法院应受理男方的离婚请求。

c. 法院在判决离婚时未发现女方已经怀孕,判决后女方发现怀孕且上诉的,在查明属实后,二审法院应当撤销原判决,驳回男方的离婚请求。

三、离婚的价值

离婚的价值,即离婚的条件和程序的立法价值或制度功能,简称离婚制度价值。时代不同,立法价值与制度功能也不同。回溯我国离婚制度的立法沿革,对于考察离婚制度的演进发展与内蕴价值具有重要意义。

（一）古代离婚制度的价值

我国古代的离婚制度包含四种离婚模式：和离、出妻、呈诉离婚、义绝。根据当事人的离婚意愿和离婚程序的不同，可以将古代的离婚分为协议离婚、单方离婚或片意离婚、诉讼离婚、强制离婚。

1. 和离

和离，是我国古代通过协议允许夫妻离异的法律制度。《唐律·户婚》规定："若夫妻不相安谐而离者，不坐。"元、明、清律均有关于"两愿离者，不坐"的规定。在男尊女卑、夫权统治的社会里，当事人是否愿意离婚，主要取决于丈夫，女性没有离婚的权利。尽管和离具有协议休妻的特点，但其丰富了我国古代的离婚方式；我国的协议离婚肇始于古代的和离制度。

2. 出妻

出妻，也称休妻，是依据"七出"离弃妻子的离婚制度，也是我国古代最常见的离婚方式。所谓"七出"，是男子弃妻、男家弃妇的一般理由。"七出"之说产生于我国奴隶社会，最初只是礼制上的要求，后为封建法律所援用并将之固定下来。据《大戴礼记·本命》载："妇人七出：不顺父母，为其逆德也。无子，为其绝世也。淫，为其乱族也。妒，为其乱家也。有恶疾，为其不可与粢盛也。口多言，为其离亲也。窃盗，为其反义也。"汉律中就有"七弃"的规定，而唐律及以后历代的律例均将"七出"作为离弃妻子的合法理由。出妻，就本质而言，是男性或男性家族的单方离婚或片意离婚。

作为例外，我国古代的礼和法以"三不去"对"七出"进行限制。按《春秋公羊传·庄公二十七年》注，"三不去"是指"尝更三年丧不去"，"贱取贵不去"，"有所受而无所归不去"。唐律规定："虽犯七出，有三不去而出之者，杖一百，追还合。"但妻子"若犯恶疾及奸者，不用此律"。元、明、清律仅规定犯奸者不受"三不去"的保障。

3. 呈诉离婚

呈诉离婚，是指基于特定的理由，夫妻一方向官府诉请离婚的方式。男方据以诉请离婚的理由有："妻背夫在逃""男妇虚执翁奸""妻杀妾子""妻魇魅其夫""妻殴夫"等。女方据以诉请离婚的理由有："夫抑勒或纵容其妻与人通奸""夫逃亡三年不还""夫典雇妻妾""翁欺奸男妇""夫殴妻至折伤以上"等。历代法律规定："翁欺奸男妇，断离。"明、清律也规定，受财典雇妻妾与人者，除处以刑罚以外,还要勒令离异。

呈诉离婚虽属诉讼离婚,但男女双方诉请离婚的理由并不同,呈现男尊女卑、夫尊妻卑的立法特质,不利于维护女性的离婚权益。

4. 义绝

义绝,是我国古代特有的一种强制离婚制度。如果在夫妻之间,夫妻一方与他方的一定亲属间、双方的一定亲属间发生了法律所指明的事件,经官司处断后,便认为夫妻之义当绝,双方必须离异。

根据《唐律疏议》的解释,构成义绝情形有以下五种:

第一,殴妻之祖父母、父母,杀妻之外祖父母、伯叔父母、兄弟、姑、姐妹。

第二,夫妻祖父母、父母、外祖父母、伯叔父母、兄弟、姑、姐妹自相杀。

第三,殴詈夫之祖父母、父母,杀伤夫之外祖父母、伯叔父母、兄弟、姑、姐妹。

第四,妻与夫之缌麻以上亲奸,夫与妻母奸。

第五,欲害夫者。

如果本应义绝而不绝者,则须依律科刑。如唐律规定:“诸犯义绝者离之,违者徒一年。”元、明、清律则规定,若犯义绝应离而不离者,杖八十。义绝对男女双方的规定是不平等的,其根本目的是为维护封建的伦理纲常,巩固宗法等级制度。义绝第二项本与婚姻当事人无关,但若发生此项事由,也必须离异,使婚姻当事人成为封建礼教的殉葬品。义绝这一强制离异制度,直到民国初年仍为北洋军阀政府大理院的判例所沿用。

我国古代的离婚制度,是与宗法制度及封建的伦理观念相适应的,具有男尊女卑、夫权统治的特点。离婚立法上采取专权离婚主义,赋予男性以离婚的任意权,女性则处于完全无权的地位。

(二)近现代离婚制度的价值

我国近现代的离婚制度,具有承上启下的立法特征,其价值功能内嵌于离婚立法以及具体离婚规范之中。

1. 1930 年《中华民国民法·亲属编》中的离婚制度

1930 年 12 月 26 日,国民政府颁布《中华民国民法·亲属编》,其规定了两种离婚方式:两愿离婚和诉讼离婚,并明确规定了离婚的条件和程序。两愿离婚和判决离婚,分别属于协议离婚和诉讼离婚,对于保障离婚自由、维护离婚权益具有积极意义。

(1)两愿离婚。两愿离婚基于配偶双方的合意,以契约方式终止婚姻关系。《中华民国民法》第1049条至第1051条规定:“夫妻两愿离婚者,得自行离婚。但未成年人,应得法定代理人之同意。”这一规定是对两愿离婚应具备的实质要件的要求。两愿离婚的形式要件是“应以书面为之,并应有二人以上证人之签名,并应向户政机关为离婚之登记”。如不具备上述形式要件,两愿离婚不具有法律效力。“两愿离婚后,关于子女之监护,由夫任之,但另有约定者,从其约定。”依据上述规定,两愿离婚的特点是,法律对离婚的原因不做任何规定,但夫妻双方应自愿达成离婚合意,且无须通过诉讼程序即可终止婚姻关系。

(2)判决离婚。《中华民国民法》第1052条对判决离婚的法定理由作了列举性的规定:①重婚者;②与人通奸者;③夫妻之一方受他方不堪同居之虐待者;④妻对于夫之直系尊亲属之虐待,致不堪为共同生活者;⑤夫妻之一方以恶意遗弃他方在继续状态中者;⑥夫妻之一方意图杀害他方者;⑦有不治之恶疾者;⑧有重大不治之精神病者;⑨生死不明已逾3年者;⑩被处3年以上之徒刑或因犯不名誉之罪被处徒刑者。夫妻一方只要具备上述列举的情形之一的,即可向法院提出离婚。

但有下述情形之一者,其离婚请求权受到限制。对于配偶一方重婚或与人通奸之事由,如果配偶一方于事前同意或事后宥恕,或知悉后已逾6个月,或自其事由发生后已逾2年者,不得请求离婚。对夫妻之一方意图杀害他方或夫妻一方被处3年以上徒刑或因犯不名誉之罪被处徒刑之事由,如果配偶一方自知悉后已逾1年,或自其事由发生后已逾5年者,不得请求离婚。

2. 红色根据地离婚制度的价值

1930年至1949年,中国共产党领导的革命根据地进行了一系列的婚姻立法,其离婚制度体现出促进男女平等、维护女性离婚权益的立法特色。

(1)红色苏区的离婚制度价值

1931年12月1日,中华苏维埃共和国颁布了《中华苏维埃共和国婚姻条例》,确立了严谨实用的离婚制度。无论是男女双方自愿离婚,还是男女一方坚决要求离婚,均可即行离婚。[①] 为贯彻离婚自由原则,这一时期的离婚规定对女

① 参见王歌雅:《中国现代婚姻家庭立法研究》,黑龙江人民出版社2004年版,第30页。

性的离婚权益予以充分保护。因为"女子刚从封建压迫之下解放出来,她们的经济尚未完全独立,所以关于离婚问题,应偏于保护女子,而把因离婚而引起的义务和责任,多交给男子承担"①。1934 年 4 月 8 日,《中华苏维埃共和国婚姻法》对《中华苏维埃共和国婚姻条例》进行了修订和完善。与《中华苏维埃共和国婚姻条例》相比,该法有关离婚制度的价值体现为对军婚的保护。红军战士的妻子要求离婚,应征得丈夫的同意。但在下属情况下,即在通信便利的地方,丈夫两年无信回家者,在通信困难的地方,丈夫四年无信回家者,红军战士的妻子可向当地政府请求登记离婚。② 这一规定,既保护了军人的婚姻稳定,有利于军人利益的维护和部队士气的巩固,又保护了军人妻子的利益,赋予其在特定条件下请求离婚的权利。③

(2)抗日边区离婚制度的价值

抗日边区的婚姻立法,包括陕甘宁、晋察冀、晋冀鲁豫、山东、晋西北、晋绥等 19 个抗日边区的婚姻条例。④ 其离婚制度的价值,集中表现为离婚的条件和程序的规定日益严格。

首先,离婚条件具体化。抗日边区的离婚程序分为双方自愿离婚和一方要求离婚。对于双方自愿解除婚姻关系的,法律不加干涉,只需到住所地的县政府请求离婚登记即可。但由一方提出的离婚要求,则必须具备一定的离婚条件,否则不予离婚。如《修正陕甘宁边区婚姻暂行条例》第 8 条规定:"男女之一方,有下列情形之一者,他方可向政府请求离婚:重婚者;与他人通奸者;图谋陷害他方者;患不治之恶疾或不能人道,经医生证明者;以恶意遗弃他方者;虐待他方者;感情意志根本不和,无法继续同居者;生死不明已过三年者;男女一方不务正业,经劝解无效,影响他方生活者;有其他重大事由者。"其他边区的婚姻条例规定的离婚条件还包括:充当汉奸者;违反抗战民主利益,政治思想严重对立,不能维持夫妻关系者;受他方亲属虐待无法维持继续同居者;被处 3 年以上

---

① 1931 年 11 月 28 日《中共苏维埃共和国中央执行委员会第一次会议决议》。转引自中国政法大学民法教研室编:《婚姻法资料汇编》(上集)1984 年版,第 8 页。

② 参见《中华苏维埃共和国婚姻法》第 11 条。

③ 参见王歌雅:《中国现代婚姻家庭立法研究》,黑龙江人民出版社 2004 年版,第 32 页。

④ 参见王歌雅:《中国现代婚姻家庭立法研究》,黑龙江人民出版社 2004 年版,第 41 页。

之徒刑，或因犯不名誉之罪被处徒刑者。①

为了保护母亲、胎儿、婴儿的利益，各根据地的婚姻条例规定，女方在怀孕及生育期，男方不得提出离婚。具备法定条件者，可在分娩后3个月或1年后，方准提出离婚。但经过双方同意者不在此限。②

其次，离婚程序完善化。双方自愿离婚，应到县一级政府机构办理离婚登记；一方要求离婚，则由司法机关按诉讼程序处理。③

(3)解放区离婚制度的价值

解放区人民民主政权的婚姻立法，继承并发扬了抗日边区的婚姻立法的经验和传统，其离婚程序分为夫妻两愿离婚和一方要求离婚。夫妻两愿离婚，须向所在地区政府请求登记，由区政府发给离婚证明，方为有效。一方要求离婚，须向(区政府)法院请求离婚，且须符合法定离婚情形之一。如《旅大市处理婚姻案件办法(草案)》规定的离婚条件包括：重婚或违背一夫一妻制；与他人通奸而有确实证据；受他方不堪同居之虐待或恶意遗弃；有神经病、花柳病或遗传性之恶疾，生理缺陷不能人道；犯罪被判2年以上徒刑；图谋陷害他方；生死不明已超过3年(革命军人不在此限)；夫妻间意志不和感情恶劣无法继续同居；有不良嗜好品行不端屡教不改；有其他重大事由而有重大理由。④

(三)现当代的离婚制度价值

1949年之后中国的离婚制度，以其鲜明的社会主义本质及其民族特色，有别于以往任何时代的离婚制度。其渊源于中华人民共和国成立前革命根据地时期的离婚立法，并在1950年和1980年公布的两部《婚姻法》中得到了进一步发展，2001年4月28日起施行的《婚姻法》修正案则展示了21世纪的立法特点。

1. 1950年《婚姻法》的离婚制度价值

1950年《婚姻法》第17条第1款规定："男女双方自愿离婚的，准予离婚。男女一方坚决要求离婚的，经区人民政府和司法机关调解无效时，亦准予离婚。"关于离婚的程序，该法第17条第2款明确规定："男女双方自愿离婚的，双

---

① 参见王歌雅：《中国现代婚姻家庭立法研究》，黑龙江人民出版社2004年版，第95页。
② 参见王歌雅：《中国现代婚姻家庭立法研究》，黑龙江人民出版社2004年版，第95页。
③ 参见王歌雅：《中国现代婚姻家庭立法研究》，黑龙江人民出版社2004年版，第95页。
④ 参见王歌雅：《中国现代婚姻家庭立法研究》，黑龙江人民出版社2004年版，第123页。

方应向区人民政府登记,领取离婚证;区人民政府查明确系双方自愿并对子女和财产问题确有适当处理时,应即发给离婚证。男女一方坚决要求离婚的,得由区人民政府进行调解;如调解无效时,应即转报县或市人民法院处理;区人民政府并不得阻止或妨碍男女任何一方向县或市人民法院申诉。县或市人民法院对离婚案件,也应首先进行调解;如调解无效时,即行判决。"该法对离婚的条件和程序的规定,有助于维护当事人的离婚自由,有助于改善和提高刚从半殖民地半封建社会的婚姻家庭制度的桎梏中解放出来的妇女境遇和社会地位。

2. 1980 年《婚姻法》的离婚制度价值

1980 年《婚姻法》保留和继承了 1950 年《婚姻法》中行之有效的离婚制度,明确规定了登记离婚和诉讼离婚两种离婚方式,并在诉讼离婚方式中,对离婚的法定理由增加了例示性的规定。

1980 年《婚姻法》第 24 条规定:"男女双方自愿离婚的,准予离婚。双方须到婚姻登记机关申请离婚。婚姻登记机关查明双方确实是自愿并对子女和财产问题已有适当处理时,应即发给离婚证。"第 25 条规定:"男女一方要求离婚的,可由有关部门进行调解或直接向人民法院提出离婚诉讼。人民法院审理离婚案件,应当进行调解;如感情确已破裂,调解无效,应准予离婚。"有关离婚条件的修改,顺应了离婚当事人的意愿,也将离婚程序的选择权完全交给了当事人,体现了对当事人婚姻权利的尊重。①

3. 2001 年《婚姻法》(修正)的离婚制度价值

2001 年《婚姻法》(修正)对离婚条件的修改,体现为对法定离婚理由采取了例示主义的立法模式,即在坚持"感情确已破裂,调解无效,应准予离婚的"立法原则的基础上,列举了相应的离婚事由。该法第 32 条第 3 款、第 4 款规定,有下列情形之一,调解无效的,应准予离婚:(1)重婚或有配偶者与他人同居的;(2)实施家庭暴力或虐待、遗弃家庭成员的;(3)有赌博、吸毒等恶习屡教不改的;(4)因感情不和分居满 2 年的;(5)其他导致夫妻感情破裂的情形。一方被宣告失踪,另一方提出离婚诉讼的,应准予离婚。上述离婚立法,进一步丰富了离婚的法定情形,明确了离婚的条件,对于推进离婚自由、促进离婚的法治建设具有积极意义。

---

① 参见王歌雅:《中国现代婚姻家庭立法研究》,黑龙江人民出版社 2004 年版,第 218 页。

4.《民法典·婚姻家庭编》中离婚制度的价值

《民法典·婚姻家庭编》对离婚制度的完善,体现在对离婚的条件和程序的修改:

(1)离婚登记冷静期的价值

如何解决因离婚而引发的矛盾与纠纷,关涉离婚主体的权益保障与离婚制度的公正抉择。为客观地应对离婚率增高,分析离婚原因,找寻解决对策,早在2016年12月,全国妇联与国务院妇儿工委办曾联合召开“专题座谈会”,针对我国离婚率持续上升问题,组织民政部门、婚姻法学界、司法界、律师界等进行研讨。研讨会上,与会者客观分析了离婚率攀升的综合原因,探讨了应对策略、立法完善、司法救济等内容,以维护妇女和儿童的合法权益,促进社会稳定与性别平等。

在《民法典》编纂进程中,如何完善离婚立法,回应民众的诉求,维护民众的离婚权益,一直是社会各界关注的焦点。《民法典·婚姻家庭编》充分汇集、吸纳了来自社会各界的权益诉求与立法建议,对现行离婚制度进行了完善,如完善了准予诉讼离婚的法定情形。其中,引发关注的是登记离婚的程序,即登记离婚的冷静期。

关于登记离婚的冷静期,并非《民法典·婚姻家庭编》首创。早在1994年2月民政部发布的《婚姻登记管理条例》第16条中,就有1个月的离婚审查期的规定。“婚姻登记管理机关对当事人的离婚申请进行审查,自受理申请之日起一个月内,对符合离婚条件的,应当予以登记,发给离婚证……”中国法学会《民法典·婚姻家庭编》(专家建议稿)第45条2款规定:“婚姻登记机关应当在审查期间内查明双方是否符合登记离婚条件,符合登记离婚条件的,审查期届满后予以登记并发给离婚证。审查期间为一个月。”《民法典》第1077条则规定为:“自婚姻登记机关收到离婚登记申请之日起三十日内,任何一方不愿意离婚的,可以向婚姻登记机关撤回离婚登记申请。前款规定期限届满后三十日内,双方应当亲自到婚姻登记机关申请发给离婚证;未申请的,视为撤回离婚登记申请。”透过上述有关登记离婚的法律规范的表述变化,可以感受登记离婚立法的观念、目的等的变化。

《民法典》第1077条有关登记离婚的冷静期的规定,并非单纯出于对草率离婚、冲动离婚的规范,而是出于对离婚当事人的意思自治以及权益维护的综合考量。因为离婚不仅涉及当事人的利益，也会涉及子女利益以及他人、社会的利益。为何离婚？如何离婚？怎样离婚更为公允？……这些问题均需周全、慎重的考虑。无论是登记离婚，还是诉讼离婚，均需充分体现当事人的意思自治，这是婚姻自由原则尤其是离婚自由的必然要求。

为应对当下的草率离婚或冲动离婚，增加婚姻的责任感与谨慎度，《民法典》第1077条增加离婚冷静期的规定，其立法价值体现在两方面：一是有助于当事人对是否进行离婚登记的意愿进行充分、冷静、审慎的考查，以实现离婚登记当事人的意思自治。[①] 二是有助于避免草率离婚或冲动离婚，维护离婚当事人和利害关系人的合法权益。

(2)诉讼离婚条件的增加

《民法典》第1079条第5款规定："经人民法院判决不准离婚后，双方又分居满一年，一方再次提起离婚诉讼的，应当准予离婚。"这一规定是对诉讼离婚法定条件和程序的补充，体现出离婚的实质要件与形式要件相结合的特点。通过一定期间的规定，考察夫妻感情是否确已破裂，以判断夫妻双方离婚的真意以及对离婚效力的认知。

第二节 离婚后对夫妻的效力

"夫妻财产关系从属于夫妻人身关系，是夫妻生存的经济基础，是家庭经济职能的具体体现。"[②]离婚后，夫妻之间的人身关系即行解除，夫妻之间的财产关系应予终止，并引发相应财产关系方面的法律后果——离婚财产分割与离婚债务清偿。

一、离婚财产分割

离婚财产分割，是离婚夫妻财产效力的重要组成部分。为公平应对离婚时夫妻财产的分割，《民法典·婚姻家庭编》以及《婚姻家庭编解释(一)》对其均

① 参见王歌雅：《民法典婚姻家庭编的价值阐释与制度修为》，载《东方法学》2020年第4期。

② 夏吟兰主编：《婚姻家庭继承法》(第2版)，中国政法大学出版社2017年版，第98页。

有所规定。这些规定涉及离婚财产分割的范围、原则、方法、注意事项与离婚财产保障,以期达到离婚财产分割的立法完备与司法适用,从而实现离婚财产分割的实体关怀与程序正义。

(一)离婚夫妻财产分割的范围

明确夫妻财产的性质,是离婚时分割夫妻财产的前提条件。夫妻财产包括夫妻共同财产与夫妻个人财产。夫妻共同财产,是指法律规定[①]或者双方约定为共同所有的财产,由双方平等地占有、使用、收益、处分。夫妻个人财产,是指法律规定[②]或者双方约定[③]为夫妻一方个人所有的财产,由其本人占有、使用、收益、处分。

离婚时,夫妻财产关系终止。“离婚时分割的财产,只能是夫妻共同财产。夫妻的个人财产、子女的财产、其他家庭成员的财产以及家庭共有的财产均不属于夫妻共同财产。”[④]如《德国民法典》第1471条第1款规定:“在财产共同制终止后,配偶双方分割共同财产。”[⑤]《法国民法典》第1441条规定:“共同财产制因以下原因而解散:……3.离婚……”[⑥]

离婚时,夫妻个人财产原则上归个人所有,“但可根据共同生活期间的使用、消耗、毁损等情况和离婚后的实际生活需要,进行必要和适当的调整”[⑦]。如《葡萄牙民法典》第1728条第1款规定:“因个人财产而取得之非为其孳息之财产亦视为个人财产,但不影响需向共同财产作出之补偿。”[⑧]

(二)离婚夫妻共同财产分割的原则

离婚夫妻共同财产的分割,是离婚财产效力的重要内涵。《民法典》第1087条规定:“离婚时,夫妻的共同财产由双方协议处理;协议不成的,由人民法院根据财产的具体情况,按照照顾子女、女方和无过错方权益的原则判决。对夫或者妻在家庭土地承包经营中享有的权益等,应当依法予以保护。”

---

① 参见《民法典》第1062条,《婚姻家庭编解释(一)》第24条、第25条。
② 参见《民法典》第1063条。
③ 参见《民法典》第1065条。
④ 魏振瀛主编:《民法》(第8版),北京大学出版社、高等教育出版社2021年版,第701页。
⑤ 《德国民法典》(第5版),陈卫佐译注,法律出版社2020年版,第535页。
⑥ 《法国民法典》,罗结珍译,北京大学出版社2010年版,第369页。
⑦ 魏振瀛主编:《民法》(第8版),北京大学出版社、高等教育出版社2021年版,第701页。
⑧ 《葡萄牙民法典》,唐晓晴等译,北京大学出版社2009年版,第306页。

离婚时，依法分割夫妻共同财产，目的在于保护离婚当事人和利害关系人的合法权益。为此，分割离婚夫妻共同财产，应当遵循五项原则：一是男女平等原则；二是照顾子女、女方和无过错方权益的原则；三是有利生产、方便生活的原则；四是保护离婚当事人在家庭土地承包经营中享有的权益的原则；五是不损害国家、集体和他人利益的原则。“上述共同财产的分割原则虽各有特质，但对维护离婚当事人的权益均有衡平之效，且与夫妻财产制度、离婚制度等互相配合、自成体系。”①

第一，男女平等原则。男女平等原则贯穿婚姻家庭法律规范的始终。婚姻关系存续期间，对于夫妻共同财产，男女双方均有权占有、使用、收益、处分。离婚时，男女双方享有公平分割夫妻共同财产的权利，这是男女平等及社会正义的要求。因此，“离婚时分割夫妻共同财产，既是离婚效力，也关涉离婚当事人的性别平等”②。为确保离婚当事人性别平等的实现，均等原则很好地体现了男女双方在婚姻关系存续期间，应当互相帮助、平等和睦的法律理念。“无论夫妻共同财产的取得权人及其所有人是何方，只要在法律上被认定为夫妻共同财产，离婚时，夫妻双方就有权均等分割，各自获得该共同财产的一半。”③当然，“权利的平等并不意味着份额的平均。”④离婚时，原则上应均等分割夫妻共同财产；但根据生产、生活的实际需要，具体处理时也可以有所调整。

第二，照顾子女、女方和无过错方权益的原则。一方面，离婚仅解除夫妻关系，父母子女关系依然存在。《未成年人保护法》第 24 条第 1 款规定：“未成年人的父母离婚时，应当妥善处理未成年子女的抚养、教育、探望、财产等事宜，听取有表达意愿能力未成年人的意见。不得以抢夺、藏匿未成年子女等方式争夺抚养权。”另一方面，离婚时分割夫妻共同财产，应保障子女利益最大化。我国是《儿童权利公约》的缔约国，该公约第 3 条第 1 款规定：“关于儿童的一切行动，不论是由公私社会福利机构、法院、行政当局或立法机构执行，均应以儿童的最大利益为一种首要考虑。”

女性离婚财产权益是女性婚姻家庭权益的重要组成部分。然而，社会排挤

① 王歌雅：《离婚财产清算的制度选择与价值追求》，载《法学论坛》2014 年第 4 期。
② 王歌雅：《社会排挤与女性婚姻家庭权益的法律保障》，黑龙江人民出版社 2019 年版，第 192 页。
③ 夏吟兰：《离婚自由与限制论》，中国政法大学出版社 2007 年版，第 201 页。
④ 夏吟兰主编：《婚姻家庭继承法》（第 2 版），中国政法大学出版社 2017 年版，第 127 页。

导致的女性经济收入即个人财产总量弱于男性的社会现实依然存在。“离婚女性在财产分割后依然处于经济上的弱势地位，其离婚财产权益处于弱化状态，不利于女性的离婚自由与人格自由的实现。”[①]为切实保障女性离婚时分割夫妻共同财产，平衡社会排挤背景下男女两性的离婚利益，《妇女权益保障法》第48条规定：“夫妻共有的房屋，离婚时，分割住房由双方协议解决；协议不成的，由人民法院根据双方的具体情况，按照照顾子女、女方和无过错方权益的原则判决。夫妻双方另有约定的除外。夫妻共同租用的房屋，离婚时，女方的住房应当按照照顾子女和女方权益的原则解决。”

因重婚、家庭暴力、虐待、遗弃等侵害行为导致婚姻关系破裂的一方，会给无过错方离婚当事人带来身体和心理上的伤害，在分割夫妻共同财产时，应当对无过错方予以照顾，以维护婚姻正义。因此离婚时分割夫妻共同财产应“以惩罚过错方、抚慰无过错方为原则，以性别中立为立法基点，同等救济与保障男女双方的离婚权益”[②]。同时，国外婚姻家庭立法中也有相应的法律规制。如《埃塞俄比亚民法典》第692条规定：“（1）家事仲裁人可授予配偶一方较大的份额或甚至全部共同财产。（2）他们也可将属于配偶一方的财产授予配偶他方，但此等财产不得相当于前者产业的1/3。”第693条第1款规定：“当离婚因可归责于配偶一方的重大理由被命令作出时，得对此等配偶造成的损害适用第691条和第692条规定的惩罚。”[③]

第三，有利生产、方便生活的原则。婚姻关系存续期间共同努力获得的生产资料与生活资料，属于夫妻共同财产。离婚时对其进行分割，应当遵循有利生产、方便生活的原则，即根据财产的属性、效用、性能进行分割，保障财产效能不受减损，从而最大化地发挥财产的经济价值。如夫妻一方以共同财产作为出资，与他人合伙经营的，离婚时可将共同财产分给入伙夫妻一方所有；对于夫妻双方共同所有的生产资料，离婚时可分给有经营条件和能力的夫妻一方；对于夫妻双方共同经营的养殖业、种植业，离婚时应从有利生产发展、善于经营管理的角度考虑，分给继续经营的夫妻一方；离婚时“对未分得上述财产的一方，可

① 王歌雅：《社会排挤与女性婚姻财产权益的救济》，载《学术交流》2008年第1期。

② 王歌雅：《社会排挤与女性婚姻家庭权益的法律保障》，黑龙江人民出版社2019年版，第53页。

③ 徐国栋主编：《埃塞俄比亚民法典》，薛军译，厦门大学出版社2013年版，第101页。

分给其他财产或由另一方给予相当于该财产一半价值的补偿"①。而对于生活用品,可根据双方和子女的实际需求,予以合理分割。

第四,保护离婚当事人在家庭土地承包经营中享有的权益的原则。土地,既是农民生存和发展的根基,也是农民情感和精神的家园。国家实行农村土地承包经营制度,具体表现为家庭联产承包责任制,其充分调动了农村家庭的生产动力,提高了农村家庭的经营收益,创新了农村土地的利用方式,发挥了农村土地的耕作潜力。同时,实行以家庭承包经营为基础、统分结合的双层经营体制,是党的一项基本政策,必须长期坚持。它有利于保持农村土地承包关系长期稳定,维护农村土地承包经营当事人的合法权益,促进农业、农村的经济发展,保障农村社会的和谐稳定。

夫妻双方离婚后,对女性农民而言,土地承包经营权益具有更加重要的意义。女性的土地权益尤其是土地承包经营权益能否得到保障,"既是女性是否享有与男性平等的土地权益的标志,也是女性是否享有与男性平等的人格与尊严标志"②。由于"一些省份的村规民约,法制观念淡薄、传统封建思想浓厚、歧视和漠视女性的土地权益;一些村委会甚至以村规民约为依据,侵害、剥夺女性的土地承包经营权"③。无地女性由于缺乏参与农业生产的机会,导致其农业生产决策地位弱化。"在农业生产的决策上,无地女性的决策权低于有地女性;在产品出售上,无地女性的决策权同样低于有地妇女。"④并且,无地女性家庭户均存款和现金分别比其他家庭低 45.5% 和 40.3% 。⑤ 因此,为有效保障离婚女性的土地承包经营权益,《农村土地承包法》第 6 条规定:"农村土地承包,妇女与男子享有平等的权利。承包中应当保护妇女的合法权益,任何组织和个人不得剥夺、侵害妇女应当享有的土地承包经营权。"

第五,不损害国家、集体和他人利益的原则。离婚时分割夫妻共同财产,不得违反法律、行政法规的强制性规定,不得违反公序良俗。也就是说,离婚时分

① 魏振瀛主编:《民法》(第 8 版),北京大学出版社、高等教育出版社 2021 年版,第 702 页。

② 王歌雅:《社会排挤与女性婚姻家庭权益的法律保障》,黑龙江人民出版社 2019 年版,第 245 页。

③ 王歌雅:《性别排挤与农村女性土地承包权益的救济》,载《求是学刊》2010 年第 3 期。

④ 陈苇主编:《家事法研究》(2005 年卷),群众出版社 2006 年版,第 18 页。

⑤ 参见农业部农村经济研究中心编:《中国农村研究报告》(2003 年),中国财政经济出版社 2004 年版,第 512 页。

割夫妻共同财产,不应涉及非法财产,不能处分他人所有的财产;离婚夫妻共同财产的分割协议,不得损害国家、集体、第三人的利益。

对因贪污、受贿、索贿、渎职、盗窃、抢劫等犯罪行为获得的财产,系非法所得,应当依法追缴。对他人所有的财产,如他人委托夫妻一方暂时保管的财产,不属于夫妻共同财产的范围,离婚时不能予以分割。离婚时,与他人共同经营所得的财产,属于共同所有,对此财产处理前,应先合理划分夫妻双方所占有的比例,然后在此基础上分割夫妻共同财产,从而保障他人的财产权益不受侵害。

(三)离婚夫妻共同财产分割的方法

离婚时,分割夫妻共同财产,当事人通常采取自力救济与公力救济两种分割方法,即双方协议分割与法院判决分割。[①]

1. 双方协议分割

离婚当事人可以协议分割夫妻共同财产。如《日本民法典》第768条第1款规定:"协议离婚的一方,可以对相对人请求分割财产。"[②]《韩国民法典》第839b条第1款规定:"协议离婚一方可请求另一方分割财产。"[③]

离婚当事人协商后达成的夫妻共同财产的分割协议,对双方具有法律上的拘束力,双方均应当按照协议履行约定。根据调查,采用协议分割的方式为主流,占阅卷案件的75.8%。[④] 因为离婚双方协议分割夫妻共同财产,"有助于彰显当事人的意思自治,满足当事人的财产需求,减少离婚诉累"[⑤]。

离婚当事人以协议方式分割夫妻共同财产时,应当注意以下几点:

(1)当事人办理离婚登记时,应当提交关于夫妻共同财产分割事项的离婚协议。《民法典》第1076条第2款规定:"离婚协议应当载明双方自愿离婚的意思表示和对子女抚养、财产以及债务处理等事项协商一致的意见。"

(2)当事人登记离婚后,因履行财产分割协议而产生的纠纷,可以向人民法院提起诉讼,人民法院对此应当予以受理。《婚姻家庭编解释(一)》第69条第

---

① 《民法典》第1087条规定,离婚时,夫妻的共同财产由双方协议处理;协议不成的,由人民法院根据财产的具体情况,按照照顾子女、女方和无过错方权益的原则判决。

② 《日本民法典》,刘士国、牟宪魁、杨瑞贺译,中国法制出版社2018年版,第188页。

③ 《韩国民法典 朝鲜民法》,金玉珍译,北京大学出版社2009年版,第131页。

④ 参见李洪祥:《离婚妇女婚姻家庭权益司法保障实证研究——以吉林省中等发达地区某基层法院2010－2012年抽样调查的离婚案件为对象》,载《当代法学》2014年第5期。

⑤ 王歌雅:《社会排挤与女性婚姻家庭权益的法律保障》,黑龙江人民出版社2019年版,第190页。

2 款规定:“当事人依照民法典第一千零七十六条签订的离婚协议中关于财产以及债务处理的条款,对男女双方具有法律约束力。登记离婚后当事人因履行上述协议发生纠纷提起诉讼的,人民法院应当受理。”

(3)当事人登记离婚后,因财产分割协议的效力而产生纠纷,可以向人民法院提起诉讼,就财产分割问题反悔,请求撤销财产分割协议,人民法院对此应当予以受理。但为防止当事人滥用撤销权利,人民法院须审查订立财产分割协议时是否存在欺诈、胁迫等情形。如果存在欺诈、胁迫等情形,而使一方当事人作出错误的意思表示,财产分割协议应予撤销;否则,不能撤销财产分割协议。《婚姻家庭编解释(一)》第 70 条规定:“夫妻双方协议离婚后就财产分割问题反悔,请求撤销财产分割协议的,人民法院应当受理。人民法院审理后,未发现订立财产分割协议时存在欺诈、胁迫等情形的,应当依法驳回当事人的诉讼请求。”

2. 法院判决分割

双方通过协议分割夫妻共同财产,对离婚当事人而言自然十分有利。但双方如果未能达成协议,则必须通过诉讼途径解决,使财产归属予以尽快确定,保护离婚当事人的合法权益。如《日本民法典》第 768 条第 2 款规定:“对于前款规定的财产分割,当事人之间未达成或者不能达成协议时,当事人可以请求法院代替协议的处分。”第 3 款规定:“在前款情形,法院根据双方当事人共同协力取得的财产额及其他一切情况,确定是否分割与分割的方法。”[①]《韩国民法典》第 839b 条第 2 款规定:“第 1 款的财产分割,协议不成或者不能协议时,家庭法院可根据当事人的请求,斟酌当事人双方合作取得的财产数额及其他情况,确定分割数额及方法。”[②]人民法院以判决方式分割夫妻共同财产时,应当注意以下几点:

(1)如果双方当事人以协议离婚或者到人民法院调解离婚为条件,从而达成了离婚财产分割协议,应当对该协议是否生效加以法律关注。也就是说,如果双方当事人离婚未成,或者一方当事人在离婚诉讼中不同意离婚,那么该财产分割协议未生效。

---

① 《日本民法典》,刘士国、牟宪魁、杨瑞贺译,中国法制出版社 2018 年版,第 188 页。

② 《韩国民法典 朝鲜民法》,金玉珍译,北京大学出版社 2009 年版,第 131 页。

《婚姻家庭编解释(一)》第 69 条第 1 款规定:“当事人达成的以协议离婚或者到人民法院调解离婚为条件的财产以及债务处理协议,如果双方离婚未成,一方在离婚诉讼中反悔的,人民法院应当认定该财产以及债务处理协议没有生效,并根据实际情况依照民法典第一千零八十七条和第一千零八十九条的规定判决。”

(2)离婚后,当事人发现尚有未分割的夫妻共同财产,可向人民法院提起诉讼,请求予以分割。为保障离婚当事人的财产权益,人民法院对此应当予以处理。《婚姻家庭编解释(一)》第 83 条规定:“离婚后,一方以尚有夫妻共同财产未处理为由向人民法院起诉请求分割的,经审查该财产确属离婚时未涉及的夫妻共同财产,人民法院应当依法予以分割。”

(四)离婚夫妻共同财产分割的注意事项

离婚时,如何分割夫妻共同财产,一直是社会生活和司法实务中争议和关注的焦点。随着市场经济的发展和社会环境的变化,离婚时分割夫妻共同财产也面临新的问题与挑战。“外应潮流,内合国情,对于法律之适应性及安定性,双方顾到,确不愧为世界进步之立法。”①为此,《婚姻家庭编解释(一)》中对离婚夫妻共同财产的分割作出了相应规定,便于人民法院有效处理案件,及时化解纠纷。司法实务中,离婚时分割夫妻共同财产应注意以下事项:

其一,离婚当事人对财产归属另有协议约定,经审查协议内容合法有效的,应按协议约定处理。

其二,离婚时,分割家庭共同财产,因离婚而脱离该家庭的一方当事人,可以共有人的资格,分得其应享有的份额。“如果离婚时夫妻共同财产未从家庭共同财产中析出,一方要求析产的,可先就离婚和已查清的财产进行处理,对一时确实难以查清的财产分割问题可告知当事人另案处理;或者中止离婚诉讼,待析产案件审结后再恢复离婚诉讼。”②

其三,未成年子女因赠与、继承等合法事由取得的财产,归其本人所有。离婚后,由负责抚养该子女的父或者母代为管理该财产。

其四,离婚时,关于军人复员费、一次性择业费等费用的分割办法。《婚姻

① 彭年鹤:《离婚制度之比较研究》,载《中华法学杂志》1935 年第 6 卷第 8 号。

② 魏振瀛主编:《民法》(第 8 版),北京大学出版社、高等教育出版社 2021 年版,第 702 页。

家庭编解释(一)》第71条规定:“人民法院审理离婚案件,涉及分割发放到军人名下的复员费、自主择业费等一次性费用的,以夫妻婚姻关系存续年限乘以年平均值,所得数额为夫妻共同财产。前款所称年平均值,是指将发放到军人名下的上述费用总额按具体年限均分得出的数额。其具体年限为人均寿命七十岁与军人入伍时实际年龄的差额。”

其五,离婚时,关于股票、债券、投资基金份额等有价证券以及未上市股份有限公司股份的分割办法。《婚姻家庭编解释(一)》第72条规定:“夫妻双方分割共同财产中的股票、债券、投资基金份额等有价证券以及未上市股份有限公司股份时,协商不成或者按市价分配有困难的,人民法院可以根据数量按比例分配。”

其六,离婚时,关于有限责任公司中夫妻共同财产的分割办法。《婚姻家庭编解释(一)》第73条规定:“人民法院审理离婚案件,涉及分割夫妻共同财产中以一方名义在有限责任公司的出资额,另一方不是该公司股东的,按以下情形分别处理:(一)夫妻双方协商一致将出资额部分或者全部转让给该股东的配偶,其他股东过半数同意,并且其他股东均明确表示放弃优先购买权的,该股东的配偶可以成为该公司股东;(二)夫妻双方就出资额转让份额和转让价格等事项协商一致后,其他股东半数以上不同意转让,但愿意以同等条件购买该出资额的,人民法院可以对转让出资所得财产进行分割。其他股东半数以上不同意转让,也不愿意以同等条件购买该出资额的,视为其同意转让,该股东的配偶可以成为该公司股东。用于证明前款规定的股东同意的证据,可以是股东会议材料,也可以是当事人通过其他合法途径取得的股东的书面声明材料。”

其七,离婚时,关于合伙企业中夫妻共同财产的分割办法。《婚姻家庭编解释(一)》第74条规定:“人民法院审理离婚案件,涉及分割夫妻共同财产中以一方名义在合伙企业中的出资,另一方不是该企业合伙人的,当夫妻双方协商一致,将其合伙企业中的财产份额全部或者部分转让给对方时,按以下情形分别处理:(一)其他合伙人一致同意的,该配偶依法取得合伙人地位;(二)其他合伙人不同意转让,在同等条件下行使优先购买权的,可以对转让所得的财产进行分割;(三)其他合伙人不同意转让,也不行使优先购买权,但同意该合伙人退伙或者削减部分财产份额的,可以对结算后的财产进行分割;(四)其他合伙人既不同意转让,也不行使优先购买权,又不同意该合伙人退伙或者削减部分财产份额的，视为全体合伙人同意转让，该配偶依法取得合伙人地位。”

其八，离婚时，关于个人独资企业中夫妻共同财产的分割办法。《婚姻家庭编解释（一）》第75条规定：“夫妻以一方名义投资设立个人独资企业的，人民法院分割夫妻在该个人独资企业中的共同财产时，应当按照以下情形分别处理：（一）一方主张经营该企业的，对企业资产进行评估后，由取得企业资产所有权一方给予另一方相应的补偿；（二）双方均主张经营该企业的，在双方竞价基础上，由取得企业资产所有权的一方给予另一方相应的补偿；（三）双方均不愿意经营该企业的，按照《中华人民共和国个人独资企业法》等有关规定办理。”

其九，一方当事人婚前承租、婚后用共同财产购买的房屋，虽登记在一方名下，但属于夫妻共同财产，离婚时应予分割。《婚姻家庭编解释（一）》第27条规定：“由一方婚前承租、婚后用共同财产购买的房屋，登记在一方名下的，应当认定为夫妻共同财产。”

其十，离婚时，对房屋价值及归属未达成协议时的处理办法。《婚姻家庭编解释（一）》第76条规定：“双方对夫妻共同财产中的房屋价值及归属无法达成协议时，人民法院按以下情形分别处理：（一）双方均主张房屋所有权并且同意竞价取得的，应当准许；（二）一方主张房屋所有权的，由评估机构按市场价格对房屋作出评估，取得房屋所有权的一方应当给予另一方相应的补偿；（三）双方均不主张房屋所有权的，根据当事人的申请拍卖、变卖房屋，就所得价款进行分割。”

其十一，离婚时，对尚未取得所有权或者尚未取得完全所有权的房屋有争议且协商不成时的处理办法。《婚姻家庭编解释（一）》第77条规定：“离婚时双方对尚未取得所有权或者尚未取得完全所有权的房屋有争议且协商不成的，人民法院不宜判决房屋所有权的归属，应当根据实际情况判决由当事人使用。当事人就前款规定的房屋取得完全所有权后，有争议的，可以另行向人民法院提起诉讼。”

其十二，夫妻一方婚前签订不动产买卖合同，以个人财产支付首付款并在银行贷款，婚后用夫妻共同财产还贷，不动产登记于首付款支付方名下的，离婚时的处理办法。《婚姻家庭编解释（一）》第78条规定：“夫妻一方婚前签订不动产买卖合同，以个人财产支付首付款并在银行贷款，婚后用夫妻共同财产还贷，不动产登记于首付款支付方名下的，离婚时该不动产由双方协议处理。依前款规定不能达成协议的，人民法院可以判决该不动产归登记一方，尚未归还的贷款为不动产登记一方的个人债务。双方婚后共同还贷支付的款项及其相对应财产增值部分，离婚时应根据民法典第一千零八十七条第一款规定的原则，由不动产登记一方对另一方进行补偿。"

其十三，夫妻双方用共同财产出资购买以一方父母名义参加房改的房屋，并登记在一方父母名下的，离婚时的处理办法。《婚姻家庭编解释（一）》第79条规定："婚姻关系存续期间，双方用夫妻共同财产出资购买以一方父母名义参加房改的房屋，登记在一方父母名下，离婚时另一方主张按照夫妻共同财产对该房屋进行分割的，人民法院不予支持。购买该房屋时的出资，可以作为债权处理。"

其十四，离婚时，关于基本养老金和基本养老保险费问题的处理办法。《婚姻家庭编解释（一）》第80条规定："离婚时夫妻一方尚未退休、不符合领取基本养老金条件，另一方请求按照夫妻共同财产分割基本养老金的，人民法院不予支持；婚后以夫妻共同财产缴纳基本养老保险费，离婚时一方主张将养老金账户中婚姻关系存续期间个人实际缴纳部分及利息作为夫妻共同财产分割的，人民法院应予支持。"

其十五，离婚时，关于继承遗产问题的处理办法。《婚姻家庭编解释（一）》第81条规定："婚姻关系存续期间，夫妻一方作为继承人依法可以继承的遗产，在继承人之间尚未实际分割，起诉离婚时另一方请求分割的，人民法院应当告知当事人在继承人之间实际分割遗产后另行起诉。"

其十六，离婚时，关于夫妻之间订立借款协议问题的处理办法。《婚姻家庭编解释（一）》第82条规定："夫妻之间订立借款协议，以夫妻共同财产出借给一方从事个人经营活动或者用于其他个人事务的，应视为双方约定处分夫妻共同财产的行为，离婚时可以按照借款协议的约定处理。"

其十七，离婚时，关于返还彩礼问题的处理办法。《婚姻家庭编解释（一）》第5条规定："当事人请求返还按照习俗给付的彩礼的，如果查明属于以下情形，人民法院应当予以支持：（一）双方未办理结婚登记手续；（二）双方办理结婚登记手续但确未共同生活；（三）婚前给付并导致给付人生活困难。适用前款第二项、第三项的规定，应当以双方离婚为条件。"

（五）妨害夫妻共同财产分割的处理

“现代多元社会是社会成员具有平等基本自由权利的社会，而平等基本自由权利并不是一个空洞的东西，它作为一种理念、时代精神，须存在于日常生活的各个环节、各个方面。”[①]为保障夫妻共同财产权益，防止离婚时出现妨害共同财产分割的情形，法律规定了离婚财产保障制度。离婚财产保障，也称对离婚时妨害共同财产分割的处理，是指“夫妻一方实施了侵害夫妻共同财产的行为时，他方请求法院予以制裁或请求再次分割财产的救济措施”[②]。

关于离婚财产保障制度，我国1950年《婚姻法》和1980年《婚姻法》中均未规定。“制度是影响人们经济生活的权利和义务的集合。”[③]为护障离婚时公平分割夫妻共同财产，2001年《婚姻法》（修正）第47条规定：“离婚时，一方隐藏、转移、变卖、毁损夫妻共同财产，或伪造债务企图侵占另一方财产的，分割夫妻共同财产时，对隐藏、转移、变卖、毁损夫妻共同财产或伪造债务的一方，可以少分或不分。离婚后，另一方发现有上述行为的，可以向人民法院提起诉讼，请求再次分割夫妻共同财产。人民法院对前款规定的妨害民事诉讼的行为，依照民事诉讼法的规定予以制裁。”伴随法治社会的建设，《民法典·婚姻家庭编》对此规定予以继受和发展，并加以修正和完善，其第1092条规定：“夫妻一方隐藏、转移、变卖、毁损、挥霍夫妻共同财产，或者伪造夫妻共同债务企图侵占另一方财产的，在离婚分割夫妻共同财产时，对该方可以少分或者不分。离婚后，另一方发现有上述行为的，可以向人民法院提起诉讼，请求再次分割夫妻共同财产。”

为制裁妨害夫妻共同财产分割的违法行为，应当对离婚财产保障制度的适用条件、程序救济、法律后果予以关注。

1. 适用条件

“每一个人都拥有内在的尊严和不可让渡的权利，而且每一个人对自己的

---

① 高兆明：《分配正义的两个考察维度》，载《南京师大学报（社会科学版）》2010年第1期。

② 魏振瀛主编：《民法》（第8版），北京大学出版社、高等教育出版社2021年版，第718页。

③ ［美］丹尼尔·W. 布罗姆利：《经济利益与经济制度——公共政策的理论基础》，陈郁、郭宇峰、汪春译，上海三联书店、上海人民出版社1996年版，第50～51页。

行为和不为都负有不可逃避的责任。”①依据法律规定，离婚财产保障的适用条件如下：

（1）夫妻一方实施了侵害夫妻共同财产的行为

夫妻一方实施侵害夫妻共同财产的行为，严重损害夫妻另一方的财产利益，应当对此加以法律规制。为此，法律对于侵害夫妻共同财产的行为方式作出列举式规定——隐藏、转移、变卖、毁损、挥霍夫妻共同财产，或者伪造夫妻共同债务企图侵占另一方财产。而较之2001年《婚姻法》（修正），《民法典·婚姻家庭编》中增加了“挥霍”夫妻共同财产的情形，以此作为侵害夫妻共同财产的行为方式之一。

（2）侵犯了夫妻他方的财产权益

夫妻一方基于个人私利，对夫妻双方的共同财产权益进行侵害，侵权行为人既有主观过错，又有损害结果，已构成对夫妻共同财产的侵害。侵权行为人既可能是对共同财产进行直接侵害，表现为毁损、破坏、任意使用、肆意挥霍夫妻共同财产，也可能是对共同财产进行间接侵害，表现为隐藏、转移、变卖夫妻共同财产；或者表现为夫妻一方通过增加夫妻的消极财产，进而减损夫妻的积极财产，即“夫妻一方与第三人串通，虚构债务”②，意在遮蔽夫妻他方的财产利益，将取得的财产利益归其所有。无论侵权行为人系直接侵害夫妻共同财产，抑或间接侵害夫妻共同财产，其目的均是减损夫妻共同财产利益，从而妨害离婚夫妻共同财产的分割。

（3）侵害行为发生时间不再局限于双方离婚时

2001年《婚姻法》（修正）第47条对于侵害夫妻共同财产的行为发生于“离婚时”的规定并不适宜，《民法典·婚姻家庭编》将其予以删除。也就是说，无论是在婚姻关系存续期间，还是在离婚时，只要夫妻一方实施“隐藏、转移、变卖、毁损、挥霍夫妻共同财产，或者伪造夫妻共同债务企图侵占另一方财产的”行为，在离婚分割夫妻共同财产时，受损害的夫妻他方均应获得离婚财产保障。这是因为，司法实践中，夫妻一方意图离婚，往往并不向对方表达离婚意愿，而

---

① ［德］孔汉思、库舍尔编：《全球伦理——世界宗教议会宣言》，何光沪译，四川人民出版社1997年版，第27页。

② 《婚姻家庭编解释（一）》第34条第1款。

是提前通过各种方式转移财产，其目的是侵占夫妻共同财产。待双方进入离婚程序时，不管如何分割夫妻共同财产，必然会产生实质上的不公。

（4）受害方有权请求财产权益救济

夫妻对共同财产，有平等的处理权。[①] 夫妻共同财产是夫妻财产制的重要组成部分，夫妻双方应当秉持诚信原则处理共同财产，这既是对夫妻双方财产权利的尊重，也是家庭关系和谐的保障。因此，婚姻家庭立法规定离婚财产保障制度，其立法目的在于公允分割夫妻共同财产，惩罚侵权行为，维护他方的财产权益，即“通过适用离婚财产保障措施，使侵权人承担相应的法律后果，确保离婚财产分割的制度公正与实质正义，维护当事人离婚时、离婚后的财产权益”[②]。

2. 程序救济

“夫妻双方对婚姻关系存续期间形成的夫妻共同财产，平等享有所有权，自然也平等享有对共同财产进行处分的权利，处分应当在诚实、互信、协商一致的基础上进行。”[③]为防止夫妻共同财产权益的减损，离婚财产保障制度为其提供程序救济。

（1）诉讼时效

为督促财产权益受到侵害的一方当事人，及时行使诉讼权利，请求人民法院再次分割夫妻共同财产，法律对其予以规定诉讼时效制度。《婚姻家庭编解释（一）》第84条规定：“当事人依据民法典第一千零九十二条的规定向人民法院提起诉讼，请求再次分割夫妻共同财产的诉讼时效期间为三年，从当事人发现之日起计算。”

（2）财产保全

为保护无过错方的财产权益不再继续受到侵害，法律赋予其申请财产保全的权利。《婚姻家庭编解释（一）》第85条规定：“夫妻一方申请对配偶的个人财产或者夫妻共同财产采取保全措施的，人民法院可以在采取保全措施可能造成损失的范围内，根据实际情况，确定合理的财产担保数额。”

---

① 参见《民法典》第1062条第2款。

② 魏振瀛主编：《民法》（第8版），北京大学出版社、高等教育出版社2021年版，第718页。

③ 最高人民法院民法典贯彻实施工作领导小组主编：《中华人民共和国民法典婚姻家庭编继承编理解与适用》，人民法院出版社2020年版，第337页。

(3)强制措施

在离婚诉讼过程中,当事人实施的"隐藏、转移、变卖、毁损、挥霍夫妻共同财产,或者伪造夫妻共同债务企图侵占另一方财产的"行为,既是对夫妻共同财产权益的侵害,也是对民事诉讼程序的破坏。人民法院可以对其采取妨害民事诉讼的强制措施,根据情节轻重予以罚款、拘留;构成犯罪的,依法追究刑事责任。[①]

3. 法律后果

夫妻一方实施妨害夫妻共同财产分割的行为,"既违背了民法基本的诚信原则,也侵犯了配偶对共同财产享有的权利,实施违法行为的一方应当承担相应的法律后果。"[②]

(1)离婚时分割夫妻共同财产,可以少分或者不分。在离婚分割夫妻共同财产时,对实施"隐藏、转移、变卖、毁损、挥霍夫妻共同财产,或者伪造夫妻共同债务企图侵占另一方财产的"行为的当事人,有两种处理方式:一是可以向其少分夫妻共同财产;二是可以向其不分夫妻共同财产,完全分给另一方。但无论是何种处理方式,法律规定"可以"少分或者不分,而非"应当"少分或者不分,表明人民法院在审判实践中,适用此项法律规定应当依据事实和证据进行判断。对一方当事人,是否少分或不分夫妻共同财产,人民法院应当根据案件事实及离婚当事人的具体情况进行处理。同时,"可以少分或者不分的财产范围,主要是指被隐藏、转移、变卖、毁损、挥霍,或伪造的夫妻共同债务范围内的夫妻共同财产,并非全部夫妻共同财产均可少分或不分"[③]。

---

① 《民事诉讼法》第114条规定,诉讼参与人或者其他人有下列行为之一的,人民法院可以根据情节轻重予以罚款、拘留;构成犯罪的,依法追究刑事责任:(1)伪造、毁灭重要证据,妨碍人民法院审理案件的;(2)以暴力、威胁、贿买方法阻止证人作证或者指使、贿买、胁迫他人作伪证的;(3)隐藏、转移、变卖、毁损已被查封、扣押的财产,或者已被清点并责令其保管的财产,转移已被冻结的财产的;(4)对司法工作人员、诉讼参加人、证人、翻译人员、鉴定人、勘验人、协助执行的人,进行侮辱、诽谤、诬陷、殴打或者打击报复的;(5)以暴力、威胁或者其他方法阻碍司法工作人员执行职务的;(6)拒不履行人民法院已经发生法律效力的判决、裁定的。人民法院对有前款规定的行为之一的单位,可以对其主要负责人或者直接责任人员予以罚款、拘留;构成犯罪的,依法追究刑事责任。

② 最高人民法院民法典贯彻实施工作领导小组主编:《中华人民共和国民法典婚姻家庭编继承编理解与适用》,人民法院出版社2020年版,第337页。

③ 最高人民法院民法典贯彻实施工作领导小组主编:《中华人民共和国民法典婚姻家庭编继承编理解与适用》,人民法院出版社2020年版,第341页。

(2)离婚后,可以再次请求分割夫妻共同财产。夫妻一方实施侵害共同财产权益的行为方式往往具有隐蔽性,不易被夫妻另一方发现,导致法律保护不能及时进行。因离婚夫妻共同财产未能真正分割完毕,故在离婚后,财产权益受到侵害的一方,可以向人民法院提起诉讼,请求再次分割夫妻共同财产。但是,提起诉讼的当事人需承担对方当事人存在"隐藏、转移、变卖、毁损、挥霍夫妻共同财产,或者伪造夫妻共同债务企图侵占另一方财产的"行为的举证责任,用以证明其财产权益被侵犯。

二、离婚债务清偿

离婚债务清偿,是离婚财产效力的重要内容。因债务性质、财产性质的不同,离婚债务清偿规则亦有所不同。而离婚当事人的偿债能力,不仅是民事主体经济负担能力的体现,也是其社会责任承担能力的评价指数之一,更是其自由能力的象征。所以,离婚债务清偿,"是建构在私人领域与公共领域之间的制度建构,涉及个人利益、他人利益与公共利益的维护与统一"[①]。

(一)离婚夫妻债务清偿的范围

离婚夫妻债务清偿的范围,包括离婚夫妻共同债务与离婚夫妻个人债务的清偿。因此,界定离婚夫妻债务的性质,是离婚时清偿夫妻债务的前提,亦是对离婚夫妻与债权人财产权益的维护。

1. 离婚夫妻共同债务

离婚夫妻共同债务,是指"夫妻为家庭共同生活或履行抚养、赡养等法定义务所负的债务"[②]。

(1)外国关于离婚夫妻共同债务的立法例

相关国家和地区,关于离婚夫妻共同债务的立法例大致规定了八类:①夫妻双方共同缔结或经另一方同意而缔结的债务;②夫妻一方缔结的能为家庭带来利益的债务;③共同财产的管理人一方缔结的债务;④维持家庭日常开支与子女教育所负的债务;⑤未履行扶养义务而产生的债务;⑥夫妻一方从事经营

---

① 王歌雅:《离婚债务清偿:法律规制与伦理关怀》,载《中华女子学院学报》2013年第2期。

② 王歌雅主编:《婚姻家庭继承法学》(第2版),中国人民大学出版社2013年版,第155页。

活动所负的债务;⑦附于共同财产上的债务;⑧推定为共同债务的债务。[①]

(2)我国关于离婚夫妻共同债务的立法例

依据我国婚姻家庭法理、《民法典·婚姻家庭编》[②]及《婚姻家庭编解释(一)》[③]的相关规定,离婚时需要清偿的夫妻共同债务包括:

①基于夫妻双方共同意思表示所形成的债务。"在意思表示中,表意人在内心先有期望发生某种法律效果的意思,此项效果包括获得财产上、身份上或者精神上的法律利益。"[④]关于共同债务意思表示的作出时间,可以是夫妻双方共同作出,也可以是夫妻一方先行作出,另一方予以事后追认。

②满足家庭日常生活需要所形成的债务,即因行使家事代理权产生的债务属于夫妻共同债务。家事代理权,是指因家庭事务而与第三人为一定法律行为时的代理权。"被代理方须对代理方从事家事行为所产生的债务承担连带责任。"[⑤]这是因为"夫妻之间特殊的身份关系决定其对外产生外表授权,形成表见代理权,与债的相对性原理并不冲突"[⑥]。

③用于夫妻共同生活、共同生产经营所产生的债务,即债务产生的基础系为满足夫妻的共同利益。例如,夫妻一方对外所负债务的数额,虽已超出家庭日常生活需要,但有证据证明该债务用于夫妻共同生活、共同生产经营,故其应属于夫妻共同债务。当然,此种夫妻共同债务的形成时间,可能产生于婚姻关系成立前,也可能产生于婚姻关系存续期间。

2. 离婚夫妻个人债务

离婚夫妻个人债务,是指"与家庭共同生活无关的,夫妻一方为了个人的需要单独所负的债务"[⑦]。

---

① 参见裴桦:《夫妻共同财产制研究》,法律出版社 2009 年版,第 200~202 页。

② 《民法典》第 1064 条规定,夫妻双方共同签名或者夫妻一方事后追认等共同意思表示所负的债务,以及夫妻一方在婚姻关系存续期间以个人名义为家庭日常生活需要所负的债务,属于夫妻共同债务。夫妻一方在婚姻关系存续期间以个人名义超出家庭日常生活需要所负的债务,不属于夫妻共同债务;但是,债权人能够证明该债务用于夫妻共同生活、共同生产经营或者基于夫妻双方共同意思表示的除外。

③ 《婚姻家庭编解释(一)》第 33 条规定,债权人就一方婚前所负个人债务向债务人的配偶主张权利的,人民法院不予支持。但债权人能够证明所负债务用于婚后家庭共同生活的除外。

④ 魏振瀛主编:《民法》(第 8 版),北京大学出版社、高等教育出版社 2021 年版,第 158 页。

⑤ 李志敏主编:《比较家庭法》,北京大学出版社 1988 年版,第 108 页。

⑥ 裴桦:《夫妻共同财产制研究》,法律出版社 2009 年版,第 226 页。

⑦ 王歌雅主编:《婚姻家庭继承法学》(第 2 版),中国人民大学出版社 2013 年版,第 156 页。

(1)外国关于离婚夫妻个人债务的立法例

相关国家和地区，关于离婚夫妻个人债务的立法例大致规定了五类：①夫妻一方婚前所负的债务；②婚后夫妻一方缔结的与共同生活无关的债务；③夫妻一方因继承遗产或接受赠与所负的债务；④附属于个人财产上的债务；⑤因夫妻一方违法犯罪行为产生的债务。[①]

(2)我国关于离婚夫妻个人债务的立法例

依据我国婚姻家庭法理、《民法典·婚姻家庭编》[②]及《婚姻家庭编解释(一)》[③]的相关规定，离婚时需要清偿的夫妻个人债务包括：①非基于夫妻双方共同意思表示所形成的债务；②非满足家庭日常生活需要所形成的债务；③非用于夫妻共同生活、共同生产经营所产生的债务；④夫妻双方约定财产归各自所有，且相对人知道该约定，夫妻一方对该相对人所形成的债务；⑤夫妻一方婚前所负的个人债务，且该债务未用于婚后家庭共同生活。

依据婚姻家庭司法实践，下列债务应当认定为离婚时夫妻的个人债务：①夫妻双方约定由个人负担的债务，但以逃避债务为目的的除外；②夫妻一方未经对方同意，擅自资助与其没有抚养义务的亲朋所负的债务；③夫妻一方未经对方同意，独自筹资从事经营活动，其收入确未用于共同生活所负的债务。

3. 离婚夫妻共同债务与离婚夫妻个人债务的界分

由于离婚夫妻债务，“既有对内效力，在夫妻之间有共同债务与个人债务之分，又有对外效力，即对债权人的效力”[④]，所以，离婚时厘清夫妻共同债务与夫妻个人债务的性质界分，不仅有利于“协调男女两性在债务清偿中的责任份额与义务比例”[⑤]，还有助于实现个体公平与社会正义。

关于离婚时所须清偿的夫妻共同债务与夫妻个人债务，可以依据以下几个

---

① 参见裴桦：《夫妻共同财产制研究》，法律出版社2009年版，第203~204页。

② 《民法典》第1065条第3款规定，夫妻对婚姻关系存续期间所得的财产约定归各自所有，夫或者妻一方对外所负的债务，相对人知道该约定的，以夫或者妻一方的个人财产清偿。

③ 《婚姻家庭编解释(一)》第34条规定，夫妻一方与第三人串通，虚构债务，第三人主张该债务为夫妻共同债务的，人民法院不予支持。夫妻一方在从事赌博、吸毒等违法犯罪活动中所负债务，第三人主张该债务为夫妻共同债务的，人民法院不予支持。《婚姻家庭编解释(一)》第37条规定，《民法典》第1065条第3款所称“相对人知道该约定的”，夫妻一方对此负有举证责任。

④ 裴桦：《夫妻共同财产制研究》，法律出版社2009年版，第201页。

⑤ 王歌雅：《离婚财产清算的制度选择与价值追求》，载《法学论坛》2014年第4期。

方面进行界分考量:

第一,意思表示。夫妻双方共同合意产生的债务,属于夫妻共同债务。如《瑞士民法典》第233条规定:"夫妻任何一方以其自有财产和共有财产对以下债务承担清偿义务:……(4)夫妻双方与第三人约定以共有财产清偿的债务。"①我国《民法典》第1064条第1款规定,属于此种立法例。

第二,家事管理。在家事代理或管理范围内所负的债务,应按夫妻共同债务处理。如《日本民法典》第761条规定:"夫妻的一方就日常家事同第三人为法律行为时,另一方对由此产生的债务负连带责任。但是,对第三人预先告知不负责任时,不在此限。"②基于婚姻共同体和家庭贡献协力的考虑,我国《民法典》第1064条第1款规定,属于此种立法例。

第三,考察目的。为夫妻共同生活、共同生产经营所负的债务,应按夫妻共同债务处理。例如,《埃塞俄比亚民法典》第660条规定:"下列债务视为为家庭利益发生的债务:(1)为保持配偶或其子女的生活发生的债务;(2)为了履行配偶双方或一方的生活保持义务产生的债务;(3)其他由家事仲裁人根据配偶一方或债权人的请求确认为具有此等性质的债务。"③我国《民法典》第1064条第2款规定,属于此种立法例。

第四,财产制度。夫妻双方约定实行分别财产制,且债权人知晓该约定,夫妻一方对外所负债务,应按夫妻个人债务处理。如《智利共和国民法典》第161条第1款规定:"对于其财产已分别的妻可合法成立的法律行为或合同,其债权人对其财产享有诉权。"第2款规定:"夫仅在作为保证人或以其他方式承诺时,以其财产对妻的债务承担责任。"④我国《民法典》第1065条第3款规定,属于此种立法例。

第五,衡平权益。基于债权人利益的保护和夫妻责任共同体与家庭生活协同感的考虑,设定夫妻债务须具有合法的事实基础,不得恶意增加夫妻共同债务或个人债务。如《葡萄牙民法典》第1690条第2款规定:"为着确定夫妻之责

---

① 《瑞士民法典》,于海涌、赵希璇译,[瑞士]唐伟玲校,法律出版社2016年版,第81页。

② 《日本民法典》,刘士国、牟宪魁、杨瑞贺译,中国法制出版社2018年版,第187页。

③ 徐国栋主编:《埃塞俄比亚民法典》,薛军译,厦门大学出版社2013年版,第96~97页。

④ 《智利共和国民法典》,徐涤宇译,北京大学出版社2014年版,第26~27页。

任,夫妻设定债务之日以导致该债务成立之事实发生之日为准。"①我国婚姻家庭立法对此问题也进行了法律规制。一是从保障债权人利益的角度出发,夫妻双方以逃避债务为目的,约定为一方个人债务的,不予认可。二是从维护离婚当事人权益的角度出发,夫妻一方与第三人恶意串通、虚构债务,第三人主张该债务为共同债务的,不予支持。②

(二)离婚夫妻共同债务的清偿规则

离婚夫妻共同债务在性质上属于法定连带之债。连带之债,是指债权人或者债务人有数人时,各债权人均有权请求债务人履行全部债务,各债务人均负有偿还全部债务的义务,且全部债权债务因一次全部给付而归于消灭。因此,离婚夫妻共同债务,首先应由夫妻共同财产予以清偿,不足部分,以个人财产清偿。

1. 外国关于离婚夫妻共同债务的清偿规则

离婚时,关于如何偿还夫妻共同债务,各国婚姻家庭立法普遍规定应以夫妻共同财产清偿。如《智利共和国民法典》第 1740 条第 1 款规定:"共同财产有义务清偿:所有由共同财产负担的,或由夫妻一方负担且在共同财产存续期间到期的定期金和利息。"③《埃塞俄比亚民法典》第 659 条第 2 款规定:"为了家庭的利益发生的债务视为由配偶双方承担连带责任;它可以由配偶各自的个人财产和共同财产清偿。"④《葡萄牙民法典》第 1695 条第 1 款规定:"夫妻双方负责之债务,由夫妻共有财产承担,共有财产不足时,由夫妻任意一方之个人财产负担。"⑤

2. 我国关于离婚夫妻共同债务的清偿规则

为追求制度正义,离婚时夫妻共同债务的清偿,"需要公权力的规制及当事人的意思自治。"⑥《民法典》第 1089 条规定:"离婚时,夫妻共同债务应当共同偿还。共同财产不足清偿或者财产归各自所有的,由双方协议清偿;协议不成

① 《葡萄牙民法典》,唐晓晴等译,北京大学出版社 2009 年版,第 299 页。

② 参见王歌雅:《离婚债务清偿:法律规制与伦理关怀》,载《中华女子学院学报》2013 年第 2 期。

③ 《智利共和国民法典》,徐涤宇译,北京大学出版社 2014 年版,第 276 页。

④ 徐国栋主编:《埃塞俄比亚民法典》,薛军译,厦门大学出版社 2013 年版,第 96 页。

⑤ 《葡萄牙民法典》,唐晓晴等译,北京大学出版社 2009 年版,第 300 页。

⑥ 王歌雅:《社会排挤与女性婚姻家庭权益的法律保障》,黑龙江人民出版社 2019 年版,第 202 页。

的，由人民法院判决。”同时，《婚姻家庭编解释（一）》第35条第1款规定：“当事人的离婚协议或者人民法院生效判决、裁定、调解书已经对夫妻财产分割问题作出处理的，债权人仍有权就夫妻共同债务向男女双方主张权利。”第36条规定：“夫或者妻一方死亡的，生存一方应当对婚姻关系存续期间的夫妻共同债务承担清偿责任。”

上述规定表明，离婚时，应以夫妻共同财产清偿夫妻共同债务。如果夫妻共同财产不足以清偿夫妻共同债务或者夫妻双方约定财产归各自所有的，离婚当事人可协商解决夫妻共同债务清偿；协议不成的，应由人民法院判决处理。

（三）离婚夫妻个人债务的清偿规则

离婚时，夫妻个人债务由其个人财产清偿。自行承担债务后果，是“自由意志行为主体对自身行为及其后果负责”①，也是婚姻“共同体在共同生活过程中长期积淀形成的某种文化共识要求。这种既有的文化共识要求，无须具体个人认肯，且首先以天经地义的方式强加予每个人”②。

1. 外国关于离婚夫妻个人债务的清偿规则

离婚时，关于如何偿还夫妻个人债务，各国婚姻家庭立法普遍规定应以夫妻个人财产清偿。如《瑞士民法典》第249条规定：“夫妻任何一方对其个人债务以其个人全部财产承担清偿负责。”③《葡萄牙民法典》第1694条第2款规定：“附于夫妻之一方之个人财产上之债务，由其独自负责，但该等债务系因取得有关财产之收益而生，且按照所适用之财产制度该等收益系视为共同财产者除外。”第1695条第2款规定：“属分别财产制者，夫妻之责任非为连带责任。”④《秘鲁共和国民法典》第328条规定：分别财产制中，“夫妻各方皆以其自有财产对其债务负责。”⑤《阿根廷共和国民法典》第1303条规定：“财产分别后，妻的债权人依和妻合法成立的行为或合同，对其财产享有诉权。”⑥

① 高兆明：《道德责任：规范维度与美德维度》，载《南京师大学报（社会科学版）》2009年第1期。
② 高兆明：《道德责任：规范维度与美德维度》，载《南京师大学报（社会科学版）》2009年第1期。
③ 《瑞士民法典》，于海涌、赵希璇译，［瑞士］唐伟玲校，法律出版社2016年版，第84~85页。
④ 《葡萄牙民法典》，唐晓晴等译，北京大学出版社2009年版，第300页。
⑤ 《秘鲁共和国新民法典》，徐涤宇译，北京大学出版社2017年版，第73页。
⑥ 《最新阿根廷共和国民法典》，徐涤宇译注，法律出版社2007年版，第310页。

2. 我国关于离婚夫妻个人债务的清偿规则

依《民法典》第1065条第3款的规定，夫妻个人债务由其个人财产清偿。另一方当事人不负担清偿义务，亦不承担连带清偿责任；但其自愿协助清偿债务的，不为法律所禁止。“用于清偿个人债务的个人财产，包括共同财产中分割后属于个人所有的财产、法定的个人财产以及夫妻双方约定的归各自所有的财产等。”①因此，离婚夫妻个人债务的清偿规则，体现出对离婚当事人与债权人的法律规制与伦理规范，其有利于离婚当事人主动清偿夫妻个人债务，保障债权人的财产利益得以满足，从而使离婚当事人从债的负担中解脱出来，成为自由、自尊之人。

（四）离婚债务清偿的追偿原则

为平衡离婚当事人之间的财产利益，还需要明确离婚债务清偿的追偿原则，规范离婚当事人之间的权利与义务关系，从而做到离婚夫妻共同债务与离婚夫妻个人债务之间的有益协调。

1. 外国关于离婚债务清偿的追偿原则

关于离婚债务清偿后如何追偿，相关国家和地区立法中均有所规定，如《法国民法典》第1487条规定：“夫妻一方已清偿的债务数额超过其按照前条规定应当负担的部分时，就此超过的部分，对另一方配偶有求偿权。”②《葡萄牙民法典》第1697条规定：“1. 夫妻双方负责之债务，如已单由其中一方之财产支付，该方就其已清偿而超出其应清偿之部分成为他方之债权人，但该债权仅在夫妻财产分割时方可要求，但分别财产制除外。2. 仅由夫妻之一方独自负责之债务而以共同财产支付时，分割时共同财产享有对相关款项之债权。”③《瑞士民法典》第238条第1款规定：“以夫妻一方的自有财产清偿共有财产之债务，或以共同财产清偿自有财产之债务，在共有财产制解除时，共同财产和自有财产之间应相互补偿。”④

2. 我国关于离婚债务清偿的追偿原则

《婚姻家庭编解释（一）》第35条第2款规定：“一方就夫妻共同债务承担

---

① 马忆南：《婚姻家庭继承法学》（第4版），北京大学出版社2019年版，第140页。

② 《法国民法典》，罗结珍译，北京大学出版社2010年版，第374页。

③ 《葡萄牙民法典》，唐晓晴等译，北京大学出版社2009年版，第300页。

④ 《瑞士民法典》，于海涌、赵希璇译，［瑞士］唐伟玲校，法律出版社2016年版，第82页。

清偿责任后,主张由另一方按照离婚协议或者人民法院的法律文书承担相应债务的,人民法院应予支持。"

在我国司法实践中,既存在以离婚夫妻个人财产清偿离婚夫妻共同债务的情形,也存在以离婚夫妻共同财产清偿离婚夫妻个人债务的情形。"该情形既源于夫妻约定,也源于法律规定。"①其中,基于离婚夫妻约定而产生的债务清偿,应遵循离婚当事人的意思自治。而基于法律规定的债务清偿以及离婚夫妻未进行约定的债务清偿,则需界定离婚债务清偿的追偿原则,进而判定离婚当事人的责任范围与权利边界。因此,在尊重离婚当事人意思自治的同时,应明确离婚债务清偿的追偿原则,即"当夫妻一方以共同财产或者个人财产清偿了夫妻的个人债务或者共同债务后,其离婚时有权向他方追还相应的财产价值或数额,但是当事人另有约定的除外"②。

第三节 离婚后对子女的效力

婚姻是家庭的基础,父母离婚所导致的家庭解体,必然会产生父母与子女间法律关系的变化,如何保障未成年人的最大利益,降低父母离婚对未成年人的影响,是世界各国亲属立法关注的重点,也是法律正义价值的追求。

一、离婚后父母的抚养义务

(一)离婚后父母子女的关系

父母对子女的权利是以血缘身份为基础的权利,父母离婚并不能改变这种身份关系,故离婚后的父母仍享有对子女同等的权利。《民法典》第 1084 条第 1 款规定:"父母与子女间的关系,不因父母离婚而消除。离婚后,子女无论由父或者母直接抚养,仍是父母双方的子女。"第 2 款规定:"离婚后,父母对于子女仍有抚养、教育、保护的权利和义务。"质言之,父母离婚只能消除夫妻关系,而不能消除父母子女的血缘身份关系。离婚后,子女无论与父母何方生活,仍然

① 王歌雅:《离婚债务清偿:法律规制与伦理关怀》,载《中华女子学院学报》2013 年第 2 期。

② 魏振瀛主编:《民法》(第 8 版),北京大学出版社、高等教育出版社 2021 年版,第 707 页。

是父母双方的子女。《民法典》中关于父母子女间权利义务的内容仍然适用,不受父母离婚的影响。

养父母离婚,也不消除养父母子女间的权利义务关系,因为养父母子女间的权利义务关系与生父母子女间的权利义务相同。收养关系建立后,养父母子女间所形成的拟制血亲关系不能任意解除,无论养父母的婚姻关系如何变化,养子女仍然是养父母双方的养子女。

(二)离婚后父母抚养子女的具体内容

离婚后,父母子女关系虽未发生改变,但对子女的抚养方式却要发生变化。换言之,离婚后,父母对子女的抚养将由原来的共同抚养变成由父母一方与子女共同生活,直接抚养子女,另一方承担间接抚养义务。《民法典》第1084条第3款规定:"离婚后,不满两周岁的子女,以由母亲直接抚养为原则。已满两周岁的子女,父母双方对抚养问题协议不成的,由人民法院根据双方的具体情况,按照最有利于未成年子女的原则判决。子女已满八周岁的,应当尊重其真实意愿。"第1085条规定:"离婚后,子女由一方直接抚养的,另一方应当负担部分或者全部抚养费。负担费用的多少和期限的长短,由双方协议;协议不成的,由人民法院判决。前款规定的协议或者判决,不妨碍子女在必要时向父母任何一方提出超过协议或者判决原定数额的合理要求。"由上述立法可知,我国《民法典》对离婚后父母抚养义务的规定相对宽泛,为便于司法实践操作,《婚姻家庭编解释(一)》中对此作出具体解释,主要包括抚养主体和抚养费的具体适用。

1. 抚养主体的确定

第一,坚持以儿童最大利益作为抚养主体确定的基本原则。《婚姻家庭编解释(一)》第45条规定:"父母双方协议不满两周岁子女由父亲直接抚养,并对子女健康成长无不利影响的,人民法院应予支持。"第48条规定:"在有利于保护子女利益的前提下,父母双方协议轮流直接抚养子女的,人民法院应予支持。"

第二,不满2周岁的子女,原则上由母亲直接抚养,但在特殊情况下,父亲可以直接抚养。《婚姻家庭编解释(一)》第44条规定,离婚案件涉及未成年子女抚养的,对不满两周岁的子女,按照《民法典》第1084条第3款规定的原则处理。母亲有下列情形之一,父亲请求直接抚养的,人民法院应予支持:(1)患有久治不愈的传染性疾病或者其他严重疾病,子女不宜与其共同生活;(2)有抚养条件不尽抚养义务,而父亲要求子女随其生活;(3)因其他原因,子女确不宜随母亲生活。这里的其他原因,通常包括母亲的经济能力、生活环境、行为品德等对子女成长有不利影响的因素。

第三,已满2周岁的未成年子女,父母均要求直接抚养的,应以保障儿童利益最大化为出发点,并附加考虑父母的综合情况予以确定。《婚姻家庭编解释(一)》第46条规定:“对已满两周岁的未成年子女,父母均要求直接抚养,一方有下列情形之一的,可予优先考虑:(一)已做绝育手术或者因其他原因丧失生育能力;(二)子女随其生活时间较长,改变生活环境对子女健康成长明显不利;(三)无其他子女,而另一方有其他子女;(四)子女随其生活,对子女成长有利,而另一方患有久治不愈的传染性疾病或者其他严重疾病,或者有其他不利于子女身心健康的情形,不宜与子女共同生活。”第47条规定:“父母抚养子女的条件基本相同,双方均要求直接抚养子女,但子女单独随祖父母或者外祖父母共同生活多年,且祖父母或者外祖父母要求并且有能力帮助子女照顾孙子女或者外孙子女的,可以作为父或者母直接抚养子女的优先条件予以考虑。”

第四,关于继子女的抚养主体的确认,除按照子女抚养主体确认的一般规则外,还可以根据《婚姻家庭编解释(一)》第54条确定抚养主体,即“生父与继母离婚或者生母与继父离婚时,对曾受其抚养教育的继子女,继父或者继母不同意继续抚养的,仍应由生父或者生母抚养”。

第五,离婚后,父母一方要求变更子女抚养关系的,可以通过协议变更或者诉讼变更。协议变更子女抚养关系的,只要有利于未成年子女身心健康和合法权益,就应当准许。诉讼变更子女抚养关系的,应当符合《婚姻家庭编解释(一)》第56条的相关规定,即“(一)与子女共同生活的一方因患严重疾病或者因伤残无力继续抚养子女;(二)与子女共同生活的一方不尽抚养义务或有虐待子女行为,或者其与子女共同生活对子女身心健康确有不利影响;(三)已满八周岁的子女,愿随另一方生活,该方又有抚养能力;(四)有其他正当理由需要变更”。

2. 抚养费的确定

第一,抚养费的给付数额,可以根据子女的实际需要、父母双方的负担能力和当地的实际生活水平确定。有固定收入的,抚养费一般可以按其月总收入的20%~30%的比例给付。负担2个以上子女抚养费的,比例可以适当提高,但一般不得超过月总收入的50%。无固定收入的,抚养费的数额可以依据当年总收入或者同行业平均收入,参照上述比例确定。有特殊情况的,可以适当提高或者降低上述比例。[①]

第二,抚养费的给付办法,可以根据父母的实际情况确定。通常抚养费应当定期给付,有条件的可以一次性给付。[②] 父母一方无经济收入或者下落不明的,可以用其财物折抵抚养费。[③] 父母双方可以协议由一方直接抚养子女并由直接抚养方负担子女全部抚养费。但是,直接抚养方的抚养能力明显不能保障子女所需费用,影响子女健康成长的,人民法院不予支持。[④] 父母不得因子女变更姓氏而拒付子女抚养费。[⑤]

第三,抚养费的给付期限,一般至子女18周岁为止。16周岁以上不满18周岁,以其劳动收入为主要生活来源,并能维持当地一般生活水平的,父母可以停止给付抚养费。[⑥]

第四,抚养费的变更,主要是为了保障未成年子女的健康成长。因为在子女成长过程中,经济生活变化难免导致抚养费用的增加,故在符合法律规定的情况下,子女要求有负担能力的父或者母增加抚养费的,人民法院应予支持,具体情况如下:一是原定抚养费数额不足以维持当地实际生活水平;二是因子女患病、上学,实际需要已超过原定数额;三是有其他正当理由应当增加。[⑦]

二、离婚后父母的探望权

探望权,又称探视权、交往权,是父母离婚后亲权的延伸,是亲权的重要内容。探望权,通常是指离婚后,不与未成年子女共同生活的父母一方与该子女会面、交往的权利。赋予不与未成年子女共同生活的父母一方以探望权,不仅为联合国《儿童权利公约》的要求,而且是亲子伦理的需要,同时也得到了世界

---

① 参见《婚姻家庭编解释(一)》第49条。
② 参见《婚姻家庭编解释(一)》第50条。
③ 参见《婚姻家庭编解释(一)》第51条。
④ 参见《婚姻家庭编解释(一)》第52条。
⑤ 参见《婚姻家庭编解释(一)》第59条。
⑥ 参见《婚姻家庭编解释(一)》第53条。
⑦ 参见《婚姻家庭编解释(一)》第58条。

多数国家立法的认可。[①]

(一)探望权的行使

探望权的行使,主要包括行使的主体和行使的方式两部分内容。

1. 探望权行使的主体

就行使的主体而言,除不与未成年子女共同生活的父母外,其他亲属能否成为权利主体,各国立法存在差异。有的国家将直系亲属纳入了探望权的主体范围,如《德国民法典》第1684条第1款规定:"子女有与父母任何一方交往的权利;父母任何一方有义务并有权与子女交往。"[②]第1685条第1款规定:"祖父母、外祖父母和兄弟姐妹有与子女交往的权利,但以交往有利于子女最佳利益为前提。"[③]而有的国家仅将探望权的主体限制在父母层面,如我国《民法典》第1086条第1款规定:"离婚后,不直接抚养子女的父或者母,有探望子女的权利,另一方有协助的义务。"这一立法规定延续了2001年《婚姻法》(修正)的内容,虽然在《民法典(草案)》当中曾经将探望权主体作了扩大规定,但最终在《民法典》中仍然仅规定了父母的探望权。将在婚姻关系存续期间,长期与孙子女、外孙子女共同生活的祖父母、外祖父母,长期共同生活的兄弟姐妹纳入探望权主体范围之内,具备一定的理论基础与现实需求。从伦理层面来看,"祖孙关系是仅次于父母子女关系的直系血亲关系,在三代同堂的家庭和核心家庭中,祖孙关系一直是家庭关系中的重要内容,担负着抚养与赡养的功能。祖辈间血浓于水的亲情需求和代际伦理,当属构建探望权的社会基础。倘剥夺祖孙间的探望权,既违背人性,也违背构建和谐社会的初衷"[④]。从法理层面来看,我国《民法典》第1074条、第1075条规定了祖孙之间的抚养、赡养义务和兄弟姐妹之间的扶养义务。这无疑意味着祖孙之间和兄弟姐妹之间的探望权已隐含于其中。因此,将这些直系血亲排除在探望权之外,既不符合逻辑上的衔接,也不符合权利义务对等原则,更违背了法律的形式正义和实质正义。[⑤] 对探望权主体的扩

① 参见陈小君、易军:《亲权制度研究及其立法建构》,载吴汉东主编:《私法研究》,中国政法大学出版社2002年版,第221页。

② 《德国民法典》(第5版),陈卫佐译注,法律出版社2020年版,第589页。

③ 《德国民法典》(第5版),陈卫佐译注,法律出版社2020年版,第590页。

④ 王歌雅、魏双:《探望权的实现瑕疵与制度矫治》,载《黑龙江社会科学》2007年第2期。

⑤ 参见司丹:《探望权:法律审视与制度重构》,载《黑龙江社会科学》2015年第5期。

大规定，既比较符合我国隔代养育的社会现实，也有利于与我国的精神赡养制度相衔接。

2. 探望权行使的方式

就行使的方式而言，大多数国家未予明确规定。但从实践中可知，一般包括短暂探视和留宿两种方式。此外，如基于子女利益的考虑，法院可以规定探望的时间和地点。如《法国民法典》第 373－2－1 条第 3 款规定："为了保持子女与父母中另一方的联系的持续性与实际性，在有此要求时，家事法官可以安排在专门指定的地点行使探望权。"①《德国民法典》中也有类似的规定，第 1684 条第 3 款规定："家事法院可以就交往权的范围作出裁判，并详细规定交往权的行使，也包括对第三人的行使。"②由此可知，对探望权行使的方式即便是在立法上有所规定，也都是概括性的内容。因为探望的目的就是使未成年子女能够健康成长，故在实践中，探望的方式一般都比较灵活。我国《民法典》第 1086 条第 2 款规定："行使探望权利的方式、时间由当事人协议；协议不成的，由人民法院判决。"虽然我国目前立法赋予探望权主体很大自主决定权，但在实践中却往往容易忽视子女的需求。其有以下两方面的原因：第一，按照法律规定及生活实践，仅赋予了父母行使探望的权利，子女想被父母探望的权利却被忽视了。"在家庭生活中，相对于父母，未成年子女显然处于弱势地位，他们不具有完全的行为能力，但这并不能成为剥夺子女请求父母探望的权利。"③并且探望权是父母权利的延伸，是父母权利的特殊表现形式，故其在行使过程中具有权利和义务双重性。换言之，不与子女共同生活的一方既有探望子女的权利，也有应子女要求而进行探望的义务。第二，该条规定缺少对探望权行使的明确指向。尽管探望权的行使具有很大的个体差异，但法律规定的指引作用却不容忽视。法律应明确规定，探望应该以有利于被探望人的身心健康，且不妨碍双方当事人的学习、工作和生活为前提。对于探望权的行使，不应仅将其简单理解成会面。会面只是探望权行使的直接方式，探望权还可以通过间接方式行使，如送礼物、打电话、书信往来等。④

① 《法国民法典》，罗结珍译，北京大学出版社 2010 年版，第 117 页。

② 《德国民法典》（第 5 版），陈卫佐译注，法律出版社 2020 年版，第 589 页。

③ 司丹：《探望权：法律审视与制度重构》，载《黑龙江社会科学》2015 年第 5 期。

④ 参见司丹：《探望权：法律审视与制度重构》，载《黑龙江社会科学》2015 年第 5 期。

(二)探望权的限制

立法赋予离婚后父母一方以探望权,除为亲权行使的需要外,更是为了未成年子女身心健康地成长。因此,当该权利被滥用时,就应当予以限制或剥夺。对此,许多国家都有明确规定,如《韩国民法典》第837b条规定:"未直接抚养子女的父母一方和子女,有相互探视的权利。家庭法院为子女的福利认为有必要时,可依当事人的请求或依职权限制或禁止探视。"[①]《越南婚姻家庭法》第94条规定:"若不直接抚养子女的一方滥用看望权而干涉或对子女的照顾、抚养和教育造成不利之影响,则直接抚养人有权要求法院判决限制对方的看望权。"[②]我国对其也有相应的规定。《民法典》第1086条第3款规定:"父或者母探望子女,不利于子女身心健康的,由人民法院依法中止探望;中止的事由消失后,应当恢复探望。"同时,《婚姻家庭编解释(一)》中还明确了请求终止探望权行使的主体,即未成年子女、直接抚养子女的父或者母以及其他对未成年子女负担抚养、教育、保护义务的法定监护人,有权向人民法院提出中止探望的请求。

由上述立法可知,多数国家立法均是以宏观的、概括的角度加以规制,其目的是防止挂一漏万。"一般而言,当未行使亲权一方为罪犯、娼妓,或有精神病、传染病、酗酒癖或性情粗暴有虐待子女之虞或对行使亲权一方反感甚至有煽动子女之虞者,法院可依亲权人与未成年人之请求限制或排除探视权。"[③]探望权的行使,以有利于亲子关系的和谐发展与子女健康成长为前提,倘若探望权的行使有碍子女利益最大化,则将被限制或排除行使。[④] 当中止探望的事由消失后,经当事人申请,人民法院可以判决恢复其探望权。

第四节　离婚的救济

离婚救济,也称离婚权益救济,是指对离婚当事人所实行的有关人身和财

---

① 《韩国民法典　朝鲜民法》,金玉珍译,北京大学出版社2009年版,第130页。

② 《越南社会主义共和国民法典》,吴远富译,厦门大学出版社2007年版,第218页。

③ 陈小君、易军:《亲权制度研究及其立法建构》,载吴汉东主编:《私法研究》,中国政法大学出版社2002年版,第223~224页。

④ 参见司丹:《亲子关系的体系建构与制度延展》,法律出版社2016年版,第142页。

产的救济措施，具体包括离婚后的经济帮助、家务贡献补偿和离婚损害赔偿。[①] 离婚救济，对于贯彻婚姻自由原则、维护离婚当事人的权益、促进社会的公平公正具有重要意义。

一、家务贡献补偿

我国的家务贡献补偿立法，经历了两个发展阶段：一是家务贡献补偿制度的初建，源于2001年对《婚姻法》的修正。二是家务贡献补偿制度的完善，源于《民法典》的编纂。关注家务贡献补偿制度的架构、发展与完善，有助于领略其内涵，阐释其价值，发挥其功能。

（一）家务贡献补偿的含义

家务贡献补偿，也称离婚时的经济补偿、家事贡献补偿，是指当事人在离婚时，基于家务付出而享有的家庭贡献补偿请求权。

时代不同、国度不同，家务贡献补偿制度的立法也不同。宏观而言，大陆法系和英美法系国家，多将家务贡献补偿适用于家庭主妇婚姻离异的情形，以救济家庭主妇的离婚利益，提升家庭主妇的家庭地位和社会地位。

夫妻财产制的类型不同，家务贡献补偿的性质也不同。在夫妻分别财产制下，家务贡献补偿可通过三个途径来实现：一是剩余财产分配请求权，即对婚姻关系存续期间他方剩余财产一半价值的分割。二是对婚姻合伙财产共有的分割请求权，即将家务劳动喻为合伙的劳务出资，其与婚姻生活费用分担具有对价关系。三是因家务贡献而导致的逸失利益的损害赔偿请求权。在夫妻共同财产制下，家务贡献是创造夫妻共同财产的来源之一，故家务贡献补偿是对夫妻共同财产的分享或分割。对离婚当事人的家务贡献予以补偿，符合权利义务相一致的原则，符合公平正义的追求。[②]

（二）家务贡献补偿的适用

《民法典》第1088条规定："夫妻一方因抚育子女、照料老年人、协助另一方工作等负担较多义务的，离婚时有权向另一方请求补偿，另一方应当给予补偿。

---

① 参见王歌雅：《离婚救济制度：实践与反思》，载《法学论坛》2011年第2期。

② 参见魏振瀛主编：《民法》（第8版），北京大学出版社、高等教育出版社2021年版，第714～715页。

具体办法由双方协议；协议不成的，由人民法院判决。”离婚家务贡献补偿适用的条件如下：

第一，适用于离婚之时。

第二，平等适用于夫妻双方。

第三，请求家务贡献补偿的主体是家务贡献较多的一方。

第四，家务贡献的内容包括抚育子女、照料老人、协助他方工作等。

第五，家务贡献补偿遵循约定与法定相结合的原则。

离婚家务贡献补偿在具体适用时，应关注两个问题：一是离婚家务贡献补偿不同于离婚损害赔偿。前者是因一方对子女抚养、老人赡养、家庭生活等付出较多义务时，他方应承担补偿的义务，以体现权利与义务相一致的原则，实现离婚正义；后者是因一方有法定过错，给无过错方造成物质或精神的损害并且导致离婚后果时，依法应承担的损害赔偿责任，即对故意违反婚姻义务一方的民事惩罚，具有警示和教育的作用。二是离婚家务贡献补偿不同于离婚经济帮助。前者是离婚时对家务贡献者的经济补偿，体现权利与义务相一致的理念；后者仅限于解决离婚时一方的实际生活困难，救济经济困难群体，彰显人文关怀的理念。①

（三）家务贡献补偿的立法沿革

家务贡献补偿制度是一个历史范畴，经历了初建与完善的发展历程。时代不同、立法目的不同，家务贡献补偿制度的构成与功能、适用与价值也不同。

1. 家务贡献补偿制度的初建

家务贡献补偿制度，是我国 2001 年《婚姻法》（修正）中增加的一项制度，其第 40 条规定：“夫妻书面约定婚姻关系存续期间所得的财产归各自所有，一方因抚育子女、照料老人、协助另一方工作等付出较多义务的，离婚时有权向另一方请求补偿，另一方应当予以补偿。”上述规定，构成我国家务贡献补偿制度的核心与内涵，且其仅适用于夫妻分别财产制。

之所以将家务贡献补偿制度适用于分别财产制，是因为在夫妻财产分别所有的前提下，家务贡献难以通过夫妻共同积累的财产获得相应的回报。为贯彻权利与义务相一致的原则，促进性别平等，家务贡献理应得到必要的补偿。然

① 参见王歌雅：《家务贡献补偿：适用冲突与制度反思》，载《求是学刊》2011 年第 5 期。

而,在我国的社会生活和婚姻生活中,由于民众的夫妻财产制多为婚后所得共同制,致使家务贡献补偿制度的适用比例相对较低,[①]不能实现对离婚当事人的权益救济。

家务贡献补偿制度适用比例相对较低的原因是,其存在适用冲突,主要体现在以下方面:

(1)观念冲突

家务贡献补偿,是离婚救济制度之一。离婚时,对当事人的家务贡献予以补偿,符合权利义务相一致的原则,符合公平正义的追求。然而,家务贡献补偿制度在适用时,却遭遇了观念的制约。因为自古至今,家务劳动是由家庭成员且主要是由女性承担的。女性承担家务,不仅被认为是对家庭的贡献,而且也被认为是男女两性自然分工的结果。倘若对家务贡献予以补偿,则不符合传统与惯例。于是,家务劳动就成为无私奉献,家务劳动价值也无法计算。之所以会形成上述认知与观念,是因为"男主外、女主内"的性别分工已成为民众的思维定式与行为模式,并成为家庭成员的义务履行方式及家庭责任的分担方式。[②]

首先,家务劳动价值受制于"公与私"二元对立结构。"在西方的哲学体系中,公与私是两个可以截然分离的领域,公领域是指公共事务领域,私领域是指私人事务领域。"[③]"当公领域和男人、理性联系起来,私领域和女人、感性联系起来,并且赋予它们不同的价值的时候,等级就产生了,不平等就产生了。"[④]这种等级和不平等,表现为男女两性在"公"与"私"两个领域里的劳动价值的巨大差异——男性在公共领域中的劳动价值被社会承认且被赋予报酬;而女性在私人领域中的家务劳动价值则不被社会承认且不被赋予报酬。"正是由于家务劳动是没有报酬但又不可或缺的工作,家务的分配自然也就成为影响家庭成员相互关系的重要因素。因此,如何对待家务劳动和解决家务劳动问题,往往是决定女性社会地位的重要环节。"[⑤]对家务贡献予以补偿,有利于性别平等和女性地位的提高,有利于改变传统的性别认知与社会分工模式。

---

① 参见王歌雅:《家务贡献补偿:适用冲突与制度反思》,载《求是学刊》2011年第5期。

② 参见王歌雅:《家务贡献补偿:适用冲突与制度反思》,载《求是学刊》2011年第5期。

③ 沈奕斐:《被建构的女性当代社会性别理论》,上海人民出版社2005年版,第203~204页。

④ 沈奕斐:《被建构的女性当代社会性别理论》,上海人民出版社2005年版,第203~204页。

⑤ 黄春晓:《城市女性社会空间研究》,东南大学出版社2008年版,第103页。

其次,家务劳动承担受制于“男主外、女主内”的性别分工观念。《第二期中国妇女社会地位抽样调查主要数据报告》显示,53.9%的男性和50.4%的女性赞同“男主外、女主内”的传统分工模式。[①] 另外,学者2003年对南京市10个居住小区的问卷调查显示:“无论是男性还是女性,70%以上的调查对象认为家务劳动应主要由女性承担,男性持该观点的这一比例更高,高出女性近10个百分点。而从实际的家务劳动的时间分配来看,多数女性家务劳动时间在1~2小时,而多数男性的家务劳动的时间少于1小时。女性每天家务劳动超过2小时的人数占被调查女性总数的30%左右,而相应的男性只占总数的20%。这一数据显示,南京的城市家庭中,两性共同分担家务的状况还是比较好的,但女性仍然是家务劳动的主体”[②]。《第三期中国妇女社会地位调查报告》显示,家务劳动主要由女性承担。在工作日,女性的总劳动时间为574分钟,男性为537分钟。在休息日,女性的休闲时间为240分钟,男性为297分钟。72.7%的已婚者认为,与丈夫相比,妻子承担的家务劳动更多。被访者3岁以下孩子基本由家庭承担照顾责任,其中,母亲承担日间照顾责任的比例为63.2%。城镇25~34岁有6岁以下孩子的母亲在业率为72.0%,比同龄组没有年幼子女的女性低10.9%。[③] 女性是家务劳动的主体,不仅是“男主外、女主内”观念的现实反映,而且是性别分工定型化的现实写照。观念的传承以及性别分工的定型,不仅遮蔽了家务劳动的贡献与价值,而且使家务劳动被看作无偿的劳动。倘若对家务贡献予以补偿,则有违常规且大逆不道。[④]

(2)价值冲突

“家务劳动通常被理解为为了维持家庭而进行的没有报酬、没有交换价值的无偿劳动,它既不是流动的货币,也不是固定资产,更不能生产出特定的商品,而是被限定在某种特定的关系(如血缘、婚姻)下的活动。”[⑤]这种活动,不仅被界定为家庭的责任,而且被公认为是对家庭成员的爱与情感的具体表现。正

---

① 参见中华全国妇女联合会、国家统计局:《第二期中国妇女社会地位抽样调查主要数据报告》,2001年9月4日。

② 黄春晓:《城市女性社会空间研究》,东南大学出版社2008年版,第106~107页。

③ 参见中华全国妇女联合会、国家统计局:《第三期中国妇女社会地位调查报告》,2011年10月21日。

④ 参见王歌雅:《家务贡献补偿:适用冲突与制度反思》,载《求是学刊》2011年第5期。

⑤ 黄春晓:《城市女性社会空间研究》,东南大学出版社2008年版,第102页。

是基于这一认知，才使家务劳动与雇佣劳动区别开来：首先，劳动性质不同。家务劳动是私领域的劳动；雇佣劳动是公领域的劳动。其次，劳动关系不同。家务劳动关系发生于家庭成员之间；雇佣劳动关系则发生在雇佣者与被雇佣者之间。再次，法律适用不同。家务劳动关系适用于《民法典·婚姻家庭编》和《妇女权益保障法》；而雇佣劳动关系适用于《民法典·合同编》和《劳动法》、《劳动合同法》。复次，劳动对价不同。家务劳动是无偿劳动；雇佣劳动是有偿劳动。最后，劳动效益不同。家务劳动价值难以计算；雇佣劳动价值可以计算。上述区别，不仅将家务劳动与社会劳动严格对立起来，而且将家务劳动置于封闭尴尬的境地。然而，家务劳动无疑是社会劳动。① 以恩格斯的观点来看，生产本身有两种：一是生活资料的生产；二是人类自身的生产。前者指物质资料的生产，后者指劳动力的生产。而劳动力的生产又包括两个过程：一是女性的生育活动；二是劳动力的再生产。劳动力的再生产，则指"人们每天都能回到工作中，并使工作能够代代相传的过程。狭义地讲，即以物质和服务的消费支撑当前和未来的生活；广义地讲，还包括许多看似与经济、生产无关的过程，如家务劳动。所以，扫地、烧饭、买菜等家务劳动琐事，本质上是社会生产的一种重要表现形式，也是经济基础结构的一部分"②。同时，家务劳动也是有价值的劳动。家务劳动支出的成本至少包括三个方面：时间、技能和情感。在社会生产领域，劳动者的时间、技能、情感均可转化为产值和收入；但在家务劳动领域，劳动者的时间、技能、情感则难以转化为产值和收入，故家务劳动创造的价值并未计算在国民经济体系中。家务劳动的贡献虽不可估量，但的确难以计算价值。于是，社会中人们忽视了家务劳动对家庭和社会的贡献，导致家务劳动贡献的低评价且具有无私奉献的特质。③

(3)计量冲突

家务劳动虽对家庭和社会具有重大贡献，但家务劳动的价值与价格难以计算。家务劳动的价值和价格难以计算，成为家务贡献补偿的掣肘，制约着家务贡献补偿制度的适用。正如加拿大女权主义理论家本斯通(M. Benston)和莫顿

---

① 参见王歌雅：《家务贡献补偿：适用冲突与制度反思》，载《求是学刊》2011 年第 5 期。

② 黄春晓：《城市女性社会空间研究》，东南大学出版社 2008 年版，第 103 页。

③ 参见王歌雅：《家务贡献补偿：适用冲突与制度反思》，载《求是学刊》2011 年第 5 期。

(P. Morton)在1969年所提出的：妇女的缝补、浆洗、育儿做饭，虽具有使用价值，但却从未进入过市场，没有交换价值。[①] 苏联的经济学家则认为，若用其他方式代替女性的家务劳动，全社会要付出约相当于每年雇佣1亿名拿工资的工人，其报酬为一年1500亿卢布(当时约合人民币5000亿元)的代价。中国的经济学家也做过测算，如果将家务劳动转化为固定工资支付，每年为420亿元人民币。[②] 联合国开发计划署《1995年人类发展报告》也曾提出："妇女非市场劳动的被承认并赋予相应的价值，是一个比社会公正问题更加复杂的事，它关系到妇女在社会中的经济地位。假如更多的人类活动被看作以工资形式的市场交易，并由此获取庞大的货币价值，粗略估计数字可达16万亿美元……上述估计包括了妇女和男人所做的无偿劳动以及妇女在市场形式下所赋予的不平等低价。在所说的16万亿美元中，其中11万亿美元是妇女以非货币形式、看不见的贡献。"[③]无论家务劳动的价格如何计算，其计算结果都不能真正体现家务劳动的价值。因为家务劳动不仅有劳动的强度和质量为表征，而且有亲属的情感和精神的投入。家务劳动不能按家政服务员的报酬来计算，家务贡献补偿也不能按家政服务员的工资来对待。[④]

2. 家务贡献补偿制度的完善

如何对家务贡献予以补偿，一直是困扰法学界和司法界的难题。尽管家务贡献补偿制度是一项独立的法律制度，家务贡献补偿请求权也是一项独立的请求权，但家务贡献补偿的实现，还需相应的制度支持与配套措施。为此，对家务贡献补偿制度进行反思和解构，有助于家务贡献补偿制度的价值实现与效益发挥。[⑤]

(1)家务贡献补偿制度的解构

在婚姻立法史上，家务贡献补偿制度并非我国首创。欧美和一些亚洲其他国家其婚姻家庭立法设有家务贡献补偿制度。设立家务贡献补偿制度的初衷，

---

① 参见沃格尔、王来今：《马克思主义和社会主义女权理论》，载《现代外国哲学社会科学文摘》1987年第5期。

② 参见李银河：《女性权利的崛起》，文化艺术出版社2003年版，第156～157页。

③ 黄春晓：《城市女性社会空间研究》，东南大学出版社2008年版，第103页。

④ 参见王歌雅：《家务贡献补偿：适用冲突与制度反思》，载《求是学刊》2011年第5期。

⑤ 参见王歌雅：《家务贡献补偿：适用冲突与制度反思》，载《求是学刊》2011年第5期。

是“为了提高家庭主妇之地位,使其亦能分享夫之职业所得,所谓家事劳动评价论,即应运而生。”[①]从家务贡献补偿制度的立法例来看,该制度大致具有以下特征:

首先,家务贡献补偿制度与夫妻财产制相结合。“一般外国立法例为避免复杂的算定手续,都将妻之家事劳动与夫之职业劳动同等评价,而使家事劳动之评价与夫妻财产制相结合。”[②]有些国家的家务贡献补偿,多以夫妻分别财产制为适用前提。例如,西德民法第1363条第2项规定:“夫之财产或妻之财产不构成夫妻之共同财产。此对于婚姻后所取得之财产亦适用之。但夫妻于婚姻中所获得之剩余,于财产制终了时为分配。”“所谓剩余是配偶一方之最终财产扣除当初财产之差额(西德民法第1373条)。而配偶之一方于婚姻关系存续中无剩余或剩余较少者,对剩余较多之配偶有请求剩余差额半数之债权(西德民法第1378条第1项)。”[③]剩余分配请求权具有债权之性质。英国早在1935年就确立了夫妻分别财产制,并于第二次世界大战后,在夫妻财产关系的判例或成文法中融合了肯认妻之家务劳动的因素。1950年,关于婚姻及离婚之王室委员会就夫妻财产关系提出合伙理论,并在其王室委员的报告书中的第九编“夫妻间财产上诸权利”的“一般考虑”事项中提出:婚姻为夫妻平等运作之合伙,妻透过家事照料、子女之养育而对共同事业之贡献,与夫之维持家计、扶养家族具有同等的价值。日本以分别财产制为法定财产制,而分别财产制对家庭主妇极为不利。为保护家庭主妇之利益,其司法实务中也承认家务劳动的价值。“日本最高裁判所在其判决中认为,以女性在25岁结婚离职为理由,而不承认25岁以后所造成的逸失利益的原审判决为不当,而应以妻之家务劳动亦生财产上之利益为由,承认逸失利益之损害赔偿。”[④]除上述立法例外,有些国家的家务贡献补偿,则以夫妻共同财产制为适用前提。例如,1969年的《苏俄婚姻家庭法典》第20条第2项规定:家事劳动视为相当于生产劳动,从而夫妻对家中之财产有所有、收益、处分之平等权利。1995年的《俄罗斯联邦家庭法典》第34条第3项规定:“在婚姻期间从事家务、照管子女或者由于其他正当原因而没

① 林秀雄:《夫妻财产制之研究》,中国政法大学出版社2001年版,第146页。
② 林秀雄:《夫妻财产制之研究》,中国政法大学出版社2001年版,第155页。
③ 林秀雄:《夫妻财产制之研究》,中国政法大学出版社2001年版,第156页。
④ 夏吟兰:《离婚自由与限制论》,中国政法大学出版社2007年版,第220页。

有独立收入的夫妻一方也享有夫妻财产共有权。”1986 年的《越南婚姻家庭法》第 42 条第 3 项规定：“因与家庭各成员共同生活以致无法确定夫妻双方的共同财产时，应当根据受分割方对于维护和发展家庭共同财产所作的贡献，以及对于家庭共同生活的贡献，从家庭的共同财产中分割出夫或妻的财产份额。家务劳动视同生产劳动。”上述规定，既承认了家务贡献的价值，也赋予了基于家务贡献而形成的对夫妻共同财产的分割请求权。

其次，家务贡献补偿制度多适用于家庭主妇婚姻离异之情形。“惟于主妇婚之场合，即夫于外从事职业活动，以其收入维持家计，而妻于家庭内操持家务时，采取分别财产制未必即能保护家庭主妇之利益。因为以夫妻分别财产为原则时，夫对于职业收入保有所有权，而未从事职业活动之妻，则一无所有。妻于婚姻关系存续中，须依存于夫之经济能力，若一旦婚姻发生破绽，则将身无分文被逐出家门。”①为救济家庭主妇的离婚利益，提升家庭主妇的家庭地位和社会地位，对家事贡献应予以财产补偿。然而，对于非主妇婚类型的家庭，即双职工家庭，家务贡献补偿制度基于夫妻财产制的制约而难以适用，从而使家务贡献补偿制度的适用受到限制。②

(2)家务贡献补偿制度的完善

家务贡献补偿制度的创设之初，是为救济家庭主妇在分别财产制下的财产权益和家庭地位、社会地位，这对于特定历史条件下，保障女性利益、促进性别平等，具有重要意义。然而，当社会化的大机器生产把有劳动能力的女性从家庭中牵引出来，使其成为自食其力的劳动者后，女性则成为社会劳动和家务劳动的双重劳动者。而当职业女性承担了大量的家务劳动后，能否要求家务贡献补偿以及如何实现家务贡献补偿，无疑是个棘手的问题。③

为提升家务贡献补偿制度的救济功能，实现离婚的公平正义，促进性别平等，《民法典》第 1088 条对家务贡献补偿制度进行补正：一是拓展了家务贡献补偿的适用情形，即取消了 2001 年《婚姻法》(修正)第 40 条有关家务贡献补偿制度适用条件的限制——“夫妻书面约定婚姻关系存续期间所得的财产归各自所

---

① 林秀雄：《夫妻财产制之研究》，中国政法大学出版社 2001 年版，第 145 ~ 146 页。
② 参见王歌雅：《家务贡献补偿：适用冲突与制度反思》，载《求是学刊》2011 年第 5 期。
③ 参见王歌雅：《家务贡献补偿：适用冲突与制度反思》，载《求是学刊》2011 年第 5 期。

有”，将其延展适用于夫妻共同财产制。二是确立了法定和约定相结合的补偿原则与方法，[①]即家务贡献补偿的“具体办法由双方协议；协议不成的，由人民法院判决”。拓展家务贡献补偿制度的适用范围，可公允补偿家务劳动贡献方的逸失利益或人力成本损耗，也可提升家务劳动的贡献价值与社会评价。[②]

（四）家务贡献补偿制度的价值

自2001年《婚姻法》（修正）增加离婚家务贡献补偿制度始，社会各界即开始关注该制度的司法运行、适用效果与功能实现。实务调研数据显示，离婚家务贡献补偿制度存在适用难的问题，即请求补偿、给予补偿的比例均较低。究其原因，是家务贡献补偿制度仅适用于分别财产制。而我国法定夫妻财产制即婚后所得共同制的主流存在态势显然制约家务贡献补偿制度的适用，并将使家务贡献较多的离婚当事人尤其是女性难获相应补偿，导致离婚救济不能。[③]

《民法典》第1088条有关家务贡献补偿制度的完善，有助于提升制度适用的功能，其立法价值体现在以下方面：

1. 注重保护家务贡献较多一方的权益

我国2001年《婚姻法》（修正）第40条规定家务贡献补偿制度并界定适用于夫妻分别财产制，与其他相关国家的立法例相吻合，也体现了权利与义务相一致的原则。“在夫妻分别财产制度下，离婚时双方无共同财产，如不作出一定的补偿，作出贡献的一方的价值就无从体现，作出的贡献也得不到任何回报。因此，适用分别财产制的夫妻一方应在离婚时对作出贡献或贡献较大的另一方予以补偿，以平衡夫妻双方的利益关系，体现法律的公平正义。”[④]

在夫妻共同财产制下，如何实现家务贡献的补偿，无疑耐人寻味。有观点认为，“共同财产制本身就是承认了家务劳动与社会劳动具有同等价值，否则，只从事家务劳动的一方无权分割共同财产”[⑤]。这一观点，对只从事家务劳动的一方，非常适用。但对双职工家庭而言，却难以适用。因为“在实际生活中，夫妻双方对婚姻家庭的贡献和从中获得的利益往往是不平衡的。承担家务较多

① 参见王歌雅：《家务贡献补偿：适用冲突与制度反思》，载《求是学刊》2011年第5期。
② 参见王歌雅：《民法典婚姻家庭编的价值阐释与制度修为》，载《东方法学》2020年第4期。
③ 参见王歌雅：《离婚救济的实践隐忧与功能建构》，载《法学杂志》2014年第10期。
④ 夏吟兰：《离婚自由与限制论》，中国政法大学出版社2007年版，第221～222页。
⑤ 夏吟兰：《离婚自由与限制论》，中国政法大学出版社2007年版，第222页。

的一方或作出牺牲的一方，往往其职业发展和其他方面受到了较大的牵制，社会地位与谋生能力相对较弱。而配偶他方，则基于对方的奉献和牺牲从中获得巨大的利益，如学业的进步、事业的发展以及经济地位的提高等"[①]。倘婚姻关系继续存续，家务贡献较多的一方可以从婚姻生活中获得相应的回报；倘婚姻关系解除，家务贡献较多的一方则无法再从婚姻生活中获得相应的回报，进而引发权利与义务的失衡、贡献与补偿的失衡。不仅如此，家务贡献较多的一方，因家务劳动挤压了其自身发展的时间和精力，减少了职业投入和经济收入，导致其离婚后谋生能力较低、生活水平下降。[②] 正如学者所述：如果"把家庭领域界定为女性的领域，把家务劳动界定为女性的义务，对于那些职业女性来说是一条沉重的链条，不断撕扯着职业女性，使她们走得比男性慢，走得没男性远；对家庭主妇而言，它是一管褪色剂，使她们辛苦的劳动失去意义，丧失价值"[③]。为确保公平与正义，在夫妻共同财产制下，也应适用家务贡献补偿制度，使家务贡献者在依法分割夫妻共同财产的同时，获得相应的家务贡献补偿。具体补偿的方法，可参考夫妻双方的收入差与婚姻关系存续时间以及相应贡献等因素。简单的补偿方法应为：家务贡献补偿 =（夫妻双方的年收入差 ÷ 2）× 婚姻关系存续年限。[④]

2. 倡导当事人的意思自治

家务劳动不仅是对婚姻家庭的贡献，而且是对婚姻家庭承担的责任。夫妻双方如何承担责任，当事人可以约定。对此，《瑞士民法典》第 163 条作出原则性规定："1. 夫妻应各尽所能供养家庭。2. 双方应当就各自对家庭的贡献通过协商达成一致意见，尤其是金钱上的给付、家务劳动、照顾子女或给予配偶职业上或事业上的支持。3. 在对前款进行协商时，双方应考虑共同生活的需要及个人状况。"[⑤]这一规定，充分体现了婚姻当事人的意思自治，有助于家庭责任的合理分担。尤其是当婚姻当事人承担了相应的家庭责任后，则可获得相应的家务贡献补偿。关于家务贡献的补偿，应适用有约定从约定、无约定从法定的原则。

---

① 夏吟兰：《离婚自由与限制论》，中国政法大学出版社 2007 年版，第 223 页。

② 参见王歌雅：《家务贡献补偿：适用冲突与制度反思》，载《求是学刊》2011 年第 5 期。

③ 沈奕斐：《被建构的女性当代社会性别理论》，上海人民出版社 2005 年版，第 203 ~ 204 页。

④ 参见王歌雅：《家务贡献补偿：适用冲突与制度反思》，载《求是学刊》2011 年第 5 期。

⑤ 《瑞士民法典》，于海涌、赵希璇译，[瑞士]唐伟玲校，法律出版社 2016 年版，第 64 页。

具体约定家务贡献补偿价值时,应参考相关因素:婚姻关系存续期间的长短,家务劳动的时间、强度与技能,从事家务劳动一方的逸失利益,补偿方的经济收入、预期经济效益和人力成本的增值等因素。[①]

司法实践和社会生活告诉我们,家务劳动主要是由女性承担的。女性承担较多甚至是大量的家务劳动,不仅体现出家务劳动的社会性别色彩,而且体现出“公私二元对立”格局的刻板化、传承化与世俗化。而对家务贡献予以合理补偿,既赋予了家务劳动以价值,也赋予了家务劳动以平等认知与公平考量。[②] 至于“对于家务劳动计算的讨论,其重点在于挑战文化中认为理所当然的‘常识’,突破公私领域的界定,恢复女性以及家庭应有的价值和地位”[③]。

二、离婚经济帮助

离婚经济帮助,是我国独具特色的离婚救济制度。自其创立时起,便担负着扶危济困、促进婚姻自由的功能。关注离婚经济帮助制度的构成与适用,有助于阐释其立法价值与制度效用。

(一)离婚经济帮助的含义

离婚经济帮助,简称经济帮助,是指离婚时有负担能力的一方对离婚后陷于生活困难或生活水平明显下降的一方所给予的物质帮助或财产帮助。[④]

《民法典》第 1090 条规定:“离婚时,如果一方生活困难,有负担能力的另一方应当给予适当帮助。具体办法由双方协议;协议不成的,由人民法院判决。”

离婚经济帮助,是夫妻财产效力在离婚时的延伸,是离婚后的一种善后措施,是离婚正义的体现。离婚经济帮助,并非夫妻扶养义务的延续,而是从原来的婚姻关系中派生出来的一种责任,因为夫妻间的扶养义务因离婚而终止。在执行离婚经济帮助期间,如接受帮助的一方另行结婚,帮助的一方则可终止帮助。

离婚经济帮助有别于夫妻共同财产的分割。离婚经济帮助是一方对另一

---

① 参见王歌雅:《家务贡献补偿:适用冲突与制度反思》,载《求是学刊》2011 年第 5 期。

② 参见王歌雅:《家务贡献补偿:适用冲突与制度反思》,载《求是学刊》2011 年第 5 期。

③ 沈奕斐:《被建构的女性当代社会性别理论》,上海人民出版社 2005 年版,第 225 页。

④ 参见王歌雅:《经济帮助制度的社会性别分析》,载《法学杂志》2010 年第 7 期。

方有条件的帮助；夫妻共同财产的分割，则是夫妻双方对共同财产依法享有的权利。如果一方所得的财产足以维持其生活，他方可不予经济帮助，但决不可用离婚经济帮助代替夫妻共同财产的分割，以防止损害接受经济帮助的一方对夫妻共同财产分割时所享有的合法权益。①

（二）离婚经济帮助的适用

为发挥离婚经济帮助的制度功能，救济离婚当事人的权益，应关注其适用的条件和方法。

1. 离婚经济帮助的条件

根据《民法典》第 1090 条的规定，离婚经济帮助适用的条件如下：

第一，平等地适用于男女双方。性别中立的立法，将对性别平等产生积极影响。

第二，请求帮助的一方生活困难。生活困难，既指依靠个人财产和离婚时分得的财产无法维持当地基本生活水平，也指离婚后无住处。对生活困难的一方给予经济帮助，有助于消除生活困难一方特别是女方在离婚时的经济顾虑，推进离婚自由的实现。

第三，提供帮助的一方有负担能力。如无负担能力，可以不予帮助。

第四，仅适用于离婚之时。也就是说，生活困难发生于离婚之时。如离婚后陷于生活困难，则不属经济帮助的情形。②

2. 离婚经济帮助的方法

离婚时，如果一方生活困难需要帮助，应由双方协议解决；如协议不成，可由人民法院判决。具体办法应视离婚时一方的困难程度和另一方的负担能力而定。具体帮助方法如下：

第一，离婚时，一方年轻有劳动能力，生活上出现暂时困难的，另一方可给予短期的或一次性的经济帮助。

第二，离婚时，一方以个人财产中的住房对生活困难者进行帮助的形式，可以是房屋的居住权或者房屋的所有权。对离婚当事人给予住房等经济帮助，使其能够维持当地基本生活水平，体现了我国婚姻家庭立法对离婚当事人的人文

---

① 参见魏振瀛主编：《民法》（第 8 版），北京大学出版社、高等教育出版社 2021 年版，第 716 页。

② 参见魏振瀛主编：《民法》（第 8 版），北京大学出版社、高等教育出版社 2021 年版，第 715 页。

关怀,有助于保障离婚当事人的基本生存权益。

第三,结婚多年,一方年老病残、失去劳动能力又无生活来源的,另一方应当在居住或生活方面给予适当的帮助,必要时可给予长期的经济帮助。

第四,原定经济帮助执行完毕后,一方再次要求对方给予经济帮助的,人民法院一般不予支持。当事人应自行解决生活困难,他方不再负有帮助的义务。①

(三)离婚经济帮助的立法沿革

我国的离婚经济帮助制度经历了初创、发展、完善三个发展阶段,彰显了离婚自由、性别平等、救济离婚当事人权益的立法理念,发挥了维护社会和谐、促进公平正义的制度功能。

1. 离婚经济帮助制度的初创

在中国婚姻立法史上,率先确立经济帮助制度的婚姻立法,是 1931 年 12 月 1 日颁布的《中华苏维埃共和国婚姻条例》,该条例是中国共产党领导的红色苏区的第一部婚姻立法,其创设的离婚经济帮助制度主要有两项内容:一是住房问题的解决。男女离婚后均不愿离开房屋时,男子须将他的一部分房子,赁给女子居住,以确保女子离婚后有房可居,安居乐业。二是经济帮助的实现。离婚后,女子如未再行结婚,男子须维持其生活,或代种田地,直至再行结婚为止。上述规定,既可保障离婚女性的生存条件,又可推进离婚自由原则的贯彻实施。② 侧重对离婚女性的生存条件予以保障,是因为“女子刚从封建压迫之下解放出来,她们的身体许多受了很大的损害(如缠足)尚未恢复,她们的经济尚未能完全独立,所以关于离婚问题,应偏于保护女子,而把因离婚而引起的义务和责任,多交给男子担负”③。的确,在中国的封建社会,男尊女卑的性别观念和伦理观念导致了男女两性的社会分工和家庭分工的二元格局。社会分工表现为“男主外、女主内”的差序格局;家庭分工则表现为“男人养家糊口、女人相夫教子”的家庭功能模式。“男主外、女主内”的差序格局,既加深了男尊女卑的社会认知,也导致了女性社会处境的困窘、女性婚姻地位的卑微和女性权益保障

① 参见魏振瀛主编:《民法》(第 8 版),北京大学出版社、高等教育出版社 2021 年版,第 716 页。

② 参见王歌雅:《经济帮助制度的社会性别分析》,载《法学杂志》2010 年第 7 期。

③ 1931 年 12 月 1 日《中共苏维埃共和国中央执行委员会第一次会议决议》。转引自中国政法大学民法研究室编:《婚姻法资料汇编》(上集)1984 年版,第 8 页。

的欠缺。①

1934 年《中华苏维埃共和国婚姻法》第 15 条规定:“离婚后女子如未再婚,并缺乏劳动力,或没有固定职业因而不能维持生活者,男子须帮助女子耕种土地或维持其生活。但如男子自己缺乏劳动力,或没有固定职业不能维持生活者,不在此例。”上述经济帮助,只适用于离婚后未再婚且生活困难的女性,立法目的在于推进离婚自由原则的贯彻实施,为女性摆脱痛苦婚姻扫除经济障碍。

2. 离婚经济帮助制度的发展

中华人民共和国成立后,1950 年《婚姻法》和 1980 年《婚姻法》均规定了离婚经济帮助制度,但其已并非单纯适用于女性,而是平等地适用于男女双方。

1950 年《婚姻法》第 25 条规定:“离婚后,一方如未再行结婚而生活困难,他方应帮助维持其生活;帮助的办法及期限,由双方协议;协议不成时,由人民法院判决。”依据该规定,适用经济帮助的条件有两个:一是一方离婚后未再行结婚且生活困难;二是他方有经济帮助的能力。帮助的具体方法及期限,坚持“以双方协议为主、人民法院判决为辅”的原则。适用经济帮助的目的,主要是为了解决女方在离婚后且未再婚时的生活困难问题。“妇女在争取婚姻自由的斗争中,暂时要遇到生活上的困难和迫害。各级党政机关和人民团体,要负责给这些妇女以必要的保护、救济和临时安置,不得推卸责任,以确保她们生活安定和生命健康。”②正如毛泽东同志所述:不同质的矛盾,只有用不同质的方法才能解决。“在我国目前一般的情况下,妇方的经济能力不如男方,在义务上还不能与男方完全平等,所以男方在经济上应多负担一些。”③但根据社会现实和人民法院的审判工作来看,该规定也同样适用于男方。④ 男方若离婚后未再婚且生活困难,女方在经济上有帮助的能力,在一定期间内也可给予男方以维持生活的帮助。

---

① 参见王歌雅:《经济帮助制度的社会性别分析》,载《法学杂志》2010 年第 7 期。

② 1931 年 12 月 1 日《中共苏维埃共和国中央执行委员会第一次会议决议》。转引自中国政法大学民法研究室编:《婚姻法资料汇编》(上集)1984 年版,第 158 页。

③ 1931 年 12 月 1 日《中共苏维埃共和国中央执行委员会第一次会议决议》。转引自中国政法大学民法研究室编:《婚姻法资料汇编》(上集)1984 年版,第 152 页。

④ 参见王歌雅:《中国现代婚姻家庭立法研究》,黑龙江人民出版社 2004 年版,第 152 页。

我国1980年《婚姻法》的颁行，使经济帮助制度得到进一步发展。在20世纪80年代，中国女性的社会地位和家庭地位得到了空前的提高。仅就家庭地位而言，女性已摆脱了对丈夫的经济依赖，并体现出如下特征：一是妻子普遍参加社会生产劳动，在家庭中有相对独立的经济地位；二是妻子逐步提高了教育程度，与丈夫的文化水平日趋平等；三是夫妻平权，逐渐形成了城市家庭生活的新模式。男女两性家庭地位的平等，为家庭的经济公开、民主理财、计划管理奠定了基础，也为经济帮助制度的平等适用准备了社会条件。基于男女两性社会地位和家庭地位的平等，1980年《婚姻法》第33条规定："离婚时，如一方生活困难，另一方应给予适当的经济帮助。具体办法由双方协议；协议不成时，由人民法院判决。"这一规定反映了兼顾30年来社会经济发展和妇女社会地位提高的事实，其既平等地适用于男女两性，也兼顾了经济困难特别是年老、体弱或患病丧失劳动能力的一方的利益，符合实际国情。①

3. 离婚经济帮助制度的发展

2001年《婚姻法》(修正)第42条规定："离婚时，如一方生活困难，另一方应从其住房等个人财产中给予适当帮助。具体办法由双方协议；协议不成时，由人民法院判决。"依据该规定，经济帮助的具体内容有两方面：一是明确了经济帮助的方式，即帮助可以是房屋的居住权或者房屋的所有权。二是明确了经济帮助的条件，即生活困难。生活困难，既指依靠个人财产和离婚时分得的财产无法维持当地基本生活水平，也指离婚后无住处。对离婚当事人给予住房等经济帮助，使其能够维持当地基本生活水平，体现了我国婚姻立法对离婚当事人的人文关怀，有助于保障离婚当事人的基本生存权益。经济帮助制度虽平等地适用于男女两性，具有性别中立的立法色彩，但在司法实践中，该制度将会对推进性别平等进程产生积极的影响。因为在社会生活中，女性的整体收入弱于男性；加之特定历史条件下，以男性为主的福利分房原则的适用，易使女性陷于离婚时的困难甚至离婚后无房居住的贫困状态。因而，侧重对离婚女性给予适当的经济帮助，既有助于女性摆脱经济困窘，提升女性的生存能力，促进性别平等的进程；也有助于差异平等理论的实施，即处境非相同者以不同等的对待；而

① 参见王歌雅：《经济帮助制度的社会性别分析》，载《法学杂志》2010年第7期。

“同等地对待事实上的不平等是莫大的不公正”①。

《民法典》第1090条规范则进一步完善了离婚经济帮助制度,使其立法表述、制度架构更加严谨与科学。其适用条件、帮助方法、解决路径如下:“离婚时,如果一方生活困难,有负担能力的另一方应当给予适当帮助。具体办法由双方协议;协议不成的,由人民法院判决。”

(四)离婚经济帮助的价值

离婚经济帮助制度起源于20世纪30年代,在数十年的司法实践中,基本解决了离婚时确有困难一方的生活困难,保障了离婚自由,促进了男女平等。

1. 追求实质正义

经济帮助制度的确立、发展与完善,不仅避免了离婚当事人的生活困难,而且也为离婚自由提供了现实保障。然而,经济帮助制度在司法实践中,体现出较为明显的性别特征,从而为社会性别分析范式的适用提供了空间。②

在司法实践中,离婚经济帮助的适用主要有两个特点:一是离婚时请求经济帮助者以女性为主。这表明了男女两性社会地位、经济地位和家庭地位的较大差异,也表明了女性已成为适用经济帮助制度的主要群体。二是女性请求经济帮助的原因较为集中。无住房、无收入或无固定收入、身患疾病、支付子女抚养费是请求经济帮助的主要原因。女性提请经济帮助的原因与她们的经济地位弱化有关。从职业和收入来看,女性无业或从事低收入职业者高于男性;从住房状况看,女性所有住房比例及承租住房比例低于男性。加之女性接受教育程度普遍低于男性,就业及再就业困难,故女性离婚时陷于生活困难的程度也高于男性。③

经济帮助制度的适用以女性群体为主,使我们清晰地意识到男女两性在现实生活中还未实现真正的平等。男女两性在政治、经济、文化、教育、劳动等领域存在的差异,必然在婚姻家庭领域有所反映,并表现为男女两性婚姻家庭资源的差异。“当这些差异在两性形式上的平等的名义下被忽略时,男女之间持续的、实际存在的不平等便会被掩盖、被合理化。至少在当时的社会背景下,形

① [英]弗雷德里希·奥古斯特·哈耶克:《自由宪章》,杨玉生、冯兴元、陈茅等译,中国社会科学出版社1999年版,第367页。

② 参见王歌雅:《经济帮助制度的社会性别分析》,载《法学杂志》2010年第7期。

③ 参见王歌雅:《经济帮助制度的社会性别分析》,载《法学杂志》2010年第7期。

式上的男女平等常常可能结果上保证了而不是消灭了男女不平等。”①因此，对离婚时陷于生活困难的当事人尤其是女性给予经济帮助，不仅有助于离婚当事人摆脱经济困难，而且有助于增进男女两性的真正平等。“只有把蒙在公正头上的布揭去，允许她看到人类个体的全部特殊性，采取必要的区别对待，以同等对待真正相同的事例，区别对待真正不同的事例，我们才能使公正达到完全的平等。”②

2. 顺应性别平等需要

经济帮助制度的适用群体多为女性，向我们展现了社会生活尤其是离婚领域男女两性的经济落差。经济落差的存在，既有传统性别文化观念的影响，又有女性财产权益保障弱化的制约。只有加大经济帮助适用力度，才能促进性别平等与公平正义。③

（1）关注女性财产权益的弱化。女性财产权益的弱化，既体现在社会生活中，也体现在家庭生活中。而女性在社会生活中的财产权益弱化，必然导致女性在家庭生活中的财产权益弱化。全国妇联、国家统计局2001年9月4日作出的《第二期中国妇女社会地位抽样调查主要数据报告》显示，女性财产权益的弱化集中体现在三方面：一是女性在业率降低，再就业困难。从国企职工专项调查数据看，国企下岗女工普遍感到再就业困难，她们中有49.7%的人认为自己再就业时受到年龄和性别歧视，这一比例比下岗男工高18.9%。女性再就业难与市场忽视女性利益有关。二是男女两性收入差呈扩大趋势。从收入分布看，城镇在业女性年收入低于5000元的占47.4%，低收入的女性的比例比男性高19.3%，而年收入高于1.5万元的女性约占比为6.1%，中等以上收入的女性比男性的比例低6.6%。三是家务劳动依然主要由女性承担。女性平均每天用于家务劳动的时间达4小时14分钟，比男性多2小时41分钟。家务劳动虽然是对家庭的极大贡献，但家务劳动的价值却未得到客观评价和有效补偿。《第三期中国妇女社会地位调查报告》显示：18岁至64岁女性在业率为71.1%，城镇为60.8%，农村为82.0%。在业女性在第一、二、三产业的比重分别为45.3%、

① 王政、杜芳琴主编：《社会性别研究选译》，生活·读书·新知三联书店1998年版，第196页。
② 王政、杜芳琴主编：《社会性别研究选译》，生活·读书·新知三联书店1998年版，第194页。
③ 参见王歌雅：《经济帮助制度的社会性别分析》，载《法学杂志》2010年第7期。

14.5%和40.2%。女性在业率低、就业难与市场忽视女性基本权利有必然联系。[①] 女性再业率降低,导致女性收入减少甚至无收入,进而导致女性经济地位的低落及家庭地位的弱化。家务劳动主要由女性承担,导致女性自我发展空间的局限和自我成长资源的欠缺,进而导致女性在劳动领域和经济领域处于弱势地位。而当女性一旦进入离婚领域,则易于导致离婚时的贫困。因此,关注女性财产权益的弱化现实,将有助于司法实践领域加大提升经济帮助力度的意识,促进社会性别主流化的进程。[②]

(2)关注适用经济帮助的路径。适用经济帮助制度,应正确处理以下三种关系:

首先,要正确处理离婚时家务贡献的补偿与经济帮助的关系。对夫妻共同财产的积累与贡献,既包括货币形式,也包括家务劳动形式。尽管家务贡献目前还难以实现客观、公允的货币化,但对家务贡献的适当补偿,无疑符合权利义务相一致的精神。为此,我国2001年《婚姻法》(修正)第40条、《民法典》第1088条和《妇女权益保障法》第47条第2款规定了家务贡献补偿机制,即在婚姻关系存续期间,女方因抚育子女、照料老人、协助男方工作等承担较多义务的,有权在离婚时要求男方予以补偿。因为"妻之家务劳动,有用而不可或缺,应无疑问。因有妻之家事劳动,夫之劳动开始得以再生产,因此,夫以其劳动所得之收入,非夫一人劳动之结果,而是夫妻复合劳动之结果"[③]。故对家务贡献的补偿,无异于对夫妻共同财产的分割,不能用离婚时家务贡献的补偿取代经济帮助制度。然而,当离婚时男女两性的个人财产总值(个人财产、分得财产、补偿财产)出现差异时,就会引发男女两性在离婚前和离婚后的生活水平的差异。为避免当事人于离婚后生活质量的下降,有必要在夫妻财产分割及家务贡献补偿之后,给予适当的经济帮助。具体帮助的数额可采取"补差机制",即补齐男女两性个人财产总值的差异。此种经济帮助可采短期制——2~5年,以帮助当事人缓解离婚时甚至离婚后的经济压力,促进其自力更生,进而达至性别

---

① 参见王歌雅:《社会排挤与女性婚姻家庭权益的法律保障》,黑龙江人民出版社2019年版,第236页。

② 参见王歌雅:《经济帮助制度的社会性别分析》,载《法学杂志》2010年第7期。

③ 林秀雄:《夫妻财产制之研究》,中国政法大学出版社2001年版,第148页。

平等。①

其次，要正确处理夫妻财产分割与经济帮助的关系。夫妻财产分割，是夫妻财产效力的体现，也是权利义务相一致原则的体现。而经济帮助制度，则是夫妻财产效力在离婚时的延伸，是离婚的一种善后措施，是实质正义的体现，故不能用夫妻财产分割制度取代经济帮助制度。然而，在适用经济帮助制度时，必须加大对当事人尤其是女性在住房权益方面的帮助力度。因为女性离婚时请求经济帮助的首要原因是无房居住。尽管我国 2001 年《婚姻法》(修正)第 39 条、《民法典》第 1087 条分别规定了照顾子女和女方权益，照顾子女、女方和无过错方权益的财产分割原则，但司法实践中却规定了夫妻双方平等竞价取得房屋所有权的程序，这对经济上处于劣势的女性而言，无疑具有一定的难度。即便女性通过竞价方式取得了房屋所有权，但由于其经济实力的欠缺，也难以向对方支付相应的补偿款。因此，当男女两性经济地位、财产数额存在差距时，应着力满足女性的房屋所有权或者是房屋居住权，以实现对离婚女性的权益救济。关于房屋居住权，可以是长期的或短期的。对于无房居住、无收入或无固定收入、身患疾病、抚育子女的当事人，可视具体情况给予长期或短期帮助。对于离婚前或者自离婚之日起 1 年内无劳动能力的原配偶、对自离婚之日起不超过 5 年将达退休年龄的生活困难的原配偶，应给予长期经济帮助。当被帮助者有能力解决住房、再婚、死亡时，居住权终止。②

最后，正确处理离婚后子女抚养费的给付制度与经济帮助制度的关系。离婚后，父母承担子女抚养费的给予义务，是亲子关系效力的体现，是子女利益最大化原则的要求。而经济帮助制度则是夫妻财产关系效力在离婚后的延伸，是离婚后的道义要求。由于两者在适用的目的、功能、条件和要求上皆有本质区别，故两者之间不能混淆或替代；尤其不能以支付子女抚养费为名，剥夺对经济困难方特别是女性的经济帮助。然而，离婚女性的贫困化却是不容置疑的，原因如下：一是女性的经济收入总体上低于男性，当离婚女性不能再从夫妻共同财产中获得相应财产补贴时，将面临离婚后生活的贫困。二是离婚女性因直接抚育子女导致对子女抚养费补贴的增加，加剧了离婚女性的贫困化。以 2002

---

① 参见王歌雅：《经济帮助制度的社会性别分析》，载《法学杂志》2010 年第 7 期。

② 参见王歌雅：《经济帮助制度的社会性别分析》，载《法学杂志》2010 年第 7 期。

年对哈尔滨市中级人民法院二审离婚案件的抽样调查显示为例，男女离婚后，“直接抚养权由母方行使的约占60.8%，由父方行使的占20%。未与子女共同生活的父母一方，每月负担子女抚养费的金额以200元以下居多，占给付抚养费人次的63%；给付201～300元的占7%；301～400元的占6%；901～1000元的约占1%”①。子女抚养费给付数额较低或给付不到位（拖欠甚至拒绝给付），必然导致抚养方要用自己的财产贴补子女的抚养费，从而导致抚养方生活水平的下降甚至生活的贫困。三是离婚女性单独支付子女高中以上学历的教育费用，也必将加重离婚女性的经济负担，进而加剧离婚女性的生活困难。因此，加大对直接抚养子女的女性经济帮助力度，既有助于改善离婚女性的生存质量，也有利于子女的健康成长。对直接抚育子女的女性的经济帮助，可视具体情况裁定期限和数额。对直接抚养18周岁以下的子女、残疾子女、接受高中以上学历教育的子女以及不能独立生活的成年子女的女性，应给予长期的经济帮助。②

3. 顺应社会生活需要

通过对经济帮助制度的实证研究，我们可得出如下结论：经济帮助的实际适用比例偏低；请求经济帮助的多为女性；请求经济帮助的原因较为集中；提供经济帮助的方式较单一；法院对经济帮助多予以支持。适用经济帮助的比例低，主要是因为适用经济帮助的条件较为苛刻，且帮助的方式较为抽象。为确保经济帮助制度的适用化，须对经济帮助制度予以完善。③

（1）完善经济帮助制度的宏观架构。宏观架构经济帮助制度，主要是解决经济帮助的适用条件问题。围绕经济帮助的适用条件，学界已形成两点共识：一是要明确经济帮助的构成要件。经济帮助应具备两个要件——提供帮助方应具有帮助的能力；受帮助方存在经济困难。当两个要件均具备时，方可提供经济帮助。二是要适当放宽经济帮助的标准。最高人民法院的相关司法解释将“生活困难”，界定为依靠离婚后分得的共同财产和个人财产无法维持当地基本生活水平，无疑是非常苛刻的，既不符合人均生活水平逐步提高的现实国情，也忽略了当事人离婚后生活水平的下降情形。因而，对生活困难的界定，不仅

① 王歌雅：《中国亲属立法的伦理意蕴与制度延展》，黑龙江大学出版社2008年版，第220页。
② 参见王歌雅：《经济帮助制度的社会性别分析》，载《法学杂志》2010年第7期。
③ 参见王歌雅：《经济帮助制度的社会性别分析》，载《法学杂志》2010年第7期。

应包括离婚后不能维持当地基本生活水平的情形，更应包括基于离婚前与离婚后的生活水平落差而引起的生活水平下降的情形。生活困难含义的拓展，既有助于放宽经济帮助的适用标准，提高经济帮助的适用效率，救济离婚当事人；也有助于保障当事人在离婚后生活水平不下降，补偿离婚当事人，贯彻离婚自由原则。①

（2）细化经济帮助制度的考量因素。关于适用经济帮助的情形，应定位于离婚时一方生活确有困难，如患病、残疾、丧失劳动能力、无生活来源等。关于经济帮助的期限，应以短期帮助为主，长期帮助为辅。如一方年轻有劳动能力、生活暂时有困难的，另一方应给予短期的或一次性的经济帮助；结婚多年，一方年老病残、失去劳动能力又无生活来源的，另一方应在居住和生活方面，给予适当的安排。② 短期经济帮助应限制在离婚后2～5年内，长期的经济帮助可限制在离婚后5～10年内，或视具体情节给予无期限的帮助。经济帮助请求权应在离婚诉讼中提出。关于经济帮助的数额，应兼顾需要和可能。可以参考如下因素来确定帮助的金额：结婚时间的长短、对家庭的贡献、经济实力、健康状况、是否抚育子女、有无过错等。关于经济帮助的终止，应以受帮助方另行结婚、经济条件好转、原定经济帮助执行完毕等作为终止的事由。③

4. 顺应本土文化需要

早在2001年《婚姻法》修正论争进程中，就有学者提出以离婚扶养制度代替经济帮助制度。近年来，此种呼声未曾消减。然而，是否以离婚扶养制度取代经济帮助制度，还须对两项制度比较研究后再做结论。

（1）制度的功能决定制度的取舍。离婚扶养制度，也称离婚扶养费给付制度，指夫妻因离婚而使一方陷于经济困难时，有能力之一方应予以他方经济援助的救济制度。离婚扶养制度作为一项较为古老的制度，在大陆法系、英美法系等国家均有所存在，且经历了由传统到现代的制度转变。具体转变特点有三个：

一是由单纯救济女性转向平等救济男女两性。传统的离婚扶养制度具有

---

① 参见王歌雅：《经济帮助制度的社会性别分析》，载《法学杂志》2010年第7期。

② 1984年《最高人民法院关于贯彻执行民事政策法律若干问题的意见》第14条。

③ 参见王歌雅：《经济帮助制度的社会性别分析》，载《法学杂志》2010年第7期。

性别角色的固定化,即被扶养者只能是女性。因为在夫妻一体主义的立法背景下,丈夫是妻子的法定扶养义务人。当夫妻离婚后,原夫仍须对原妻履行扶养义务。而在夫妻别体主义的立法背景下,夫妻有相互扶养的义务。当夫妻离婚后,基于生活补偿与救济的考虑,原夫妻任何一方在有条件的情况下,均可要求他方予以离婚后的扶养。①

二是由终身扶养制转向短期或定期扶养制。扶养形式的转变,既源于男女平权时代背景下,应力促离婚女性的自主与自救;也源于对离婚扶养制度的诸多检讨,即离婚扶养制度既不利于受扶养方的自立,也不利于受扶养方利用较低的扶养费用而达至生活水平的提高和职业技能的提升,更不利于弥补婚姻关系存续期间一方为他方的事业发展与能力提升所做出的贡献与牺牲。②

三是由离婚过错扶养原则转向离婚补偿救济原则。传统的离婚扶养制度,以扶养方有过错为条件,当丈夫因过错导致夫妻离婚时,须对妻子履行离婚后的扶养义务,以示惩罚。而当代的离婚扶养制度,则侧重于补偿与救济,以利实现离婚后的公平。也就是说,离婚后扶养在于补偿受扶养方对于婚姻所做出的贡献与牺牲,救助受扶养方基于婚姻离异而导致的生活困难。离婚扶养宗旨的转变,使当代离婚后扶养制度正在逐步摆脱惩罚色彩,使有过错的当事人也可享有受扶养权。如《加拿大离婚法》第 12 条规定:离婚扶养不拘于配偶的不端行为——在决定是否根据本法制定扶养令时,法院可以不拘于任何当事人在处于婚姻中配偶地位时所犯的不端行为。2000 年修订的《瑞士民法典》以及 2004 年修订的《法国民法典》均体现了补偿救助原则,即便受扶养方有过错,也可请求离婚后扶养。然而,在继续坚持离婚扶养过错原则的立法例中,过错要么成为扶养方的义务条件,要么成为受扶养方的障碍条件或者判断扶养费数额的考量标准之一。尽管离婚扶养制度与离婚经济帮助制度的立法背景有所不同,但二者在制度的性质、适用的情形等方面都有很多相似甚至是共同之处:从适用情形看,两者均将离婚后一方无劳动能力、生活困难等作为适用救济的前提。如《德国民法典》第 1570 ~ 1572 条规定,离婚的夫妻一方照料或教育子女,因年

① 参见王歌雅:《经济帮助制度的社会性别分析》,载《法学杂志》2010 年第 7 期。
② 参见王歌雅:《经济帮助制度的社会性别分析》,载《法学杂志》2010 年第 7 期。

老,或因疾病、残废、身体衰弱等,不能自谋生活者,可向他方请求扶养费。我国2001年《婚姻法》(修正)第42条规定:离婚时,如一方生活困难,另一方应给予适当的经济帮助。《民法典》第1090条规定:离婚时,如一方生活困难,有负担能力的另一方应当给予适当帮助。具体帮助办法由双方协议;协议不成时,由人民法院判决。从费用的数额看,外国法往往参照下述因素确定扶养费的数额:结婚时间的长短、双方的物质和家庭状况、离婚后分得的财产、抚养子女的程度、子女的生活水平等。例如,《南斯拉夫塞尔维亚社会主义共和国婚姻法》第72条第3款规定:扶养费的数额可视一方的困难程度和另一方的经济情况而定。有些国家的立法还将扶养费的数额与另一方的过错程度紧密联系起来。我国经济帮助的数额则须视一方的困难程度和另一方经济情况而定。从终止的情形看,两者均以被扶养方或被帮助一方的经济条件改变或重新结婚而终止。例如,《罗马尼亚家庭法》第41条第3款规定:"有权要求扶养费的一方,在重新结婚后,即不再享有此项权利。"鉴于经济帮助制度与离婚扶养制度的相似性以及社会功能与价值追求的一致性,适用经济帮助制度完全可以解决当事人在离婚后所需要的财产救助与生活救济,没有必要在经济帮助之外,再创设离婚扶养制度,更无必要用离婚扶养制度取代经济帮助制度。①

(2)正确处理继承传统与借鉴移植的关系。经济帮助制度是我国在特定历史条件下形成的制度架构,具有一定的适用性和本土性。从适用性看,经济帮助制度在我国已有近80年的适用历史,"符合我国国民的价值认同感,并且从创立、实施至今已经形成了一种法律传统和路径依赖,而这种传统和路径应当被尊重和保留。因此,我们没有必要彻底否定离婚经济帮助制度,换之以容易产生歧义的离婚后扶养制度"②。从本土性来看,离婚扶养制度不符合我国的风俗习惯。自古至今,夫妻双方离婚后,基于婚姻效力而引发的夫妻双方相互扶养的义务便告终止。经济帮助不是夫妻法定扶养义务在离婚后的延续,而是离婚后的道义责任甚或是一种善后措施。正如学者所述:从始至终,我国的广大民众就没有离婚后对另一方的扶养观念(离婚不离家者除外),具有的仅是最质

① 参见王歌雅:《经济帮助制度的社会性别分析》,载《法学杂志》2010年第7期。

② 夏吟兰:《离婚自由与限制论》,中国政法大学出版社2007年版,第244页。

朴的与中华民族道德息息相关的乡土意识——帮助观念。[①] 因此,离婚扶养制度在我国难有移植或确立的土壤,难以吻合我国的婚俗习惯。

三、离婚损害赔偿

离婚损害赔偿是离婚救济制度的重要内涵。离婚损害赔偿制度设立的初衷,是为救济离婚时无过错方的离婚权益,即对权益受损者的权益补偿。离婚损害赔偿的适用,基于赔偿者对婚姻权利的滥用以及对婚姻义务的违反。请求离婚损害赔偿,是权益受损者对离婚权益的救济。[②]

(一)离婚损害赔偿的含义

离婚损害赔偿,是指配偶一方违反婚姻义务,实施法定违法事由导致婚姻关系破裂时,无过错配偶方有权在离婚时诉请损害赔偿。

时代不同、国度不同,离婚损害赔偿的制度建构与立法模式也不同。在婚姻家庭立法史上,离婚损害赔偿制度的最初创设,是基于资产阶级法学家所倡导的婚姻神圣的理念,正如 1791 年法国宪法所强调的:“法律视婚姻仅为民事契约。”以这一理念为契机,过错离婚主义逐步深入立法意识之中,并日益得到许多国家的充分认同。[③]

在过错离婚主义盛行的时代里,离婚被看成是对被告过错行为的一种制裁手段,是对无过错方的一种解救措施。[④] 也正是基于配偶一方有悖婚姻义务的违法行为的存在,无过错方才可诉请离婚并有权请求损害赔偿。例如,《法国民法典》第 266 条规定:“如离婚的过错全在夫或妻一方,则该方得被判赔偿损害,以补他方因解除婚姻而遭受的物质和精神损害。”

随着离婚立法主义的进步,在 20 世纪上半叶出现了过错离婚主义向自由离婚主义过渡的趋势,以这一趋势为背景,许多国家对离婚行为采取了比过去更为宽容的态度,离婚日渐失去其制裁、惩罚被告的功能。但离婚损害赔偿制度并未退出历史舞台,当婚姻当事人实施了侵犯对方人身及财产权益的行为并

---

① 参见夏吟兰:《离婚自由与限制论》,中国政法大学出版社 2007 年版,第 244 页。
② 参见魏振瀛主编:《民法》(第 8 版),北京大学出版社、高等教育出版社 2021 年版,第 717 页。
③ 参见李志敏主编:《比较家庭法》,北京大学出版社 1988 年版,第 129 页。
④ 参见杨大文主编:《婚姻法学》,北京大学出版社 1991 年版,第 159 页。

致婚姻解体时，受害方有权请求损害赔偿。[①]

在我国，2001年《婚姻法》（修正）第46条规定了离婚损害赔偿制度，意在维护无过错方的离婚权益，实现离婚正义。《民法典》第1091条沿袭并完善了离婚损害赔偿制度，以继续发挥惩罚过错方、补偿无过错方的救济功能。

（二）离婚损害赔偿的适用

离婚损害赔偿制度，具有相应的适用条件和适用情形。准确把握其适用条件和适用情形，有助于发挥其制度功能、救济功能。

1. 离婚损害赔偿的适用条件

《民法典》第1091条规定："有下列情形之一，导致离婚的，无过错方有权请求损害赔偿：（一）重婚；（二）与他人同居；（三）实施家庭暴力；（四）虐待、遗弃家庭成员；（五）有其他重大过错。"离婚损害赔偿的适用条件如下：

第一，双方具有配偶身份。配偶身份是离婚损害赔偿的适用前提，未成立婚姻关系者，不能适用离婚损害赔偿进行权益救济。

第二，双方已进入离婚诉讼程序。离婚损害赔偿请求权的适用前提是离婚诉讼。凡是人民法院判决不准离婚的案件，对于当事人基于《民法典》第1091条提出的离婚损害赔偿请求，人民法院不予支持。在婚姻关系存续期间，当事人不起诉离婚而单独依据《民法典》第1091条提起损害赔偿请求的，人民法院不予受理。

第三，因夫妻一方的特定过错而离婚。离婚的原因虽复杂、多元，但只有具备法定情形，即一方重婚、与他人同居、实施家庭暴力、虐待或遗弃家庭成员、有其他重大过错且导致离婚时，过错方才承担损害赔偿责任。[②]

2. 离婚损害赔偿的适用情形

根据《民法典》第1091条的规定，参照有关司法解释，[③]离婚损害赔偿的适用应区分以下情形：

第一，符合《民法典》第1091条规定的无过错方作为原告基于该条规定向人民法院提起损害赔偿请求的，必须在离婚诉讼的同时提出。

① 参见王歌雅：《中国现代婚姻家庭立法研究》，黑龙江人民出版社2004年版，第413页。

② 参见《婚姻家庭编解释（一）》第87条。

③ 参见《婚姻家庭编解释（一）》第86条至第90条。

第二,符合《民法典》第 1091 条规定的无过错方作为被告的离婚诉讼案件,如果被告不同意离婚也不基于该条规定提起损害赔偿请求的,可以就此单独提起诉讼。

第三,无过错方作为被告的离婚诉讼案件,一审时被告未基于《民法典》第 1091 条规定提出损害赔偿请求,二审期间提出的,人民法院应当进行调解;调解不成的,应告知当事人另行起诉。双方当事人同意由第二审人民法院一并审理的,第二审人民法院可以一并裁决。①

第四,当事人在婚姻登记机关办理离婚登记手续后,以《民法典》第 1091 条规定为由向人民法院提出损害赔偿请求的,人民法院应当受理。但当事人在协议离婚时已经明确表示放弃该项请求的,人民法院不予支持。②

第五,夫妻双方均有《民法典》第 1091 条规定的过错情形,一方或者双方向对方提出离婚损害赔偿请求的,人民法院不予支持。③

第六,离婚损害赔偿的范围,包括物质损害赔偿和精神损害赔偿。④ 涉及精神损害赔偿的,适用《最高人民法院关于确定民事侵权精神损害赔偿责任若干问题的解释》的有关规定。

(三)离婚损害赔偿的立法沿革

在我国的婚姻家庭立法中,离婚损害赔偿制度经历了初创、发展和完善的过程。回顾离婚损害赔偿制度的立法沿革,有助于挖掘其制度价值、发挥其救济功能。

1. 离婚损害赔偿制度的初创

我国的离婚损害赔偿立法,可追溯至清朝末年。《大清民律草案》第 1369 条规定:“呈诉离婚者,得准用前条之规定。但依第 1362 条,应归责于夫者,夫应暂给妻以生计程度相当之赔偿。”清末关于离婚损害赔偿制度的规定,是西方近代“过错离婚赔偿”观念的体现,有助于保障女性的人格尊严与离婚权益。自《大清民律草案》始,《民国民律草案》《中华民国民法》皆有离婚损害赔偿制度的规定。

---

① 参见《婚姻家庭编解释(一)》第 88 条。
② 参见《婚姻家庭编解释(一)》第 89 条。
③ 参见《婚姻家庭编解释(一)》第 90 条。
④ 参见《婚姻家庭编解释(一)》第 86 条。

在中国共产党领导的抗日边区和解放区的婚姻立法中,也有离婚损害赔偿的制度规定。这两个时期的离婚损害赔偿立法,具有地域性或区域性的特点,即离婚损害赔偿制度并非所有的抗日边区和解放区的婚姻立法的共性内容,而是相关的抗日边区和解放区的立法内容。

(1)抗日边区的离婚损害赔偿立法

抗日边区离婚损害制度的初创,可追溯至20世纪40年代。1941年4月1日,晋西北抗日民主政权公布实施《晋西北婚姻暂行条例》,共计6章34条。该条例明确规定了离婚损害赔偿制度,即男女双方离婚时,无过失方可向过失方请求赔偿其因此所受的损失。离婚损害赔偿制度的确立,可谓是离婚过错主义立法精神的体现,既维护了无过失方的权益,又惩罚了过失方,体现了婚姻立法的惩罚与抚慰、警示与规范相结合的功能。①

1945年3月16日,山东省战时行政委员会颁布实施《山东省婚姻暂行条例》,该暂行条例明确规定,夫妻一方因判决离婚而受有损害时,可要求有过失之他方给予赔偿。该规定对遏制婚姻生活、社会生活中的过错行为,维护当事人的合法权益,促进抗战胜利具有积极意义。②《淮海区婚姻暂行条例》第16条也规定了离婚损害赔偿制度,即"夫妻之一方因判决离婚而受有损害者,得向有过失之他方请求赔偿"。离婚损害赔偿制度的确立,有助于保护善意当事人的合法权益,体现惩恶扬善的法律功能;也有助于遏制婚姻领域中的违法行为,体现褒善贬恶的法律功能。③

(2)解放区的离婚损害赔偿立法

解放区的离婚损害赔偿立法,是对抗日边区离婚损害赔偿立法的吸纳和发展。1948年3月,关东公署颁行了《关东地区婚姻暂行条例(草案)》,明确规定了离婚损害赔偿的构成要件:一是适用于判决离婚;二是夫妻一方因离婚而受有损害;三是他方有过失。④

---

① 参见王歌雅:《中国现代婚姻家庭立法研究》,黑龙江人民出版社2004年版,第52页。

② 参见王歌雅:《中国现代婚姻家庭立法研究》,黑龙江人民出版社2004年版,第61页。

③ 参见王歌雅:《中国现代婚姻家庭立法研究》,黑龙江人民出版社2004年版,第86页。

④ 参见《关东地区婚姻暂行条例(草案)》第35条规定,夫妻之一方因判决离婚而受有损害者,得向有过失之他方请求赔偿。转引自王歌雅:《中国现代婚姻家庭立法研究》,黑龙江人民出版社2004年版,第114页。

1948 年 4 月，旅大市发布《旅大市处理婚姻案件办法（草案）》，其第 6 条有关离婚损害赔偿的规定，与《关东地区婚姻暂行条例（草案）》第 35 条规定基本相同，即“夫妻之一方因判决离婚而受有损害者得向有过失之他方，请求赔偿”[①]。

抗日边区和解放区的离婚损害赔偿立法，不仅建构了离婚损害赔偿制度的立法雏形，也为新中国的离婚损害赔偿立法奠定了制度基础与观念基础。

2. 离婚损害赔偿制度的发展

1950 年《婚姻法》、1980 年《婚姻法》均未规定离婚损害赔偿制度。2001 年《婚姻法》修正时，增加了离婚损害赔偿制度。该制度的架构涉及三方面因素：一是损害赔偿请求权的主体仅限定于无过错方。二是损害赔偿的适用严格限制在四类具体情形，不可作扩大适用，即“（一）重婚的；（二）有配偶者与他人同居的；（三）实施家庭暴力的；（四）虐待、遗弃家庭成员的”[②]。三是损害赔偿之诉只能在离婚时提出。这一时期的离婚损害赔偿制度具有如下特点：

（1）贯彻“宜粗不宜细”的立法原则，对离婚损害赔偿制度仅作粗略界定。在我国的民事立法中，“宜粗不宜细”一直是重要的立法原则之一。采取这一立法原则，固然有其积极性，如便于民众的理解和掌握，便于应对各种复杂的社会情况等，但其负面效应也不容忽视和回避：一是离婚损害赔偿制度过于简略、笼统，不易具体操作和适用。二是易于出现立法疏漏，形成离婚损害赔偿制度的立法盲点。如离婚损害赔偿的数额确定原则、给付方式、变更情形等。三是在具体适用这一制度时，亟须有关部门制定相应的立法解释或司法解释，用以弥补立法的不足。四是易于导致司法机关的恣意专断，显失公平。[③]

（2）离婚损害赔偿制度的界定仅局限于雏形立法阶段，无法充分应对我国离婚领域纷繁复杂的现状。在 20 世纪 90 年代，我国每年约有 40 万个家庭解体，其中 1/4 起因于家庭暴力。而夫妻一方因外遇、通奸、姘居、重婚而导致离婚的也有增无减，且在某些地区成为离婚的主要原因，占离婚案件总数的 60% 以上。[④] 一些无过错离婚方因配偶的过错而导致的身心伤害尤为严重，他们希

---

① 王歌雅：《中国现代婚姻家庭立法研究》，黑龙江人民出版社 2004 年版，第 123 页。

② 2001 年《婚姻法》（修正）第 46 条。

③ 参见王歌雅：《关于离婚损害赔偿制度的若干思考》，载《求是学刊》2004 年第 4 期。

④ 参见孙晓楠：《伴侣有时比敌人更危险》，载《中国妇女报》1998 年 6 月 26 日，第 3 版。

冀得到法律的救济,以抚慰受伤害的身心。至于那些因婚外恋、姘居、通奸等行为而致婚姻解体的无过错方,则强烈要求对违反一夫一妻原则的行为以及对第三者的行为予以严厉的法律制裁,以确保公民的婚姻家庭权益神圣不可侵犯。上述呼声,对我国的离婚损害赔偿制度提出了更高的要求,如何解决这一问题,不能不引起我们的思考。①

3. 离婚损害赔偿制度的完善

离婚损害赔偿制度在司法实践中,呈现适用难、救济低等特点。其中,离婚损害赔偿制度适用难,已成为法学界和实务界的共识。离婚损害赔偿制度适用难,主要有以下几方面原因:

(1)过错事实难以认定。2001 年《婚姻法》(修正)第 46 条所列举的请求损害赔偿的事由共有四项——重婚的;有配偶者与他人同居的;实施家庭暴力的;虐待、遗弃家庭成员的。在司法实践中,除重婚行为相对较少外,其他三项事由,在离婚损害赔偿的请求事由中多有所体现。尽管如此,上述事由存在举证难的问题。例如,有配偶者与他人同居举证难,是因为同居行为相对隐秘,举证面临掣肘。否则,将有侵犯隐私权之嫌。实施家庭暴力举证难,是因为暴力行为发生后,当事人未及时报案或未到医院出具伤情诊断证明。虐待、遗弃家庭成员举证难,是因为家事往往不为外界所知,且知情者不愿出庭作证。上述现实问题的存在,使无过错方难以举证,过错事实难以认定。

(2)离婚损害赔偿情形的界定过于狭窄。在司法实践中,可要求离婚损害赔偿的情形绝非四项。如一方婚前隐瞒精神病史和生理缺陷,婚后经治不愈的,一方隐瞒传染病史,婚后传染给对方致其健康权受损害的,离婚时均可要求离婚损害赔偿。②

(3)精神损害赔偿的数额难以确定。离婚损害赔偿,包括物质损害赔偿和精神损害赔偿。前者容易确定,而后者确定较难,尽管最高人民法院确定了精神损害赔偿的考量因素,但在司法实践中,由于法官认知的差异,往往会导致同类案件在由不同法官审理时,会出现精神损害赔偿数额的差异,影响当事人权益的保障。上述问题的存在,制约离婚损害赔偿制度的适用,导致了离婚损害

① 参见王歌雅:《关于离婚损害赔偿制度的若干思考》,载《求是学刊》2004 年第 4 期。

② 参见王歌雅:《中国现代婚姻家庭立法研究》,黑龙江人民出版社 2004 年版,第 424 页。

赔偿制度适用的比例较低。[1]

为解决上述问题,《民法典·婚姻家庭编》在编纂进程中,就离婚损害赔偿制度进行了立法反思与制度重构,并在沿袭2001年《婚姻法》(修正)第46条规定的基础上,进一步完善了离婚损害赔偿制度。《民法典》第1091条增加了离婚损害赔偿的法定情形——有其他重大过错,从而使离婚损害赔偿立法实现了例示与概括相结合。

(四)离婚损害赔偿制度的价值

在19世纪伊始,离婚损害赔偿制度即登上了人类的立法舞台。及至20世纪上半叶,离婚法经过并实现了由过错离婚主义向无过错离婚主义的过渡。这一过渡不仅解决了是否准予离婚的标准问题,而且也进一步澄清了一个模糊的意识,即在适用无过错离婚主义的前提下,能否要求离婚损害赔偿?从大陆法系和英美法系的有关立法例中,我们可以清晰地体会到这样的命题:无过错离婚主义虽使离婚更为宽松和容易,但这并非意味着是对离婚进程中的过错行为的放纵,过错行为依然要承担相应的后果。关于这一点,我们可从大陆法系诸国始终如一地坚持过错追究制,以及英美法系中的针对通奸等行为而提出损害赔偿请求中得到印证。在21世纪初,为维护婚姻自由原则及一夫一妻原则的贯彻实施,敦促当事人认真履行婚姻义务及有效协调司法实践纠纷,我国婚姻立法首次对离婚损害赔偿制度作出明确的规定,其立法功能、立法适用无疑具有全新的内涵。[2]

1. 立法功能由单纯的二元化向多元化迈进

人类最初在创设离婚损害赔偿制度时,即赋予其惩罚和补偿双重功能——惩罚过错方、补偿受害方。时代的发展和观念的进步,并未淘汰上述功能,反而使上述功能在维护公序良俗的进程中得以发扬光大。我国在现阶段确立离婚损害赔偿制度,不仅要继续发挥其惩罚和补偿功能,而且要发挥其伦理及法理的昭示功能。就伦理功能而言,它将起到明辨是非、惩恶扬善的作用;它将告知社会公众必须树立并坚持正确的婚姻观。就法理功能而言,它将告诫公民在婚姻家庭领域,什么行为违法和合法,什么行为将受到法律的严惩和制裁,什么行

① 参见王歌雅:《离婚救济制度:实践与反思》,载《法学论坛》2011年第2期。

② 参见王歌雅:《关于离婚损害赔偿制度的若干思考》,载《求是学刊》2004年第4期。

为将得到法律的保护和抚慰。①

2. 立法适用由单一的依法适用向多视角适用过渡

在我国，离婚损害赔偿制度可谓是一项全新的制度，如何具体适用这一制度，不仅为法学理论界所关注，而且也为司法实务界及社会民众所瞩目。为使这一制度适用得科学、客观、公允，应确立如下原则：

(1)依法适用。《民法典》虽然奠定了离婚损害赔偿制度的宏观框架，但该制度的具体适用仍须操作者具有较高的守法意识，即须按照法律规定的要件、情形、时间等正确运用，避免偏离法治轨道的适用。依法适用是准确、公正、公平适用的前提。②

(2)准确适用。离婚损害赔偿制度与经济帮助制度同属离婚后的救济制度，在《民法典·婚姻家庭编》中，两者并行不悖。在司法实践中，切忌相互混淆或以此代彼。因为两者既有相同点又有区别。就相同点而言，两项制度均在离婚时适用，且如何具体适用，可由当事人协议；协议不成时，由人民法院判决。就区别而言，主要体现在三方面：一是适用的目的不同。适用经济帮助，是为解决离婚时一方当事人的生活困难；适用离婚损害赔偿，则是为了惩罚过错方，抚慰和补偿受害方。二是适用的条件不同。适用经济帮助，必须是离婚时一方生活困难本人无力解决，且提供帮助方具有适当帮助的能力；而适用离婚损害赔偿，则必须是无过错方要求过错方在法定情形下予以相应的赔偿。三是注重的时态不同。经济帮助注重的是现在和将来，即为解决离婚时或离婚后的生活困难；离婚损害赔偿则注重的是过去，即责令过错方对婚姻关系存续期间实施的过错行为或侵害行为承担相应的后果。上述差异的存在，决定两项制度并不矛盾，而且可以同时并用、相得益彰，共同为离婚自由原则的贯彻实施奠定物质基础和法理基础。③

(3)公正适用。要实现公正适用离婚损害赔偿制度，须解决离婚损害赔偿与夫妻共同财产分割的关系问题。前者是无过错方在法定情形下单独行使的请求权；后者则是夫妻双方在离婚时均可同时享有并平等行使的支配权。权利

---

① 参见王歌雅：《关于离婚损害赔偿制度的若干思考》，载《求是学刊》2004年第4期。

② 参见王歌雅：《关于离婚损害赔偿制度的若干思考》，载《求是学刊》2004年第4期。

③ 参见王歌雅：《关于离婚损害赔偿制度的若干思考》，载《求是学刊》2004年第4期。

性质上的差异，决定着两项制度不能相互代替，也不能厚此薄彼。正如《民法典》第 1087 条第 1 款所述：“离婚时，夫妻的共同财产由双方协议处理；协议不成的，由人民法院根据财产的具体情况，按照照顾子女、女方和无过错方权益的原则判决。”上述有关分割夫妻共同财产原则的确定，彻底将离婚损害赔偿与离婚时分割夫妻共同财产区别开来，即分割夫妻共同财产时原则上须兼顾两个因素：一是财产的具体情况；二是照顾子女、女方和无过错方的权益。因为照顾无过错方的原则不能取代离婚损害赔偿制度，具体区别如下：一是适用范围不同。照顾无过错方原则只在离婚分割夫妻共同财产时适用；离婚损害赔偿则是在离婚时独立行使的请求权。二是财产来源不同。照顾无过错方原则仅限于在夫妻共同财产范围内进行照顾；而离婚损害赔偿则要求过错方须以个人财产承担责任。三是财产利益不同。照顾无过错方原则可使夫妻一方在分割共同财产时获得较多的财产份额，但却勾销了过错方应承担的民事责任；而离婚损害赔偿则可要求过错方既赔偿财产损失，又承担精神损失，无过错方可获得更多的财产利益。①

(4)公平适用。公平适用离婚损害赔偿制度，必须兼顾补偿和惩罚双重功效。就补偿功效而言，只要婚姻当事人实施了法定违法事由，无过错方就可要求损害赔偿，无须以造成严重后果为适用条件。因为从《民法典》第 1091 条规定的情形看，无论是重婚或有配偶者与他人同居，还是实施家庭暴力或虐待、遗弃家庭成员，均会给无过错方造成一定的财产损失和身心伤害，而且有些身心伤害并非显而易见。只有适用离婚损害赔偿，才能打击和震慑过错方，保护和抚慰受害方。至于将损害事实及损害后果界定在何种程度上，只不过是确定损害赔偿额度的参照标准之一。损害后果越严重，赔偿额度就越高；当然，在损害后果轻微甚至无法感知的前提下，也应予以适当的赔偿，以保障其补偿功能的最终实现。否则，我们用离婚损害赔偿制度取代离婚分割夫妻共同财产时所贯彻的“照顾无过错方”的原则将毫无意义。就惩罚功能而言，依《民法典》的精神，只要婚姻当事人实施了法定违法事由导致离婚，即应向无过错方承担损害赔偿责任。因为离婚本身即标志着婚姻共同体基于一方的过错而解体，过错方

① 参见刘春杨：《用侵权损害赔偿取代照顾无过错方原则》。转引自李银河、马忆南主编：《婚姻法修改论争》，光明日报出版社 1999 年版，第 257 ~ 258 页。

应对此付出代价。[①]

至于离婚损害赔偿能否适用惩罚性损害赔偿制度,《民法典》未做明确规定。从比较法的视角而言,援引惩罚性损害赔偿制度,可进一步实现离婚损害赔偿的制裁、预防、谴责和补偿功能。"惩罚性损害赔偿制度是英美法上特有的制度,指加害人在实施了某种恶性很强的不法行为时,通过民事诉讼判决其向受害人支付超过实际损害的损害赔偿额,以示惩戒的制度。"[②]适用上述制度,即可充分体现对弱者的保护和对正义的维护,进而实现对社会公共利益的维护和对婚姻道德的维护。当然,在适用这一制度时,须注意四个环节:一是过错方须实施了法定的违法事由;二是该事由导致离婚及损害后果的出现;三是损害赔偿额的确定应高于实际受损程度,但并非双重惩罚;四是由人民法院根据法律规定和当事人的请求来酌定。只有适用这一制度,才能发挥离婚损害赔偿的功能,维护公平与正义。[③]

3. 立法完善由单纯立法向立法与司法解释相结合过渡

如何进一步完善我国的离婚损害赔偿制度,一直是理论界和实务界关注的焦点。鉴于我国现行立法对离婚损害赔偿制度的界定还较简单的现状,有必要对该制度作一适用分析和司法解释,以利制度功能的充分发挥和社会效益的最大化。

(1)适用制度的范围

在我国,离婚损害赔偿制度既可适用于诉讼离婚程序,又可适用于登记离婚程序。从世界立法例看,多数国家将该制度仅限定在诉讼离婚的情形下。只有少数国家,如法国将该制度同等地适用于判决离婚和协议离婚,且明确规定协议赔偿的金额和方式,须经法官审查批准。[④] 在我国台湾地区有学者认为,"民法惟于判决离婚,承认损害赔偿与赡养费之给与,而在两愿离婚,如当事人

---

① 参见王歌雅:《关于离婚损害赔偿制度的若干思考》,载《求是学刊》2004 年第 4 期。

② 胡春秀:《试论在我国建立惩罚性损害赔偿制度的必要性与可行性》,载《广西政法管理干部学院学报》2000 年第 2 期。

③ 参见王歌雅:《关于离婚损害赔偿制度的若干思考》,载《求是学刊》2004 年第 4 期。

④ 《法国民法典》第 278 条规定,在两愿离婚的情况下,夫妻双方得在提交法官认可的协议中自行确定补偿金的数额与给付方式;夫妻双方可以规定,在确定的事件发生时,即中止补偿性给付的支付。补偿性给付可以对限定的期间采取定期金的形式。但是,法官如认为协议中规定的夫妻双方的权利与义务不平衡,得拒绝认可该协议。参见《法国民法典》,罗结珍译,北京大学出版社 2010 年版,第 86 ~ 87 页。

未为协议者,则不得为此等请求”[①]。我国《民法典·婚姻家庭编》将离婚损害赔偿制度规定在“离婚”一章,并未明确将其限定在诉讼离婚程序,故该制度同等地适用于诉讼离婚和登记离婚程序中。该使用具有如下积极意义:一是符合离婚行为的本旨,即离婚方式的差异不能剥夺无过错方的离婚损害赔偿请求权。只要无过错方受到损害,无论依诉讼程序还是登记程序离婚,均可行使离婚损害赔偿请求权。二是有助于减少讼累。如将离婚损害赔偿制度仅限定在诉讼离婚程序,势必导致当事人为寻求赔偿而在离婚方式上作片面和单一的选择,造成诉讼离婚的比例增高,诉讼成本增大,诉讼资源浪费。三是有利于实现离婚行为的文明化。登记离婚程序以其便利、快捷、温和、文明的特点得到离婚当事人的推崇和采纳。只要离婚当事人就离婚损害赔偿的数额、方式等达成协议,并经婚姻登记管理机关的审核批准,即可发生损害赔偿的效力。如此操作,不仅有助于充分发挥离婚损害赔偿制度的全部功能,而且有助于离婚纠纷的圆满解决,促进安定团结。[②]

(2)损害赔偿的方式

损害赔偿包括财产损害赔偿和精神损害赔偿。财产损害既包括直接损失也包括间接损失。直接损失往往表现为财产收入的减少、生活水平的下降,以及身体健康受损而引发的医疗费、误工费等,间接损失则通常表现为可得利益的减少。精神损害往往包括人格利益损失和精神健康损失。前者表现为社会地位、名誉、人格尊严受到贬损;后者表现为精神创痛、心灵伤害、沮丧情绪、否定情感、绝望心态的产生等。在司法实践环节,财产损害易于计算和取证,也易于填平和补救;而精神损害属无形财产损失,难于估价和取证,也难于补偿和抚慰。为此,我们有必要对损害赔偿涉及的诸因素进行认真思考。[③]

(3)损害赔偿的数额

关于离婚损害赔偿数额的确定,应遵循如下原则:一是惩罚与补偿相结合的原则。赔偿数额的确定,既能震慑过错方并足以令其反思和悔过,又能弥补受害方的损失、抚慰其精神创痛。二是公允与制衡相结合的原则。赔偿数额的

---

① 陈棋炎、黄宗乐、郭振恭著:《民法亲属新论》,台北,三民书局1997年版,第249页。

② 参见王歌雅:《关于离婚损害赔偿制度的若干思考》,载《求是学刊》2004年第4期。

③ 参见王歌雅:《关于离婚损害赔偿制度的若干思考》,载《求是学刊》2004年第4期。

确定，应兼顾过错程度、损失多寡、过错方的经济状况、当地的生活水平、无过错方的实际需要和谋生能力以及对家庭的贡献等因素。具体操作程序及赔偿数额，可由当事人协商；协商不成时，由人民法院根据上述原则酌情判决。精神损害赔偿的特殊性，决定其赔偿数额的确定除须贯彻上述原则外，还要考虑相关因素：

一是精神损害的赔偿标准。关于精神损害赔偿的标准，世界各国通常采取“一定幅度限定”“下限数额限定”“上限数额限定”“无数额限定”等立法例。广东省施行的《实施〈中华人民共和国消费者权益保护法〉办法》规定，消费者精神损害赔偿最低限额为5万元，采取的就是“下限数额限定”的标准。① 上述采取一定数额限定赔偿标准的立法方式值得借鉴。因而，在离婚损害赔偿环节我国婚姻立法有必要尽快制定有关精神损害赔偿的限定标准，使该类纠纷能得以公正解决，同时，对法官的自由裁量权作相应的限制和约束。②

二是精神损害赔偿的举证责任。精神损害往往是人格利益和精神健康方面的损害，通常表现为精神压抑、心灵痛苦、思维混乱、意识错觉等功能障碍，上述障碍若非非常严重，则难于为他人知晓及感受。因此，有些国家对精神损害赔偿的举证责任作了有别于一般侵权行为的举证责任的规定。如《瑞士民法典》第55条规定：由于他人的侵害行为，于人格关系受到严重侵害者，纵无财产损害的证明，裁判官亦得判定相当金额的赔偿。③ 这一立法例无疑为精神损害赔偿的实现奠定了基础。以此为契机，我国应尽快制定有关精神损害赔偿举证责任的立法，并牢固树立如下立法理念：只要有过错行为存在，即可要求精神损害赔偿，而不问是否造成严重后果；只要有离婚后果存在，即可要求精神损害赔偿，而不问精神损害是否严重。采纳上述理念，有利于维护无过错方的合法权益，有利于惩罚性的损害赔偿制度的施行，维护公序良俗。④

三是正确认识最高人民法院关于确定精神损害赔偿责任的解释。⑤ 解释中

① 参见郭洪波：《对精神损害赔偿法律制度的若干思考》，载《当代法学》2001年第2期。

② 参见王歌雅：《关于离婚损害赔偿制度的若干思考》，载《求是学刊》2004年第4期。

③ 参见郭洪波：《对精神损害赔偿法律制度的若干思考》，载《当代法学》2001年第2期。

④ 参见王歌雅：《关于离婚损害赔偿制度的若干思考》，载《求是学刊》2004年第4期。

⑤ 2001年2月26日最高人民法院审判委员会第1161次会议通过《最高人民法院关于确定民事侵权精神损害赔偿责任若干问题的解释》。

有关精神损害赔偿责任的承担仅局限于两种情形——人格权被侵犯和单一的监护权被侵犯,并未包含身份权中的亲权、配偶权、亲属权被侵犯的情形。尽管侵犯上述身份权也会引起生命权、健康权、身体权、人格尊严权、人身自由权的损害,但该损害是侵犯身份权引发的后果,且侵权主体通常是有血缘、婚姻关系的公民,由于其关系的亲密程序决定其侵权行为的不可饶恕及主观过错的重大。基于上述考虑,解释中有关精神损害赔偿责任的确定不应也不宜适用于离婚环节中精神损害赔偿领域。此环节的精神损害赔偿应由《民法典》及其立法解释加以规定和约束。①

(4)损害赔偿的要件

损害赔偿的要件包括四方面:第一,行为违法。夫妻一方实施了《民法典》第1091条规定的法定情形,重婚,与他人同居,实施家庭暴力,虐待、遗弃家庭成员,有其他重大过错。上述行为均属违背我国《民法典·婚姻家庭编》基本原则的行为,侵犯了当事人的婚姻家庭权益。第二,主观过错。夫妻一方实施法定违法事由,在主观上均属故意。第三,损害事实。夫妻一方实施违法行为,导致配偶及家庭成员的物质损失和精神损失。第四,因果关系。违法行为与损害事实之间有因果关系。如因自身的过错或第三人的过错造成的损失,则不能要求配偶承担赔偿责任。②

(5)损害赔偿的情形

从世界立法例看,有关离婚损害赔偿情形的界定虽略有差异,但其共性特征则是单一的,即违背夫妻间的权利义务关系。我国《民法典》将其限制在五种情形,不仅顺应了世界离婚立法的发展趋势,而且符合我国的实际国情。如一方婚前隐瞒精神病史和生理缺陷,婚后经治不愈的,一方隐瞒传染病史,婚后传染给对方致其健康权受损害的,离婚时均可要求离婚损害赔偿。至于不可归责于一方的事由,如婚后患精神病及其他疾病致婚姻义务不能履行的,一方下落不明等,他方不得要求损害赔偿。③

---

① 参见王歌雅:《关于离婚损害赔偿制度的若干思考》,载《求是学刊》2004年第4期。

② 参见王歌雅:《关于离婚损害赔偿制度的若干思考》,载《求是学刊》2004年第4期。

③ 参见王歌雅:《关于离婚损害赔偿制度的若干思考》,载《求是学刊》2004年第4期。

(6)损害赔偿的请求

离婚损害赔偿请求权的行使,应与离婚之诉同时提出。如此限定,有助于当事人及时行使权利,且取证便利、易于减少讼累。①

(7)损害赔偿的给付

离婚损害赔偿金的给付方式,可由当事人协议;协议不成时,由人民法院根据离婚当事人的具体情况判决。具体给付方式,既可一次性给付,也可分期给付;可给付货币,也可给付实物或其他有价证券。②

4. 立法借鉴使制度建构更符合实践要求和本土特色

关于离婚损害赔偿制度,世界两大主要法系均有相应的规定。大陆法系的立法例主要有两类③:

一是概括式,即亲属法仅以原则性的定位界定离婚损害赔偿的原因、范围和主体,至于赔偿的数额、方式则适用侵权行为法中的相关规定。如原《瑞士民法典》第151条曾规定:"(一)因离婚,无过错的配偶一方在财产权或期待权方面遭受损害的,有过错配偶一方应支付合理的赔偿金。(二)因导致离婚的情形,配偶一方的人格遭受重大损害的,法官可判与一定金额的赔偿金作为慰抚。"④《墨西哥民法典》第288条也规定:如果因离婚导致无过错配偶一方的利益遭受损害与侵害,有过错配偶一方作为违法行为的行为人应负损害赔偿责任。在双方同意离婚的场合,除非另有协议,配偶双方都无权索取扶养费,也无权索取本条所允许的赔偿。⑤

二是例示式,即亲属法不仅原则性规定离婚损害赔偿的原因、范围和主体,而且具体规定请求赔偿的时间、数额及相关要素。如《法国民法典》即将离婚损害赔偿界定在以下七个方面⑥:第一,离婚损害赔偿的原因,是配偶一方因离婚而遭受物质和精神损害;第二,赔偿的义务主体是过错方;第三,赔偿的范围是

---

① 参见王歌雅:《关于离婚损害赔偿制度的若干思考》,载《求是学刊》2004年第4期。

② 参见王歌雅:《关于离婚损害赔偿制度的若干思考》,载《求是学刊》2004年第4期。

③ 参见陈苇:《中国婚姻家庭法立法研究》,群众出版社2000年版,第299页。

④ 《瑞士民法典》,殷生根、王燕译,中国政法大学出版社1999年版,第42页。

⑤ 参见张贤钰主编:《外国婚姻家庭法资料选编》,复旦大学出版社1991年版,第119~120页。

⑥ 参见《法国民法典》第266条、第268条、第270条至第279-1条。参见《法国民法典》,罗结珍译,北京大学出版社2010年版,第83~87页。

以补偿无过错方因离婚而造成的生活条件差异而引发的损失;第四,赔偿请求权的行使以离婚诉讼之际为限;第五,赔偿数额的确定应主要参考四方面的因素,即一方的需要、他方的财力、离婚时的现状及未来可预见的变化;第六,赔偿金的给付方式既可支付金钱、实物(动产和不动产)、股票,也可一次性缴付或定期支付;第七,赔偿金数额可基于判决或协议方式变更,在协议变更时,须经法院批准。

需要指出的是,离婚损害赔偿,能否针对婚外第三人的侵害而提出请求,大陆法系的各国立法并非整齐划一。“德国及奥国判例,否认有赔偿请求权。法国判例承认之。”[①]上述内容表明,针对婚外第三人而提起的损害赔偿,往往有特殊限制,否则,不可适用。英美法系关于离婚损害赔偿的界定,与大陆法系有所不同。这是因为“根据传统的过错离婚法,被侵害的配偶在离婚时可以通过离婚后扶养费的给付等措施,使其损失得到补偿。但在无过错离婚中,这一权利已基本丧失,美国一些学者认为,这正是无过错离婚制度的消极影响之一”[②]。但到目前为止,美国并不是一个完全实行无过错离婚制度的国家,过错离婚在美国现行离婚制度中仍占有一席之地,所谓过错包括:通奸、虐待、谋害、遗弃、酗酒、有毒瘾、精神病、被判徒刑等。因无过错理由而离婚并不表明婚姻财产和配偶扶养将完全按无过错原则处理。婚姻过错应当成为法院决定配偶扶养、财产分割的因素之一。需要指出的是,在美国,配偶权(marital consortium)仍受法律保护,且其大多数州的法律均规定,妻与夫享有相同的配偶权。其配偶权受侵害而请求赔偿的情形主要有两类:一是第三人因故意或过失对配偶造成人身伤害致其配偶权不能行使时,受害的配偶一方有权在请求损害赔偿之诉中一并要求赔偿“配偶权损失”。二是第三人以诱惑、离间或通奸行为致夫妻感情疏远,如一方不履行同居义务等家庭责任时,或致夫妻关系解体时,受害的配偶一方有权要求第三人予以赔偿损失。[③] 深受英国法影响的我国香港特别行政区婚姻法令也明确规定,以妻或夫与人通奸为由申请离婚的配偶,有向第三者(通奸

---

① 史尚宽:《亲属法论》,中国政法大学出版社 2000 年版,第 519 页。

② 夏吟兰:《美国现代婚姻家庭制度》,中国政法大学出版社 1999 年版,第 82 页、第 142～143 页。

③ 参见夏吟兰:《美国现代婚姻家庭制度》,中国政法大学出版社 1999 年版,第 164～165 页。

方)要求赔偿的权利[①]。

《民法典》第1091条规定,则采取了例示制规定,并将离婚损害赔偿请求权的主体界定为无过错方。也就是说,在夫妻双方均有《民法典》第1091条规定的过错情形下,一方或者双方向对方提出离婚损害赔偿请求的,人民法院不予支持。

5. 时代发展推动离婚损害赔偿制度再思考

有关离婚损害赔偿制度的立法思考,仅适用于无过错的离婚当事人向过错方提起的离婚损害赔偿,至于在特殊情形下,即双方均有过错时和无过错方向婚外第三人请求离婚损害赔偿时,对于能否获偿,则应具体问题具体分析。

(1)基于过错相抵原则提起离婚损害赔偿之诉

从世界立法例看,关于离婚损害赔偿的权利主体大多限定在无过错方,如瑞士、日本等国。[②] 也有一些国家和地区的立法不以无过错方为限。原《法国民法典》第280－1条规定:"如离婚判为过错全属一方,该方无权享受任何赔偿金。但如考虑到共同生活的时间及曾给予他方职业上的合作,而在离婚后拒绝付予一切金钱上的补偿明显为不公平后,该方得取得一笔特殊的赔偿。"我国澳门特别行政区民事法律规定也将承担精神损害赔偿的义务主体界定为"唯一或主要过错人之一方"[③]。上述不以无过错方为权利主体的立法例,具有积极意义:既体现了公平原则,又体现了过失相抵的赔偿精神。但在适用上述立法例时,应注意解决两个问题:

第一,过错种类的界定。何为过错,在民法理论上有多种界定标准。但通说认为,过错应包括故意和过失。仅就《民法典》第1091条规定的五项行为看,其在主观要件上均属故意。因而,只要行为人实施了上述行为,就具备主观上的过错;根据过错责任原则,就应承担离婚损害赔偿的责任。相反,若当事人未实施《民法典》第1091条所列之行为,仅表现为对配偶的漠不关心或疏于照料

① 参见王新建主编:《香港民商法实务与案例》,人民法院出版社1997年版,第28页。

② 参见原《瑞士民法典》第151条,《日本民法典》第709条、第710条。

③ 《澳门民法典》第1647条明确确定,被宣告为唯一或主要过错人之一方,及以第1637条第C项所指之理由而请求离婚之一方,应向他方弥补因解消婚姻而造成之非财产损害。参见政法大学澳门研究中心等编:《澳门民法典》,中国人民大学出版社1999年版,第420页。

且又不属虐待和遗弃行为时,则不具备主观故意,属非过错方。至于配偶双方均实施了《民法典》第 1091 条所列之行为,则均具有主观过错,应根据损害结果的具体程度,来确认过错的轻重或大小,并依过错相抵原则,承担离婚损害赔偿责任。

第二,过错归属的确定。根据责任自负的精神,只要当事人实施了《民法典》第 1091 条所列行为之一,即属行为过错,过错行为人须承担离婚损害赔偿责任。关于行为过错的认定,须以法定违法事由为前提,即非法定事由不属过错行为,当事人不承担损害赔偿责任。上述有关法定过错行为与非法定过错行为的区分,有利于明确过错方及过错程度,便于当事人依过错责任原则和过错相抵的精神承担离婚损害赔偿责任。但过错行为人(唯一过错人或主要过错人)的认定,应由人民法院来确定。人民法院作为公平与正义的象征,应基于客观与公允的态度酌情定夺当事人的过错及过错程度,为当事人的离婚损害赔偿的实现奠定基础。①

在上述问题圆满解决后,可将离婚损害赔偿的请求权主体扩大至过错方。如此界定,将体现下述立法价值:第一,有利于充分实现并发挥离婚损害赔偿制度的惩罚与补偿的功效。也就是说,过错人均应受到惩罚,受害人均应得到救济和补偿,但若将请求权的主体严格限定在"无过错方",则必将造成离婚损害赔偿制度适用难的现状,不利于该制度功能的发挥。第二,有利于协调区际法律冲突。我国澳门特别行政区和台湾地区均将离婚损害赔偿请求权的主体限定在因离婚而受有损害者,即只要是唯一过错人或主要过错人即应承担损害赔偿责任。如此立法,既有助于明辨是非,又有利于发挥惩罚和补偿的功效。在完善离婚损害赔偿制度的进程中,我们可借鉴这一立法例,同时,也可实现区际婚姻立法的接轨和调适。②

(2)第三人应向离婚之受害方承担损害赔偿责任

第三人应否承担离婚损害赔偿责任,一直是理论界及实务界争议的焦点。就司法实践而言,日本、美国的判例已明确表明,破坏他人婚姻关系的第三人应

---

① 《澳门民法典》第 1642 条规定,(1)如认定夫妻中之一方或双方有过错,则应在判决内作出相应之宣告;夫妻中一方之过错较他方严重时,亦应在判决内宣告何人为主要过错人。(2)即使被告未提出反诉,或即使涉及当事人所陈述之事实之上条所指期间已完成,仍适用上款之规定。

② 参见王歌雅:《关于离婚损害赔偿制度的若干思考》,载《求是学刊》2004 年第 4 期。

承担损害赔偿的责任。[①]

就离婚立法而言,第三人应否承担损害赔偿责任则未达成共识。史尚宽先生认为:“在瑞士民法解释上,依债务法第 41 条、第 49 条,认有此权。”[②]第三人向离婚之受害方承担损害赔偿责任,须从法理上解决如下问题:

第一,侵权客体的界定。第三人对离婚之受害方承担损害赔偿责任,须以侵权客体的存在为前提。侵权客体应界定为受害方的婚姻权益,即第三人的僭越行为侵害了受害方的配偶权。配偶权,应理解为男女双方基于婚姻关系所享有的配偶身份权。[③] 就其性质而言,配偶权是绝对权,即权利主体是夫妻双方;义务主体是配偶以外的任何人。就其内容而言,配偶权应集中体现为配偶权益,如忠实义务、同居义务、扶助义务、家事代理权、住所决定权及共同生育权等。[④]

第二,侵权行为的界定。第三人对配偶权的侵害,是以作为为表现形式的,具体情形主要有三类:

①重婚。重婚,指有配偶者又与他人结婚的违法行为。如果第三人明知他人有配偶而与其登记结婚或以夫妻名义共同生活,则构成重婚。重婚行为既是对一夫一妻原则的严重破坏,也是对他人配偶权的严重侵害,即侵犯了他人基于配偶身份而享有的同居权、忠实权、扶养扶助权、相互尊重权及共同生育权等。根据我国现行法律的规定,重婚行为可引发下列民事、刑事法律后果:重婚为无效婚姻;构成重婚罪的,依我国刑法追究刑事责任。

②姘居。姘居,指已婚的男女双方或一方又与第三人同居生活的违法行为。如果第三人明知他人有配偶而与其非法同居,则构成对公民配偶权的侵

① 在日本,第三者基于过错对受害配偶造成家庭破裂损害时,应承担损害赔偿的责任。参见罗丽:《日本关于第三者插足引起家庭破裂的损害赔偿的理论与实践》,载《法学评论》1997 年第 3 期。在美国,北卡罗来纳州法院 1997 年 8 月 5 日作出了美国司法史上首次第三者受罚的判例。第三者考克斯基于通奸行为致朵罗西婚姻关系破裂,法院陪审团要求考克斯向朵罗西支付高达 100 万美元的赔偿金。参见《美国一妇女向第三者索赔百万美元》,载《民主与法制》1997 年第 21 期。

② 史尚宽:《亲属法论》,中国政法大学出版社 2000 年版,第 519 ~ 520 页。

③ 关于配偶权,理论界存有争议。一种观点认为,配偶权是夫对妻以及妻对夫的身份权。转引自张俊浩主编:《民法学原理》,中国政法大学出版社 1991 年版,第 161 页。另一种观点认为,配偶权是指配偶之间要求对方陪伴、钟爱和帮助的权利。转引自韩松:《婚姻权及其侵权责任初探》,载《法商研究》1993 年第 3 期。

④ 参见王歌雅:《关于离婚损害赔偿制度的若干思考》,载《求是学刊》2004 年第 4 期。

害，即侵害了他人基于配偶身份而享有的同居权、忠实权及扶助权等。姘居属变相重婚行为，是对婚姻法基本原则的严重践踏。

③通奸。通奸，指有配偶的男女双方或一方又与他人发生两性关系的违法行为。通奸行为不仅是对“夫妻应当相互忠实、互相尊重”原则的挑战，而且有碍于平等、和睦、文明的婚姻家庭关系的建立。通奸行为依然是对配偶权的严重侵害。①

第三，侵权责任的界定。第三人对他人婚姻的僭越行为无疑会导致他人婚姻的波动、危机或解体，对此，第三人应承担侵权责任。

①侵权责任的构成要件。第一，第三人行为非法。第二，第三人具有主观过错，即在与有配偶者实施重婚、姘居、通奸行为时，是以故意为主观要件的。第三，损害事实的发生，即配偶权益的被侵犯及婚姻关系的破裂。第四，侵权行为与损害后果之间存在因果关系。而由于第三人的僭越行为导致的婚姻破裂比婚姻的自动终止造成的损害后果更为严重。②

②侵权行为的救济方式。当第三人实施侵犯公民配偶权的行为时，受害配偶可根据《民法典》第 179 条的规定，要求第三人停止侵害、消除影响、恢复名誉、赔礼道歉。而当第三人侵犯配偶权致婚姻解体时，受害配偶可要求侵权损害赔偿。该损害赔偿包括财产损害赔偿和精神损害赔偿。值得注意的是，因重婚和姘居致婚姻关系解体时，受害配偶有权要求损害赔偿已达成共识，并日益为大陆法系和英美法系国家所援用。但因通奸致婚姻关系解体时，则看法不一。③ 我国台湾地区学者的观点非常耐人寻味：“与有配偶者通奸而造成损害者，实属不多，纵或有之，赔偿数额亦甚微小，故若不使受害人请求相当之慰抚金，则加害人几乎不负任何赔偿责任，实不足保护被害人。因此，第三者侵害配偶权，负精神损害赔偿责任，应系一项促进法律进步的活动，在法学方法论上是最可采取的途径。”④

---

① 参见王歌雅：《关于离婚损害赔偿制度的若干思考》，载《求是学刊》2004 年第 4 期。

② 参见王歌雅：《关于离婚损害赔偿制度的若干思考》，载《求是学刊》2004 年第 4 期。

③ 配偶一方与人发生婚外性关系、姘居，属于违法行为，侵犯了配偶权利，但是否应受法律制裁，最好不要“一刀切”，应根据具体情况，分别处理。转引自何俊萍：《配偶权不容侵犯》，载李银河、马忆南主编：《婚姻法修改论争》，光明日报出版社 1999 年版，第 281 页。

④ 王泽鉴：《民法学说与判例研究》（第 1 册），中国政法大学出版社 1998 年版，第 351 页。

总之,《民法典·婚姻家庭编》的正式施行,使有关离婚救济制度的立法工作暂时告一段落,但其立法思考并未终止,该思考将有益于我国《民法典·婚姻家庭编》离婚救济制度的立法构筑。

第五章

收养制度

收养制度是婚姻家庭法治的重要补充,从施行近30年的单行法模式演变至2020年的法典化回归,收养立法实现了尊重收养当事人意志、确认合法收养关系、保护被收养未成年人利益、维护婚姻家庭圆满的私法功能。收养制度本身聚焦每一个小的家庭个体,意在为孩子找寻温暖的家、为收养人所在家庭找到合适的孩子;放眼千家万户的社会整体,旨在回应收养实践新发展、新趋势、新问题,不断探索并彰显被收养人利益最大化的法治实现路径。收养是家与法、法与情有机融合的生动私法实践。

第一节 收养制度的内涵

回眸我国收养法治发展脉络,收养立法走的是回归法典的体系化之路,是私法不断回应收养实践新变化、新需要的创新之路。《民法典·婚姻家庭编》第五章是收养制度的规范表达,专章对收养关系的成立、收养的效力、收养关系的解除进行立法设计,使收养制度得以不断完善。后法典化时代的收养立法呈现与时俱进的自我创新与时代发展。

一、收养的法学语义

收养,是人为创设并经法律拟制亲子关系的重要途径,也是我国婚姻家庭法治中生育制度的有力补充。收养的法学含义可从立法语境与学界讨论中窥见端倪;不同时期收养法的价值追求也反映出不同阶段的立法取向。

(一)收养制度的私法语义辨析

收养,是自然人依法领养他人子女为自己子女的民事法律行为。关于收养,学界有两种语义:收养行为和收养关系。[①] 前者聚焦拟制血亲发生的法律事实,后者以亲子关系作为核心视角。不同于自然血亲,收养是通过法律制度在收养人与被收养人之间拟制出父母子女关系的民事行为;差异于财产行为,收养所形成的养父母子女关系产生了身份关系的变动效果。收养行为是一种身份行为,身份关系的产生也会伴随财产利益的变化,因此,收养关系关乎收养人与被收养人的人身利益和财产利益,是当今时代民事法律制度的重要组成。有学者主张从多维立体的角度理解收养:"收养概念的内涵与外延既包括收养行为,又包括收养关系,同时也包含收养制度。"[②]收养行为说与收养关系说皆有自身的侧重点,但欠缺整体思考而并不全面;收养的综合理解相对客观、全面、科学,一方面肯定了收养作为一种法律行为模式存在,另一方面回应了因收养而形成的法律关系效力的改变,辩证统一地把握住收养法律意义的本质内涵。收养概念的多维内涵奠定了其成为《民法典·婚姻家庭编》重要制度的客观基础。

收养的事实行为语义体现了收养当事人间的意思自治。收养关系是一种拟制血亲关系,是一种民事主体之间达成合意的人为拟制,体现了私法自治的本质特点,同时也与自然血亲形成的天然父母子女关系有所差异,即收养并非依托于出生的自然事实,而是完全依收养人与被收养人的自由意志所决定。所以,收养关系可以依法成立,也可以依法解除,自然血亲则不可以人为解除。

收养的法律关系语义决定了多元的收养法律主体。收养法律行为中,当事人主体主要包括收养人、被收养人、送养人。收养人是领养他人子女为自己子女的人;被收养人是被他人收养的人;送养人是把子女或儿童送给他人收养的自然人或者社会组织。

收养的内涵,反映了诸多私法本质属性。虽然收养的成立与解除需要行政机关的参与,但不能改变其制度本身的私法定位。收养法律行为和收养法律关

① 参见杨大文主编:《亲属法》(第4版),法律出版社2004年版,第244页。

② 蒋新苗:《收养概念的内涵与外延透析》,载《中央政法管理干部学院学报》1999年第4期。

系折射出诸多法的本质属性。

第一,亲属身份性。收养行为是一种身份变动行为,即收养形成新的父母子女关系。通过收养能够使收养人、被收养人之间建立起具有亲属关系的身份联系,让原本没有血缘关系的自然人之间的身份关系产生变化,收养人将具有养父母的亲属身份,而被收养人将具有养子女的亲属身份,彼此之间建立起亲属法意义上的法律拟制亲子关系。收养不同于寄养。寄养,是指"父母因某种特殊原因不能直接履行对子女的抚养义务,把子女寄托在他人家中生活的一种委托代养行为。寄养无法定程序,收寄人与被寄养人之间不形成拟制血亲关系,一般约定一定的期限"①。与寄养相比,收养人与被收养人之间形成拟制血亲关系,收养关系无期限约定,是一种需要经过法定程序建立或消灭的亲属法律关系。

第二,民事性。收养的本质是一种民事行为,养父母与养子女间的父母子女关系的建立依托于收养当事人之间的收养行为,此种民事行为让本无自然血缘关系的当事人产生法律拟制的血亲关系。收养的这种民事属性不同于公养的公共属性。公养,是指国家社会福利机构或社会慈善团体对无家可归、无依无靠和无生活来源的儿童的收容养育。"公养的性质是一种社会福利措施,不产生父母子女关系,仅仅产生监护关系"②;而收养作为一种民事身份行为,能够建立法律拟制的父母子女关系,自然产生与权利义务相对应的民事法律关系。

第三,要式性。收养关系的成立与否涉及多方民事主体的身份权益和财产利益,各方收养当事人应当"三思而行"。收养行为必须严格受到收养法律规范的调整,我国收养立法把收养行为明确界定为要式法律行为。收养关系的成立与收养关系的解除,需要收养主体具备法律要求的实质要件,同时需要履行法定的收养登记程序。缺少了法定的收养要件,收养关系则不能成立。

第四,拟制性。收养关系的本质是一种拟制血亲关系,区别于基于出生而形成的自然血亲关系。法律拟制的收养关系可以依法建立,也可以依法解除,充分体现了私法意志自由。自然血亲关系则不能人为建立或解除。即便同为法律拟制血亲关系,继父母子女关系与收养关系的本质也并不相同。继父母子

① 房绍坤主编:《亲属与继承法》,科学出版社 2015 年版,第 89 页。

② 房绍坤主编:《亲属与继承法》,科学出版社 2015 年版,第 88 页。

女关系依双方意愿附属于生父或生母的婚姻关系而得以成立，继子女与继父母、生父母之间存在双重的权利义务关系；而养父母子女关系要依照我国收养法规定的收养成立条件而成立，养子女与生父母之间的权利义务关系会因收养关系的成立而解消。

第五，法定性。收养法律行为对行为人的主体身份进行了限制，这一点与任意民事法律行为不同。一方面，除送养人外，收养人与被收养人仅能为自然人，法人和非法人组织不能作为收养人与被收养人；另一方面，各方收养主体都必须具备法律规定的条件，否则不具备相应的收养资格。此外，收养仅允许发生于非直系血亲关系的自然人之间，法律禁止收养直系血亲，否则会对自然血缘关系所形成的既定伦理关系产生冲突，一旦收养成立，会严重冲击自然血缘关系，搅乱家庭内部的身份秩序。

(二)收养价值追求的时代更迭

收养目的的阶段理解折射出不同历史时期收养制度的利益追求。收养目的前后主要经历了四个阶段：第一阶段是原始社会末期和奴隶社会早期，这一阶段体现为为族的利益收养，收养外来人以壮大本氏族的规模，收养是为了本氏族的利益，忽视个人的利益。第二阶段是奴隶社会和封建社会时期，这一阶段体现为为家的利益收养，通过收养来壮大家的规模。第三阶段是封建社会时期，这一阶段体现为为亲的利益收养，收养子女为子嗣的目的是传宗接代，我国古代的立嗣制度体现的就是为亲之收养。正所谓“立嗣是以男性为中心的宗祧继承的产物，男子无子而需要立嗣，所立者也须为旁系血亲中男子，体现的就是为亲的收养”①。第四阶段是现代社会时期，收养的核心利益由“他本位”转化成“子本位”，即收养是为了子女的利益。② 因为战争的结果，《法国民法典》第353条直接规定：“收养，应收养人请求，由大审法院宣告。大审法院在其受理请求之日起6个月期限内审查是否具备法律规定的收养条件以及是否符合儿童的利益。”③该规定体现的就是为了子女的利益。现代社会收养制度改革的基本指导思想是以保护儿童的最大利益为目的和出发点，而不是以“传宗接代”为

---

① 马忆南：《婚姻家庭法新论》，北京大学出版社2002年版，第208~209页。

② 参见杨立新：《家事法》，法律出版社2013年版，第206页。

③ 《法国民法典》，罗结珍译，北京大学出版社2010年版，第106页。

目的和归宿。[1] 收养制度也发挥着推进全社会家庭文明的法治作用治理，即通过规范收养行为与收养关系，促进家庭关系的稳定，形成良好的家风。毕竟家风建设是“促进家庭和睦，促进亲人相亲相爱，促进下一代健康成长，促进老年人老有所养，使千千万万个家庭成为国家发展、民族进步、社会和谐的重要基点”[2]。

二、收养的立法沿革

我国的收养立法经历了从无到有、从粗到精、从单行到法典化的晋升之路。整体来看，我国收养立法起步较晚，收养关系中主体法律意识淡薄，非正规的民间事实收养大量存在。收养立法的不断完善对于规范收养行为尤为重要，其中最具代表性的两个时期当属单行法阶段与当下的法典化回归阶段。回眸收养法治进化史，收养立法经历了从不成熟到成熟的精细化过程，而在这一变革中，诸如封建色彩的立嗣制度等相继被废除，立法的内容科学性与程序完备性逐渐深化。

（一）收养的单行法演进

我国在未形成系统成文的收养制度之前，民间不规范的事实收养长期存在。1950 年《婚姻法》对收养制度作出过简单规定；[3]1980 年《婚姻法》进一步对养子女的法律地位及养子女和养父母、生父母的法律关系作出了明确规定，[4]但有学者认为其“缺少明文的收养法律规范，内容不完备、不统一”[5]。

1991 年《收养法》正式颁布，成为我国第一部较为完整调整收养关系的法律规范。这部法律于 1991 年 12 月 29 日由第七届全国人大常委会第二十三次会议审议通过，并于 1992 年 4 月 1 日正式施行。其正式确立了收养的原则，明确了收养人与被收养人的条件，细化了收养的程序。

---

① 参见蒋新苗：《现代收养法趋同化取向》，载《湖南师范大学社会科学学报》2000 年第 6 期。

② 中共中央党史和文献研究院编：《习近平关于注重家庭家教家风建设论述摘编》，中央文献出版社 2021 年版，第 3 页。

③ 1950 年《婚姻法》第 13 条第 1 款、第 2 款规定，父母对于子女有抚养教育的义务；子女对于父母有赡养扶助的义务；双方均不得虐待或遗弃。养父母与养子女相互间的关系，适用前项规定。

④ 1980 年《婚姻法》第 20 条规定，国家保护合法的收养关系。养父母和养子女间的权利和义务，适用本法对父母子女关系的有关规定。养子女和生父母间的权利和义务，因收养关系的成立而消除。

⑤ 杨立新：《家事法》，法律出版社 2013 年版，第 206 页。

1998年《收养法》对1991年《收养法》进行了修改完善，收养程序更加细化、完善。1998年《收养法》适当放宽收养条件，扩大被收养人范围，减轻社会福利机构的收养压力；进一步完善收养的程序，收养关系统一由民政部门登记成立；完善涉外收养的规定，有利于保护我国被外国人收养的儿童的安全和利益。

《民法典》颁布，收养法纳入婚姻家庭制度并随之一并完成了法典化回归，收养的单行法阶段就此结束。

（二）收养的法典化回归

2020年5月28日，《民法典》颁布，法典以收养单行法为基础，顺应收养新实践，进行了部分修改，彰显出被收养人利益最大化原则。收养法律制度在本质上属于婚姻家庭制度，《民法典·婚姻家庭编》在体例上纳入收养法，“实现了婚姻法、收养法的法典化回归”①，开启了中国收养法治的新篇章。

回眸我国收养立法发展史，立法初期呈现起步晚、条文少、价值单一的特点。首先，我国收养立法滞后于婚姻家庭立法，1950年《婚姻法》出台40余年后，我国第一部收养法律规范才在1991年得以通过；其次，1991年《收养法》共33条，1998年《收养法》共34条，《民法典·婚姻家庭编》中收养规范共26条，各阶段的收养立法条文数量较少，未能充分回应纷繁复杂的收养实践；最后，我国各阶段的收养立法核心价值在于维护未成年人利益最大化，这一点同域外立法例不尽相同。通观国际收养法立法，收养法律制度既发挥了维护未成年人利益的功能，也实现了照顾老年人权益保障的需求，即立法通过对具体收养规范并行设计来满足“养老”与“育幼”两个功能。我国收养立法对老年人精神养老的需求满足存在制度空白，收养类型是否应考量未成年收养与成年收养模式双轨制，值得探讨；我国现行收养立法在收养人条件的法律规制上仍存在年龄限制偏大的立法设计问题，这虽然在一定程度上满足了收养能力的保障，却也直接制约年轻夫妻收养愿望的实现。除此之外，近年来事实收养引发若干法律纠纷，司法裁判存在认定标准不一、同案或类案难以同判的现象，事实收养存在获得司法保护的不确定性，极易引发收养各主体的利益受损，破坏和谐稳定的家庭关系。这些理论问题都是后民法典时代收养立法亟须回应的时代之问。

---

① 王歌雅：《民法典婚姻家庭编的价值阐释与制度修为》，载《东方法学》2020年第4期。

第二节 收养关系的成立

收养关系的成立,涉及收养实质条件的契合与收养法定程序的履行,前者包含被收养人、送养人、收养人等一般性通用条件以及孤儿、残疾未成年人或者儿童福利机构抚养的查找不到生父母的未成年人特殊主体的立法设计;后者囊括收养登记、收养公告、涉外收养、收养评估、收养协议等程序制度设计。收养关系的合法成立需要收养各主体适格,并履行法定程序,收养关系的成立体现出立法在主体年龄、意思表示、程序履行上的制度表达,反映出收养关系成立的条文明确性与高度法定性,收养关系的成立同样是全部收养制度的理论起点。

一、收养的条件

收养的条件是收养关系成立的法律依据与实质体现。不同国家和地区的立法例虽采取多元化差异性制度设计,但总体表现为两种主要的收养立法模式:一般收养和特殊收养。收养的条件因此体现为两大类型:通用收养条件和特别收养条件。

(一)通用收养的条件

通用收养条件是立法在收养条件中针对各收养主体(被收养人、送养人、收养人)资格所设定的一般性规定。我国《民法典》中通用的收养条件集中表现在被收养人的条件①、送养人的条件②、收养人的条件③。通用收养条件的立法设计既直接反映收养的分类,又同时涉及民事立法基本理论问题。按照被收养人是否限于未成年人,收养分为成年人收养与未成年人收养;透过送养人条件的集中规定,窥视出送养人同意意思表示行使的规则。考察收养人的立法设计,体现出立法对民事主体行为能力的保障。

---

① 参见《民法典》第 1093 条。

② 参见《民法典》第 1094 条。

③ 参见《民法典》第 1098 条。

1. 被收养人条件的限定

《民法典》第 1093 条规定了被收养人的条件，三类主体可以成为被收养人：一是丧失父母的孤儿；二是查找不到生父母的未成年人；三是生父母有特殊困难无力抚养的子女。我国立法采"扶幼 + 济弱"的未成年人收养模式。

被收养人的条件，在我国和其他国家或地区的立法例中均予以明文规定，但是范围略有不同。一些国家的收养立法中有未成年收养和成年收养两种类型，其中大多数国家和地区以未成年收养为主流，少数国家的立法允许成年人收养，如德国、法国、瑞士、日本等国的民事立法。[①]

被收养人的条件在成文规范上有诸多考量因素，其具体限定体现为年龄、身份两个维度。

（1）被收养人年龄的限定

《民法典》第 1093 条规定是在我国 1998 年《收养法》第 4 条规定的基础上修改而来，对比来看，最大的立法变化表现在将"不满十四周岁的未成年人"修改为"未成年人"，将可以被收养的未成年子女扩大到不满 18 周岁的未成年人，放宽了被收养人的年龄限制，扩大了被收养人的范围。

考察我国收养立法与域外立法例，收养主体的年龄限制主要有两种方式：一是通过立法规定被收养人年龄上限，即被收养人不得超过一定的年龄。《法国民法典》第 345 条规定："只有年龄不满 15 周岁，在收养人或者两收养人家庭中接纳至少已经 6 个月的儿童，始允许收养之。"[②]《瑞士民法典》第 265 条第 1 款规定："养子女，其年龄至少应比养父母年小十六岁。"[③]收养人与被收养人之间存在适当的年龄差具有现实合理性，主要有三种法律考量：第一，基于亲子关系稳定的角度。由于社会生活实践中收养人通常多为中年人，立法保持收养人与被收养人适当的年龄差，被收养人自然会是较为年轻的未成年人。收养关系

① 世界上一些国家存在成年人收养的立法实践，有默许和明示两种立法例：默许的有法国、日本、瑞士等国家；立法明确规定成年人收养的国度以德国为典型。《德国民法典》中第四编为亲属编，其中第二章亲属在第七节收养部分采取了未成年人收养和成年人收养两目单独平行的立法设计。在第二目成年人收养中（第 1767 条至第 1772 条）分别规定了成年人收养的可准许性、申请程序、禁止事项、收养效力、关系取消等实质性内容。参见《德国民法典》（第 5 版），陈卫佐译注，法律出版社 2020 年版，第 605 ~ 606 页。

② 《法国民法典》，罗结珍译，北京大学出版社 2010 年版，第 103 页。

③ 《瑞士民法典》，于海涌、赵希璇译，［瑞士］唐伟玲校，法律出版社 2016 年版，第 94 页。

的本质是通过法律在不具有自然血亲关系的主体间拟制出亲子关系，立法应尽可能地促进法律拟制出的亲子关系的稳定。如果被收养人本身年龄过高，其独立意识更强，相较于年龄较小的被收养人，难以形成家庭归属感，易造成家庭关系不稳定。第二，基于被收养人利益保护理论。被收养的未成年人受年龄因素影响，多为无民事行为能力人或限制民事行为能力人。因其年龄未达一定标准、心智发育尚未成熟，才需要收养制度对其生活进行照料，对其心理发展加以引导。第三，是确保收养人充足的抚养能力。适当的年龄差可以促使收养人年龄不至于过低，其经济收入水平和物质生活保障都更为充裕，这对于优化被收养人的生存环境、保障被收养人生活水平是颇有助益的。二是年龄宽泛立法例。《德国民法典》分别规定了未成年收养和成年收养，①“德国收养立法既允许收养未成年人即尚未年满18周岁的儿童，也允许收养成年人，并明确要求有关成年人的收养应参照未成年人收养的相关规定办理”②；《法国民法典》简单收养中年龄不受限制；③《日本民法典》第793条有禁止性规定，“以尊亲属或者年长者为养子女的禁止：尊亲属或者年长者，不得作为被收养人”④，同样未限制被收养人年龄。

年龄限制是收养立法考量中的重要因素，对被收养人进行年龄限制能够在更大程度上发挥收养的制度功能，存在一定合理性。如果把被收养人年龄限制过低，或者直接放开对年龄的限制都不符合收养现实。我国学界存在为了社会养老利益维护而支持放开成年人收养的观点，认为收养制度应当具备“育幼”“防老”双重功能。理由在于随着老龄化社会的日益加剧，空巢老人逐渐增多，老年人的养老利益越发引起重视，放开被收养人的年龄限制，让不同原因没有子女的老人收养子女，甚至是收养成年子女来保障养老需求。此种观点值得商榷，因社会养老利益维护而放开成年人收养存在不科学之处：一是有违我国收养制度设立的初衷，即保护未成年人的利益，贸然改变立法价值取向跨度较大；

---

① 《德国民法典》第1741条至第1766a条规定了未成年人的收养，第1767条至第1772条规定了成年人的收养。参见《德国民法典》（第5版），陈卫佐译注，法律出版社2020年版，第595～606页。

② 蒋新苗：《中德跨国收养法律冲突的解决路径》，载《国际法研究》2021年第3期。

③ 《法国民法典》第360条规定，无论被收养人年龄如何，均允许简单收养。参见《法国民法典》，罗结珍译，北京大学出版社2010年版，第109页。

④ 《日本民法典》，刘士国、牟宪魁、杨瑞贺译，中国法制出版社2018年版，第193页。

二是成年人收养有损人格尊严,容易形成人格差等;三是成年人与老年人之间容易产生新的问题与矛盾,如感情隔阂、习惯不同,严重的可能会导致遗弃、虐待,甚至成年人借收养之名对老年人实行诈骗;四是老年人的养老利益可通过《老年人权益保障法》等法律规范进行保护。学界还存在为了促进家庭关系稳定而反对放宽被收养人年龄至18周岁的观点。理由在于被收养人年龄一旦放宽,将会影响家庭关系的稳定。因为14周岁以上的人心智较成熟,独立意识较强,不容易融入新家庭。然而,放宽被收养人年龄,并不必然影响家庭关系稳定。相反,其可能更懂得来之不易的和谐家庭与亲情关怀,收养人与被收养人的关系也许会更加和谐。

立足于我国的收养实践,《民法典》对被收养人年龄适当进行放宽是适宜的、恰当的、必要的。14周岁至18周岁的未成年人,多数没有独立生存能力,需要一定程度的抚养照顾。传统立法中被收养人范围过窄,一些孤儿、弃儿等一旦年满14周岁,则无法按照收养法规定被收养,只好采取代养、寄养方式,显然不利于收养目的的实现和被收养人利益的保护。回归收养本质,收养法律制度设计应为需要抚养的被收养人提供稳定的家庭成长环境,促进被收养人的健康成长。因此,收养制度必须把被收养人的利益放在首位。

(2)被收养人身份的限定

我国收养法律制度除了对被收养人的年龄进行限制外,还对其他条件进行了限制,身份就是重要的立法考量因素。《民法典》第1093条规定了三种情况:

第一,“丧失父母的孤儿”。丧失父母中的“丧失”,指的是发生了父母死亡和被依法宣告死亡的情形。而规范中的父母一词应作扩大理解,既包含生父母,也包含养父母、继父母。

第二,“查找不到生父母的未成年人”。与1991年《收养法》和1998年《收养法》相比,将“查找不到生父母的弃婴和儿童”修改为“查找不到生父母的未成年人”,是《民法典》编纂中的特别考量,回应了被拐卖、拐骗儿童的利益诉求。1998年《收养法》规定的“弃婴和儿童”是否包含被解救的被拐儿童,在收养实践中一直存有疑惑,过去只能将法条中的“儿童”一词解释成包含被拐儿童和走失儿童。本次立法统一修改为“未成年人”的表述,解决了这一问题,明确了被收养人的范围。通过法律制度保障被拐儿童在获救后且找不到生父母时的社会救济途径,维护了众多不幸儿童的生存利益。

第三,“生父母有特殊困难无力抚养的子女”。其中的特殊困难不仅仅局限于无劳动能力和没有经济来源的状况,也泛指生活中一切阻碍生父母抚养子女的特殊情况,既包括经济状况上的困难,也包括精神思维上的困难,还包括身体健康上的困难。[①] 在某些情形下,比如生父母处在投监服刑期间,因其人身自由被剥夺而无法承担抚养、教育和保护子女的责任,这类人员的子女同样符合本条被收养人的规定。收养立法未采取列举式的表述,而是选择了概括式的模式,就是在法律限度内尽可能多地囊括被收养人的情形,提高法律制度的包容性。这些规定,有利于被收养人在稳定的家庭环境中健康成长。

被收养人的条件规定直接划定了实质收养的范畴,明确了被收养人的具体资格要求,间接释放出制度设计的法律善意:国家通过亲属立法发挥收养制度的社会调节功能,促进被收养人稳定健康成长,维护被收养人利益最大化。

2. 送养人条件的集中表达

将子女或非其子女的其他未成年人送交他人收养的个人或组织是送养人。送养人的条件,同样必须由法律明文规定,以便明确送养主体的合法性,规范收养行为。一般认为,送养人适格是收养法律关系成立的实质要件,即只有送养人符合相关条件,收养才能有效成立。首先,收养涉及送养人、收养人、被收养人等多方主体,收养关系的最终成立也导致不同主体间发生法律关系的变化。其次,有利于进一步规范收养法律关系。由于收养涉及多方主体,法律关系较为复杂,在宏观方面确定好送养条件后,才可在微观层面针对不同的送养主体制定具体规则。从比较法上看,收养法律制度中收养人的范围大体存在两种模式:分散型的立法模式与统一型的立法模式。在分散型的立法模式中,并不对送养人的条件予以集中规定,而是将其分散规定于法律的各个部分;而在统一的立法模式中,收养法律制度将统一对送养人的条件与范围集中规定。

我国收养立法关于送养人的条件一直采取集中规定的方式。1991 年《收养法》第 5 条规定:“下列公民、组织可以作送养人:(一)孤儿的监护人;(二)社会福利机构;(三)有特殊困难无力抚养子女的生父母。”《民法典·婚姻家庭编》“收养”一章延续了这一立法模式,继续采用统一规范集中规定送养人的条件。

---

① 参见黄薇主编:《中华人民共和国民法典婚姻家庭编释义》,法律出版社 2020 年版,第 194 页。

(1)三类送养主体的一般规则

《民法典》第1094条规定了送养人的条件,具体包括三类个人或组织:一是孤儿的监护人;二是儿童福利机构;三是有特殊困难无力抚养子女的生父母。

从法律规范演进角度看,本条规定是在我国1991年《收养法》第5条、1998年《收养法》第5条的基础上修改而成。对比而言,将原法条中的"公民"改为"个人",提高了收养法律规范用语的精准性。"公民"一词多出现在行政法等公法规范中,"个人"一语则更具民法意蕴;最大的立法差异体现为将"社会福利机构"修改为"儿童福利机构",实现了我国各个法律规范、行政法规关于法律概念的使用协调,用语也更加准确。

"孤儿的监护人"作为送养人时,需明确孤儿的事实范畴与监护人制度。所谓孤儿,根据民政部1992年发布的《民政部关于在办理收养登记中严格区分孤儿与查找不到生父母的弃婴的通知》规定:"孤儿是指其父母死亡或人民法院宣告其父母死亡的不满十四周岁的未成年人。"但由于我国被收养人的年龄立法扩大到18周岁,因此,孤儿的范畴也应当进行扩展,即父母死亡或者人民法院宣告其父母死亡的未成年人。

根据《民法典·总则编》规定,父母是未成年子女的监护人。未成年人的父母已经死亡或者没有监护能力的,由下列有监护能力的人按顺序担任监护人:①祖父母、外祖父母;②兄、姐;③其他愿意担任监护人的个人或者组织,但是须经未成年人住所地的居民委员会、村民委员会或者民政部门同意。[①] 此外,无民事行为能力或者限制民事行为能力的成年人,由下列有监护能力的人按顺序担任监护人:①配偶;②父母、子女;③其他近亲属;④其他愿意担任监护人的个人或者组织,但是须经被监护人住所地的居民委员会、村民委员会或者民政部门同意。[②] 监护制度是对被监护人行为能力的一种补足,是民法对于无行为能力人和限制行为能力人的人身、财产及其他合法权益进行监督、保护的制度。《民法典·总则编》设置了行政机关依法成为监护人的兜底条款:"没有依法具有监护资格的人的,监护人由民政部门担任,也可以由具备履行监护职责条件的被

① 参见《民法典》第27条。
② 参见《民法典》第28条。

监护人住所地的居民委员会、村民委员会担任。”[①]以上机关在特定情形下需要承担兜底的监护责任。[②]

“儿童福利机构”作为送养人时，主要由民政部门的社会福利院承担法定职能。1991 年《收养法》第 5 条第 2 项规定，可以作为送养人的主体是“社会福利机构”。我国的社会福利机构，主要是指各地民政部门主管的收容、养育孤儿和查找不到父母的未成年人的社会福利院。立法用语从“社会福利机构”转变为“儿童福利机构”，一方面增加了表述准确性，即体现出送养人是国家设立的从事有关儿童的福利机构，另一方面也与我国《未成年人保护法》《残疾人保障法》法律条文中“儿童福利机构”的立法表达保持一致。

“有特殊困难无力抚养子女的生父母”作为送养人时需严格把握，即应作为限缩理解。由于“生父母”的表述，与“父母”一词存在区分，因此，本条的适用范围不包括养父母与继父母。根据我国《民法典·总则编》规定，生父母具有抚养子女的法定义务，[③]生父母在通常情况下不得将子女送养他人。但当生父母出现了不能履行抚养义务的特殊困难时，收养法律制度应当允许生父母送养自己的子女。因此，生父母可以作为送养人。与此同时，生父母作为送养人还应当符合以下规定：第一，主体唯一性。送养人只能是被收养人的生父母。第二，生父母有特殊困难的情形。特殊困难，通常是指经济上的条件，但生父母精神思维上的原因和身体健康上的原因同样属于“具有特殊困难”的情形。第三，特殊困难的证明需要提交所在单位或者村民委员会、居民委员会确认。实践中，是由送养人的单位或者村民委员会、居民委员会进行大体判断，并对送养人的工作生活情况作初步审查。

域外收养立法例则对送养的主体作了更为细致的规定。如《法国民法典》第 348 条、第 348－1 条、第 348－2 条、第 348－4 条、第 348－5 条、第 348－6 条规定了原则上由被收养人的父母双方同意、特定情况下由亲属会议及法院作为送养人的立法设计；[④]《德国民法典》第 1747 条至第 1753 条规定了收养子女时

---

① 《民法典》第 32 条。

② 参见汪全胜、王新鹏：《论我国未成年人委托照护制度的立法缺陷及其完善》，载《云南师范大学学报（哲学社会科学版）》2021 年第 4 期。

③ 参见《民法典》第 26 条。

④ 参见《法国民法典》，罗结珍译，北京大学出版社 2010 年版，第 104～105 页。

父母允许的必要制度以及特殊情况下家事法院的收养允许制度;[①]《奥地利民法典》第192条规定了由被收养人本人或其法定代理人与收养人订立收养契约的法律制度和特殊情况由法院作为送养人的情形。[②]

域外送养人立法呈现了诸多不同于我国收养法律制度的特点:首先,有关送养人的法律制度分散于法律规定之中。也就是说,没有在同一规范中集中规定送养人的条件,而是通过不同规范对送养人的条件或范围进行规定。其次,倾向于照顾被收养人父母的利益和需要。将父母作为优先送养人或原则上仅能由被收养人的生父母进行送养,体现了对生父母亲权的尊重。最后,体现出最大限度保护未成年被收养人利益的原则。法律规定由其他个人或组织作为送养人,以体现对未成年人利益的保护。

(2)监护人送养模式

我国《民法典》第1095条明确规定:"未成年人的父母均不具备完全民事行为能力且可能严重危害该未成年人的,该未成年人的监护人可以将其送养。"监护人送养模式在未成年人利益处于严重危险的情况下可以依法启动。

监护人作为送养人的情况不仅仅发生在未成年人父母死亡的情况下——当未成年人的父母并未死亡,同时双方均不具备完全民事行为能力且可能严重危害未成年人时,该未成年人的监护人可以作为送养人行使送养权利。监护人作为送养人,可弥补未成年人父母民事行为能力的瑕疵。

1991年《收养法》第12条规定,"未成年人的父母均不具备完全民事行为能力的,该未成年人的监护人不得将其送养,但父母对该未成年人有严重危害可能的除外",《民法典》第1095条规定则在此基础上衍化而来。《收养法》在原则上规定了监护人不能送养未成年人,除非有严重危害的可能。此种制度的立法初衷在于充分考虑对生父母权益的保护,即有助于对无行为能力或限制行为能力的父母权益的保护。一方面,子女可以在精神上陪伴和慰藉父母;另一方面,只有亲子关系存在,子女成年后对生父母履行赡养义务才存在法律基础。《民法典》第1095条规定的重点是可以将其送养,则贯彻了婚姻家庭编在一般规定中新增的"收养应当遵循最有利于被收养人"的原则。立法技术从"原则上

---

① 参见《德国民法典》(第5版),陈卫佐译注,法律出版社2020年版,第596~599页。

② 参见《奥地利普通民法典》,戴永盛译,中国政法大学出版社2016年版,第35页。

不得送养”到“何种情况下可以送养”的变化，传递出的理念变化和价值导向是明确的，即首先要保障未成年人的利益。与此同时，在父母尚存的情况下，对于监护人送养未成年人的条件要求是非常严格的，必须满足三个方面限制的条件：未成年人的父母均不具备完全民事行为能力＋存在可能严重危害该未成年人的情形＋送养主体只能是未成年人的监护人。而一旦发生此种情况，《民法典》第1094条则不再适用，需要《民法典》第1095条规范进行引领。

（3）监护人送养孤儿的特别保护

《民法典》第1096条规定了监护人送养孤儿的义务和变更监护人的情形：“监护人送养孤儿的，应当征得有抚养义务的人同意。有抚养义务的人不同意送养、监护人不愿意继续履行监护职责的，应当依照本法第一编的规定另行确定监护人。”也就是说，我国收养法律制度对监护人送养孤儿的情形进行了一定的限制。

有资格担任孤儿监护人的主体并不单一，包括有监护能力的祖父母、外祖父母、兄、姐。“在父母责任用尽、社会监护失能的前提下，才能以公权力介入的方式实现未成年人监护”[①]，但多数情况下，监护人不可能由多人担任。因此，在监护人确定后，为尊重其他有抚养义务的人的意愿，送养被监护人时应当征得有抚养义务的人的同意，也是为了最大限度地遵循保护未成年人利益的原则。在收养实践中，有抚养义务的人不同意送养的原因主要有两点：一是想要获得被监护人的监护权，二是情感上无法接受被他人收养。而一旦出现了有抚养义务的人不同意送养、监护人不继续履行监护职责的情况时，变更监护人则应当按照《民法典·总则编》变更监护人确有必要。根据《民法典·总则编》第31条第1款、第2款规定，“对监护人的确定有争议的，由被监护人住所地的居民委员会、村民委员会或者民政部门指定监护人，有关当事人对指定不服的，可以向人民法院申请指定监护人；有关当事人也可以直接向人民法院申请指定监护人。居民委员会、村民委员会、民政部门或者人民法院应当尊重被监护人的真实意愿，按照最有利于被监护人的原则在依法具有监护资格的人中指定监护人”。

① 李瀚琰：《未成年人意定监护的前提与解构——兼论监护原则的理想与出路》，载《前沿》2021年第3期。

(4)共同送养原则与例外

《民法典》第1097条规定:“生父母送养子女,应当双方共同送养。生父母一方不明或者查找不到的,可以单方送养。”生父母作为送养人时,共同送养是共同意思表示的体现。

生父母送养子女时,我国收养法原则上要求必须由生父母双方共同送养,特殊情况下允许生父或生母单方送养。该条规定源于1991年《收养法》第10条第1款规定,“生父母送养子女,须双方共同送养。生父母一方不明或者查找不到的可以单方送养”。无论域外还是我国,都将送养子女时应由父母双方共同送养作为原则,且我国只承认完全收养。

3.收养人条件的时代嬗变

《民法典》第1098条具体规定了收养人的条件,即收养人应当同时具备5项条件:(1)无子女或者只有一名子女;(2)有抚养、教育和保护被收养人的能力;(3)未患有在医学上认为不应当收养子女的疾病;(4)无不利于被收养人健康成长的违法犯罪记录;(5)年满30周岁。这是一般情况下收养人应当的具备条件。收养人的法定条件体现立法对其自身子女数量的限制,对其收养能力的确认,以及对无不利于被收养人的相关因素的确定,具有鲜明的时代性特征。收养人的条件由法律明文规定,以便明确收养的合法性,规范收养行为。

我国《民法典》第1098条沿袭了1998年《收养法》第6条的制度设计。对比来看,立法对收养人条件中子女数量的具体限制发生了较大变化:从“无子女”修改为“无子女或者只有一名子女”。立足我国国情,由于儿童福利水平还不够完善和健全,需要鼓励有条件的家庭加入收养人行列,减轻国家财政负担因此建议从速放宽收养条件,让有意愿和有能力的社会热心家庭和符合收养条件急需收养的家庭能够达成心愿,也使更多的被遗弃或者需要抚育的儿童因收养而健康快乐地成长。家庭中子女的数量与国家计划生育政策息息相关,1998年《收养法》与2002年施行的《人口与计划生育法》“提倡一对夫妻生育一个子女”的规定相一致;无子女应当做扩大解释,既要求收养人没有亲生子女,同时也要求没有养子女及形成抚养教育关系的继子女。回眸历史,我国生育政策历经几次全国性调整——中华人民共和国成立以来,我国的生育政策实行分阶段的“计划生育”:1982年党的十二大提出,实行计划生育是我国一项基本国策,该国策同年入宪,“独生子女政策”实施三十余载;2013 年党的十八届三中全会决定启动“单独二孩政策”;2015 年党的十八届五中全会对我国人口和计划生育政策作出了重大调整,决定实施“全面二孩政策”。同年 12 月 27 日,第十二届全国人大常委会第十八次会议对《人口与计划生育法》作了修正,明确规定“国家提倡一对夫妻生育两个子女”。《民法典·婚姻家庭编》关于收养人子女数量的法律规定顺应时代要求,作出了重要调整。2021 年 8 月 20 日,全国人大常委会表决通过了关于修正《人口与计划生育法》的决定,实施“三孩生育政策”。至此,我国的生育政策完成了由独生子女到单独二孩到全面二孩再到三孩生育的政策转向,被纳入法典的收养法律制度再次滞后于快速修改的人口与计划生育法律制度。

关于收养人年满 30 周岁的法律限制,其立法考量在于年满 30 周岁的收养人在经济能力、心智完善程度、承担抚养义务、保障被收养人利益方面都更能符合收养价值的实现。

域外收养人年龄限制的立法例,主要体现在立法规定了收养人的最低年龄或者收养人与被收养人应具有年龄差两种模式。德国和法国关于收养人的年龄限制体现在对最低年龄的限制上,如《德国民法典》第 1743 条规定:“收养人必须已满 25 岁”①;《法国民法典》第 343 条规定:“没有别居,结婚超过 2 年或者双方均满 28 周岁的夫妻,得请求收养子女。”②《菲律宾民法典》第 337 条规定:“如果收养人长于被收养人 16 岁,任何人都可以被收养,即使是成年人,亦同。”③

4. 收养合意的意思自由

《民法典》第 1104 条规定:“收养人收养与送养人送养,应当双方自愿。收养八周岁以上未成年人的,应当征得被收养人的同意。”收养行为作为一种民事法律行为,需要收养各方当事人达成收养合意,这是必要的法律限定条件。

收养作为民事法律行为,需要体现私法自治原则。具体体现在送养人、收养人以及被收养人等主体主观上是否形成收养合意。也就是说,收养人、送养

① 《德国民法典》(第 5 版),陈卫佐译注,法律出版社 2020 年版,第 595 页。

② 《法国民法典》,罗结珍译,北京大学出版社 2010 年版,第 102 页。

③ 《菲律宾民法典》,蒋军洲译,厦门大学出版社 2011 年版,第 51 页。

人、被收养人应作出明确、真实、具体的收养意思表示。

从比较法上来看,收养意愿大多体现在各个国家的立法之中。德国、意大利、瑞士的民事法律规定中都有相关规定。

与1998年《收养法》规定相比较,《民法典》对被收养人自己为同意意思表示的年龄标准进行了修改,法律规定由“10周岁”下调为“8周岁”。在收养8周岁以上未成年人时,应征得被收养人的同意。

收养作为一种民事法律行为,收养人的收养意愿必须真实、自愿,如果意思表示有瑕疵,比如存在受胁迫、受欺诈的情形,则影响收养行为的效力,并可能会对被收养人利益造成损害。甚至有的收养主体,借收养之名,行危害之实,最终需要承担相应的法律责任。

有效的收养关系需要送养人作出真实的意思表示。根据《民法典》第1094条的规定,可以作为送养人的主体包括个人和组织,如孤儿的监护人、儿童福利机构以及有特殊困难无力抚养子女的生父母。无论由哪个主体作为送养人,都须有真实的送养意愿。比如孤儿的监护人,即便其丧失了监护能力,也不能强制送养其监护的未成年人,这是基于对未成年人合法利益的考虑,此时可以依据《民法典·总则编》的规定依法对监护人进行变更。

如果被收养人达到8周岁以上,依照规定应征得其同意。《民法典·总则编》第19条规定了8周岁以上的未成年人是限制民事行为能力人,因此其实施的法律行为应由其法定代理人代理,或者经法定代理人同意或追认。该规定修改了1998年《收养法》关于“收养年满十周岁以上未成年人的,应当征得被收养人的同意”的法律规定,下调了被收养人同意的年龄。关于被收养人同意的法律性质,存在两种观点:一是要件说,即认为被收养人同意是收养有效成立的必要条件。二是障碍说,即认为被收养人同意不构成收养的意思表示,但不同意构成收养合意的法律障碍,收养人和送养人即使达成了收养合意,但因为存在被收养人的不同意的法律障碍,使收养合意无效。两种观点看似对立,实则在收养关系的最终效果上是统一的,即达到这一年龄段的未成年人已经初具一定的判断能力,拥有了较为独立的思想认知,包括对于涉及自身利益的人身关系变动事项,可以依照自己的主观意识作出内心真意的表达,这也体现了收养立法的核心原则——最有利于被收养人利益。

（二）特别收养的条件

1. 特殊被收养主体人数的放宽

《民法典》第1100条规定："无子女的收养人可以收养两名子女；有子女的收养人只能收养一名子女。收养孤儿、残疾未成年人或者儿童福利机构抚养的查找不到生父母的未成年人，可以不受前款和本法第一千零九十八条第一项规定的限制。"收养孤儿、残疾未成年人或者儿童福利机构抚养的查找不到生父母的未成年人时，我国收养立法对收养人数作出了适当放宽的规定。

相较于1998年《收养法》第8条的规定，"收养人只能收养一名子女。收养孤儿、残疾儿童或者社会福利机构抚养的查找不到生父母的弃婴和儿童，可以不受收养人无子女和收养一名的限制"，收养人收养子女数量限制的改变，主要基于被收养人的利益维护和对我国计划生育政策的契合。从近些年的收养实践看，那些身心健康的未成年人，从来都不需要担心无人收养，甚至其数量远远满足不了收养人的收养需求，而许多孤儿、残疾儿童等，则因为自身的特殊情况，很难通过收养法律制度重新回归家庭。"我国仍存在孤儿院收养的未成年人还不及应被收养总量的1/5，大量的孤儿和弃婴尤其是残疾儿童无人收养。"[①]收养法律对于一般收养关系中收养子女数量的限定以及特殊群体收养数量的放宽，实现了收养立法的倾斜保护，有助于此类特殊群体权益的保护，以更好地发挥收养制度的功能。

2. 无配偶者收养异性子女时的性别平等

《民法典》第1102条规定："无配偶者收养异性子女的，收养人与被收养人的年龄应当相差四十周岁以上。"无配偶者收养异性子女的年龄限制规定是收养制度的特殊设计，其不同于《民法典》第1098条关于一般收养条件下收养人最低年龄的规定。通观我国收养法律体系，存在无配偶者收养异性子女需相差40周岁以上、继父或者继母经继子女的生父母同意收养继子女时没有年龄限制的情况，此两种情况分别规定在《民法典》第1102条和第1103条。

从规范变化视角看，我国1998年《收养法》第9条作出了"单向性别限制"的规定："无配偶的男性收养女性的，收养人与被收养人的年龄应当相差四十周

---

① 陈业宏、向华萍：《我国收养人条件立法的缺陷与矫正》，载《华中师范大学学报（人文社会科学版）》2019年第3期。

岁以上”;而《民法典》第 1102 条完成了异性收养的限制由“单向性别限制”修改为“双向性别限制”的转变,即过去只对无配偶男性收养女性的情形存在法律限制,而今同样对无配偶的女性收养男性作出了相同的限制。此种限制的立法考量是,异性收养时,有可能出现收养人在两性关系方面侵害被收养人的情况,收养人实施收养的目的并非单纯出于抚育被收养人,而是借收养之名行侵害之实。此种情况下不能发挥收养制度的功能,反而会使收养制度沦为不法分子侵害未成年人权益的工具。因此,1991 年《收养法》第 9 条规定的“无配偶男性”,既包括一直未婚单身,也包括离异、丧偶等导致没有配偶的情况。《收养法》实施多年,常被问及无配偶女性收养男性时,二者年龄差是否需要相差 40 周岁以上?毫无疑问,同样应该相差 40 周岁以上。理由在于:仅规定无配偶男性收养女性的情况,未规定无配偶女性收养男性的情况,有违男女平等原则,也不符合收养实际。从实践来看,并没有直接证据表明被收养人在两性方面遭受无配偶的收养人侵犯只限于被收养人为女性、收养人为男性这一情形。《民法典》采取性别中立立法,使无配偶者收养异性子女应当具备一定的年龄差,平等适用于无配偶者收养异性子女的情形。

40 岁年龄差的立法目的在于避免对子女的性侵害,立法初衷适宜。但无可否认,此种规定客观造成了收养人往往年龄较大,其能否承担好抚养、教育和保护被收养人的义务值得商榷。例如,如果被收养人为 18 周岁,那么收养人应为 58 周岁以上;如果被收养人为 10 周岁,那么收养人至少应为 50 周岁。在这些情形下,收养人独自一人担负监护职责的能力值得关注。当然,法律规定需要经过实践检验。无配偶男性或女性收养异性子女时,是否可以适当降低年龄差仍有待深入调研。立法修改的目标,是在保护未成年人的合法权益与保证收养人的抚养教育能力之间达到平衡。

《民法典》第 1101 条规定:“有配偶者收养子女,应当夫妻共同收养。”该条规定是在 1991 年《收养法》第 10 条第 2 款、1998 年《收养法》第 10 条第 2 款规定基础上继承而来且几乎未做修改。其立法考量在于,收养关系的成立会带来身份关系的变动,尤其是收养家庭内部家庭成员的变化。有配偶的收养人如果不能在收养意愿上保持一致,成立收养关系就会面临困境,家庭关系也会受到冲击,不利于被收养的未成年人的健康成长,最终同《民法典》人亲和谐的基本法律思想相违背。[1] 夫妻共同收养规则体现出主观层面的意思表示与客观层面的法律效果的要求：主观上需要夫妻双方作出相同的收养意思表示，同意收养的子女进入其家庭并组建新的家庭；客观法律后果是夫妻双方自愿与被收养的未成年人产生收养关系，夫妻二人是被收养人的养父或养母，夫妻二人均愿意履行抚养、教育和保护被收养人的责任。夫妻共同收养原则并非对无配偶者收养权利的限制，无配偶者收养子女应遵循《民法典》第 1098 条规定。与我国立法不同，《日本民法典》第 817 条之 3 规定了特别收养，即“成为养父母的人，须是有配偶的人”[2]。夫妻共同收养规则也表明，同居关系者不能共同收养子女，《民政部办公厅关于外国人收养中国儿童有关问题的复函》有类似规定：“根据我国有关收养的法律规定，允许夫妻双方共同收养，也允许单身收养，但不允许其他身份关系的两个人共同收养一个孩子。”

3. 收养继子女时法定收养条件的放宽

《民法典》第 1103 条规定，继父或者继母经继子女的生父母同意，可以收养继子女，并可以不受本法第 1093 条第 3 项、第 1094 条第 3 项、第 1098 条和第 1100 条第 1 款规定的限制。继父或者继母经继子女的生父母同意收养继子女时不受年龄限制，充分满足了收养继子女的实践需要。

继父或继母作为继子女的收养人，属于收养中的一类特殊主体，子女随生父或生母再次缔结婚姻时，纵使没有收养程序，子女与生父或生母的配偶之间，客观上也会因为再婚的存在而形成抚养教育关系。此时，子女与未共同生活的生母或者生父之间的父母子女关系，并没有因为生父母的离婚事实而消除。因此，子女与生父母之间以及子女与继父或继母之间就形成了双重的父母子女关系，极易造成双重权利义务的交织混合，最终产生纠纷。此时就凸显出继父或继母收养继子女的法律价值，使双重关系简单化、权利义务明确化。此种情况下的收养条件规定较为宽松。根据立法主旨，继父或继母收养继子女的，必须经过子女的生父母同意，且一旦同意，双方尽管在自然血缘上仍然存在生物学上的亲子关系，但是法律上的父母子女关系将不复存在。《民法典》第 1103 条

---

① 参见龙翼飞：《编纂民法典婚姻家庭编的法理思考与立法建议》，载《法制与社会发展》2020 年第 2 期。

② 《日本民法典》，刘士国、牟宪魁、杨瑞贺译，中国法制出版社 2018 年版，第 198 页。

规定在很多方面都放宽了收养条件,具体包括:可以突破《民法典》第1093条第3项规定——继子女无须属于生父母有特殊困难无力抚养的子女;可以突破《民法典》第1094条第3项规定——生父母作为送养人时无须属于有特殊困难无力抚养子女的生父母;可以突破《民法典》第1098条的限制——包括子女数量、抚养能力、疾病状况、违法犯罪记录以及年龄等诸多方面;可以突破《民法典》第1100条第1款规定——对收养人收养子女数量的限制规定。通过诸多条件放宽,收养法能够激励更多继父母与继子女之间形成收养关系,从而构建更加和谐稳定的家庭关系。

4. 收养三代以内旁系同辈血亲的子女条件的放宽

《民法典》第1099条规定,收养三代以内旁系同辈血亲的子女,可以不受本法第1093条第3项、第1094条第3项和第1102条规定的限制。华侨收养三代以内旁系同辈血亲的子女,还可以不受本法第1098条第1项规定的限制。我国《收养法》在一些特定情况下设置了放宽以上收养条件的规定,成为一般收养条件的补充规定。

从规范演进角度看,1998年《收养法》第7条规定,收养三代以内同辈旁系血亲的子女,可以不受本法第4条第3项、第5条第3项、第9条和被收养人不满14周岁的限制。华侨收养三代以内同辈旁系血亲的子女,还可以不受收养人无子女的限制。立法将“三代以内同辈旁系血亲”改为“三代以内旁系同辈血亲”,实现了《民法典》用语的含义准确性与体系一致性;同时也改变了条文引致的顺序,删除了收养三代以内旁系同辈血亲可以不受“被收养人不满十四周岁的限制”的法律规定。

《民法典》第1099条收养条件放宽的原因,既有出于对近亲收养的历史传统的回应考虑,也有对侨胞利益的关切和照顾,[①]生动体现了收养立法对于收养实践的积极回应。20世纪90年代初,民间存在大量的收养三代以内旁系同辈血亲的子女的习惯,立法在尊重现实的基础上适当放宽了收养条件。华侨收养三代以内旁系同辈血亲的子女的条件放宽,考虑到了收养群体的特殊性,以及为被收养人创造相对优越的成长环境、维护华侨民族感情等多方因素。

---

① 参见杨大文主编:《亲属法与继承法》,法律出版社2013年版,第206页。

二、收养的程序

收养是一种要式法律行为,需经一定的法定程序。收养登记是收养关系合法成立的形式要件,更是收养关系成立的必要步骤。收养当事人欲成立合法收养关系,需履行一定的法律手续。从我国的收养单行法到《民法典·婚姻家庭编》第五章收养法律制度,立法机关针对收养程序所作的法律规定是一贯的、确定的,体现出收养登记的强制性、必要性、法定性。与此相对,民间广泛存在的一些事实收养并未纳入现行收养制度,即便是基于收养各方当事人的真实意愿,且也经过了一定的程序,但是依然不会产生法律意义上的收养关系。

(一)收养登记的通用强制程序

《民法典》第1105条规定:"收养应当向县级以上人民政府民政部门登记。收养关系自登记之日起成立。收养查找不到生父母的未成年人的,办理登记的民政部门应当在登记前予以公告。收养关系当事人愿意签订收养协议的,可以签订收养协议。收养关系当事人各方或者一方要求办理收养公证的,应当办理收养公证。县级以上人民政府民政部门应当依法进行收养评估。"该规定表明,收养属于行政确认行为中的一种。行政机关在作出具体行政行为时,要对收养人与被收养人之间是否遵循了平等自愿原则、形成的收养关系是否合法进行行政审查并加以确认。

收养登记是在收养各方当事人达成收养合意的基础上所进行的法定登记程序,最终实现变更收养当事人身份关系的法律效果。1992年4月1日,民政部对收养登记的意义、范围和程序作出了规范性解释,[①]收养登记作为收养关系成立的必经程序性法律制度,表明国家通过行政主管部门对申请建立收养关系的当事人进行审查的国家意志,如果符合法律规定的各项收养条件,则予以登记、发放收养证书。收养证书代表着收养当事人之间成立了合法有效的收养关系。所以,收养的法律登记程序,是对收养合意的法律确认,具有国家承认并确

---

① 《民政部婚姻司谈收养登记的意义、范围和程序》是民政部1992年4月1日发布的部门规范性文件,其明确了收养登记的定义、意义、范围、登记机关和法定程序,明文指出收养登记是一项与婚姻管理相类似的行政管理工作。从行政行为分类上看,收养登记属于一种行政确认类型。

认收养行为的法律效力,同时也是对收养关系形成的当事人的新身份关系的法律确认,具有公示公信效果。因此,收养登记具有法定性、监督性、保护性、纠正性。

收养登记制度,是对收养行为的有效法律规制,从而保护合法收养行为,维护收养当事人各方的利益。收养登记制度既可为形成稳定的收养环境、家庭氛围提供制度支撑,也可为养成良好的社会收养风气提供政策抓手,进而从根本上防止违法收养的滋生与蔓延,以打击收养乱象,保护被收养子女的利益。

1.收养登记机关

我国的收养登记机关是民政部门。从政府的效力划分层级看,收养登记的民政部门必须归口于县级以上人民政府,按政府层级划分包括县民政局、市民政局、省民政厅。在收养实践中,被收养对象情况多元,因此履行登记义务的具体民政部门也不尽相同。我国为了使收养登记法定有序,陆续出台了《中国公民收养子女登记办法》《收养登记工作规范》《华侨以及居住在香港、澳门、台湾地区的中国公民办理收养登记的管辖以及所需要出具的证件和证明材料的规定》等规范性文件,依照不同的收养对象设置了不同的收养登记机关,主要有:(1)社会福利机构所在地的收养登记机关,适用于由社会福利机构收养的查找不到生父母的弃婴、儿童和孤儿情形;(2)弃婴和儿童发现地的收养登记机关,适用于非社会福利机构收养的查找不到生父母的弃婴和儿童的情形;(3)被收养人生父母或者监护人常住户口所在地的收养登记机关,适用于生父母有特殊困难无力抚养的子女或者由监护人监护的孤儿情形;(4)被收养人生父或生母常住户口所在地的收养登记机关,适用于收养三代以内同旁系血亲的子女,继父或继母收养继子女的情形;(5)被收养人常住户口所在地的直辖市、设区的市、自治州人民政府民政部门或者地区(盟)行政公署民政机关,这些机关分别适用于由社会福利机构收养的查找不到生父母的弃婴,儿童和孤儿,非社会福利机构收养的查找不到生父母的弃婴和儿童、生父母有特殊困难无力扶养的子女,由监护人监护的孤儿,三代以内同辈旁系血亲的子女,继父或者继母收养的继子女,华侨以及居住在我国香港、澳门特别行政区及我国台湾地区的中国公民在内地(大陆)所收养的子女的等情况情形。

2. 收养登记程序

我国传统收养立法关于收养形式要件主要采取登记主义模式，实质审查缺位，社会实践效果不佳，且不能完全保障养子女的利益。相关国家或地区则对收养的形式要件采取国家公权力介入模式，[1]如德国、瑞士、日本和英国。1998年《收养法》和《民法典·婚姻家庭编》都倾向采取形式主义与实质审查相结合的收养登记模式。

从具体实施过程看，收养登记需要经过提交申请和实质审查两个阶段。在申请阶段，按照收养人类型不同，立法规定了不同的申请提交材料，主要有三种：

（1）当收养人为内地（大陆）居民时，其提出收养申请时应当向收养登记机关提交以下材料：①收养人的户籍证明类材料，包括居民户口簿、居民身份证；②有关本人婚姻状况、有无子女和抚养教育被抚养人的能力等情况的证明材料，由收养人所在单位或者村民委员会、居民委员会出具；③身体健康检查证明，应载明未患有医学上认为不应当收养子女的疾病，由县级以上医疗机构出具；④当被收养对象为找不到生父母的弃婴、儿童时，收养人应当提交收养人的生育情况证明，由收养人经常居住地的计划生育部门出具；⑤当被收养对象为收养人的继子女的，收养人可以仅提供居民户口簿、居民身份证和收养人与被收养人生父母的婚姻登记证明。

（2）当收养人为华侨，其提出收养申请时，应当向收养登记机关提交以下材料：①收养人的护照；②收养人的自然信息情况说明，包括收养人的年龄信息、婚姻信息、有无子女情况、职业、财产、健康、有无受过刑事处罚等状况的证明材料，该证明材料由收养人居住国有权机构出具，且需要经过双认证：一是居住国外交机关或是外交机关授权的机构认证，二是经过中国驻该国使领馆或者经已与中国建立外交关系的国家驻该国使领馆认证。

（3）当收养人为中国公民且居住在中国香港、澳门特别行政区及台湾地区，其提出收养申请时，应当向收养登记机关提交以下材料：①居民身份证；②港澳居民来往内地通行证或者同胞回乡证与有效旅行证件，该旅行证件由我国主管机关给我国台湾地区居民签发或签注；③收养人的证明材料，包括收养人的年

① 参见张学军：《论中国公民收养未成年人成立的形式要件》，载《中国法学》1998 年第 6 期。

龄、婚姻、有无子女、职业、财产、健康、有无受过刑事处罚等状况，该证明材料由有关机构出具。

按照送养人的不同情形，规定了不同的申请提交材料，主要有以下五种：

（1）当送养人是自然人时，应当提交其户籍身份材料，包括居民户口簿和身份证明；当送养人是组织机构时，提交该组织机构负责人的身份证件。

（2）当送养人是社会福利机构时，应当提交被收养的弃婴、儿童进入社会福利机构的原始记录，包括公安机关出具的捡拾弃婴、儿童报案的材料，或是孤儿的生父母死亡或者宣告死亡的证明。

（3）当送养人是监护人时，应当提交实际承担监护责任的证明、孤儿的父母死亡或者宣告死亡的证明，或者被收养人生父母无完全民事行为能力或者对被收养人有严重危害的证明。

（4）当送养人是生父母时，送养人应该提交不违反计划生育规定的协议，该协议由送养人与所在地计划生育部门签订；存在特殊困难无力抚养子女的生父母，应该提交有特殊困难的证明，该证明由生父母所在单位或是村民委员会、居民委员会出具；如果存在丧偶或是一方下落不明情形且由单位进行送养行为时，还应该提交配偶死亡或是下落不明的证明；除此之外，子女如果由三代以内同辈旁系血亲收养的，送养人还应该提供与收养人有亲属关系的证明，该证明由公安机关出具或是经由公证机关所进行的公证。

（5）当被收养人是残疾儿童时，送养人需要提交残疾证明，该残疾证明由县级以上医疗机构出具。

收养关系的成立时间是收养成立的重要标志节点，因为我国采取法定登记主义，所以收养关系的成立时间以登记时间为判断标准，且收养以办理收养登记为必备要件。《民法典》第 1105 条第 1 款规定了收养登记的行政机关与收养关系成立日期："收养应当向县级以上人民政府民政部门登记。收养关系自登记之日起成立。"该条款发端于 1998 年《收养法》第 15 条第 1 款规定："收养应当向县级以上人民政府民政部门登记。收养关系自登记之日起成立。"只有进行了收养登记，收养关系才合法有效。否则，收养关系无效。国家通过收养登记，能够全面掌握收养的客观数据，并对不合法的收养行为进行行政监督，维护正常的收养秩序。

(二)收养公告的特殊前置程序

《民法典》第1105条第2款规定:“收养查找不到生父母的未成年人的,办理登记的民政部门应当在登记前予以公告。”收养查找不到生父母的未成年人,《民法典·婚姻家庭编》通过立法强制性地设置了公告这一程序性特殊要求。

收养公告的前置程序,增强了未成年人利益保护的力度。从立法渊源看,1998年《收养法》第15条第2款至第4款规定:“收养查找不到生父母的弃婴和儿童的,办理登记的民政部门应当在登记前予以公告。其立法目的在于尽可能地让未成年人的生父母发现该未成年人,争取让其重新回到原生家庭中,以便最大限度保护未成年人的切身利益。立法一方面强制规定收养人在提出收养登记申请时,应提供未成年人的身份记录、报案证明等文件;另一方面设置了正式办理收养登记前公告的方式来二次核实该未成年人的身份,确保该未成年人存在查找不到生父母的情况。

关于收养公告的公告期,《民法典》未作规定,目前可以参照有关法律法规执行。① 当出现收养查找不到生父母的弃婴、儿童的情况时,由具体的收养登记行政机关(县级以上民政机关)通过公告的方式查找其生父母,且公告期满60日时,弃婴、儿童的生父母或者其他监护人未认领的,视为查找不到生父母的弃婴、儿童。这时才可以进入收养登记程序,公告期间不计入收养登记办理期限。

(三)涉外收养程序

《民法典》第1109条规定:“外国人依法可以在中华人民共和国收养子女。外国人在中华人民共和国收养子女,应当经其所在国主管机关依照该国法律审查同意。收养人应当提供由其所在国有权机构出具的有关其年龄、婚姻、职业、财产、健康、有无受过刑事处罚等状况的证明材料,并与送养人签订书面协议,亲自向省、自治区、直辖市人民政府民政部门登记。前款规定的证明材料应当经收养人所在国外交机关或者外交机关授权的机构认证,并经中华人民共和国驻该国使领馆认证,但是国家另有规定的除外。”我国涉外收养的法律制度较为

① 《中国公民收养子女登记办法》第7条第2款规定,收养查找不到生父母的弃婴、儿童的,收养登记机关应当在登记前公告查找其生父母;自公告之日起满60日,弃婴、儿童的生父母或者其他监护人未认领的,视为查找不到生父母的弃婴、儿童。公告期间不计算在登记办理期限内。

完善,涉外收养的具体程序详细且明确。

1. 跨国收养的规模扩张

改革开放以前,外国人在我国收养未成年人的比例和数量都不高,随着四十余年我国对外开放程度的不断提高,涉外收养的规模不断扩大。涉外收养实践20年间,我国与多个国家建立了跨国收养合作关系,“截至2016年,共有17个国家与我国存在收养合作,它们是美国、加拿大、英国、法国、西班牙、意大利、荷兰、比利时、丹麦、挪威、瑞典、芬兰、冰岛、爱尔兰、澳大利亚、新西兰和新加坡。”[①]外国人收养中国子女的实践需求多、发展规模潜力大、法律问题复杂,需要我国法律做好制度回应。

20世纪80年代末期,我国政府采取较为宽松的收养政策,涉外收养规模迅速扩大。“自1989年以后,在世界‘收养潮’的推动下,中国的涉外收养数量呈现出突飞猛进的势头。”[②]1993年我国司法部、民政部联合发布了《外国人在中华人民共和国收养子女实施办法》,1999年民政部发布了《外国人在中华人民共和国收养子女登记办法》,上述规定使涉外收养的登记程序得以明确并细化。2010年《中华人民共和国涉外民事关系法律适用法》第28条规定,收养的条件和手续,适用收养人和被收养人经常居所地法律;收养的效力,适用收养时收养人经常居所地法律;收养关系的解除,适用收养时被收养人经常居所地法律或者法院地法律。此种规定比《收养法》中收养的形式要件、法律效力、收养关系解除的规定更明确,且和国际公约保持一致。

海牙国际私法会议在1964年发布《收养管辖权、法律适用和判决承认公约》,欧洲理事会在1967年起草了《关于儿童收养的欧洲公约》,以解决欧洲范围内涉外儿童收养问题。1993年5月,我国外交部条法司率团参与了收养国际公约制定外交大会,1993年5月29日,我国与其他签字国于海牙共同缔约了《跨国收养方面保护儿童及合作公约》,2005年4月27日,我国第十届全国人民代表大会常务委员会第十五次会议决定:批准于1993年5月29日经海牙国际私法会议第十七次外交大会通过的、2000年11月30日由中华人民共和国政府

① 雷明光主编:《中华人民共和国收养法评注》,厦门大学出版社2016年版,第175页。

② 蒋新苗:《我国涉外收养关系成立实质要件法律适用规范的重构》,载《时代法学》2019年第6期。

代表签署的《跨国收养方面保护儿童及合作公约》,同时声明:(1)中华人民共和国民政部为中华人民共和国履行《跨国收养方面保护儿童及合作公约》赋予职责的中央机关;(2)《跨国收养方面保护儿童及合作公约》第15条至第21条规定的中央机关职能由中华人民共和国政府委托的收养组织——中国收养中心履行;只有在收养国政府或政府委托的组织履行有关中央机关职能的情况下,该国公民才能收养惯常居住在中华人民共和国的中国儿童;(3)中华人民共和国涉外收养证明的出具机关为被收养人常住户口所在地的省、自治区、直辖市人民政府民政部门,其出具的收养登记证为收养证明;(4)中华人民共和国没有义务承认根据《跨国收养方面保护儿童及合作公约》第39条第2款所达成的协议而进行的收养。

2. 跨国收养的法律适用

《民法典》第1109条规定了外国人依法可以在中华人民共和国收养子女。涉外收养需要“依法”进行,具有双重语义:既要依照我国收养法律规定,又要依照所在国的法律规定。我国的收养制度仅限于未成年人收养,因此不存在外国人在我国收养成年人的问题。依照该条第1款,外国人在我国进行收养是被允许的,且收养行为需要依照我国有关收养的法律法规进行;依照该条第2款,同样外国人在我国进行收养,需要经其所在国主管机关依照该国法律审查同意。

《民法典》中被收养人、送养人、收养人的相关规定,同样适用于外国人在我国收养子女的情形,具体要求为:(1)被收养人条件。丧失父母的孤儿、查找不到生父母的未成年人、生父母有特殊困难无力抚养的子女,此三类主体能够作为被收养人由外国人进行收养。(2)送养人条件。孤儿的监护人、儿童福利机构、有特殊困难无力抚养子女的生父母,此三类主体能够作为送养人履行涉外送养行为。(3)收养人条件。无子女或者只有一名子女,且有抚养、教育、保护被收养人的能力,未患有医学上认为不应当收养子女的疾病,没有不利于被收养人健康成长的违法犯罪记录,年满30周岁等。具备以上条件的外国收养人,可以在我国进行收养。另外,外国人原则上最多只能收养2名子女,但也存在例外情形,即当被收养的是孤儿、残疾的未成年人、儿童福利机构抚养的且查找不到生父母的未成年人时,不再对收养子女的数量进行限制。

3. 跨国收养的专门机关

中国儿童福利和收养中心负责涉外收养具体事务，是我国跨国收养事务的专门管理机关，同时承担社会福利机构儿童养育和国内收养相关具体工作。

（1）负责涉外收养工作相关任务。一是负责接收外国政府或外国政府委托的收养组织转交的外国人来华收养儿童的申请及其他证明文件；二是负责接收送养人和被收养人的证明文件；三是为符合《民法典》规定的外国收养人寻找和安排收养对象，并签发《来华收养通知书》和《同意送养通知书》；四是跟踪了解并掌握中国被收养儿童在外国生活、成长的情况；五是协助中国政府有关部门处理中国被收养儿童的涉外权益保护案件；六是保管涉外收养关系当事人的档案材料，包括外国收养人、中国送养人和被送养人的各种原始证明材料，以及中国被收养儿童在国外生活、成长情况的资料；七是负责涉外收养工作的对外联络、咨询、协调和服务；八是办理其他与涉外收养工作有关的事务。

（2）负责社会福利机构承担儿童养育相关工作任务。一是研究提出社会福利机构科学养育儿童的建议和意见；二是研究提出社会福利机构儿童养育工作标准和规范的建议、意见并协助实施；三是承担对社会福利机构儿童养育工作从业人员的培训；四是引进、推广国内外先进的儿童养育模式、项目和经验。

（3）负责国内收养工作相关任务。一是开展国内收养工作调研，提出政策性建议和意见；二是研究提出国内收养工作标准和程序的建议、意见并协助实施；三是开展国内收养工作的咨询和服务工作；四是协调、承办国内跨省儿童收养业务。同时，中国儿童福利和收养中心也承担着我国国务院民政部“明天计划”办公室的日常工作。

4. 外国人收养登记流程

（1）依法登记。根据《外国人在中华人民共和国收养子女登记办法》，外国人在我国境内收养子女，应当依法办理登记。收养人夫妻一方为外国人，在华收养子女，也应当依法办理登记。具体程序：第一，提出申请。外国收养人向中国政府委托的收养组织——中国收养中心转交收养申请并提交收养人的家庭情况报告和证明。详细包括：跨国收养申请书；出生证明；婚姻状况证明；职业、经济收入和财产状况证明；身体健康检查证明；有无受过刑事处罚的证明；收养人所在国主管机关同意其跨国收养子女的证明；家庭情况报告，包括收养人的身份、收养的合格性和适当性、家庭状况和病史、收养动机以及适合照顾儿童的特点等。另外,在华工作或者学习连续居住 1 年以上的外国人在华收养子女,应当提交前款规定的除身体健康检查证明以外的文件,并同时提交在华所在单位或者有关部门出具的婚姻状况证明,职业、经济收入或者财产状况证明,有无受过刑事处罚证明以及县级以上医疗机构出具的身体健康检查证明。第二,审查通知。中国收养组织对外国收养人的收养申请和有关证明进行审查后,应当在省、自治区、直辖市人民政府民政部门报送的符合收养法规定条件的被收养人中,参照外国收养人的意愿,选择适当的被收养人,并将该被收养人及其送养人的有关情况通过外国政府或者外国收养组织送交外国收养人。外国收养人同意收养的,中国收养组织向其发出来华收养子女通知书,同时通知有关的省、自治区、直辖市人民政府民政部门向送养人发出被收养人已被同意收养的通知。第三,登记与离境。外国人来华收养子女,应当亲自来华办理登记手续。夫妻共同收养的,应当共同来华办理收养手续;一方因故不能来华的,应当书面委托另一方。委托书应当经所在国公证和认证。

(2)订立收养协议。外国人来华收养子女,应当与送养人订立书面收养协议。协议一式三份,收养人、送养人各执一份,办理收养登记手续时收养登记机关收存一份。书面协议订立后,收养关系当事人应当共同到被收养人常住户口所在地的省、自治区、直辖市人民政府民政部门办理收养登记。收养关系当事人办理收养登记时,应当填写外国人来华收养子女登记申请书并提交收养协议,同时分别提供有关材料。具体包括:中国收养组织发出的来华收养子女通知书;收养人的身份证件和照片。送养人应当提供下列材料:省、自治区、直辖市人民政府民政部门发出的被收养人已被同意收养的通知;送养人的居民户口簿和居民身份证(社会福利机构作为送养人的,为其负责人的身份证件)、被收养人的照片。收养登记机关收到外国人来华收养子女登记申请书和收养人、被收养人及其送养人的有关材料后,应当自次日起 7 日内进行审查,对符合法律规定的,为当事人办理收养登记,发给收养登记证书。收养关系自登记之日起成立。收养登记机关应当将登记结果通知中国收养组织。收养关系中的当事人办理收养登记后,各方或者一方要求办理收养公证的,应当到收养登记地的具有办理涉外公证资格的公证机构办理收养公证。被收养人出境前,收养人应当凭收养登记证书到收养登记地的公安机关为被收养人办理出境手续。外国人在华收养子女,应当向登记机关交纳登记费。登记费的收费标准按照国家有关规定执行。

(3)服务费收取。中国收养组织是非营利性公益事业单位,为外国收养人提供收养服务,可以收取服务费。服务费的收费标准按照国家有关规定执行。为抚养在社会福利机构生活的弃婴和儿童,国家鼓励外国收养人、外国收养组织向社会福利机构捐赠。受赠的社会福利机构必须将捐赠财物全部用于改善所抚养的弃婴和儿童的养育条件,不得挪作他用,并应当将捐赠财物的使用情况告知捐赠人。受赠的社会福利机构还应当接受有关部门的监督,并应当将捐赠的使用情况向社会公布。中国收养组织的活动受国务院民政部门监督。

(四)事实收养的法律困境与应对

1. 事实收养的广泛存在

与收养登记具备的法律强制性要求不同,事实收养问题也是收养实践环节中的难题并一度引发学界关注。事实收养因未办理收养登记而不具合法性,但却广泛存在于生活实践中。我国孤儿存量较大,“截至 2020 年年底,全国共有孤儿 19.3 万人”,远大于同年被收养未成年人的人数——“收养登记数据 1.1 万件”[①]。同 10 年前数据相比具有类似性,“截至 2010 年年底,全国有 25.2 万孤儿……2010 年全国办理家庭收养登记 34,529 件”[②]。收养登记数量 10 年间没有呈现增长态势,甚至出现了降低的情况。数据的降低与我国民间社会中存在的大量事实收养相关联,也反映出收养立法中收养主体条件的严苛和收养登记程序的失灵引发的影响。究其原因,收养人基于某种或某些原因未能进行收养登记,或是由于收养法律知识的匮乏,表现在其不知晓收养需依法登记而生效;或是担心收养登记程序的复杂性,表现在怠于或直接忽视收养登记的强制性;或是出于保密心态而规避登记,表现在内心和行为皆抗拒收养登记带来的“公示”作用。

收养人未履行收养登记程序虽有过错,但司法实践不应该简单以未履行法定登记程序一概认定收养行为无效,尽然这样认定符合收养法的适用逻辑。一概否定事实收养可能伤害家庭亲情伦理,尤其是在“收养人与被收养儿童已经

① 中华人民共和国民政部:《2020 年民政事业发展统计公报》,载中华人民共和国民政部网站 2021 年 9 月 10 日,http://www.mca.gov.cn/article/sj/tjgb/。

② 中华人民共和国民政部:《2010 年社会服务发展统计公报》,载中华人民共和国民政部网站 2011 年 6 月 16 日,http://www.mca.gov.cn/article/sj/tjgb/。

建立收养家庭”的情况下，这种收养关系虽不符合收养法规范的外在要求，但双方可能已经共同生活数十年，具备父母子女关系的亲属外观，主要社会关系承认或认可其存在父母子女关系。此时如果只因未履行法定收养登记程序而宣布收养无效、涉事的“父母”与“子女”之间不存在亲子关系，则是对家庭亲情的无视与伤害，尤其对收养关系中无过错方的影响更大，不仅破坏了家庭的伦理性与稳定性，而且与收养立法目的不符。

2. 事实收养的法律效力

司法实践是发现法律问题的有效渠道，近年来事实收养引发的法律纠纷案件呈现上升态势。事实收养纠纷案件的案由多为请求确认收养关系有效或无效，皆由收养关系当事人一方提起。对于此类案件，审判机关当然可以原被告之间未进行合法的收养登记为由，驳回当事人的诉讼请求，但此类裁判会对人情伦理造成冲击，不符合群众合理预期，社会效果不佳。反之，事实收养关系如果简单受到司法认可，同样也会冲击收养登记效力，同时加剧民间收养的随意性风险，架空收养程序制度，甚至无法治理违法收养行为，引发事实收养乱象。综上所述，收养立法科学规范事实收养行为是解决司法实践难题的关键，确立事实收养效力法律机制、统一司法认定裁判标准，是保护合法收养利益、解决事实收养与法律冲突的矛盾、规制违法收养行为的一剂良方。

（五）收养协议的文本表达

《民法典》第 1105 条第 3 款规定：“收养关系当事人愿意签订收养协议的，可以签订收养协议。”所谓收养协议，是指收养关系中的各方当事人，有签订收养协议主观意愿的，可以就收养约定签订书面协议。

收养协议在学界存有一定理论争议，[①]它是收养关系成立的文本体现。与上文的收养登记不同，收养协议是授权性规定，而不是义务性规定，当事人签订与否全凭各方当事人的自主意愿而定，并不发生收养成立与否的效力。收养协议不同于一般的合同约定，因为收养会产生变更身份关系的法律效果，所以收养协议的签订一般不得由他人代理，而仅能由收养人与送养人亲自签订。收养协议的内容也需要符合收养法规定的必备要件。如果被收养人年满 8 周岁且

① 收养协议的学理争议体现在收养协议的订立主体是收养人与送养人之间，还是收养人和被收养人之间。参见周友军：《我国民法典编纂中收养制度的完善》，载《广东社会科学》2019 年第 4 期。

意志能力正常，收养协议签订前还需征求被收养人的意愿，被收养人同意的意思表示也应当写入收养协议中。从形式上看，收养协议既然是书面约定，收养双方当事人于协议上签字或盖章之日发生法律效力，双方当事人各执一份且具有同等效力。

（六）收养公证的启动程序

《民法典》第1105条第4款规定："收养关系当事人各方或者一方要求办理收养公证的，应当办理收养公证。"收养公证是一种依收养当事人申请而为的法律程序，并不是收养关系成立的必经程序。收养公证仅发生在收养关系中各方当事人或者一方当事人提出办理收养公证请求时，才需依法办理收养公证。

从收养实践来看，当事人一般是在签订完收养协议、办理完收养登记之后，各方当事人或一方当事人才会主张办理收养公证，这是顺应客观事实发展顺序且符合我国收养法规定的。值得注意的是，我国收养法采登记主义原则，只有进行了合法的收养登记，才会发生有效的收养关系。实践中要防止仅用收养公证代替收养登记的行为，为此，收养公证机构在办理收养协议公证事项时，应尽到注意和提醒义务，应履行告知义务并详细向收养各方当事人讲解办理收养登记的法律规定并形成书面记录文件。①

（七）收养评估的实践探索

《民法典》第1105条第5款规定："县级以上人民政府民政部门应当依法进行收养评估。"从立法目的来看，收养评估制度有利于实现最有利于被收养人的利益追求，彰显了《民法典》第1044条第1款规定的法价值目标。通过准确反映收养人所具备的抚养、教育、照顾被收养人的能力，积极引导具备收养能力、符合收养法律价值的收养人进入收养关系之内，顺应当代收养立法的内在要求。

1. 价值定位

收养评估，即由县级以上人民政府的民政部门作为评估主体，由收养人作为被评估对象，将收养人的收养动机、收养人的家庭经济情况及其他家庭客观

① 2000年3月3日，司法部发布了《司法部关于贯彻执行〈中华人民共和国收养法〉若干问题的意见》，其对新旧《收养法》衔接中收养公证问题进行了细致规定，明确了可以公证和不可以公证的行政注意事项，发布了公证书格式以及新式《收养登记证》和《解除收养关系证明》式样。2020年12月30日，该行政规范性文件被司法部清理而废止失效，但其条文中对收养公证的法律定位和操作规范的示范性仍具有法教育学上的现实意义。

情况、收养人的品德品质等作为评估内容,通过全面细致科学的评估,作出收养人是否适合收养的法律评判制度。收养评估是收养登记前的行政工作事项,是行政机关的"尽职调查"。收养评估直接关系被收养的未成年人的切身利益,《民法典·婚姻家庭编》通过立法明确了民政部门作为法定的收养评估实施主体,民政部门应切实履行主体责任,积极开展收养评估的实践探索,创新调整评估方法,夯实收养评估法定职责、完善并细化收养评估流程、明确并落实针对收养申请人收养能力的评估要素;收养评估要积极倡导并贯彻"依法收养""公平收养""爱心收养""诚信收养"的现代法治理念。

2. 规范表达

《收养评估办法(试行)》是我国民政部在 2020 年第 26 次部长办公会研究通过的法律规范,于 2021 年 1 月 1 日起正式施行。《收养评估办法(试行)》共 17 条,分别明确了适用范围、工作原则以及评估的形式、内容、流程、时限等评估事项。该部门规章细化收养评估要求,压实民政部门责任,为各级民政部门履行法定职责、依法开展收养评估提供基本遵循,指引规范各地民政部门在法律框架内开展评估工作。《收养评估办法(试行)》有利于促进地方民政部门更好地依法开展评估工作,有助于提升民政部门依法行政的能力和水平。

3. 适用对象

《民法典》规定了收养评估的普遍适用性,即在中国境内的收养均要进行收养评估。目前,收养申请人类型多元,主要包括中国内地居民,华侨,居住在香港、澳门、台湾地区的中国公民,外国人。① 针对于不同类型的收养主体,《收养评估办法(试行)》规定了不同的要求,其中第 2 条规定了中国内地居民进行收养要依法评估;②第 15 条第 1 款规定,华侨以及居住在香港特别行政区、澳门特别行政区、台湾地区的中国公民申请收养的,当地有权机构出具收养评估报告的,民政部门可以不再重复评估;未出具收养评估报告仅提供证明材料的,民政部门可以根据证明材料进行评估;第 15 条第 2 款规定,"外国人申请收养的,收养评估按照有关法律法规规定执行"。同时,根据《民法典》的例外规定,收养继

---

① 参见《收养评估办法(试行)》。

② 《收养评估办法(试行)》第 2 条规定:"中国内地居民在中国境内收养子女的,按照本办法进行收养评估。但是,收养继子女的除外。"

子女的,可以不受收养人“有抚养、教育和保护被收养人的能力”的限制。为此,《收养评估办法(试行)》同样规定收养继子女时不需要进行评估。

4. 评估试点

2006年开始,我国在上海、江苏、广东等省市先后开展了收养家庭评估的初步尝试,于2012年6月启动首批评估试点工作,于2014年6月启动第二批评估试点工作。截至2020年12月,我国收养评估试点已经基本覆盖30余个省、自治区、直辖市,积累了丰富的法律实践经验,收到了良好的法律实践效果。因此,《民法典·婚姻家庭编》的立法设计吸纳了收养评估法律制度,对评估机制作出了原则性规定。法律规范中的“依法进行”为收养评估的法律细则预留了充足的制度空间。当前,国务院民政部已经颁布《收养评估办法(试行)》,为全国各地的民政部门作出了规范指引;未来,地方性收养评估的法律实施细则可由各省、自治区、直辖市结合地方情况予以细化和补充,①因地制宜地出台收养评估地方政府规章或地方性行政法规。从比较法来看,世界范围内的多个国家和地区出台了收养评估的法律制度,美国、加拿大、西班牙等国家都设置了以收养人能力作为调查对象的法定程序,我国香港、澳门特别行政区和我国台湾地区也均设置了收养能力评估法律程序。

5. 评估内容

当前,《收养评估办法(试行)》明确包含了收养申请人的收养动机、道德品行、受教育程度、健康状况、经济及住房条件、婚姻家庭关系、共同生活家庭成员意见、抚育计划、邻里关系、社区环境、与被收养人融合情况等在内的收养评估内容,全面细致地规定了包括书面告知、评估准备、实施评估、出具评估报告等收养评估法定流程。② 民政部门可自行进行收养评估,也可委托具备相应条件的第三方机构进行评估。收养评估内容的精准,能够准确把控收养人具备“抚养、教育和保护被收养人的能力”。

(八)收养家庭的户籍登记管理

《民法典》第1106条规定:“收养关系成立后,公安机关应当按照国家有关

① 《收养评估办法(试行)》第16条规定:“省级民政部门可以结合当地情况细化、补充收养评估内容、流程,并报民政部备案。”

② 参见《收养评估办法(试行)》第9条。

规定为被收养人办理户口登记。”收养关系成立后，被收养人的户口登记问题同样需要法律作出回应。

从收养关系产生的法律直接效力来看，收养关系成立后，收养主体与被收养主体之间形成了法律拟制的父母子女关系，当然地适用民事法律制度体系中有关父母子女之间的法律规范；从行政管理角度来看，收养关系成立后，被收养人应当进入收养人的户籍之中，以便通过户籍登记确认被收养人与收养人之间的法律关系。“收养关系成立后，需要为被收养人办理户口登记或者迁移手续的，由收养人持收养登记证到户口登记机关按照国家有关规定办理。”[①]由此可知，收养关系成立是为被收养人办理户口登记或者迁移手续的前提条件，没有形成合法有效的收养关系，就不能为被收养人办理户口登记或者迁移手续。户口登记是公安机关户政部门的具体行政事项，为被收养人办理户口登记相关事项需要由公安机关依照户籍管理规定和收养法律规范行使职权。

被收养的未成年人情况不同，公安机关办理户口登记或者迁移手续的具体类型也有所不同：一种户口登记类型是初始登记，被收养人是经儿童福利机构抚养的查找不到生父母的未成年人，其从未进行过家庭户口登记；另一种户口登记类型是户口迁移，被收养人的户口已经登记在其生父或者生母或者其他监护人家庭户口内，这部分被收养人多为孤儿或者其生父母有特殊困难而无力履行抚养义务。另外，为被收养人办理户口登记需要符合户口登记地的其他行政管理规定，需要全面审核、依法办理，防止借“收养之名”行“落户之实”。对于一些“落户难”的大城市，尤要做好法律制度的配套衔接，户籍管控制度网需要织牢织密，防止因收养落户造成户籍行政管理制度的失灵。收养家庭的户籍登记既要维护城市人口的户籍管理秩序，又要落实好、保护好被收养人的身份利益，实现收养价值与户籍行政管理的秩序协调。

（九）抚养对收养的补益与限制

除收养法律制度外，《民法典·婚姻家庭编》明文规定了抚养法律制度，后者拓宽了前者对无人收养的未成年人权益保护的路径；法定的优先抚养权同样对生父母作为送养人存在立法限制。抚养与收养共同构成了未成年人权益保护的法律依据。

---

① 《中国公民收养子女登记办法》第8条。

1. 抚养制度助力对未成年人的保护

《民法典》第1093条明确规定了被收养人的范围：一是丧失父母的孤儿，二是查找不到生父母的未成年人，三是生父母有特殊困难无力抚养的子女。此三类主体涉及的未成年人，可以通过我国收养制度进入收养家庭健康成长，从而实现法律对其生存利益的维护。与此同时，《民法典》第1107条规定了抚养制度的主体范围与注意事项："孤儿或者生父母无力抚养的子女，可以由生父母的亲属、朋友抚养；抚养人与被抚养人的关系不适用本章规定。"《民法典》第1107条前半句补益了对未成年人的法律保护方式，即通过抚养制度，同样可以实现法律对孤儿和生父母无力抚养的子女的救助养育。《民法典》第1107条后半句则明确了抚养制度与收养制度的法律效果不同，即抚养关系中抚养人与被抚养人之间所形成的法律关系，不能适用《民法典·婚姻家庭编》有关收养的法律规定。

《民法典》第1107条具有双重的立法目的，在促进法律保护方式多元化的同时，彰显了收养关系与抚养关系的制度差异所在，尤其是揭示了抚养法律后果与收养法律后果的不同，突出强调了抚养关系不能适用收养法律制度，为抚养当事人及相关主体提供了充足的法律指引与行为预期。通过抚养法律制度，无民事行为能力和限制民事行为能力的未成年人的父母的亲属、朋友或者其他主体能够对未成年人提供供养、保护、教育以及其他成长所需的生活照料。

根据《民法典》规定，法定的抚养情形存在以下几种：第一，父母对子女有抚养的义务。《民法典·总则编》第26条第1款规定："父母对未成年子女负有抚养、教育和保护的义务。"第二，有负担能力的祖父母、外祖父母对特定情形下的孙子女、外孙子女负有抚养的义务。《民法典》第1074条第1款规定："有负担能力的祖父母、外祖父母，对于父母已经死亡或者父母无力抚养的未成年孙子女、外孙子女，有抚养的义务。"第三，有负担能力的兄、姐对特定情形下的弟、妹负有扶养的义务。《民法典》第1075条第1款规定："有负担能力的兄、姐，对于父母已经死亡或者父母无力抚养的未成年弟、妹，有扶养的义务。""由此可见，《民法典》虽未设立转送养制度，却通过替代制度的设计达到维护未成年人利益的效果。"①

---

① 孙大伟：《未成年人保护视角下收养主体问题研究》，载《时代法学》2020年第6期。

抚养关系所形成的法律效力,究其本质,是抚养权发生了变更。在实践中,抚养权在以下三种情况下会发生变更:一是因患有严重疾病或伤残,抚养人丧失抚养与其共同生活的未成年人的客观条件;二是因存在未尽到抚养义务或者发生虐待与其共同生活的被抚养的未成年人的情形;三是共同生活的未成年人在8周岁之后,作出愿意与另一方共同生活的意思表示。根据抚养法律规定,当未成年人是孤儿或者生父母发生无力抚养的情形时,如果没有通过收养法律制度重新确立父母子女关系,其生父母的亲属、朋友可以对其进行抚养,通过抚养制度来保证未成年人之后的生存生活条件,进而维护未成年人的切身利益。

变更抚养权有助于实现法律对未成年人的利益维护。一方面,未成年人的成长环境会得到基本保证,甚至存在变得更好的可能;另一方面,法律作出允许其生父母的亲属、朋友进行抚养的制度考量,也是充分评估了生父母和其亲属、朋友之间的情感价值,这种情感价值可以转移并表达在对未成年人的日常生活照料抚养过程中,能够最大限度地维护未成年人的利益,符合各方抚养主体的情感需求与价值追求。除此之外,抚养法律制度具有收养法律制度所不可比拟的优势:抚养法律限制条件较少,制度更为灵活自由。按照《民法典·婚姻家庭编》的收养制度设计,收养存在诸多方面的法律严格限制:收养人的条件、送养人的条件、收养人数、收养登记程序等,这些法定收养限制条件均不适用于生父母的亲属、朋友对未成年人进行抚养的情况。如果生父母的亲属、朋友对未成年人进行抚养后,该亲属、朋友因客观实际条件变化发生了不能继续抚养教育未成年人的情况时,法律允许对该未成年人再次变更抚养权,或者由他人收养,以保证未成年人的利益最大化。

2. 优先抚养权对生父母送养权的限制

《民法典》第1108条规定:“配偶一方死亡,另一方送养未成年子女的,死亡一方的父母有优先抚养的权利。”该规定相当于收养法赋予了祖父母、外祖父母以优先抚养权。

生父母送养子女,以共同送养为原则,以单方送养为例外。实践中,当发生了配偶一方死亡,并且另一方出现了因特殊困难情形而无力抚养子女作出送养子女的决定时,该送养行为是否仅由配偶一方作出而不加以适当制约?对此,《民法典》第1096条作出了监护人送养孤儿的适当限制,监护人送养孤儿的,需要先征得有抚养义务的人同意才能送养,有抚养义务的人如果作出不同意送养的意思表示、监护人不愿意继续履行监护职责的，应当依照本法第一编的规定另行确定监护人。《民法典》第1108条通过立法赋予死亡一方的父母优先抚养权来达到对单方送养行为的限制。实践中，对于死亡一方的父母优先抚养权的适用应当秉持审慎态度。

家庭关系中，广泛存在"隔代宠""隔代更亲"现象，即祖父母、外祖父母对于自己的孙子女、外孙子女有着长辈对于直系血亲晚辈的疼爱，表现出老辈对小辈的情感依恋。我国《民法典》第1094条第3款规定了生父母可以作为送养人的情况，即"有特殊困难无力抚养子女的生父母"。当发生了生父母因为特殊困难无力抚养子女的情形，其可以送养亲生子女为他人收养。针对此种情况，《民法典》才设置了死亡一方父母的抚养优先权，这与《民法典》第1097条[①]规定的生父母送养子女的原则并不矛盾，二者共同架起了抚养与收养法律制度相互连接的法律之桥。

（1）送养行为是优先抚养权产生的前提

优先抚养权的产生有基础条件要求。法律规定了优先抚养权的适用场景，即发生了配偶一方死亡，同时另一方想要送养子女时，死亡一方的父母才可以主张此权利。换言之，即便配偶一方死亡，另一方没有送养子女的意图，该子女将当然地由其生父或生母作为监护人和法定代理人，生父或者生母继续履行子女的抚养、教育、保护的义务，死亡一方的父母无权主张优先抚养。因此，优先抚养权是在生存一方配偶作出送养未成年子女的意思表示时产生的。明确优先抚养权产生的具体时间具有法律意义：兼顾了未成年人的利益和死亡一方父母的利益。既然优先抚养权是死亡一方父母的具体权利，按照权利处分原理，应当是允许处分的，甚至是允许放弃的。死亡一方的父母可以在生父或生母作为送养人作出送养意思表示之时，明确表示自己抚养或不抚养该未成年子女，如果死亡一方父母知道或应当知道抚养人送养子女的事实而不作出明确的意思表示，更没有作出防止第三人收养的行为的，则应该默示推定该优先抚养权人放弃了该项权利，不再具有优先抚养的法律效力。否则，当收养人与被收养人已经履行完收养登记并建立了新的收养家庭，此时死亡一方父母申请优先抚

---

① 《民法典》第1097条："生父母送养子女，应当双方共同送养。生父母一方不明或者查找不到的，可以单方送养。"

养权,则会引发收养关系不稳定而导致收养无序,同样会冲击收养登记的行政效力。

(2)优先抚养权的综合判断标准

关于优先抚养权的享有与行使同样需要综合判断,不应该当然地认为死亡一方的父母必然取得未成年子女的优先抚养权。具体情形应结合死亡一方父母的抚养能力、是否存在严重危害未成年人身心健康等因素加以综合判断。如果有不利于未成年人成长的重大因素,需要考量是否限制或剥夺死亡一方父母的优先抚养权;如果该未成年人已经超过8周岁,还应该在变更抚养权前征求其意见;在特殊情况下,如果死亡一方的父母二人已经感情不和分居或者离婚,且二人都主张自己的优先抚养权,需要首先确认双方的优先抚养权是否都存在,当都存在优先抚养权时要对比二人的综合因素,比如抚养能力、送养人的意见、未成年人自身的意见等情形,综合判断优先抚养权的享有主体。

死亡一方父母的优先抚养权制度,能够发挥出利益保护和亲情延续的双重作用,既规范了收养秩序,又维护了被收养人的切身利益。被收养人的祖父母或外祖父母继续抚养该孙子女或外孙子女,一方面满足了直系的长辈血亲对晚辈血亲的疼爱需求,另一方面延续了死亡一方父母对于死亡子女的特殊情感延续,充分发挥了收养法律所具有的温情保障功能。

(十)收养秘密体现收养主体人格利益

《民法典》第1110条规定:“收养人、送养人要求保守收养秘密的,其他人应当尊重其意愿,不得泄露。”收养关系的友善与稳定关乎家庭的和谐秩序,我国收养法律制度一贯充分尊重收养秘密所蕴含的人格价值。1991年《收养法》第21条、1998年《收养法》第22条都规定了收养人与送养人间的收养秘密受法律保护,《民法典》第1110条同样承袭了收养秘密的立法内容。

从法律规范的主体来看,需要保守收养秘密的义务人包括收养人、送养人、其他人。其他人的范围较大,应包括所有知晓收养行为的人,不应仅仅局限于收养法律关系中的直接当事人。

从法律规范的客体来看,《民法典》第1110条所保护的应该是收养行为所涉及的收养秘密,这里的收养秘密既包含被收养人的信息(姓名、身份、原生家庭状况、自然血亲父母信息等)、收养人的信息(姓名、身份、收养人的家庭状况等),也包含与收养事实相关的其他信息。

从被收养人自身权利来看，被收养的未成年人是否有权利知晓收养事实、自然血亲父母等信息值得商榷。国际社会经历了从收养信息的"绝对保密"到"限制公开"的发展趋势。[①] 有学者提出我国收养法治没有充分考量被收养人的知情权，认为当前的收养立法"依然是传统的秘密收养原则的再现，而且只关注收养人和送养人的意愿，忽视了被收养人的需求"[②]。

从比较法来看，收养秘密的法律保护被世界诸多立法例所采纳。《德国民法典》第1758条第1款规定："非经收养人和被收养子女同意，不得披露或探问适合于透露收养及其情事的事实，但公共利益上的特殊原因要求这样做的除外。"[③]由此可见，德国对于收养秘密的披露和探问进行了法律限制。《美洲国家间关于未成年人收养的法律冲突公约》也对收养秘密设置了严格的查询查阅制度，[④]从而确保收养秘密不被公开和泄露，当出现需要查阅被收养人和其父母健康状况的医院证明时，也不得公开被收养人及其亲生父母姓名和其他身份资料，而只能告知符合法定条件的适当人员。《俄罗斯联邦家庭法典》第139条[⑤]规定了未经收养人同意，擅自泄露收养秘密应承担的法律责任。

收养实践是检验收养法律效果的有力武器。对收养秘密进行保护，能够最大限度地保护被收养未成年人的切身利益，促进其身心健康的正常发展。被收养的未成年人多为无民事行为能力人、限制民事行为能力人，其主观思想并不成熟，辨别能力和心理承受能力都较为敏感脆弱。如果收养事实被公之于众，会给其带来较大的心理压力和舆论压力，不利于未成年人的身心发展，不利于

---

① 参见夏吟兰、龙翼飞等：《中国民法典释评·婚姻家庭编》，中国人民大学出版社2020年版，第332页。

② 蒋新苗：《中瑞收养法的差异化与趋同化溯源》，载《时代法学》2020年第3期。

③ 《德国民法典》(第5版)，陈卫佐译注，法律出版社2020年版，第600页。

④ 参见《美洲国家间关于未成年人收养的法律冲突公约》第7条规定，在需要对收养进行保密的地方，应保证收养的秘密不被泄露。如果需要查阅被收养的未成年人及其亲生父母的健康状况的医院证明，也只能告知符合法定条件的适当人员，并不得公开被收养人及其亲生父母的姓名以及其他能证明其身份的资料。转引自蒋新苗：《美洲国家解决区域性跨国收养法律冲突的对策》，载《求索》2020年第2期。

⑤ 《俄罗斯联邦家庭法典》第139条规定：(1)收养儿童的秘密受法律保护。作出收养儿童判决的法官，或者对收养进行国家登记的公职人员，以及通过其他方式熟悉收养情况的人应对儿童的收养保守秘密。(2)对本条第1款所列举的人，如果违反收养人意志，泄露收养儿童的秘密，依法定程序追究责任。参见《俄罗斯联邦家庭法典》，鄢一美译，罗利伟校。转引自中国法学会婚姻法学研究会编：《外国婚姻家庭法汇编》，群众出版社2000年版，第517页。

收养人的收养利益,不利于收养家庭的和谐稳定。此外,收养秘密具备隐私属性,关乎自然人私生活之安宁,应属于《民法典》第 110 条规定的隐私权的保护范畴,是民事法律制度的保护客体。收养秘密体现人格平等,关乎人格尊严,彰显人格利益,法律应当充分保护。更有学者称赞收养秘密的私法保护,体现了《民法典·婚姻家庭编》贯穿的人权平等、人格尊严、人性友善、人际诚信的核心法理思想,以及权利法定、公序良俗等具体法理精神。[①]

第三节 收养的效力

收养的效力,即收养关系所形成的法律后果,指的是“收养关系成立后,在当事人之间发生一系列的法律后果,法律赋予收养行为的强制性作用力”[②]。具体而言,收养的法律效力,是指法律赋予的因收养行为而发生的强制性法律后果。该种法律后果主要表现在两个方面:一是收养的拟制效力,二是收养的解销效力。两种法律后果分别针对收养家庭和原生家庭:在收养家庭中产生新的亲子关系、其他亲属关系;在原生家庭中原本的亲子法律关系消灭,原来的其他亲属关系消灭。收养的效力同样涉及被收养的未成年人因收养带来的姓氏变更与保留问题,以及无效收养的情形。收养的效力折射并最终反映出收养制度在家庭关系治理中所发挥出的实践作用,是收养法治实践效果的直接展现。

一、收养的拟制效力

《民法典》第 1111 条第 1 款规定了收养的拟制效力:“自收养关系成立之日起,养父母与养子女间的权利义务关系,适用本法关于父母子女关系的规定;养子女与养父母的近亲属间的权利义务关系,适用本法关于子女与父母的近亲属关系的规定。”收养是一种不同于自然血亲之间的法律拟制行为,其所形成的拟制效力也称为收养的积极效力,是指收养依法创设新的亲属身份关系,依法形

① 参见龙翼飞:《编纂民法典婚姻家庭编的法理思考与立法建议》,载《法制与社会发展》2020 年第 2 期。

② 孟令志等:《婚姻家庭与继承法》,北京大学出版社 2012 年版,第 223 页。

成新的权利义务的法律效力。收养按照收养模式,分为完全收养和不完全收养两种,[①]我国仅承认完全收养,收养立法并没有认可和设定不完全收养模式。

我国收养法律制度设定了比较宽泛的拟制效力范围,从法律规范用语可以看出,收养的拟制效力既作用于养父母和养子女以及养子女所出的晚辈直系血亲,又作用于养父母的血亲。从比较法来看,日本等立法例采取与我国相同的收养拟制效力范围;德国等立法例则采取范围更窄的收养拟制效力范围,即收养的拟制效力仅作用于养父母与养子女以及收养关系存续期间养子女所出的晚辈直系血亲,而不作用于养父母的血亲。

(一)养父母与养子女之间的拟制效力

收养的法律拟制效力,最直接的作用体现于养父母与养子女之间,从收养关系成立起,养父母和养子女之间产生了法律意义上的父母子女之间的权利和义务关系,适用我国亲属法律规范中关于父母子女关系的一切规定,尤其是《民法典·婚姻家庭编》中关于父母对子女的抚养、教育和保护的义务以及成年子女对父母的赡养、扶助义务等若干法律规定。养子女与婚生子女在法律上具有相同的地位,享有相同的权利和义务。《民法典·婚姻家庭编》颁行之前,1998年《收养法》第23条第1款规定:“自收养关系成立之日起,养父母与养子女间的权利义务关系,适用法律关于父母子女关系的规定;养子女与养父母的近亲属间的权利义务关系,适用法律关于子女与父母的近亲属关系的规定。”养父母与养子女之间同样产生一切自然血亲中父母子女之间发生的法律权利和法律义务。被收养的未成年人的姓氏,在收养关系成立后,一方面可以跟随养父的姓氏,另一方面也可以跟随养母的姓氏。除此之外,经过各方协商一致,也可以不对被收养人的姓氏进行更改,而继续保持并沿用其在被收养之前原有的姓氏。

---

① 完全收养与不完全收养的分类方式实质上是按照收养效力角度不同而存在的。它们之间的核心差异在于,收养关系的形成是否完全消除养子女与其生父母及其近亲属之间的权利义务关系。前者的效力是完全彻底的,养子女仅和养父母之间发生父母子女关系;后者效力是部分并容的,养子女不但和养父母之间发生父母子女关系,还会和生父母之间保留一定的权利义务关系。从被收养人角度看,前者被收养的对象一般只允许收养未成年人,后者同时包括成年人、未成年人。单纯采取完全收养或不完全收养的国家或地区不多,大多数国家或地区同时采取完全收养与不完全收养模式,但普遍基于未成年人利益最大化的考量,而对未成年被收养人采取完全收养模式。我国立法仅采取完全收养模式,并未设置不完全收养模式。

(二)养父母的近亲属与养子女之间的拟制效力

收养的法律拟制效力,还会间接作用于养父母的近亲属与养子女之间。收养人与被收养的未成年人之间会产生直接的身份影响,这种影响同样会间接地在养父母的近亲属与养子女之间产生身份上的权利与义务关系,这是养亲子关系在收养法律制度上的延展体现。养父母的近亲属与养子女之间的法律拟制效力,会在二者之间取得亲属辈系上的身份,发生法律意义上的权利义务对应关系,表现为两个方面:一是被收养的未成年人与养父母的近亲属之间产生法律拟制效力;二是养父母与被收养的未成年人的近亲属之间产生法律拟制效力。具体体现为:养父母的直系血亲关系作用于被收养的未成年人,即被收养的未成年人和养父母的父母之间产生祖孙的身份关系和权利义务关系,被收养的未成年人和养父母的子女之间产生兄弟姐妹的身份关系和权利义务关系;反之亦然,养父母对于被收养的未成年人自收养关系成立后所出的晚辈直系血亲,同样产生祖孙之间的身份关系,同样产生祖孙之间的法律权利和义务关系。因收养而产生的近亲属之间的抚养、赡养和扶养均适用《民法典·婚姻家庭编》的若干规定;因收养而产生的近亲属之间的继承关系适用《民法典·继承编》的若干规定,即养兄弟姐妹、养祖父母和养外祖父母享有第二顺位的法定继承权,养孙子女与养外孙子女可以行使代位继承权,代养父母继承养祖父母或养外祖父母的法定遗产。

二、收养的解销效力

《民法典》第1111条第2款规定:“养子女与生父母以及其他近亲属间的权利义务关系,因收养关系的成立而消除。”收养的解销效力又称收养的消极效力,是指收养关系的成立会依法终止原有的亲属关系及其权利义务的法律效果。“收养的效力与解除,是维护合法收养关系的前提,也是收养责任承担与否的体现。”[①]从法律条文可以看出,收养的法律解销效力同样表现为两个方面:一方面直接地作用于生父母与养子女之间,另一方面间接地作用于生父母以外的其他近亲属与养子女之间。

---

① 王歌雅:《〈民法典·婚姻家庭编〉的编纂策略与制度走向》,载《法律科学(西北政法大学学报)》2019年第6期。

（一）生父母与养子女之间的解销效力

生父母与养子女之间的解销效力体现为：收养关系成立后，即便生父母与养子女之间的自然血亲形成的生物学上的血缘关系不会消除，但二者之间的法律意义上的权利和义务得以消灭。生物遗传学上所形成的父母子女关系是自然社会的客观实际情况，不会因为法律行为的发生而产生变化。《民法典》第1048条关于直系血亲禁止结婚的法律限制仍然要适用于生父母与养子女之间，但是生父母与养子女之间存在的赡养、抚养、教育、保护的权利和义务归于消灭。

（二）生父母以外的其他近亲属与养子女之间的解销效力

生父母以外的其他近亲属与养子女之间的解销效力体现为：生父母以外的直系血亲关系解销于被收养的未成年人，即生父母的父母与养子女之间的祖孙身份关系因收养关系的成立而被消灭，生父母的子女与养子女之间的兄弟姐妹身份关系因收养关系的成立而被消灭，原本因为自然血亲形成的祖孙之间、兄弟姐妹之间的权利义务关系因收养关系成立而被消灭。同样，生父母以外的其他近亲属与养子女之间法律上的权利和义务得以消灭。生物遗传学上所形成的祖孙血缘和兄弟姐妹的血缘关系是自然社会的客观实际情况，不会因为法律行为的发生而产生变化。《民法典》第1048条关于直系血亲、三代以内旁系血亲禁止结婚的法律限制仍然适用于生父母以外的其他近亲属与养子女之间，但是彼此之间的赡养、抚养、扶养、教育、保护的权利和义务归于消灭。

从比较法上看，不同国家的立法例也基本体现收养关系所具有的两方面法律效力，其中绝大多数国家认可收养的拟制效力，承认收养人与被收养人之间因收养关系的成立而形成了新的亲子关系；但在收养的解销效力方面存在不同的立法模式，这主要是由不同国家收养的类别、被收养人的年龄等差异性因素决定的。例如，与我国仅存在完全收养模式不同，法国既存在完全收养，同时又存在不完全收养，两种不同的收养制度决定了不同的收养效力，尤其表现在收养的解销效力上：当收养类型为完全收养时，家庭成员关系体现的是“替代融入模式”，即收养人与被收养人之间因为收养关系的成立而形成的亲子关系替代了生父母与被收养人之间因自然血亲而建立起来的亲子关系，新亲子关系的建立替代并消灭了旧的亲子关系，被收养人由原生家庭融入收养家庭，并当然地成为收养家庭中的成员，被收养人具有与婚生子女相同的法律地位，此种收养的效力同样作用于养父母的亲属。当收养类型为不完全收养时，家庭成员关系体现的是“保留新增模式”，即收养人与被收养人之间因为收养关系的成立而形成的亲子关系并不会替代生父母与被收养人之间因自然血亲而建立起来的亲子关系，新亲子关系的建立与原本存在的亲子关系都被保留下来，被收养人即便从原生家庭进入收养家庭生活，但与亲生父母之间的权利义务并不会因此消失，特别是继承权和赡养义务。与此同时，被收养人在收养家庭中具有与婚生子女相同的法律地位，且被收养人可以依法使用收养人的姓氏，但收养的效力不会作用于养父母的其他亲属。

与我国仅存在未成年人收养不同，德国既存在未成年人收养，又存在成年人收养，两种不同的收养对象决定了不同的收养效力，尤其表现在收养的解销效力上：当收养对象为未成年人时，被收养人和其所出的直系血亲与原生家庭成员之间的权利与义务关系因收养关系的成立而消灭，被收养的未成年人在收养家庭中具有和婚生子女相同的法律地位。当收养对象为成年人时，被收养人与原生家庭成员之间的权利与义务关系依然保留。但是在支付抚养费的义务主体方面，收养人的支付义务优先于被收养人的自然血亲，被收养的未成年人在收养家庭中具有和婚生子女相同的法律地位。

与我国仅规定未成年人完全收养的立法模式类似，俄罗斯联邦的法律同样赋予养子女及其后代与原生家庭婚生子女及其后代以相同的法律地位，同时认为被收养人与生父母的权利义务因收养关系的成立而消灭，但规定了收养人仅为一人时的权利义务保留条款。①

与我国粗线条的立法模式不同，部分国家的收养立法设置了更为细致的法律保护条款，尤其体现在被收养人的遗产继承权方面：菲律宾承认解销效力的同时，照顾了被收养人自然血亲父母的继承权，《菲律宾民法典》规定了生父母的亲权因收养关系的成立而消灭，但继续保留被收养人的生父母作为继承人的

① 《俄罗斯联邦家庭法典》第137条第3款，在一个人收养儿童的情况下，如果收养人为男子，则按照母亲的愿望可以保留人身非财产和财产权利和义务，如果收养人为妇女，则按照父亲的愿望可以保留人身非财产和财产权利和义务。参见《俄罗斯联邦家庭法典》，鄢一美译，罗利伟校。转引自中国法学会婚姻法学研究会编：《外国婚姻家庭法汇编》，群众出版社2000年版，第516页。

法律地位。[①]

(三)养子女的姓氏选择效力

《民法典》第1112条规定:“养子女可以随养父或者养母的姓氏,经当事人协商一致,也可以保留原姓氏。”这是关于养子女姓名权的立法规定,收养关系成立后养子女的姓氏问题一直是收养立法的重点内容。从立法渊源来看,本条来源于1991年《收养法》第23条规定:“养子女可以随养父或者养母的姓,经当事人协商一致,也可以保留原姓。”1998年《收养法》第24条保留了此款规定未做修改。

从立法用语对比来看,《民法典》第1112条在文字上进行了小范围修改:由“姓”改为“姓氏”,立法用语更加书面、严谨、科学、规范。从法律客体来看,该规范直接调整被收养人的姓氏使用。我国立法对此做了较为宽松的规定,收养关系法律当事人可以在法律允许的范围内自主进行被收养人姓氏的选择与确定,即养子女存在使用养父姓氏、养母姓氏、原姓氏的选择空间,彰显了性别平等的价值追求,满足了收养关系的实际需求,照顾了被收养人既定的客观事实。该规定同时也体现了私法自治的理念,收养各方当事人经过协商一致,可以保留被收养人原本的姓氏,既尊重了当事人的主观意志,又体现出制度设计的灵活与变通。对比其他立法例,世界上多数国家采取了非此即彼的立法模式,即被收养人的姓氏要么随收养人的姓氏,要么保留原本的姓氏。例如,日本、奥地利、荷兰民事立法中,都规定了被收养人的姓氏随收养人姓氏,德意志民主共和国法律规定被收养人的姓氏继续保留原姓氏。比较少见的是,世界范围内也存在收养人姓氏与原姓氏结合使用的立法例,以德意志联邦共和国法律的规定为代表;同时,一些国家设置了较为灵活的姓氏自由选择模式,允许双方自由进行选择,代表国家是丹麦、瑞典。[②]

(四)无效收养的法律效力

《民法典》第1113条规定:“有本法第一编关于民事法律行为无效规定情形或者违反本编规定的收养行为无效。无效的收养行为自始没有法律约束力。”1991年《收养法》第24条、1998年《收养法》第25条规定:“违反《中华人民共

---

① 参见《菲律宾民法典》,蒋军洲译,厦门大学出版社2011年版,第52页。

② 参见蒋新苗:《比较收养法》,湖南人民出版社1999年版,第130页。

和国民法通则》第五十五条和本法规定的收养行为无法律效力。收养行为被人民法院确认无效的,从行为开始时起就没有法律效力。”

从立法用语对比来看,两个具体法律规范的核心实质未作修改,法条变化体现在:一方面将“违反《中华人民共和国民法通则》第五十五条”修改为“有本法第一编关于民事法律行为无效规定情形”,法条指代的内容未发生变化;另一方面将“收养行为被人民法院确认无效的,从行为开始时起就没有法律效力”修改为“无效的收养行为自始没有法律约束力”,立法用语更加严谨、简洁。收养无效的法律后果对收养各方当事人影响颇大,应纳入民事法律体系加以判断。

1. 单一的自始无效模式

相较于民事法律关系中的财产关系,身份关系更具有客观性和稳定性,一旦在当事人之间成立了收养身份关系,若非有特殊理由、当事人主动申请解除、法院依法裁判,身份关系不会发生无效的法律后果。与此同时,收养形成的身份关系一旦无效,法律通常推定为自始无效,世界各国关于收养无效的立法设计都较为严苛且保守。我国立法采取单一的无效收养制度,即一旦发生收养无效法定事由,收养关系自始不发生法律效力。其他国家采用双重无效法律制度的立法例,即除了自始无效的法定事由外,还存在可以被撤销的无效收养制度:收养当事人可以按照法律程序提出撤销收养关系的申请,一旦行政机关或司法机关作出撤销的裁决,收养关系自撤销时发生无效的效力。经撤销形成的无效收养法律效力不具有溯及力,这是撤销无效收养制度与自始无效收养制度的最大区别。

2. 无效收养的表现

无效收养行为属于无效民事行为在收养领域中的体现,是指发生了不符合《民法典·婚姻家庭编》规定的收养成立要件,因此自然不能产生收养关系成立的法律后果。按照《民法典》第 1113 条第 1 款规定,无效收养行为的发生存在两种情形:一是该收养行为符合《民法典·总则编》关于民事法律行为中无效制度的规定;二是该收养行为不符合《民法典·婚姻家庭编》有关收养关系成立的具体条文规定。按照《民法典》第 143 条、第 144 条的规定,收养关系中的当事人应具有民事行为能力,如果作为收养人的夫妻双方都不具备完全民事行为能力或者无配偶者不具备完全民事行为能力,则收养行为无效;收养关系中意思表示的作出同样要求行为主体是真实的、自愿的,如果出现了收养关系中当事人欺诈、胁迫的情况，相对方因此作出了错误的意思表示，则受欺诈、胁迫的一方可以主张收养无效；收养行为的性质和内容不得违反法律、行政法规和不得违反公序良俗，否则收养行为无效。

3. 收养无效的条件设定

按照《民法典·婚姻家庭编》关于收养的实质条件要求和登记程序要求，无效收养关系在《民法典·婚姻家庭编》中体现为两个方面：一是收养的实质要件方面，主要指违反《民法典》第1098条、第1094条、第1093条有关收养人、送养人、被收养人的条件要求，或者违反第1100条被收养人数量的法律限制、第1102条无配偶者收养异性子女的年龄限制；二是收养的程序要件方面，主要指违反《民法典》第1105条有关收养登记、收养公告等法律强制性规定。

4. 收养无效的启动程序

无效收养的确认程序存在两种启动方式：依申请启动和依职权启动。前者要求收养当事人和利害关系人主动向人民法院提出申请，提起确认收养无效诉讼，人民法院依照法定程序作出收养无效的裁判；后者则是人民法院在依法行使审判权过程中发现存在无效的收养行为，可以依据客观事实判决收养无效。在相关家事审判过程中，需要以收养关系的法律效力作为其他民事法律关系的基础条件，如人民法院在审理赡养纠纷、抚养纠纷、监护纠纷、继承纠纷等家事案件时，首先要明确收养关系的法律效力，即便收养关系当事人未向人民法院提出确认收养无效的诉请，人民法院亦需依职权作出明确判断。

值得注意的是，收养实践中存在行政申请无效的立法空白，即我国收养关系需要经法定行政登记程序才具有法律效力。在行政登记过程中，收养当事人若存在欺诈、虚假等行为，故意骗取收养登记的，收养因违反《民法典》第1113条第1款规定的实质条件而无效，但却具有收养合法的权利外观。此时，从权利救济和实质正义角度看，应当允许收养当事人或利害关系人向行政机关提出确认收养无效的申请，用以维护程序公正并纠正登记错误。保护未成年人合法利益，是现代各个国家和地区收养立法的核心价值与立法原则。我国收养立法也应允许行政机关依申请作出行政违法的决定，确认收养关系无效，同时注重降低对被收养的未成年人产生的不利影响。

5. 收养效力的回溯

根据《民法典》第1113条第2款自始无效的立法设计，收养法律关系一旦被确认为无效，收养所形成的拟制效力和解销效力都回溯到收养行为发生之前，即因收养关系形成的拟制血亲不复存在，被收养人与自然血亲的亲生父母之间的权利义务关系自然恢复，但不对第三人已经合法取得的权利产生影响，如被收养人的亲生父母在收养关系被宣告无效时已经死亡的且亲生父母的遗产已经分配完毕的情形下，被收养人无继承权和继承回复请求权。与此同时，一旦收养关系确认无效，被收养人会遭遇法律身份上的巨大转变，因此收养无效的宣告应妥善考量未成年人切身利益的保护，即应综合考量被收养人的客观生活条件、收养人的主观善恶、被收养人在收养家庭的生活状态、宣告收养无效后的后续安置等问题，综合判断收养无效宣告对于被收养的未成年人的利益影响，最终作出最有利于保护未成年人的法律裁判。

域外的部分立法例还规定了收养撤销制度，与我国仅存在自始收养无效的法律制度设计不同。《日本民法典》第 803 条至第 808 条①规定了可撤销收养的几种情形："养父母为未成年人时的收养的撤销；养子为尊亲属或者年长者时收养的撤销；监护人与被监护人之间无许可收养的撤销；未经配偶同意的收养等的撤销；未经子女监护人同意的收养的撤销；养子女为未成年人时无许可收养的撤销"；《法国民法典》第 359 条针对完全收养规定了不得解除的法律制度，第 370 条针对简单收养规定了检察院基于重大原因可作为申请人申请解除的法律制度。②

第四节　收养关系的解除

法律拟制的收养关系同样可以依法解除。收养关系是严肃且重大的身份法律关系，基于一定的法律事实而成立。收养形成的"是一种区别于自然过程的人为法律拟制血亲，使收养关系既可通过一定的法律行为成立，亦可通过一定的法律行为解除"③。收养关系的解除，指是收养的法律效力发生后，当出现

① 参见《日本民法典》，刘士国、牟宪魁、杨瑞贺译，中国法制出版社 2018 年版，第 194～195 页。
② 参见《法国民法典》，罗结珍译，北京大学出版社 2010 年版，第 109 页、第 112 页。
③ 徐善敏：《解除与维持收养关系之标准初论》，载《法律适用》1994 年第 2 期。

一定的法定事由而导致养亲子关系无法继续时,通过法定程序最终消灭收养效力。

收养关系应当具有充足的法律稳定性,不应任意、轻率、简单地解除。因为收养关系的解除,会引起收养当事人发生身份关系和权利义务关系的重大变化,影响多个家庭内部亲子身份关系和财产关系,所以收养关系解除的立法设置必须慎之又慎。但收养实践中确有必要规定解除的法定程序。"如果出现收养关系恶化,难以为继,或者在事实上的解体,既然通过法律行为可以设立它,也就能通过法律行为和法定程序将其消灭。"①

一、收养关系解除的条件

《民法典》第1114条规定:"收养人在被收养人成年以前,不得解除收养关系,但是收养人、送养人双方协议解除的除外。养子女八周岁以上的,应当征得本人同意。收养人不履行抚养义务,有虐待、遗弃等侵害未成年养子女合法权益行为的,送养人有权要求解除养父母与养子女间的收养关系。送养人、收养人不能达成解除收养关系协议的,可以向人民法院提起诉讼。"收养关系的解除需要符合法定条件、履行法定解除程序,解除的方式包括协议解除和诉讼解除两种途径。

从法律沿革来看,1991年《收养法》第25条、1998年《收养法》第26条规定了收养关系的解除。在此基础上,《民法典》第1114条将应当征得养子女同意的法定年龄由10周岁修改为8周岁,此种修改主要是由于《民法典·总则编》关于限制民事行为能力人的年龄标准进行了下调,从而保证《民法典·婚姻家庭编》与《民法典·总则编》的立法逻辑与条文设置协调一致。

从法律规定来看,为了保护被收养的未成年人的利益,我国法律禁止收养人在被收养人处于未成年阶段解除收养关系,立法目的在于维持未成年人家庭生活环境的稳定性,避免其身心受到伤害。法律也设置了特殊情况下送养人的解除权,即当收养人不能尽责履行抚养义务、收养人对被收养人实施虐待或遗弃等侵害行为时,送养人可以要求解除养父母与养子女间的收养关系,甚至通过民事诉讼的途径来保护被收养的未成年人的生存发展利益。无论是双方协

① 杨大文主编:《婚姻家庭法》(第5版),中国人民大学出版社2012年版,第97页。

议解除，还是送养人单方解除，都需要符合法定解除条件。

（一）协议解除的条件

1. 达成解除合意

协议解除收养关系，需要收养人与送养人或被收养人应就收养关系解除事项达成合意，双方的意思表示应当真实、有效。按照法律规定，协议解除发生在收养关系成立之后且被收养人成年之前，如果被收养人年满 8 周岁，还应当征得本人同意。原因在于已满 8 周岁的未成年人已属于限制民事行为能力人，对自身状况、家庭环境、成长因素、是非善恶有一定的判断和认知能力，也能够较为清晰地知晓收养关系解除给自身带来的法律后果，同时收养关系的存续或解除都对其自身的身份及相应的权利与义务产生深刻影响，因此有必要征询已满 8 周岁养子女的具体意见。在被收养子女成年后，解除收养需要收养人和被收养人之间达成合意，此时无须征得送养人同意，原因在于成年养子女已经具备完全民事行为能力，可以独立地作出意思表示、行使自身的权利、承担相应的法律后果，其是否解除收养的意愿应该得到法律尊重，法律赋予其选择是否与收养人达成解除协议的权利。

解除协议的达成，还需要各方当事人具备完全民事行为能力，若收养人、送养人或者被收养人任何一方不具备完全民事行为能力，则不能通过协议的方式解除收养关系，而仅能采取民事诉讼的方式请求人民法院裁判解除收养关系。当夫妻双方共同收养时，解除收养协议应由夫妻双方共同解除，从而避免二人意见的不统一。如果收养是无配偶者单方收养，则允许无配偶者单方解除收养关系，但应包含收养行为发生时是无配偶者但在收养关系解除时已有配偶的情况。

2. 履行解除登记

《民法典》第 1116 条对收养解除登记作了明确规定："当事人协议解除收养关系的，应当到民政部门办理解除收养关系登记。"本条立法沿用了 1998 年《收养法》第 28 条规定，该条规定了我国解除收养关系的法定程序，彰显了收养这一要式法律行为的属性。

我国收养关系的成立实行法定登记主义，收养关系的解除同样需要履行法定登记程序：根据《中国公民收养子女登记办法》第 9 条规定，收养各方当事人在达成收养解除合意的基础上，前往办理收养登记的行政机关办理解除登记时,应当向收养登记机关提供居民户口簿、身份证等身份证明文件,还需提供办理收养登记时的收养登记证,以及各方达成的解除收养关系协议。收养登记机关在接收上述材料后进行审查,30 日内作出是否解除的具体行政行为。符合法律规定的,办理收养关系解除登记,发放解除收养关系证明,收回收养登记证书。自解除登记证明上载明的日期开始,收养关系消灭。从解除程序可以看出,我国民政部门在解除收养关系的行政程序中更多地履行形式审查职能,较少发挥实质审查的作用。

(二)诉讼解除的条件

根据《民法典》第 1114 条第 2 款的规定,收养人在不履行抚养义务且发生虐待、遗弃等侵害未成年养子女合法权益的行为时,送养人有权单方面提出解除收养关系的要求,如果送养人与收养人不能就解除事项达成一致,送养人则可以通过诉请人民法院裁判的方式寻求救济。

人民法院受理案件后,要查明送养人的请求事实,明晰解除收养关系的客观真实原因,考量收养人与被收养人之间的亲子关系现状,综合被收养人的生存状况,依法做出裁判,化解收养解除纠纷,维护各方收养主体的合法权益,尤其是被收养未成年人的核心利益。

我国人民法院审理案件时注重发挥调解程序的作用,尤其在家事审判改革过程中,调解存在很大应用空间,在收养解除纠纷中也不乏最终以达成民事调解的方式结案的情况。调解的前提是需要纠纷双方达成调解协议,其性质仍为协议解除,“因民事调解书具备法律效力,此种调解协议不需另外再到登记机关办理解除收养关系登记手续”①。

《民法典》第 1114 条第 2 款规定了诉讼方式解除收养关系的途径,该方式存在适用的前提:第一,被收养人处在未成年人阶段,被收养人在成年后与收养人解除收养关系不适用本条规定。第二,提起诉讼的主体仅为送养人。本条立法目的在于保护被收养人的切身利益,通过立法赋予送养人在特定情况下提起诉讼的权利,因此被收养人和收养人不能依据本条提起解除收养关系之诉。第三,必须发生了收养人侵害被收养人的特定行为。当收养人不能履行抚养义务

① 夏吟兰、龙翼飞等:《中国民法典释评·婚姻家庭编》,中国人民大学出版社 2020 年版,第 346 页。

时，并且有本法规定的虐待、遗弃等侵害未成年养子女合法权益的行为。否则，为维护收养关系的稳定，送养人不能提起解除收养关系之诉请。

(三)域外的协议解除模式

收养能否通过协议解除在世界收养立法上形式多元，主要有许可模式、半许可模式和禁止模式三种类型。

第一，以日本为代表的许可模式对收养的解除持肯定的态度，认为收养关系可以通过协商或法院裁判而解除。《日本民法典》规定了协议解除和裁判解除两种解除模式。其第四编第 811 条规定："收养关系的当事人可以通过协议解除收养关系。"其第四编第 814 条第 1 款规定："收养关系的一方当事人，以下列情形为限，可以提起收养关系解除之诉：1. 被另一方恶意遗弃；2. 另一方生死不明三年以上；3. 有其他难以继续收养关系的重大事由。"[①]

第二，以法国、意大利为代表的半许可模式既承认收养协议的契约属性，又坚持收养关系应受充分的国家监督。这些国家一般同时存在完全收养和单纯收养。在法国民事立法中，单纯收养可以被判决撤销，体现在《法国民法典》第 370 条规定，"如证明有重大理由，应收养人或被收养人的请求，或者被收养人是未成年人时，应检察院的要求，得解除(简单)收养"[②]；而完全收养则禁止被撤销，体现为第 359 条规定，"完全收养不得解除"[③]；《意大利民法典》第 306 条规定："养子女收养的解消，在养子女对养父母或其配偶、或其卑亲属、或者尊亲属的生命加以危害时；或者对其因犯最低限处以不下三年限制身体自由之刑之罪而受有罪判决时，得基于养父母的请求由法院宣告。养父母因其危害的结果而死亡场合，养子女收养的解消，得由如果没有养子女及其卑亲属，则继承财产应归属的人进行请求。"[④]《意大利民法典》第 307 条进一步规定了此种情况下法院有权依当事人申请解除收养关系："前条所定的各种事实，对养子女或养子女的配偶、或者其卑亲属或尊亲属而为时，解消得基于养子女的请求、或者于该人为未成年人场合，得基于检察官的请求进行宣告。于此场合，法院征询检察官的意见，关于其亲权的行使，即使采取重新由父母行使而认为适当场合，关于

① 《日本民法典》，刘士国、牟宪魁、杨瑞贺译，中国法制出版社 2018 年版，第 196 ~ 197 页。
② 《法国民法典》，罗结珍译，北京大学出版社 2010 年版，第 112 页。
③ 《法国民法典》，罗结珍译，北京大学出版社 2010 年版，第 109 页。
④ 《意大利民法典》，陈国柱译，中国人民大学出版社 2010 年版，第 61 页。

未成年人的财产的照料、代理及财物的管理亦得予以适当的处置。”[①]

第三，以葡萄牙为代表的国家对收养关系持禁止态度，认为收养关系应坚定地实行国家监督主义。《葡萄牙民法典》第1989条规定了“完全收养不可废止，即使收养人与被收养人达成协议亦然”[②]，在法律制度上否定了协议解除的可能。

(四)成年养子女解除收养的特殊性

《民法典》第1115条规定：“养父母与成年养子女关系恶化、无法共同生活的，可以协议解除收养关系。不能达成协议的，可以向人民法院提起诉讼。”养父母与成年子女之间若发生需要解除收养关系的情况时，多为收养双方彼此间关系较为恶化，不能继续维持收养关系。该条法律规范直接沿用了1991年《收养法》第26条、1998年《收养法》第27条规定的内容。与《民法典》第1114条规定不同，本条立法适用于成年养子女与养父母解除收养关系的情形，针对的是双方关系恶化、不能维持共同生活的状况。

成年的养子女已经具备完全民事行为能力且身心发展已经成熟，具备自我生存的客观条件，法律可以设置解除程序来结束不宜继续的收养关系，即可以通过双方达成协议或者一方提起诉讼的方式进行解除。司法审判中，人民法院应当坚持行为判断模式来综合衡量成年被收养人与收养人关系恶化的程度，即查证是否发生了双方不宜继续维持收养关系的现实状态，比如发生了频率高的激烈争吵，甚至发生肢体冲突等人身伤害行为。与此同时，无法共同生活也不仅限于同一住宅内的共同居住，因为被收养人成年后具备了经营自身生活的能力，其有很大概率不与收养人同处一室。法律允许成年被收养人和收养人解除收养关系也是破解矛盾与隔阂、维护彼此工作和生活有序安定的法治之策。

二、收养关系解除的效力

《民法典》第1117条规定：“收养关系解除后，养子女与养父母以及其他近亲属间的权利义务关系即行消除，与生父母以及其他近亲属间的权利义务关系自行恢复。但是，成年养子女与生父母以及其他近亲属间的权利义务关系是否

---

① 《意大利民法典》，陈国柱译，中国人民大学出版社2010年版，第61～62页。

② 《葡萄牙民法典》，唐晓晴等译，北京大学出版社2009年版，第361页。

恢复,可以协商确定。”该条文沿用了 1991 年《收养法》第 28 条、1998 年《收养法》第 29 条的规定。收养关系一旦被解除,相关的法律效力即刻发生。“消除”与“恢复”的解除效力带给收养各方当事人身份关系与财产关系的变动。

(一)身份关系的效力

收养关系一经解除,收养人与被收养人因收养形成的法律拟制父母子女关系随之消除。收养关系具有一定的稳定性,毕竟“收养关系一经成立,如无正当理由,是不能随意解除的。特别是当养子女长大成人,能够独立生活以后,更不能为了逃避尽赡养义务,而随意解除收养关系”①。从《民法典》第 1117 条的立法目的可知,被收养人的年龄状态不同,因收养关系的解除产生的法律后果不同。

第一,如果被收养人尚未成年,其抚养、教育和保护问题亟待解决,收养立法坚持未成年人利益优先原则,制度设计要优先保护未成年人的利益。收养人在收养关系解除后,将不再履行抚养、教育和保护被收养未成年人的义务。考虑到自然血亲的天然联系属性,我国收养立法采取了收养关系解除后由生父母以及其他近亲属继续承担抚养、教育和保护义务的制度设计,保护被收养的未成年人的生存和发展利益。无论是通过双方协议解除还是诉讼解除收养关系,一旦收养关系解除,立刻会产生养子女与养父母以及其他近亲属间权利义务关系消灭、与生父母以及其他近亲属间权利义务关系恢复的法律效果,无须收养各方当事人提出申请,也无须履行其他法定程序,避免了因收养关系解除而可能带来的对未成年人抚养、教育和保护的断档,确保未成年人稳定、健康成长。

第二,如果解除收养关系时,被收养人已经成年,则不存在自动恢复其与生父母及其近亲属间权利义务关系的紧迫性。被收养人为完全民事行为能力人时,其心智较为成熟,能够进行自主独立地判断,具备在社会上生存与发展的必要能力,法律应当充分尊重成年被收养人、生父母及其他近亲属的意愿,允许各方通过协商确定是否恢复亲子关系。同时,父母子女关系还涉及赡养、继承等重大民事法律关系,这些都需要成年被收养人和生父母经过深刻、全面地思考后再作决定。因此,法律尊重各方收养主体的意思自治,赋予成年被收养人和生父母以充分协商的制度空间。这将有助于削减成年被收养人重新回到生父

① 申秀:《解除收养关系后,对养父母还要尽赡养义务吗?》,载《法学杂志》1984 年第 1 期。

母家庭引发的不满情绪与现实困难。原因在于生父母与被收养人间彼此缺乏共同生活的感情基础,被收养人在成长过程中缺失来自生父母的关爱,此种情况下当然地恢复与生父母以及其他近亲属间的权利义务对于成年被收养人是难以接受且未必适合的。

(二)财产关系的效力

“通过法定程序解除收养关系,能够体现国家的意志,防止一方任意遗弃另一方,造成家庭、社会秩序不稳定。”①收养关系解除后,虽然直接切断了收养人与养子女的父母子女身份关系,但相关主体间的财产关系却不会被直接割裂。具体而言,收养人可以在特定情况下主张生活费给付和抚养费补偿。收养人对被收养人的抚育、教育和保护都为其提供了健康成长的物质基础和精神支撑,付出了大量的金钱与感情。根据民法公平原则和权利义务相一致原则,收养立法对解除收养关系后财产关系的处理进行了相应规制。

1. 成年养子女的给付、补偿义务

《民法典》第 1118 条规定:“收养关系解除后,经养父母抚养的成年养子女,对缺乏劳动能力又缺乏生活来源的养父母,应当给付生活费。因养子女成年后虐待、遗弃养父母而解除收养关系的,养父母可以要求养子女补偿收养期间支出的抚养费。生父母要求解除收养关系的,养父母可以要求生父母适当补偿收养期间支出的抚养费;但是,因养父母虐待、遗弃养子女而解除收养关系的除外。”

《民法典》第 1118 条在 1991 年《收养法》第 29 条、1998 年《收养法》第 30 条基础上,将“生活费和教育费”修改为“抚养费”,给付的范围不再仅局限于生活开销部分和教育开销部分,一切与抚养有关的开销费用都是法律给付的范围,更大程度地保护了养父母的财产权益。

收养关系解除后,成年养子女可能存在对养父母给付生活费和补偿抚养费的义务。养父母在养子女的成长过程中提供了大量的经济支持,即便收养关系解除,切断的也仅是法律拟制的身份上的亲子关系。根据我国《民法典》规定,对于“双缺乏”的养父母,立法要求养子女支付一定的生活费是合理且必要的,符合权利义务相一致原则,也有利于保护养父母的合法权益,使其老有所养、老

① 王贞韶:《谈谈收养关系的解除》,载《法学》1984 年第 11 期。

有所依。

对于生活费的给付标准，法律并未明文规定，可以根据当地社会一般人的生活水平，结合养父母的日常开销，参考养子女的收入能力来进行综合判断，既不应过高也不可过低。至于给付方式和具体数额，可以先由养父母和养子女双方协商，协商不成的，人民法院可以根据实际情况作出裁判。我国现行法律没有规定养父母生活费给付请求权的除斥期间，因此，为了充分发挥收养立法的社会救济效果，可以理解为养父母在收养关系解除后的任何时间内，只要发生了缺乏劳动能力且缺乏生活来源的客观情况，就可以要求养子女承担给付生活费的义务。这既体现了收养立法对于养父母的保护力度，也昭示出我国民事私法扶弱济贫的价值定位，实现了收养法律的正向社会治理功能。

法律赋予养父母抚养费补偿请求权。如果养子女有虐待、遗弃养父母的情况，按照民法填平规则，抚养费补偿的数额以收养关系存续期间养父母为抚养养子女所支出的金钱成本为限。不同于生活费的给付，抚养费的补偿不以养父母发生缺乏劳动能力又缺乏生活来源为前提条件，只要养子女因成年后虐待、遗弃养父母导致收养关系解除，养父母就可以要求养子女承担抚养费补偿的法律责任。

2. 养父母对生父母的抚养费补偿请求权

根据《民法典》第 1118 条第 2 款的规定，当生父母基于特定原因解除收养关系时，比如生父母在后悔送养亲生子女的情况下要求解除收养关系，此时法律应当保护养父母的权益，因为养父母在养子女的成长过程中提供了大量的经济支持，所以法律赋予养父母抚养费补偿请求权，抚养费补偿的数额以收养关系存续期间养父母为抚养养子女所支出的金钱成本为限进行适当性的补偿。因此，收养关系解除后，生父母可能存在对养父母补偿抚养费义务。与此同时，我国收养立法作出了例外情形的限制，即养父母存在虐待、遗弃养子女的客观情况时，生父母提出解除收养关系的，此时养父母则不能要求生父母承担抚养费补偿的法律责任。原因在于养父母存在严重过错，未履行好养父母抚养、教育和保护养子女的法律义务，根据权利义务相一致原则，自然无权要求生父母补偿抚养费，相当于收养法律剥夺了此种情况下养父母抚养费的补偿请求权。

随着我国收养法律制度回归《民法典·婚姻家庭编》，简单的单行私法视角融合进入系统性、整体性的婚姻家庭法治视野，收养的私法属性也更多地具备了社会法特色。同时,收养法律制度的贯彻实施需要行政色彩浓厚的公权力及时介入,更好地发挥监督作用,以保障收养行为的规范性,维护收养秩序。从法律制度未来发展的角度看,收养立法应“从传统亲子法范畴转向更加明确和统一的儿童保护法,形成内外体系协调一致的本土化、社会化新架构”①。后法典化时代收养法的发展臻善亦有漫漫长路待行:(1)要着眼于收养私法制度自身的完善,如参照我国最新生育政策立法动向修改收养人子女数量的限制,使之与我国最新“全面三孩”人口生育政策协调一致;“放宽一般收养条件、建立不完全收养制度”②;适当下调收养人的年龄限制,实现更多年轻夫妻收养夙愿。(2)细化出台行政机关《收养评估办法(试行)》的配套实施细则方案,形成对收养人收养能力的实质审查机制。(3)既要做好收养的国内立法完善,又要回应好日益增长的跨国收养规模。(4)既要坚持未成年收养模式,充分发挥收养的“育幼”功能,又要审慎对待放开成年收养模式的立法提议,妥善回应收养的“养老”功能,避免法律移植的“水土不服”。(5)要解决诸如事实收养的历史遗留问题,如推行事实收养认定办法,统一司法裁判认定标准与适用规则,参照我国事实婚姻实行“有条件认可”的立法策略。(6)要完善优化现行收养法定登记程序,最终助力形成更加完备的收养法治格局,助力被收养的未成年人最大利益的法治化保护,全面贯彻落实“依法收养”“公平收养”“爱心收养”“诚信收养”理念,实现《民法典·婚姻家庭编》的“依法治家”功能。

---

① 邓丽:《收养法的社会化:从亲子法转向儿童法》,载《法学研究》2020年第6期。

② 司丹:《不完全收养在我国〈民法典〉中的制度构建》,载《学术交流》2021年第7期。

第六章

婚姻家庭编适用

“天下之事，不难于立法，而难于法之必行。”[①]法律的生命力在于实施，《民法典》亦是如此。贯彻好、实施好、适用好《民法典》不仅可以使一个个看似冷冰冰的法律规范变得鲜活，也可以充分将人民群众对美好生活的新要求、新期待变为现实。习近平总书记在《充分认识颁布实施民法典重大意义　依法更好保障人民合法权益》一文中强调：“民法典颁布实施，并不意味着一劳永逸解决了民事法治建设的所有问题，仍然有许多问题需要在实践中检验、探索，还需要不断配套、补充、细化。”[②]因此，对《民法典》的适用研究越深入，人民群众的需求满足与权益保障就会越充分，人与人之间的交往活动就会更加有序，社会就会更加和谐。

第一节　适用效应关注

婚姻是家庭的纽带，家庭是社会的细胞，婚姻家庭制度是规范夫妻关系和家庭关系的基本制度。党的十八大以来，以习近平同志为核心的党中央高度重

---

① 《中国共产党第十八届中央委员会第四次全体会议文件汇编》，载人民出版社 2014 年版，第 85 页。

② 中共中央党史和文献研究院编：《十九大以来重要文献选编》（中），中央文献出版社 2021 年版，第 584 页。

视家庭文明建设，强调“家庭和睦则社会安定，家庭幸福则社会祥和，家庭文明则社会文明”①。关注《民法典·婚姻家庭编》的适用，对于进一步维护婚姻家庭和谐稳定，平等保护家事各方当事人的合法权益，促进社会发展与培育、践行社会主义核心价值观具有重要意义。

一、婚姻家庭编适用概述

“徒法不足以自行”，理解、适用好《民法典》，是让《民法典》从纸面走向生活、发挥其强大生命力的重中之重。《民法典》实施以来，我国已正式步入法典化时代，如何正确理解和适用《民法典》成为研究重点。

《民法典·婚姻家庭编》五章制的立法格局涵盖了从个人到家庭的构建演变，个人与幸福相连，家庭与和睦常伴，《民法典·婚姻家庭编》的司法适用与千千万万个家庭息息相关，其重要意义不言而喻。因此，最高人民法院回应民之所需，立成民之所待，及时发布了《婚姻家庭编解释(一)》，在整合婚姻家庭法司法解释的基础上，进一步细化了《民法典·婚姻家庭编》的法律规范，推动了《民法典·婚姻家庭编》的理解和适用。同时，最高人民法院民法典贯彻实施工作领导小组、学术界、各法学机构积极对《民法典》进行评注解析，使《民法典·婚姻家庭编》的适用具备了良好的理论背景和社会基础，实现了家事审判实体法与程序法实施上的高度契合。②

《民法典·婚姻家庭编》的实施对人民法院的审判实践产生了巨大影响，司法适用正式进入了“民法典元年”。2021 年 1 月至 2022 年 1 月，在中国裁判文书网中以“民法典”“婚姻家庭编”作为关键词进行检索，共检索出适用《民法典·婚姻家庭编》的案件 56,863 件，占《民法典》适用总数的 3%，其中裁判类型以判决为主，共 55,808 件；适用处理案件最多的人民法院为基层人民法院，共适用案件 49,701 件；纠纷类型多样，其中解除婚姻关系以及确定财产分割的纠纷占比最大，达案件总量的 40%。同时，根据最高人民法院 2021 年公布的

---

① 中共中央党史和文献研究院编：《习近平关于注重家庭家教家风建设论述摘编》，载中央文献出版社 2021 年版，第 4 页。

② 参见龙翼飞：《贯彻习近平法治思想坚持以人民为中心的家事审判规则——解读〈民法典婚姻家庭编解释(一)〉》，载《人民法院报》2021 年 1 月 26 日，第 2 版。

“全国法院司法统计公报”[1]显示,2020 年民事一审案件中,婚姻家庭继承案件共结案 1,649,393 件,占民事案件总量的 2% 左右,其中婚姻家庭案件结案 1,527,166 件,占家事案件总量的92% 。具体案件类型统计,如图 1 所示。由上述两组统计数据和图 1 可以看出,《民法典》实施以来,婚姻家庭编的司法适用案件呈现数量多、适用广泛的总体趋势,在类型上涉及离婚、抚养、监护等内容,呈现多样化、复杂化的特点。

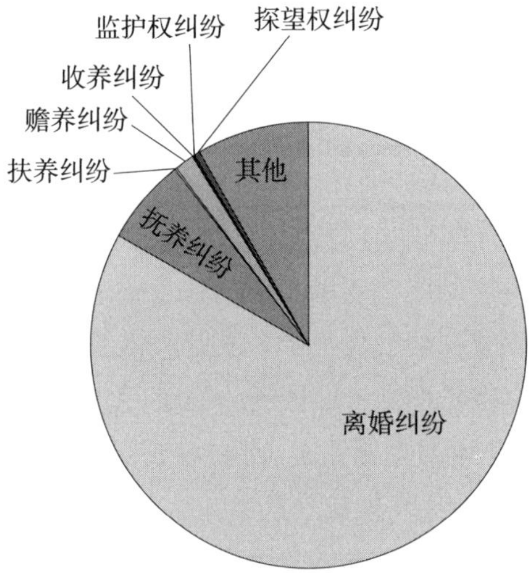

图 1　《民法典 · 婚姻家庭编》的司法适用案件类型

地方各级人民法院为正确理解和适用《民法典 · 婚姻家庭编》,纷纷公布贯彻实施《民法典》后所审理的典型案例,如广东省高级人民法院以“梁某乐与李某芳离婚纠纷案”为例,展示了家务贡献补偿制度在审判实践中的司法适用;安徽省亳州市中级人民法院在公布的典型案例中准确适用了婚姻家庭编中关于夫妻共同财产、子女对父母赡养义务的法律规定,解决了配偶将财产赠与婚姻第三者以及成年子女不履行赡养父母的义务的纠纷;天津市高级人民法院专门发布了 7 个贯彻实施《民法典》家事审判的典型案例。《民法典 · 婚姻家庭编》的立法精神和司法适用通过以案释法的方式得到了进一步的深化。

《民法典 · 婚姻家庭编》的司法适用,充分彰显了婚姻家庭编的立法内涵和

---

① 参见最高人民法院:《2020 年全国法院司法统计公报》,载最高人民法院公报网站 2021 年 4 月 20 日,http://gongbao. court. gov. cn/Details/0bce90201fd48b967ac863bd29059b. html。

精神实质,使婚姻家庭编在一个个鲜活的案例中迸发出无与伦比的活力。对《民法典·婚姻家庭编》的正确适用和准确理解,不仅促进了家庭成员间的平等和睦,同时也维护了社会的和谐与稳定,推动了国家的繁荣发展,满足了人民群众在《民法典》颁布实施后对公平正义的新期待,彰显了法治力量。

二、婚姻家庭编适用价值

婚姻是家庭的开始,社会由家庭作为基本单位不断构建而成,故家庭的安定和谐影响着社会的发展与稳定。基于婚姻家庭关系的特殊性,研究《民法典·婚姻家庭编》的适用价值具有重要的理论意义和实践意义。

1. 体现婚姻家庭编立法价值

婚姻家庭关系具有伦理性,与中华民族的传统伦常、礼俗习惯密不可分。在现代社会中,尽管婚姻观念与家庭形式发生了巨大改变,但婚姻家庭仍是社会的基础。因此,婚姻家庭编立法坚守了遵循亲属伦理、延续制度优势、促进性别平等的价值理念,以维护婚姻家庭秩序的稳定。① 研究婚姻家庭编的适用,有助于将婚姻家庭编为了维护夫妻关系、家庭关系所进行的制度构架落到实处,也有助于在全社会范围内将其所倡导的尊老爱幼、男女平等、婚姻自由以及保护妇女、未成年人和老年人的合法权益等理念不断深入贯彻,增强家庭的和睦及凝聚力,形成父慈子孝、夫妻和睦、兄友弟恭的家庭氛围,促进睦邻友好、与人为善的社会风尚的形成。

2. 践行社会主义核心价值观

随着社会关系的不断发展,法律关系的演变也逐渐呈现复杂性和多样性的特点。为了确保家庭和睦及社会安定,应顺应时代发展,研究婚姻家庭编的适用。党的十八大以来,党中央高度重视家庭文明建设,倡导“努力使千千万万个家庭成为国家发展、民族进步、社会和谐的重要基点,推动形成爱国爱家、相亲相爱、向上向善、共建共享的社会主义家庭文明新风尚”。因此,研究婚姻家庭编的适用,不仅有助于加强家庭文明建设,弘扬家庭美德,实现家庭关系稳定,为社会进步和发展提供保障,同时还是践行社会主义核心价值观,坚持以人民为中心,维护平等、和睦、文明婚姻家庭关系的重要体现。

---

① 参见王歌雅:《民法典婚姻家庭编的价值阐释与制度修为》,载《东方法学》2020年第4期。

3. 促进家事司法公平正义

“法律的生命不在于逻辑，而在于经验。”司法裁判对于国家、社会治理有着规则引领和价值导向的作用，[①]研究婚姻家庭编的适用，在于检验人民法院是否遵循了法律规范和合理行使了自由裁量权。家事司法的公平正义不仅关系到个人，更关系到身份表意下的夫妻、子女、近亲属和家庭，因此家事司法审判承载的司法价值十分深厚。研究婚姻家庭编的适用，有益于促进人民法院在从事家事司法活动时，以婚姻家庭法的特点和基本原则为基准，不被财产中心主义过度渗透，[②]有助于实现婚姻家庭伦理性司法适用的价值追求，在维护个人利益、实现个人幸福的同时，促进家庭和谐以及家事司法正义价值的实现。

4. 实现婚姻家庭编的反思与完善

婚姻家庭编的适用，既是我国婚姻家庭法律文化对法治文明成果的传承，也是婚姻家庭司法实践的真实反馈。因此，促进婚姻家庭立法更加科学与理性离不开对司法适用的研究。通过研究，立法机关可以动态掌握法典的适用分歧，研判完善立法或出台司法解释的必要性；婚姻家庭司法实践积累的适用规则，也可以为婚姻家庭立法提供思路与经验，促进婚姻家庭立法更加贴近社会生活，增进立法的合理性与可操作性，减少立法与司法适用之间的落差，以期实现公众的司法预期，促进我国婚姻家庭立法的不断完善。

第二节　适用热点聚焦

《民法典》反映了民众生活方方面面的权益诉求，因此其也被称为解民之所需、回应民之所愿的生活百科全书。学法尊典，守法用典，以使《民法典》走到每个人的身边，走进每个人的心里。婚姻家庭编关系到个人与家庭的和谐，因此在承载深厚的法治内涵之外，婚姻家庭编的适用不免会引起司法实务界、学理界以及民众的热烈讨论。

---

① 参见龙翼飞：《编纂民法典婚姻家庭编的法理思考与立法建议》，载《法制与社会发展》2020 年第 2 期。

② 参见王雷：《论身份关系协议对民法典合同编的参照适用》，载《法学家》2020 年第 1 期。

一、婚姻效力中的损害赔偿

婚姻家庭立法中设置无效婚姻及可撤销婚姻制度的价值初衷，在于维护家事立法的严肃性与权威性，通过规制婚姻当事人的行为维护其婚姻家庭权益，巩固社会主义家庭制度以及中华民族优良的传统伦理秩序。[①]《民法典》第1054条第2款增加了对善意当事人的权益救济，即“婚姻无效或者被撤销的，无过错方有权请求损害赔偿”。新增条款赋予了无效或被撤销婚姻中的无过错一方的损害赔偿请求权，既通过法律责任的方式惩罚了过错行为人，体现了保护无过错方利益的立法目的，[②]同时，也回应了多年来学界要求建立无效婚姻和婚姻被撤销后的损害赔偿制度的呼吁，改变了婚姻家庭立法中的损害赔偿仅在离婚制度中有所规定的传统，填补了我国法律中既无对无效婚姻中诚信方的保护，也无对无过失方的保护的法律空白，[③]因此，该条款在具有突破意义的同时，其司法适用现状也一直备受关注。

（一）婚姻效力中的损害赔偿适用要点阐述

最高人民法院民法典贯彻实施工作领导小组，在其出版的《中华人民共和国民法典婚姻家庭编继承编理解与适用》一书中明确了该条款司法适用的要求。[④] 首先，该条款的赔偿请求权主体具有唯一性，只能由婚姻无效或被撤销的无过错方享有，双方都有过错时该条款则不能适用。其次，该条款的举证要求仍采取“谁主张，谁举证”的原则，无过错方对其因该无效婚姻或可撤销婚姻受有损害，且自己并无过错应负有举证责任。再次，该条款明确了损害赔偿的范围既包括物质损害赔偿也包括精神损害赔偿。最后，无过错方的损害赔偿请求权是自讼争婚姻已被人民法院宣告无效或被撤销之后方能行使。

（二）婚姻效力中的损害赔偿适用现状及典型案例

在中国裁判文书网以“《民法典》第1054条”“婚姻无效、可撤销”“损害赔

---

① 参见薛宁兰、谢鸿飞主编：《民法典评注·婚姻家庭编》，中国法制出版社2020年版，第97页。

② 参见李亚兰：《婚姻被撤销能否索赔？离婚后老人探望孙辈行不行？婚前病史要不要“坦白”？——聚焦民法典婚姻家庭编草案三审》，载新华网，https://www.xinhuanet.com/2019-10/21/c_1125133523.htm。

③ 参见徐国栋：《无效与可撤销婚姻中诚信当事人的保护》，载《中国法学》2013年第5期。

④ 参见最高人民法院民法典贯彻实施工作领导小组主编：《中华人民共和国民法典婚姻家庭编继承编理解与适用》，人民法院出版社2020年版，第107～109页。

偿”为关键词进行检索，共筛选出符合条件的司法适用案件 14 件，其中依据《民法典》第 1054 条规定支持无过错方的损害赔偿请求的案件共 8 件，多为在婚姻无效情形下，人民法院支持无过错方的损害赔偿请求。[①]《民法典》第 1054 条规定的司法适用现状可以通过以下两个案件得到较为客观的展示。

1. 赵某诉王某某离婚纠纷案

赵某诉王某某离婚纠纷案[②]，是天津市高级人民法院依据《民法典》所裁决的家事审判典型案例之一，对《民法典》第 1054 条的司法适用具有较高的参考价值。

本案当事人王某某原户籍在天津市，2001 年与妻子翟某某登记结婚，并育有一子。2015 年，王某某利用不法手段在山东省重新办理了身份证号码并落户，在与妻子翟某某婚姻关系存续期间，利用新的身份信息与赵某登记结婚，两人以夫妻名义在天津共同生活，并育有一子。2017 年，王某某所在村拆迁，与他分居多年的翟某某听到消息后返回村中，发现其重婚事实。同年，王某某因犯重婚罪被判处刑罚，并与翟某某调解离婚。2021 年 1 月，赵某向法院起诉，请求确认其与王某某的婚姻无效，同时声称自己在不知情的情况下与王某某结婚生子，王某某的欺骗行为使其遭受了巨大的精神打击，因此向法院主张精神损害抚慰金 5 万元。

受案法院经审理认为，王某某在与翟某某婚姻存续期间，以山东省的户籍信息与赵某在天津市登记结婚，以夫妻名义共同生活，并育有一子。2017 年王某某犯重婚罪，被判处刑罚。赵某与王某某的婚姻关系自始至终没有法律约束力，赵某要求确认与王某某的婚姻关系无效的诉讼请求，法院予以支持，同时由于王某某的重婚行为导致了双方的婚姻无效，给赵某的身心造成了伤害，赵某作为无过错方要求王某某支付精神抚慰金 5 万元不违反法律规定，予以支持。

该案裁判准确适用了《民法典》第 1054 条规定，实现了维护无效婚姻中无过错方权益的目的，作为家事审判的典型案例，积极回应了公众对这一条款适用的热切关注。

---

① 本数据的最后截止时间为 2022 年 1 月 11 日。

② 参见天津市高级人民法院：《天津高院发布贯彻实施民法典家事审判典型案例》，载天津法院网 2021 年 11 月 4 日，https://tjfy.chinacourt.gov.cn/article/detail/2021/11/id/6349420.shtml。

2. 李某、唐某婚姻无效纠纷案

在李某、唐某婚姻无效纠纷案①中,法院灵活运用《民法典》第1051条、第1054条第2款的规定,综合司法解释以及民事侵权精神损害赔偿责任的要求,支持了在因重婚而导致婚姻被撤销的案件中,无过错方的损害赔偿请求,是婚姻效力问题中损害赔偿适用的典型。

本案中,李某与唐某经人介绍相识并恋爱,2009年在澧县民政局登记结婚,澧县民政局颁发"常澧结字第010906346号"《结婚证》。婚后双方育有一女。2022年3月,因夫妻感情破裂,经协商,双方前往民政局婚姻登记处办理离婚登记,李某才被告知唐某与案外人马某某早已登记结婚(登记字号为"澧永字第000124号"),且一直未办理离婚手续。李某对唐某的重婚行为并不知情,因此将唐某诉至法院,请求确认婚姻无效并要求损害赔偿。

法院经过审理,支持了李某要求确认婚姻无效的诉讼请求,同时在酌情调整赔偿数额后,也支持了其作为无过错方损害赔偿的请求。法院的判决主要从以下两方面体现了婚姻效力问题中损害赔偿适用。第一,唐某与案外人马某某婚姻关系存续期间,在未与案外人马某某办理离婚登记的情形下,又与李某登记结婚,其行为已构成重婚,根据《民法典》第1051条的规定,唐某与李某的婚姻无效.第二,关于损害赔偿问题,根据《民法典》第1054条第2款的规定,婚姻无效的,无过错方有权请求损害赔偿。损害赔偿包括物质损害赔偿与精神损害赔偿,涉及精神损害赔偿的,适用《最高人民法院关于确定民事侵权精神损害赔偿责任若干问题的解释》的有关规定。根据唐某与马某某均非本人到婚姻登记机关登记结婚、未共同生活且唐某与李某登记结婚时婚姻登记系统未显示唐某有结婚信息的事实,结合唐某与李某的同居时间、基本生活水平、过错方经济负担能力和过错程度等具体情节,法院酌定损害赔偿金200元。

上述两个典型案例表明,《民法典》第1054条第2款的规定在涉婚姻效力的民事审判实务中得到了完满的适用,该条款的准确适用不仅维护了无过错方的合法权益,同时使该条款背后所蕴含的"有损害即有救济"的基本侵权观念与正义理念得以深入贯彻。②

---

① 参见湖南省澧县人民法院民事判决书,(2022)湘0723民初690号。

② 参见刘征峰:《结婚中的缔约过失责任》,载《政法论坛》2021年第3期。

二、离婚冷静期的司法适用

《民法典·婚姻家庭编》公布之初,协议离婚下的冷静期制度就一度引起热议。《民法典》第1077条规定,自婚姻登记机关收到离婚登记申请之日起30日内,任何一方不愿意离婚的,可以向婚姻登记机关撤回离婚登记申请。前款规定期限届满后30日内,双方应当亲自到婚姻登记机关申请发给离婚证;未申请的,视为撤回离婚登记申请。

离婚冷静期的立法目的,在于给予离婚当事人一定的时间进行谨慎反思夫妻关系,切实维护自身离婚权益,深层次地考虑子女与家庭责任,在一定程度上避免离婚的草率与冲动,维护家庭与社会的稳定与和谐,实现当事人的意思自治与离婚自由。[①] 但民众对离婚冷静期制度能否产生司法预期效果存在怀疑,离婚冷静期的司法适用自然成为民众关注的热点。

(一)离婚冷静期的适用要点阐述

离婚冷静期制度最早出现在人民法院的审判实践以及婚姻登记机关的司法探索中,以"缓和期告知书"和"预约离婚"等形式设立,以期达到防止轻率离婚、维护家庭稳定的目的。2016年,最高人民法院颁布了《关于开展家事审判方式和工作机制改革试点工作的意见》(法〔2016〕128号),开始在全国通过试点法院的形式对离婚冷静期进行探索,后通过试点发现,离婚冷静期确实起到了较为明显的缓解感情矛盾、调和家庭的积极效果。[②] 2018年,最高人民法院又颁布了《关于进一步深化家事审判方式和工作机制改革的意见(试行)》(法发〔2018〕12号),基于试点法院总结的经验,对离婚冷静期制度进行了指导性的规定。[③]《民法典》制定时,离婚冷静期正式以立法形式规定在婚姻家庭编。

---

① 参见夏沁:《民法典登记离婚冷静期条款的解释论》,载《法学家》2020年第5期。

② 以四川省安岳县人民法院为例,该院在2017年3月8日发出四川首份《离婚冷静期通知书》,3个月后,女方申请撤诉。3年多来,安岳县人民法院共发出40多份《离婚冷静期通知书》,冷静期限均在1～3个月,最后撤诉的案件接近80%。参见田雪皎:《85后夫妻离婚被喊停,四川发出首份离婚冷静期通知书》,载人民网,http://m.people.cn/n4/2017/0319/c676－8593160.html。

③ 《最高人民法院关于进一步深化家事审判方式和工作机制改革的意见(试行)》第40条规定:"人民法院审理离婚案件,经双方当事人同意,可以设置不超过3个月的冷静期。在冷静期内,人民法院可以根据案件情况开展调解、家事调查、心理疏导等工作。冷静期结束,人民法院应通知双方当事人。"

2020年,民政部发布了《关于贯彻落实〈中华人民共和国民法典〉中有关婚姻登记规定的通知》(民发〔2020〕116号),对离婚冷静期的适用程序进行了明确具体的细化规定,增强了离婚冷静期的可操作性。

(二)协议离婚冷静期的适用效果

《民法典》正式实施以前,根据图2民政部《2020年民政事业发展统计公报》公布的数据,2016—2019年我国离婚率逐年上升并且居高不下,其中2019年离婚率达到近5年最高,为3.4‰,2020年我国离婚率比2019年下降0.3个千分点,开始出现下降趋势,但3.1‰的离婚率仍然不容乐观。

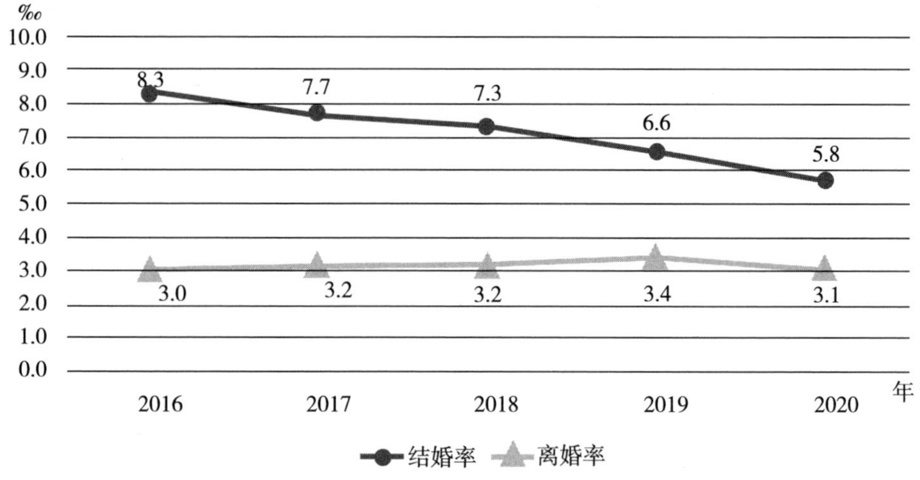

图2　2016—2020年结婚率和离婚率

《民法典》实施以来,对民政部公布的近5年民政统计数据进行对比(见图3),可以看出,2021年以来,离婚登记人数较往年出现大幅度下降,其中第一季度离婚登记人数创近5年来同期最低,第四季度降幅最为明显,较上一年同期下降约43%。总体上,2021年全国共办理离婚登记498.5万对,这一数字基本与2020年前三个季度的离婚登记数量总和(487.7万对)持平,较2020年全年的离婚登记数量下降42%,离婚登记数量下降尤为明显。

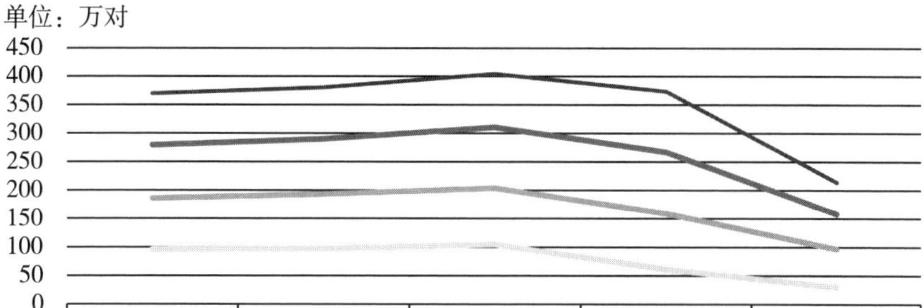

	2017年	2018年	2019年	2020年	2021年
第一季度	95.8	97.2	104.8	61.2	29.6
第二季度	185.6	193.1	203.8	159.5	96.6
第三季度	279.1	289.9	310.4	267	158.4
第四季度	369.3	380.1	404.3	373.3	213.9

图3　2017—2021年四季度离婚登记人数对比

各地离婚登记数据也反映出与全国数据相同的下降趋势。以2021年各地民政部门公布的1—11月数据为例，各地的离婚登记数量都有了较为明显的下降：如济南市共办理离婚登记17,271对，相较于2020年同期下降了31%；太原市共办理离婚登记6168对，相较于2020年同期下降近40%；重庆市共办理离婚登记72,363对，相较于2020年降幅达到了44%。

通过对具体数据分析，离婚率的下降与离婚冷静期的实施效果是分不开的，例如：江苏全省2021年共受理离婚登记申请240,435对，近四成的离婚申请在冷静期内被撤回；武汉全市共受理离婚申请19,762对，冷静期后，最终离婚登记9988对，49%的离婚登记在冷静期内被撤回或期满自动撤回；昆明市共受理离婚登记申请13,701对，冷静期后，真正办理离婚登记6955对，同样近半数的离婚登记在冷静期内被撤回。因此，从客观角度分析，离婚冷静期确实起到了减少冲动型离婚的效果，社会效果良好，较好地达到了立法预期。①

（三）诉讼离婚冷静期制度的探索

《民法典》将离婚冷静期的适用限定在协议离婚情形，部分离婚案件当事人为了"规避离婚冷静期"，转而选择通过诉讼形式离婚，因此出现了离婚冷静期

① 民政部副部长詹成付于2021年9月17日在国务院新闻办公室举行的新闻发布会上表示，从离婚冷静期实施的效果来看，确实减轻了许多冲动性，社会效果非常好，载中国新闻网，http://www.chinanews.com/gn/2021/09-17/9568078.shtml。

在显著降低了协议离婚数量的同时，反向激增了诉讼离婚数量的问题。[①] 为应对这一问题，一些法院开始尝试在诉讼离婚裁判中，引入离婚冷静期，来缓解当事人矛盾，修复感情，从而达到维护家庭和谐、社会稳定的目的。

1. 哈某某与麻某某离婚纠纷案

哈某某与麻某某离婚纠纷案[②]，是较为典型的诉讼离婚中冷静期的适用尝试，体现了在诉讼离婚过程中冷静期制度的独特价值。

哈某某与麻某某系夫妻关系，双方经人介绍于 2018 年 2 月举办了婚礼，同年 10 月在民政局补办了结婚证。婚后二人育有一子。婚姻初期双方感情较好，孩子出生后双方常因琐事发生矛盾。2020 年 5 月双方发生矛盾后，麻某某离家出走，后哈某某将麻某某送回娘家，双方分居生活。哈某某于 2021 年 5 月诉至法院，请求法院判决其与麻某某离婚。

法院在审理该案过程中，仍然以"感情确已破裂"作为认定是否判决离婚的首要标准。经审理，法院认为哈某某与麻某某婚后感情较好，生育了一个孩子，建立了一定的夫妻感情。双方虽因琐事发生矛盾，但夫妻感情尚未彻底破裂。法院积极进行了诉讼离婚冷静期的裁判探索，认为婚姻是双方当事人的终身大事，双方应冷静思考婚姻生活中存在的症结及各自存在的过错，故应给双方一定的冷静期为宜。双方如能珍惜业已建立起来的夫妻感情，正确处理婚姻家庭生活中的矛盾，共同承担抚育孩子的责任与义务，加强沟通、相互包容，双方关系定会改善。

2. 余某、张某离婚纠纷案

诉讼离婚冷静期的尝试，同样在浙江省嵊州市人民法院审理余某、张某离婚纠纷案[③]中得到充分体现，法官在说理部分将《民法典》关于离婚冷静期规定的立法精神充分阐述，是诉讼离婚冷静期制度尝试的范例。

本案中余某、张某系自由恋爱，育有两个女儿，婚后双方经常因生活琐事发

---

① 资阳市安岳县人民法院公布《安岳法院反映离婚冷静期制度实施以来存在的问题及对策建议》，表明当地诉讼离婚数量显著增多，2021 年 1 月至 11 月，安岳县人民法院共受理离婚案件 1163 件，已高于前 3 年全年平均受案数 1033.67 件，吕新文：《四川安岳法院披露：为规避离婚冷静期提诉，当地离婚诉讼大增》，载中国青年报网，http://news.cyol.com/gb/articles/2021-12/04/content_EnBRwsaNA.html。

② 参见甘肃省张家川回族自治县人民法院民事判决书，(2021)甘 0525 民初 642 号。

③ 参见浙江省嵊州市人民法院民事判决书，(2021)浙 0683 民初 5344 号。

生争吵。2021 年 3 月双方吵架后分居数月，同年余某以二人感情生活确已破裂、张某对两个女儿不尽抚养义务为由，诉至法院要求离婚。

法院经过审理认为，婚姻关系是以夫妻感情为基础、以夫妻间的权利义务关系为纽带的结合，是彼此间对幸福的郑重承诺和终身托付，双方均应付出心血去认真经营并承担家庭责任，能否解除婚姻关系应以夫妻感情是否完全破裂为依据。本案中余某、张某系自主结婚，婚后已生育两个女儿，且两个女儿尚年幼，双方均有义务为孩子的健康成长创造良好的家庭环境。现双方感情出现裂痕，但相信只要两人能够慎重考虑，理性对待，互谅互让，共同协作，努力维系家庭，夫妻感情尚有和好的可能。同时，法院根据《民法典》关于离婚冷静期规定的立法精神，认为在本案中应给予原告、被告一定时间修复感情，这样更有利于社会稳定和家庭和谐。因此，驳回了余某的离婚申请，并给予双方一定时间修复感情。

当然，《民法典》并没有诉讼离婚适用冷静期的规定，也有学者认为将离婚冷静期的适用范围限定于协议离婚，而不包括诉讼离婚可能更为妥当。[①] 但正如上述案例所示，部分人民法院已经开始尝试在诉讼离婚裁判中通过设置冷静期，减少冲动离婚，并在一定程度上起到了促进人民法院更准确裁判的正面效果。[②]

离婚冷静期的司法适用应遵循《民法典》第 1077 条规定，即使存在诉讼离婚中对冷静期的尝试，也应严格遵循家庭暴力等恶劣情形下排除适用的要求，避免因为法官的自由裁量而损害当事人的离婚自由权利。《民法典》实施以来，准确的法律规范适用以及对离婚冷静期立法精神的灵活阐释，实现了法官的自由裁量权与当事人意思自治之间的价值调和，[③]发挥了离婚冷静期对减少冲动离婚、保护未成年子女合法权益、促进社会稳定的积极作用。

① 参见杨立新、蒋晓华：《对民法典婚姻家庭编草案规定离婚冷静期的立法评估》，载《河南社会科学》2019 年第 6 期。

② 参见最高人民法院民法典贯彻实施工作领导小组主编：《中华人民共和国民法典婚姻家庭编继承编理解与适用》，人民法院出版社 2020 年版，第 249～250 页。

③ 参见张力：《〈民法典〉离婚冷静期条款的适用原理：内涵与外延》，载《法治研究》2022 年第 1 期。

三、非婚生子女的权利保护

《民法典》第1071条规定："非婚生子女享有与婚生子女同等的权利，任何组织或者个人不得加以危害和歧视。不直接抚养非婚生子女的生父或者生母，应当负担未成年子女或者不能独立生活的成年子女的抚养费。"基于非婚生子女和父母之间的血缘本质，我国的婚姻家庭立法始终强调对非婚生子女权益的保护，不因父母是否缔结婚姻而受到影响。因此，这一条款沿用了2001年《婚姻法》（修正）对亲子关系的规定，明确了非婚生子女的权利保护。出于对非婚生子女中未成年人权益保护的考虑，这一规范适用也成为《民法典》实施后的热点。

（一）非婚生子女权利保护的适用要点

从立法逻辑上看，《民法典》第1071条是《民法典》第4条平等原则以及第1041条第3款保护未成年人利益原则的具体化阐释，第1073条亲子关系的确认制度则是本条的适用前提。因此，非婚生子女权利保护的司法适用要点实际上是对平等权利原则的重申，强调非婚生子女和婚生子女享有同样的法律地位，任何组织和个人对非婚生子女不得加以危害和歧视，以及父母应当负担非婚生子女的抚养费等。

（二）非婚生子女权利保护的适用现状

以"非婚生子女""权利保护"作为关键词在中国裁判文书网进行检索，近五年（2017—2021年）来共有涉及非婚生子女权益保护的案件30,227件，其中多以裁判同居关系纠纷为主要案由，专门针对非婚生子女抚养问题的案件共69件，以"《民法典》第1071条"作为裁判依据保护非婚生子女权益的案件为3件，剔除重复无效案件后，该条款的适用在以下两个案件中得到充分展示。

1. 刘某、王某某同居关系子女抚养纠纷案

在刘某、王某某同居关系子女抚养纠纷案中[①]，法院通过灵活运用婚姻家庭编对非婚生子女的保护规则，使该案成为对非婚生子女抚养确定以及权利保护适用的典型。

本案中，刘某与王某某经人介绍认识后确立恋爱关系，于2009年开始同居

---

① 参见四川省会东县人民法院民事判决书，（2021）川3426民初1573号。

生活，后生育两女，取名刘某 1、刘某 2。因在同居期间产生了矛盾，刘某与王某某于 2014 年分居生活。刘某与王某某至今一直未办理结婚登记手续。2014 年至今，非婚生子女刘某 1、刘某 2 随刘某在四川省攀枝花市生活。其间，王某某通过微信转账的方式多次以 500 元、1000 元、2000 元不等的数额向刘某及其亲属支付刘某 1、刘某 2 的抚养费至 2018 年 3 月，后王某某未再支付刘某 1、刘某 2 的抚养费。现刘某与王某某均主张无固定职业，就子女抚养问题产生争议诉至法院。

法院在审理过程中，首先根据《民法典》要求的结婚的男女双方必须亲自到婚姻登记机关登记结婚、取得结婚证才能确立夫妻关系的规定，认定刘某与王某某在没有登记结婚的情况下以夫妻名义同居生活，其同居关系不受法律保护。其次，对于本案中两人的子女权利，法院认为，法律规定“父母对未成年子女有抚养、教育和保护的义务”，非婚生子女享有与婚生子女同等的权利，任何组织或者个人不得加以危害和歧视；不直接抚养非婚生子女的生父或生母，应当负担未成年子女的生活费和教育费，直至子女能独立生活为止。本案中，刘某与王某某同居生活期间所生育的刘某 1、刘某 2 已过哺乳期，二人分居后刘某 1、刘某 2 一直随刘某生活，由刘某照顾，改变生活环境可能对孩子成长不利，故刘某 1、刘某 2 宜由刘某继续抚养。同时，法院依据《民法典》第 1071 条规定，判决王某某应支付抚养费、教育费等费用，较为完善的保护了案件中非婚生子女的合法权益。

2. 蒙某某、周某某同居关系子女抚养纠纷案

蒙某某、周某某同居关系子女抚养纠纷案①，是法院准确适用《民法典》第 1071 条保护非婚生子女权益的又一典型案例。2015 年，蒙某某、周某某均在深圳务工，后通过聊天认识并恋爱。2016 年春节期间，蒙某某、周某某开始同居生活并生育儿子蒙某。在共同生活中，二人由于性格不合，生活习惯、生活方式不同，产生矛盾，导致感情不和。周某某于 2019 年 3 月带着儿子蒙某回陆川县娘家居住生活。二人就蒙某抚养权发生争议诉至法院。

法院经审理认为，父母对孩子抚养问题无法达成协议的，由法院根据双方的具体情况，按照最有利于未成年子女的原则判决。本案中，蒙某某、周某某在

---

① 参见广西壮族自治区玉林市中级人民法院民事判决书，(2021)桂 09 民终 1986 号。

身体状况、经济收入、居住环境、双方老人协助等抚养子女的条件相当,双方均积极要求直接抚养蒙某,体现了父母对孩子的关爱。相较而言,蒙某出生后未长时间离开过母亲周某某,现随母亲周某某回到陆川县生活并就近读书,已建立起较为熟悉的生活环境,维持现有的生活学习的稳定性和连续性,对其健康成长较为有利,且并无证据证明周某某具有法律规定不宜抚养的情形,故蒙某随母亲周某某共同生活更为适宜。通过对这一案例裁判理由的分析可以看出,法院在对非婚生子女抚养权的确定上紧紧围绕着最有利于未成年子女原则进行分析,与婚生子女抚养权的确定所考量的因素一致,符合《民法典》第1071条的立法追求。

上述两个案例判决,体现了我国司法实践中对非婚生子女权利的保护。法院在进行司法适用过程中,严格恪守了《民法典》第1071条的适用要求,同时充分结合了《民法典》第1084条以及最有利于未成年子女的原则要求,确保了非婚生未成年子女利益的最大化保护,体现了《民法典》对未成年人的特殊人文关怀,维护了平等、和睦、文明的婚姻家庭关系价值导向。①

四、成年养子女收养关系解除

解除收养关系如同认定收养关系,是我国民事司法史上较早面临的现实法律问题。②《民法典》第1115条是关于养父母与成年养子女解除收养关系的规定,即"养父母与成年养子女关系恶化、无法共同生活的,可以协议解除收养关系。不能达成协议的,可以向人民法院提起诉讼"。这一条款沿用了1998年《收养法》第27条规定。基于养子女和养父母并无血缘关系,属于法律拟制的血亲关系的法理基础,如果双方关系恶化、已无法共同生活,其收养关系可以因当事人的协议解除,也可以通过适用收养关系的解除条款提起诉讼解除。在收养法回归《民法典》后,公众不仅对收养制度的修正与完善抱有期待,同时也对养父母与成年养子女收养关系的解除条款的适用予以高度关注。

---

① 参见刘征峰:《家庭法中的类型法定原则——基于规范与生活事实的分离和整合视角》,载《中外法学》2018年第2期。

② 参见薛宁兰、谢鸿飞主编:《民法典评注·婚姻家庭编》,中国法制出版社2020年版,第599页。

(一)成年养子女收养关系解除的适用基础

现代收养法已经进入为子之收养的发展阶段,[1]因此当被收养人成年后,可以认为收养的目的已然实现。基于拟制血亲的法律属性,养父母与成年养子女之间的亲子感情并没有血缘关系作为基础,所以一旦发生关系确已恶化的情况,及时解除收养关系于收养双方均有益处。因此,《民法典》第 1115 条司法适用的要求在于:结合收养的事实及亲子感情、纠纷原因等进行综合分析,在确定双方确实无法再以父母子女关系共同生活后,依法判决解除收养关系。同时,考虑到收养人因年老等原因往往处于收养关系解除的弱势地位,所以司法适用在解除收养关系时,倾向于保护收养人的合法利益。[2]

(二)成年养子女收养关系解除的适用践行

《民法典》第 1115 条规定的"养父母与成年养子女关系恶化"是较为抽象的描述,具体适用需要在不同的案件中予以甄别。现实社会中,收养极易因人际关系的变动而产生不稳定性。在中国裁判文书网对"收养诉讼"进行类型检索发现,因收养关系恶化而要求解除收养关系的诉讼在整个涉收养诉讼中占比较高,如 2020 年在 10,453 件涉及收养的民事纠纷中,要求解除收养关系的案件就有 3136 件,占涉诉总量的 30%。[3]《民法典》实施以来,涉及收养关系解除的诉讼共计 1463 件,其中以《民法典》第 1115 条处理养父母与成年养子女收养关系解除纠纷的案件有 48 件,认定存在"收养关系恶化情形"予以解除收养关系的案件有 22 件。[4] 经过梳理发现,无论是事实收养还是法定收养,法院的裁判都具有一定的共性,即通过确认养父母与成年养子女之间缺乏情感沟通、矛盾较深、收养关系难以维持等事实,来判决解除收养关系。以下两个案例是《民法典》第 1115 条司法适用的充分体现。

1. 王某某、高某某等与王小某解除事实收养关系案

王某某、高某某等与王小某解除事实收养关系案[5],是适用《民法典》第

---

① 参见最高人民法院民法典贯彻实施工作领导小组主编:《中华人民共和国民法典婚姻家庭编继承编理解与适用》,人民法院出版社 2020 年版,第 452 页。

② 参见最高人民法院民法典贯彻实施工作领导小组主编:《中华人民共和国民法典婚姻家庭编继承编理解与适用》,人民法院出版社 2020 年版,第 453 页。

③ 本数据的最后截止时间为 2022 年 1 月 11 日。

④ 本数据的最后截止时间为 2022 年 1 月 11 日。

⑤ 参见辽宁省西丰县人民法院民事判决书,(2021)辽 1223 民初 536 号。

1115 条对事实收养关系解除的经典案例。1987 年 1 月,王某某、高某某收养被告王小某,将王小某抚养长大,但没有在民政部门予以登记。王小某结婚后,与养父母的矛盾日渐加深,致使养父母王某某、高某某到法院起诉解除收养关系,并要求返还收养期间的抚养费、教育费、陪嫁费。

本案审理时,法院首先对王某某、高某某与王小某的收养关系进行了认定,认为本案收养关系虽发生在 1991 年《收养法》颁布之前,并且没有在民政部门登记,但根据事实和证据显示已经形成了事实收养关系。其次,通过调查,法院确认原告与被告间因被告长大结婚后联系减少,缺乏沟通,积怨较深,经过调解确认已无和好可能,因此本案符合《民法典》第 1115 条关系确已恶化的规定,法院由此支持了养父母要求解除收养关系的诉讼请求。

2. 王某 1 与王某 2 解除收养关系案

王某 1 与王某 2 解除收养关系案①,则是在法定收养的前提下请求解除养父母与成年子女收养关系的典型。王某 2 与任某系夫妻,双方收养一子王某 1,并于 1976 年 6 月为王某 1 办理了户籍登记。王某 1 由王某 2、任某抚养长大。王某 1 现已成年。王某 2 以王某 1 多次到家里闹事、双方未在一起居住、很少见面、感情淡漠等为由向法院起诉解除收养关系。

法院依据案件现有的证据材料及双方所述目前生活状况审理认定,王某 1 虽早前与王某 2、任某夫妇共同生活多年,但王某 1 成年后并未与王某 2 共同居住一处,双方之间缺乏情感沟通,王某 2 当庭明确表示坚决与王某 1 解除收养关系。综合案件基本情况,王某 1 与王某 2 之间矛盾较深,已不存在修复亲子关系的基础,收养关系难以维持;继续维持收养关系,反而会对老人的身心造成不良影响。因此,法院判决解除双方的收养关系。本案严格遵循了《民法典》第 1115 条规定,同时也考虑到了对已经步入老年的养父母的权益保护,体现了人文关怀与收养制度的高度融合。

通过上述两个案例,可以对《民法典》第 1115 条在司法实践中的适用有较为明确的认识。收养制度回归《民法典》后,司法适用中保护弱者的立法理念被严格贯彻,最大效用地发挥了收养制度补益亲子关系、完善亲子效力的功能。②

---

① 参见北京市第二中级人民法院民事判决书,(2021)京 02 民终 7106 号。

② 参见夏吟兰:《婚姻家庭编的创新和发展》,载《中国法学》2020 年第 4 期。

第三节　适用难点研析

家庭是社会的基本组成单位,婚姻家庭关系与社会的和谐稳定息息相关,[①]因此,婚姻家庭编的司法适用有着更为严格的价值要求。司法体制改革赋予了法官较大的自由裁量权,但个体对法律规范的理解适用以及价值选择往往存在差异,如没有统一的裁判标准,则很容易导致同一条款司法适用不同的现象。这种现象严重影响了司法的公信力,不利于维护婚姻家庭当事人的合法权益,使婚姻家庭编的司法适用陷入困境。

一、重大疾病可撤销的认定

《民法典》第 1053 条第 1 款规定:“一方患有重大疾病的,应当在结婚登记前如实告知另一方;不如实告知的,另一方可以向人民法院请求撤销婚姻。”(以下简称重大疾病可撤销条款)。为了贯彻婚姻自由原则,国家对婚姻制度的立法倾向以保护为主,但是以当事人的结婚意思表示真实为前提。在结婚当事人隐瞒重大疾病的情况下,另一方当事人的结婚真意可能会受到影响。[②] 因此,为全面保障婚姻当事人的合法权益,《民法典》新增重大疾病可撤销条款,将婚前隐瞒重大疾病作为婚姻可撤销的情形。重大疾病可撤销条款体现了我国婚姻家庭立法对意思自治和婚姻诚信的价值追求,同时也与“重大疾病”从禁止结婚的条件中删除形成立法衔接与逻辑呼应。[③] 考虑到重大疾病的范围可能随着医疗技术的进步以及新型疾病的出现而发生变化,对于“重大疾病”的具体范围,婚姻家庭编未做明确规定,但这恰恰是重大疾病可撤销条款的司法适用关键,因此有必要对重大疾病可撤销条款的司法适用展开研究。

---

① 参见史尚宽:《亲属法论》,中国政法大学出版社 2000 年版,第 5 页。

② 参见蒋月:《准配偶重疾告知义务与无过错方撤销婚姻和赔偿请求权——以〈民法典〉第 1053 条和第 1054 条为中心》,载《法治研究》2020 年第 4 期。

③ 参见王歌雅:《〈民法典·婚姻家庭编〉的编纂策略与制度走向》,载《法律科学(西北政法大学学报)》2019 年第 6 期。

（一）重大疾病可撤销条款的适用现状

在中国裁判文书网中以“重大疾病”“撤销婚姻”“《民法典》第1053条”作为关键词进行检索，共检索出涉及婚姻家庭的案件65例。[①] 通过梳理发现，法院在裁判涉及重大疾病可撤销条款适用的案件时，往往需要进行三重价值判断：一是判断案件疾病是否属于“重大疾病”范围。检索出的案例在认定“重大疾病”范围时，大部分以《母婴保健法》第8条规定的疾病类型[②]为参照，同时结合《传染病防治法》综合进行“重大疾病”的认定，这种判断方式也得到学界部分学者的支持。[③] 二是判断该疾病是否达到“重大”程度。三是判断该疾病是否足以影响另一方当事人缔结婚姻关系的真实意思表示。在综合三重价值判断后，法院作出是否撤销婚姻的判决。通过梳理发现，重大疾病可撤销条款司法适用的基本逻辑，在三重价值判断下可以进行如下类型化分析。

1. 类型一：涉案疾病符合《母婴保健法》规定

检索发现，因涉案疾病符合《母婴保健法》规定的范围，被认定为“重大疾病”的案件共35例。其中，因患有重度精神分裂症而被认定为重大疾病的案件最多，共16例。其次为艾滋病的案件5例。涉及重大疾病裁判说理的典型案例为刘某与陈某撤销婚姻纠纷案。[④] 案件中的刘某与陈某二人经朋友介绍，确定恋爱关系后相互交往，之后双方登记结婚并育有一子。2021年7月至8月，陈某出现精神异常情况，后经医院诊断为精神分裂症。陈某婚前已经患病但并未告知刘某，刘某得知后诉至法院要求撤销婚姻。

法院经审理认为，被告陈某在婚前明知自己患有精神分裂症疾病，多次住院治疗，且陈某婚后的疾病复发等疾病状态影响夫妻双方正常的家庭生活；精神分裂疾病属于《母婴保健法》规定的重大疾病范围，且陈某多次住院治疗未痊

---

① 本数据的最后截止时间为2022年1月11日。

② 《母婴保健法》第8条规定将严重遗传性疾病、指定传染病、有关精神病三类疾病作为婚前医学检查的类型。

③ 参见最高人民法院民法典贯彻实施工作领导小组主编：《中华人民共和国民法典婚姻家庭编继承编理解与适用》，人民法院出版社2020年版，第100页；薛宁兰、谢鸿飞主编：《民法典评注·婚姻家庭编》，中国法制出版社2020年版，第95页；徐国栋：《〈中华人民共和国民法典〉应保留〈婚姻法〉禁止一些疾病患者结婚的规定》，载《暨南大学学报（哲学社会科学版）》2020年第1期；蒋月：《准配偶重疾告知义务与无过错方撤销婚姻和赔偿请求权——以〈民法典〉第1053条和第1054条为中心》，载《法治研究》2020年第4期；张学军：《民法典隐瞒“重大疾病”制度解释论》，载《甘肃政法大学学报》2020年第5期。

④ 参见广东省雷州市人民法院民事判决书，（2021）粤0882民初3222号。

愈。因此，陈某所患有的精神分裂症被认定为符合可撤销婚姻条件的重大疾病。

2. 类型二：涉案疾病符合类型要求，但未达到重大程度

经过检索，符合《母婴保健法》规定的疾病范围，但因未达到重大程度而未认定为“重大疾病”的案例有 4 例。其中，以张某某与刘某某撤销婚姻纠纷案[①]为例。张某某与刘某某系于网络征婚群里相识，一个月后确立恋爱关系，2020 年 5 月登记结婚。婚后刘某某多次因精神问题住院，并被诊断为双相情感障碍，后两人因琐事争吵不断，张某某以刘某某患有重大疾病不如实告知为由诉至法院要求撤销婚姻。

法院经审理认为，刘某某在婚前被山东省精神卫生中心诊断为患有双相情感障碍，虽符合《母婴保健法》所述疾病类型，但现有事实和证据表明其患病程度轻微，因此刘某某并不符合《民法典》第 1053 条规定的重大疾病情形，对张某某的诉讼请求不予支持。

3. 类型三：涉案疾病不符合《母婴保健法》规定

因不属于《母婴保健法》规定的疾病范围而未被认定为“重大疾病”的案件有 26 例。其中，比较典型的是石某、闻某撤销婚姻纠纷案[②]。石某与闻某于 2019 年经人介绍认识后办理结婚登记，婚后闻某于 2021 年患病在光山县人民医院住院治疗，被诊断为糖尿病二期并伴有并发症，后又住院两次。经查，闻某于 2016 年 5 月就有在光山县人民医院住院治疗的记录，入院诊断为“糖尿病酮症酸中毒”。石某以闻某患有重大疾病且在婚前未如实告知为由，请求依据《民法典》第 1053 条规定撤销婚姻关系。

法院经审理认为，关于重大疾病的范围，《民法典》虽未作出明确规定，但司法实践中，法院应参考《母婴保健法》的相关规定予以确定。石某主张闻某罹患的糖尿病二期及并发症属于重大疾病并具有遗传性，但并未提供证据证明，该病症应属通常意义理解的如癌症、心脏病、尿毒症等重大疾病，而不属于《民法典》所指的“重大疾病”范畴，故法院认定闻某病症不属于重大疾病。与本案判

---

① 参见山东省济南市中级人民法院民事判决书，(2021)鲁 01 民终 7257 号。

② 参见河南省信阳市中级人民法院民事判决书，(2021)豫 15 民终 3938 号。

决相类似，在司法适用中不被认定的疾病还有原发性甲状腺功能亢进[①]、银屑病[②]、星形细胞瘤（WHOII级）[③]等。

通过上述三种类型的判决可以看出，法院对于重大疾病的认定态度较为审慎，即严格以《母婴保健法》规定的疾病类型进行重大疾病的认定，《民法典》规定的留白并没有使重大疾病可撤销条款获得预期的司法适用效果。

（二）重大疾病可撤销条款的适用困境

新增重大疾病条款作为可撤销婚姻的情形，有利于充分保护婚姻自由，同时也有利于保证婚姻当事人结婚意思表示的真实性。但是由于缺乏关于重大疾病的统一裁判标准，导致司法适用中法院对于重大疾病的认定理解不尽相同，进而导致同一种疾病是否为重大疾病在各地法院认定不一的结果，甚至出现了同一法院因不同法官对同一疾病的认定差异，产生对重大疾病的认定以及判决结果完全相悖的适用难题。

1. 不同法院间关于重大疾病的认定差异

以抑郁症是否属于重大疾病为例，在陈某诉郭某撤销婚姻纠纷案[④]中，涉案法院认为，严重抑郁症系精神类疾病，治愈难度大，且会在较长一段时间内影响患者及家人的正常生活，属于重大疾病范畴。夫妻一方婚前隐瞒严重抑郁症的，另一方有权诉请要求撤销两人的婚姻关系。

而在汪某与郑某撤销婚姻纠纷案[⑤]中，涉案法院则认为，对于重大疾病认定，法律虽无明确规定，但应当充分考虑涉案疾病是否严重危害共同生活的人员或者其后代的健康，以及是否足以危及婚姻本质。该条款的适用应当有相对严格的条件，一方面应当保护在婚姻中受到欺诈的一方，另一方面也不能将之扩大化适用。双方在缔结婚姻时应当慎重，而在对婚姻状况不满意时，也应当

① 参见肖某1、汪某1撤销婚姻纠纷案，湖北省荆门市中级人民法院民事判决书，（2021）鄂08民终772号。

② 参见魏某某与韩某某离婚纠纷案，黑龙江省东宁市人民法院民事判决书，（2021）黑1086民初1471号。

③ 参见廖某1、肖某撤销婚姻纠纷案，湖南省隆回县人民法院民事判决书，（2021）湘0524民初4465号。

④ 参见陈立烽：《妻子婚前隐瞒严重抑郁症丈夫诉请撤销婚姻获支持》，载《人民法院报》2021年6月24日，第3版。

⑤ 参见浙江省金华市婺城区人民法院民事判决书，（2021）浙0702民初1387号。

理性处理。原告认为被告患有严重抑郁症，一方面并无相关证据，另一方面又因抑郁症亦不属于可以撤销婚姻的重大疾病，从而法院驳回了原告的诉讼请求。

2. 同一法院内部关于重大疾病的认定差异

北京市海淀区人民法院在认定性功能障碍是否属于重大疾病时，对两起案件得出了相悖的结论。第一起是《中国妇女报》发表的北京海淀区刘法官的司法适用案例①：Z女士以W先生婚前隐瞒其所患有的性功能障碍疾病为由，将W先生诉至法院，要求撤销双方的婚姻，并赔偿精神损害抚慰金。本案法官经审理认为，W先生所患有的勃起功能障碍，属于性功能障碍的一种，根据医学专家意见，W先生的病情较难治愈。至于与性能力和生育功能有关的疾病能否被认定为重大疾病，法院认为，性生活是人类正常的生理需求，是男女结合的婚姻中的重要部分，是生育后代的基本条件。因此，是否具备正常的性能力，往往是当事人考虑是否缔结婚姻的重要判断标准之一。从《民法典》相关规定的立法目的来看，性功能障碍应属于婚前应当如实告知的重大疾病。

而在另一起同样由北京市海淀区审理的刘某与赵某撤销婚姻纠纷案②中，承办法官却认为，根据刘某提交的现有证据，无法证明赵某患有男性功能障碍，即便赵某确实患有男性功能障碍疾病，也不构成《民法典》规定的重大疾病的范畴，从而否认性功能障碍属于重大疾病的范围。由此可见，就同一疾病是否属于重大疾病范围，北京市海淀区人民法院内部出现了明显的适用分歧，导致案件审理全然不同的裁判结果。

由上述典型案例可知，重大疾病可撤销条款在司法适用中出现了明显的差异，不仅表现在不同法院之间，而且在同一法院内部因法官对法律规范的理解和自由裁量不同，亦造成了截然相反的裁定结果。虽然大部分的法院在审判时按照《母婴保健法》的规定遵循“一刀切”式的裁判逻辑，可以在一定程度上统一司法适用，但是也与《民法典》未规定重大疾病类型的初衷有所背离。重大疾病的认定不应被《母婴保健法》的规定所限制，而应以《母婴保健法》第8条所列

① 参见刘小妹：《婚前隐瞒性功能障碍，法院判决撤销婚姻赔偿精神损害》，载《中国妇女报》2021年10月27日，第6版。

② 参见北京市海淀区人民法院民事判决书，(2021)京0108民初25210号。

举的疾病类型作为参考，同时结合该疾病是否对患者及未患病一方的正常生活造成影响、是否会影响到未患病一方当事人的结婚意思表示等综合考量重大疾病的认定，以实现保障婚姻当事人权益、维护婚姻自由的立法目的。

二、家务贡献补偿制度价值的确定

家务贡献补偿制度[①]旨在承认家务劳动的价值，我国立法虽在 2001 年《婚姻法》(修正)中就首次对家务劳动的价值予以积极肯定，但分别财产制的适用前提并不符合我国夫妻普遍实行共同财产制的实际情况，[②]导致这一制度在司法实践中未得到较好适用，背离了其离婚救济的目的。《民法典》实施后改变了这一状况，即在肯定家务劳动价值的立法本意下，《民法典》第 1088 条删除了分别财产制的限制，明确规定，夫妻一方在抚育子女、照料老年人、协助另一方工作等方面负担较多义务的，在离婚时，具有经济补偿的求偿权。该规定加强了对负担较多家庭义务一方权益的保护，同时也细化了家务贡献补偿的具体办法：以当事人自行协商决定为先，协商不成时由法院判决。该规定贯彻了私人事务领域的意思自治原则，使经济地位较弱而承担较多家务劳动的一方，在离婚时享有更多获得经济补偿的可能性。

(一)家务贡献补偿制度的适用现状

早在《民法典·婚姻家庭编》编纂之前，就有众多学者迫切希望家务贡献制度的立法可以有所改良，[③]相较于婚姻立法传统中以分别财产制作为前提，导致家务贡献补偿制度的适用比例相对较低的状况，[④]《民法典》第 1088 条规定则改

---

① 学说中也有称为离婚经济补偿制度，如余延满：《亲属法原论》，法律出版社 2007 年版，第 352 页；杨大文主编：《亲属法与继承法》，法律出版社 2013 年版，第 164 页；陈苇主编：《婚姻家庭继承法学》(第 3 版)，中国政法大学出版社 2018 年版，第 252 页。

② 参见夏吟兰：《民法典离婚家务劳动经济补偿制度完善的人权内涵》，载《人权研究》2020 年第 2 期。

③ 参见王歌雅：《家务贡献补偿：适用冲突与制度反思》，载《求是学刊》2011 年第 5 期；陈苇、于林洋：《论我国离婚经济补偿制度的命运：完善抑或废除》，载《法学》2011 年第 6 期；熊金才：《离婚经济补偿的理论创新与实践突破——以妇女儿童权益保障为视角》，载《汕头大学学报(人文社会科学版)》2013 年第 1 期等。

④ 参见王歌雅在《家务贡献补偿：适用冲突与制度反思》一文中对北京、上海和哈尔滨的三个基层法院进行的调研分析；陈苇、于林洋在《论我国离婚经济补偿制度的命运：完善抑或废除》一文中对重庆市某基层法院进行的调研分析。

变了这一现状，从而使家务贡献补偿制度得到了较好的适用。

1. 热点案例：博士毕业想离婚，妻子要求家务补偿

法信网所公布的家务补偿案例[①]是《民法典》第 1088 条规定司法适用的典型，公布后引发了公众的热烈讨论。林先生与谭女士于 2010 年结婚，2011 年林先生考研读博，2016 年博士毕业。2020 年，林先生向法院起诉离婚。谭女士同意离婚，但她提出，林先生在考研读博的 5 年时间里，自己用婚前积蓄及工资养育女儿、负担家庭日常开支，并承担家庭衣食住行等所有家务劳动，所以请求法院判令女儿由自己抚养，林先生每月支付抚养费；依法分割共同购买的房屋一套及共同存款 15 万元，并给付家务劳动补偿 10 万元。

法院经审理查明，林先生与谭女士于 2010 年登记结婚，2011 年至 2016 年，林先生在职考研读博。夫妻双方目前已分居，女儿随谭女士共同生活。双方工资收入均在 1 万元左右。法院认为，婚姻关系的存续应以夫妻感情为基础，现林先生要求与谭女士离婚，谭女士表示同意，法院予以确认。关于谭女士主张的经济补偿款，法院认为，林先生在与谭女士婚姻存续期间，多半时间在完成个人学业进修，谭女士为抚育女儿、协助林先生工作及读书负担了较多义务，现谭女士主张经济补偿 10 万元，根据林先生因婚姻期间完成学业所获得的自我发展空间、收入水平综合因素考虑，于法有据，予以支持。林先生不服一审判决，提出上诉。二审法院认为，一审法院认定事实清楚，适用法律正确，驳回上诉，维持原判。

这一案例彰显了法官在裁判时，充分把握了家务劳动所创造的价值是无形的这一审判核心，肯定了付出家务的一方在协助另一方工作、抚育子女、照料老人等付出的精力和时间价值，是对《民法典》第 1088 条规定的准确适用，也是对离婚经济补偿立法价值的充分体现。

2. 广东省高级人民法院贯彻实施《民法典》典型案例

梁某乐、李某芳离婚纠纷案作为广东省高级人民法院发布的贯彻实施《民法典》典型案例，[②]也体现了《民法典》第 1088 条规定的司法适用现状。梁某

---

① 参见中国普法微信公众号：《丈夫博士毕业想离婚，妻子要求家务补偿！法院判了》，载法治网 2022 年 3 月 9 日，http://www.legaldaily.com.cn/index/content/2022－03/09/content_8684958.htm。

② 参见《广东法院贯彻实施民法典典型案例（第一批）》，载广东法院网 2021 年 11 月 25 日，http://www.gdcourts.gov.cn/index.php?v=show&id=56343。

乐、李某芳于2017年通过相亲认识，经自由恋爱后于同年11月登记结婚，并于2018年10月生育女儿小欣。双方婚后因生活琐事经常发生矛盾，李某芳于2021年4月带女儿回到母亲家中居住，双方开始分居。梁某乐认为，夫妻双方感情已经破裂，诉至法院，请求判决双方离婚，女儿归梁某乐抚养。在审理过程中，李某芳表示同意离婚，请求法院判决女儿由其抚养，并提出因怀孕和照顾年幼的孩子，其婚后一直没有工作，要求梁某乐向其支付家务补偿款2万元。

法院经审理认为，梁某乐和李某芳经自愿登记结婚并生育女儿，有一定的夫妻感情，但在婚姻关系存续期间，未能相互包容、缺乏理性沟通，导致夫妻感情逐渐变淡。特别是发生争吵后，双方不能正确处理夫妻矛盾，导致分居至今，双方均同意离婚。经法院调解，双方感情确已破裂，没有和好的可能。依照《民法典》第1088条关于家务贡献补偿制度的规定，李某芳在结婚前与母亲一起经营餐饮店，婚后因怀孕和抚育子女负担较多家庭义务未再继续工作而无经济收入，梁某乐应当给予适当补偿。结合双方婚姻关系存续的时间、已分居的时间及梁某乐的收入情况等因素，酌定经济补偿金额，最终法院判决梁某乐一次性支付给李某芳家务补偿款1万元。

上述两个案例并非个例，《民法典》实施以来，家务贡献补偿的价值不断通过《民法典》第1088条规定的司法适用得到确认，[①]家务贡献补偿制度肯定家务价值，保护家庭中弱势一方利益的立法目的得以充分体现。

（二）家务贡献补偿制度的适用落差

虽然家务劳动的价值通过裁判不断得到肯定，家务贡献补偿制度也取得了较为积极的适用效果，但家务劳动的价值不可量化。因此，司法实践中，对家务贡献补偿制度中可求偿的家务范围以及补偿数额的确定尚未形成统一的裁判标准，需要法院根据个案综合裁量。但公众往往将家务劳动补偿数额与社会劳动进行价值对比，并因二者间的偏差认为家务补偿的数额过低，导致了家务贡

① 类似的案例参见：曾某、朵某离婚纠纷案，内蒙古自治区阿拉善左旗人民法院民事判决书，（2021）内2921民初1542号；梁某某、秦某某同居关系析产纠纷案，辽宁省阜新市中级人民法院民事判决书，（2021）辽09民终1927号等。同时在家事调解中，家务贡献补偿制度也得到了较好的适用，参见陈钦祥：《你的劳动有价值！长乐一女子离婚获55万元家务补偿——福州长乐法院适用〈民法典〉新规定首次成功调解一起离婚纠纷案》，载福建法院网2021年7月6日：http://fjfy.chinacourt.gov.cn/article/detail/2021/07/id/6152173.shtml。

献补偿的适用结果与当事人的期待、大众的认可之间存在较大落差。

1. 落差表现:首例家务补偿获赔案

北京市房山区人民法院公布了首例家务劳动补偿获赔案①,自此产生了公众对这一制度司法适用的高度关注。2015 年,陈某某与王某某登记结婚并育有一子。2018 年,双方产生矛盾,并于当年 7 月开始分居。自 2018 年 11 月之后,孩子一直随王某某居住生活。陈某某在 2019 年向法院提起诉讼要求离婚,后撤回起诉。2020 年,陈某某再次提起诉讼要求离婚,法院判决驳回了陈某某的离婚请求。同年 10 月,陈某某又一次向法院提起诉讼,请求法院判决双方离婚。王某某认为,双方夫妻感情尚未破裂,不同意离婚。而且,婚后王某某照顾孩子、料理家务,陈某某除了上班,其他家庭事务几乎不关心也不参与,所以王某某要求分割财产,并赔偿物质损失和精神损失共计 16 万元。

法院经审理后认为,双方的感情符合确已破裂的情形,准予两人离婚,孩子由王某某抚养,陈某某每月给付抚养费 2000 元,享有探望权,共同财产则由双方平均分割;对于王某某的家务贡献补偿要求,考虑到夫妻中负担家庭义务较多的一方,在离婚时有权向另一方请求离婚经济补偿,本案中王某某婚后承担了大部分的照料子女的义务,在离婚时主张家务补偿,应予以支持。因此,在综合考量了双方婚后共同生活的时间长短、女方在家务劳动中具体从事的家务类型及付出情况、男方个人的经济收入和家庭条件及北京当地一般的收入水平与消费支出水平等生活水平因素后,判决陈某某给付王某某家务补偿款 5 万元。

这一案件的判决引发了人们的热烈讨论,法院支持家务补偿的请求已经是司法适用之进步,但公众对此仍有微词。问卷网就此案件发起了投票,69. 19%的受访者认为 5 年的婚姻关系在离婚时家务补偿仅 5 万元,家务补偿的金额过低。甚至有受访者将家务补偿的金额与保姆等家务劳动工作者相比较,认为这样的补偿标准甚至比请小时工还便宜。② 以此案件为例可以看出,家务贡献补偿制度虽通过个案不断适用,但因其数额与公众期待存在较大落差,致使家务贡献补偿的司法适用陷入困境。

---

① 参见曾慧、冯淼:《房山法院适用民法典新规定审结首例离婚家务补偿案件》,载北京法院网 2021 年 2 月 4 日,https://bjgy. chinacourt. gov. cn/article/detail/2021/02/id/5796456. shtml。

② 参见《全职太太离婚获 5 万家务补偿,69. 19% 的受访者认为 5 万家务补偿的金额过低》,载搜狐网 2021 年 2 月 22 日,https://www. sohu. com/a/451961165_100209149。

2. 落差原因：补偿数额与公众期待不符

通过对各地法院公布的离婚经济补偿司法适用典型案例的梳理，如表 1 所示，可以进行较为明晰的适用困境原因分析：

表 1　离婚经济补偿司法适用典型案例梳理

审理法院	请求数额	裁判数额	裁判说理
柳州市柳北区人民法院马某与钟某离婚纠纷案①	25,000 元	25,000 元	被告认可钟某在照顾小孩方面承担了较多义务，故法院对钟某要求马某支付 25,000 元补偿请求予以支持
江门市新会区人民法院梁某乐、李某芳离婚纠纷案②	20,000 元	10,000 元	结合双方婚姻关系存续的时间、分居的时间及梁某乐的收入情况等因素，酌定 10,000 元经济补偿金额
福建省上杭县人民法院廖某与雷某离婚纠纷案③	未明确	20,000 元	雷某因长期在乡下基层工作，对子女抚育照料时间较少，而廖某主要在家抚育子女，对料理家务及抚育两个子女负担较多义务，为雷某工作便利创造条件，廖某在自我发展和工作选择、收入能力等方面作出了一定的牺牲。结合双方婚姻存续时间、当地生活水平以及雷某经济收入等实际情况，酌情认定雷某应向廖某支付离婚家务经济补偿款 20,000 元
重庆市北碚区人民法院杨某某和胡某离婚纠纷案④	未明确	120,000 元	本案中在外务工的胡某并没有提供家庭开支所需，没有尽到夫妻相互扶持的义务，故除了考虑杨某为全职照顾家庭放弃的个人发展机会所造成的经济、社会地位、能力等方面的损失，还应考虑在婚姻存续期间应由胡某所承担的家庭义务。综合考虑 2015 年至 2020 年重庆市农村居民人均年可支配收入，并结合当地生活、教育水平以及胡某的实际经济状况，酌情认定经济补偿金数额为 120,000 元

① 参见《丈夫常年在外不顾家　妻子提家务补偿，法院判了！》，载微信公众号“广西高院”2021 年 7 月 9 日，https://mp.weixin.qq.com/s/4A_3VE2jfvO6pMBnGhsdHQ。

② 参见黄海磊：《江门一全职太太离婚时主张家务补偿获支持》，载《人民法院报》2021 年 7 月 3 日，第 3 版。

③ 参见陈立烽：《家务劳动亦应获得价值认可，福建上杭一家庭主妇离婚获经济补偿 2 万元》，载《人民法院报》2021 年 11 月 18 日，第 3 版。

④ 参见刘洋：《女方全职照顾家庭男方打工却不养家，重庆一全职太太离婚获赔经济补偿金》，载《人民法院报》2021 年 4 月 29 日，第 3 版。

续表

审理法院	请求数额	裁判数额	裁判说理
北京市房山区人民法院陈某某与王某某离婚纠纷案①	与精神损失共160,000元	50,000元	综合考量双方婚后共同生活时间长短、女方在家务劳动中具体从事的家务类型及付出、男方个人的经济收入及当地一般的收入、消费支出等生活水平等因素后,判决陈某某给付王某某家务补偿款50,000元

通过对表1的梳理发现,造成公众对这一法律适用的期待落差的主要原因在于,离婚经济补偿的数额受每个案件的案情影响而有所不同,因此,法院在司法适用中对家务贡献补偿数额的确定遵循了以下规则:首先尊重双方协商;协商不成的,如果要求家务补偿的一方所提出的补偿数额有理有据,法院予以支持;如果要求家务补偿的一方未明确数额或者请求的数额不甚合理,法院在确定数额时会综合考虑婚姻关系的存续期间、申请家务劳动补偿一方在家务劳动中的付出、当地的收入水平、补偿双方的经济差距等进行裁判。② 但这样的适用规则并没有满足公众心中对家务贡献补偿制度的立法期待。

家务贡献补偿制度产生司法适用的困境原因在于,公众将家务贡献补偿的价值确定与雇佣劳动进行对比和评价,认为家务贡献补偿的价值低。但究其本质而言,家务劳动与雇佣劳动具有明显差异:家务劳动发生在婚姻家庭内部,在劳动价值之外更具有利他价值,而雇佣劳动往往只针对劳动本身价值进行确定,因此二者的价值体现不尽相同。但强调家务贡献补偿的利他价值并不会改变这一制度的立法初衷,它承载的制度功能不仅仅是对家务劳动具有社会价值的认同,更是对存在于家务劳动中的人力资本、机会成本价值的认同。③

家务贡献补偿制度的适用困境,也反映了司法实践对家务贡献价值确定的迫切需要。法院应遵循《民法典》第1088条规定,尊重当事人的意思自治,在当事人无法达成一致时,法院的自由裁量也应综合考量如下因素,以确定补偿数额:当事人婚姻存续时间的长短,家务劳动的强度和持续时间,一方给对方提供

① 参见曾慧、冯淼:《房山法院适用民法典新规定审结首例离婚家务补偿案件》,载北京法院网2021年2月4日,https://bjgy.chinacourt.gov.cn/article/detail/2021/02/id/5796456.shtml。

② 参见金眉:《离婚经济补偿的理解与适用研究》,载《江苏社会科学》2021年第4期。

③ 参见金眉:《离婚经济补偿的理解与适用研究》,载《江苏社会科学》2021年第4期。

的帮助，另一方从中获利的情况，双方的财产状况和经济能力，以及当地的经济和社会发展水平，确保在充分承认家务劳动价值的基础上，又能满足公众对离婚经济补偿的司法期待。

三、亲子关系确认制度的思索

亲子关系是亲属关系的核心，它关系到人类延续和文明传承，在社会家庭制度中占据重要位置，[①]判断亲子关系是否成立是亲子关系立法的逻辑起点。[②]《民法典》第1073条新增对亲子关系诉讼的规定："对亲子关系有异议且有正当理由的，父或者母可以向人民法院提起诉讼，请求确认或者否认亲子关系。对亲子关系有异议且有正当理由的，成年子女可以向人民法院提起诉讼，请求确认亲子关系。"该条款与《婚姻家庭编解释(一)》第39条规定[③]共同构建了我国亲子确认制度的保护体系，弥补了我国原有婚姻立法中没有规定婚生子女的推定、否认和非婚生子女认领制度的缺失，满足了实践中有关亲子关系确认和否认案件的审理需求。

(一)亲子关系确认制度适用的演进

司法实践中对于亲子关系确认的需求不在少数，通过亲子关系的确认以期实现家事权益保障。在中国裁判文书网中搜索《民法典》实施以前近十年的亲子关系确认案件共有8000余件，其中涉及离婚抚养费的案件有2400件，精神损害赔偿案件有996件，继承案件有741件。[④]《民法典》实施后，亲子关系确认的诉讼需求依然居高不下，经检索，仅2021年关于亲子关系确认的相关案件就有88件，其中以解除婚姻关系和要求离婚抚养费案件居多。基于司法实践的大量需求，亲子关系的司法适用也在不断演进与完善。

1.《民法典》实施前：证据关联规则

《民法典》实施前，法院对亲子关系的适用依据往往是《婚姻法司法解释

---

① 参见王洪：《婚姻家庭法》，法律出版社2003年版，第217页。

② 参见薛宁兰、谢鸿飞主编：《民法典评注·婚姻家庭编》，中国法制出版社2020年版，第324页。

③ 《婚姻家庭编解释(一)》第39条规定："父或者母向人民法院起诉请求否认亲子关系，并已提供必要证据予以证明，另一方没有相反证据又拒绝做亲子鉴定的，人民法院可以认定否认亲子关系一方的主张成立。父或者母以及成年子女起诉请求确认亲子关系，并提供必要证据予以证明，另一方没有相反证据又拒绝做亲子鉴定的，人民法院可以认定确认亲子关系一方的主张成立。"

④ 本数据的最后访问时间截止为2022年1月11日。

(三)》第2条,其内在裁判逻辑是:在一方提供的证据已经能够明确其关联性时,另一方仍拒绝进行亲子鉴定,则属于怠于抗辩举证和阻碍对方举证、法院查证的行为,其应承担不利后果,法院可以认定亲子关系的存在,以保护非婚生子女及妇女的合法权益,在兼顾身份关系的真实性和法律关系的安定性之间进行衡量[①]。

但是实践中法院往往出现司法适用偏差。以张某某与张某甲确认非亲子关系案[②]为例,一审法院与二审法院认定的依据都是《婚姻法司法解释(三)》第2条规定,但却得出了相反的判决结果,显示出原有亲子关系确认制度的不足,不利于维护法律的权威。

本案中,张某某与被告的母亲王某原系夫妻关系,双方于2013年1月协议离婚。离婚后,2013年5月,王某生育一子,即被告张某甲。张某某向法院提起诉讼,请求确认原被告之间不具有亲子关系。在诉讼过程中,张某某为证实其与被告张某甲系非亲子关系,提供了2014年10月8日与王某的通话录音资料一份,并当庭提出亲子关系鉴定申请,被告张某甲明确表示不同意。

一审法院经审理认为,原告对自己提出的主张,有责任提供证据证实,没有证据或者证据不足以证明当事人的事实主张的,由负有举证责任的当事人承担不利后果。对于张某甲的出生时间为2013年5月7日,双方均予以认可,且原告也自认“离婚时王某已怀上张某甲”这一事实,即被告系王某与原告在婚姻关系存续期间所怀孕,在离婚后所生产的。根据《婚姻法司法解释(三)》第2条规定,原告请求确认与被告之间不存在亲子关系,应提供必要证据予以证明。现原告仅提供其与王某的通话录音资料,显然未达到上述条款所规定的“提供必要证据予以证明”的证明要求。由于该视听资料其证明力较小,无法单独作为认定事实的根据,因此,原告提供的证据不足以证明被告与其不存在法律意义上的亲子关系这一事实主张。故对原告的诉求,法院依法不予支持。

而二审法院认为,根据《婚姻法司法解释(三)》第2条的规定,提出诉讼一方不需提供充分证据,只需有必要证据足以启动亲子鉴定程序,而对方妨碍进

---

① 参见最高人民法院民法典贯彻实施工作领导小组主编:《中华人民共和国民法典婚姻家庭编继承编理解与适用》,人民法院出版社2020年版,第221~224页。

② 参见山东省泰安市泰山区人民法院民事判决书,(2014)泰山少民初字第3号;山东省泰安市中级人民法院民事判决书,(2015)泰少民终字第19号。

行亲子鉴定即可作出推定。本案中，虽然被上诉人张某甲系上诉人张某某与王某婚姻关系存续期间怀孕生产，但是根据上诉人张某某提供的血型检验报告及被上诉人法定代理人王某当庭认可的被上诉人张某甲血型情况来看，不符合一般的血型遗传规律，上诉人张某某的举证已经达到必要证据的要求，在被上诉人法定代理人王某拒绝做亲子鉴定的情况下，应当推定上诉人与被上诉人之间不存在亲子关系。

由同一案件一审、二审法院的不同判决结果看出，虽然在原有司法解释中，基于司法实践的需要规定了亲子关系确认制度，但在司法适用中亲子关系的推定和证据证明在不同法院之间标准并不统一，容易造成裁判分歧。

2.《民法典》实施后：主体权利结合证据关联规则

《民法典》第1073条规定吸取了上述司法实践经验，不再以“拒绝配合进行亲子关系鉴定”作为唯一认定证据，而是从主体权利的角度构建，赋予父母及成年子女可申请确认或否认亲子关系的民事权利，通过结合主体陈述，进而破解司法适用中亲子关系确认的分歧。

通过王某某与王某否认亲子关系纠纷案①，可以清楚地看出《民法典》实施后亲子确认制度司法适用的改善。2012年，王某某与于某登记结婚，在双方婚姻关系存续期间，于2017年生育一女王某。2020年，王某某与于某经调解后离婚。2021年，为维护自己合法权益，王某某诉至法院，请求法院依法确认其与王某之间不存在亲子关系。庭审中，为证实自己与王某之间不存在亲子关系，王某某提交威海华康医学检验所出具的检测报告一份，该报告检验结论为“排除两份样本间存在生物学亲子关系”。王某的法定代理人于某对该检测报告的真实性无异议，且对于王某某与王某之间不存在亲子关系亦予以认可。因威海华康医学检验所出具的检测报告未体现被检验人的基本信息，故在诉讼过程中，王某某再次向本院提交书面鉴定申请，要求对王某某与王某之间是否存在生物学亲子关系进行鉴定。法院依法委托威海华康司法鉴定所对上述项目进行鉴定，因王某母亲不配合相关鉴定，导致鉴定无法进行，虽然诉讼中于某拒绝配合进行亲子关系鉴定，但结合王某某提交的威海华康医学检验所出具的检测报告及王某之母于某的陈述等，法院从主体权利角度结合证据证明综合判断，认定

① 参见山东省威海市环翠区人民法院民事判决书，(2021)鲁1002民初119号。

王某某与王某之间不存在亲子关系。

从亲子关系确认在司法适用中的演进可以看出,《民法典》第 1073 条对亲子关系确认制度的规定,完善了亲子关系确认的推定司法逻辑,解决了之前司法实践中因裁判规则单一而适用不明的困扰,更好地为司法实践指明了方向。

(二)亲子关系确认制度适用中的完善期待

亲子关系确认制度作为司法实践需求推动下的新增条款,虽然回应了司法适用中对于亲子关系确认制度的现实需要,但是具体的适用细节与多年的亲子关系确认审判实践的融合还需进一步磨合,其中较为突出的是亲子关系确认制度诉讼主体的范围过窄的问题。《民法典》第 1073 条严格限定了亲子关系确认制度的适用主体为父母及成年子女,其中为避免成年子女逃避赡养义务,规定成年子女无权提起否认亲子关系诉讼,这一规定限制了司法适用中亲子关系确认主体范围,①与司法实践有所出入。

在《民法典》实施前的司法实践中,部分法院通过裁判确认了利害关系人的亲子关系确认诉讼权利,以蒋某某、付小某确认合同有效纠纷案②为例。蒋某某与付某曾为夫妻,有婚生子付小某。2015 年,二人因感情破裂离婚,离婚时签订居住协议,约定蒋某某可以在付某名下房屋终生居住。2017 年 3 月,付某因病去世,付某的继承人通过亲子鉴定得出付小某与付某不是生物学上的父子关系,因此向法院起诉要求撤销付某与付小某的亲子关系,并解除付某与蒋某某于 2015 年签订的居住协议。法院受理该案并对亲子关系进行了确认,承认了利害关系人的诉讼权利。与此相类似的还有陈某诉罗某监护权纠纷案③,这是我国首例人工生殖子女监护纠纷,法院通过审理认为,原告即案件中人工生殖子女的祖父母存在确认利益,承认了其作为利害关系人的主体资格。

由此可以发现,虽然《民法典》第 1073 条规定对亲子关系确认诉讼的主体资格进行了严格限定,但一味地追求血缘真实,而忽略当事人在常年共同生活

① 参见龙翼飞、冯宇雷:《论亲子关系确认制度的适用困境与解决方式》,载《法律适用》2022 年第 1 期。

② 参见山东省德州市中级人民法院民事判决书,(2020)鲁 14 民终 461 号。

③ 参见上海市中级人民法院民事判决书,(2015)沪一中少民终字第 56 号。

中形成的亲情,极易损坏当事人现存的家庭模式和现实生活利益,[①]这也是司法适用中应避免产生的消极裁判效果。从我国司法实务中对亲子关系确认制度丰富的实践经验积累可知,适当放宽主体资格限制,可以对因亲子关系确认而产生的继承纠纷、抚养纠纷进行更好的综合保护,《民法典》第 1073 条规定的主体适用范围存在扩大的可能性。

四、忠诚协议的参照适用

随着社会伦理观念的趋于开放,财产法规则越来越多地渗透于婚姻家庭领域,"伦理人"与"经济人"之间的界限逐渐模糊。《民法典》根据这一趋势在第 464 条第 2 款规定,婚姻、收养、监护等有关身份关系的协议,适用有关该身份关系的法律规定;没有规定的,可以根据其性质参照适用合同编的规定。该条款的"参照适用"规定,突破了原《合同法》第 2 条第 2 款的限制,允许有关身份关系的协议根据其性质参照适用合同编的规定,打破了原各单行法之间的独立与隔离,增进了法典各编章间的联系性,使有关身份关系协议的案件获得了更全面的立法保护和司法适用。

婚姻、收养、监护等有关身份关系协议的效力问题,是否会因为《民法典》第 464 条"参照适用"合同编的新规定而有所不同,引起了实务界及学术界的高度关注。最高人民法院十分重视该条款的司法适用,并组织了多次司法调研,学界也纷纷对身份关系协议的"参照适用"进行多维度阐述。[②] 忠诚协议作为典型的身份关系协议,能否参照适用《民法典》第 464 条规定,讨论尤为热烈。

(一)忠诚协议司法适用的溯源

忠实是婚姻最基本的要求,也是维持婚姻长久稳定的基础。我国立法始终肯定忠诚对维护婚姻家庭的重要价值,无论是 2001 年《婚姻法》(修正)第 4 条还是《民法典》第 1043 条第 2 款都规定了"夫妻应当互相忠实"。同时,立法还规定了因一方重婚或与他人同居而导致离婚时,无过错方享有损害赔偿请求

---

① 参见最高人民法院民事审判第一庭编著:《最高人民法院婚姻法司法解释(三)理解与适用》,人民法院出版社 2015 年版,第 57 页。

② 参见冉克平:《"身份关系协议"准用〈民法典〉合同编的体系化释论》,载《法制与社会发展》2021 年第 4 期;王雷:《论身份关系协议对民法典合同编的参照适用》,载《法学家》2020 年第 1 期;李然、郑思清:《夫妻忠诚协议审判问题研究》,载《时代法学》2019 年第 3 期等。

权,这一规定巩固了立法对夫妻间忠实的要求。尤其在社会主义核心价值观引领下,忠实与《民法典》第 1043 条第 1 款所规定的家庭美德、家庭文明建设的要求相符合,具有了更鲜明的时代内涵。

忠诚协议是忠实义务的具体表现形式,夫妻双方按照合同规则设立忠实协议,并以违约金的方式使协议得以严守。该协议以身份关系为基础,以忠诚为内容,与单纯财产法上的协议相比具备更多的亲属伦理因素,因此围绕忠诚协议的司法适用产生了诸多困扰。

1. 全国首例忠诚协议案件解析

早在 2002 年,上海市闵行区人民法院就审理了全国首例因违背婚姻忠诚协议而被要求支付高额违约金的案件。[①] 案件当事人自愿约定:如果一方出现婚外性行为等不道德行为,将赔偿无过错方 30 万元。婚后不久,丈夫出轨,妻子因此诉至法院。

本案经过两次审理,争议焦点围绕忠诚义务的定性以及忠诚协议的效力认定展开。一审法院认为,具体的协议使原则性的忠实义务具有了可诉性,本案中忠诚协议系双方当事人自愿签订,并没有违反法律的强制性规定等导致协议无效的情形,因而对忠诚协议的效力予以认定,判决丈夫支付妻子 30 万元的违约金。二审法院则认为,忠实义务为道德义务而非法律义务,夫妻一方以此道德义务作为对价而与另一方订立协议的,不能理解为确定具体民事权利义务协议,最终通过调解,由男方向女方赔礼道歉并赔偿 25 万元结案。

基于这一案件的审理,上海市高级人民法院审判委员会明确了忠诚协议的裁判要求:"当事人以《婚姻法》第 4 条提起诉讼的、签有忠实协议,现以一方违反为由要求协议履行或赔偿的、离婚中以违反忠诚协议要求损害赔偿的案件,人民法院均不予受理。"这一裁判要旨明确了忠诚义务的道德属性以及忠诚协议的效力认定。

2. 忠诚协议司法适用中的差异表现

忠诚协议的司法适用问题在首例案件审理后逐步受到关注,《婚姻法司法解释(一)》第 3 条对此作出明确规定:"当事人仅以婚姻法第四条为依据提起诉

① 参见最高人民法院:《全国首例:丈夫不忠赔妻 25 万元》,载《人民法院报》2003 年 1 月 11 日,第 3 版。

讼的，人民法院不予受理；已经受理的，裁定驳回起诉。”继上海市高级人民法院做出裁判要求后，2019 年江苏省高级人民法院在《家事纠纷案件审理指南》中对忠诚协议的适用问题予以明确：“夫妻是否忠实属于情感道德领域的范畴，双方以此订立的协议应当自觉履行。若因忠诚协议的效力或履行问题起诉的，人民法院不予受理。”由此，司法实务中对忠诚协议形成了较为统一的裁判路径，即法律不禁止夫妻之间签订忠诚协议，但也不赋予此类协议强制执行力，由当事人本着诚信原则自觉履行。依据夫妻忠诚协议要求赔偿或承担违约责任的，法院不予受理。①

在我国司法审判实践中，大部分法院按照上述裁判路径，否定忠诚协议的效力，以高某与张某夫妻财产约定纠纷案②为例。高某与张某于 2012 年自由恋爱后登记结婚，双方婚后感情尚可，后张某与另一女性的婚外情被原告发觉，张某起草“契约”，约定“如因第三者插足而引起的离婚事件，则谁被发现，然负全部责任，后本人所有财产归对方所有，财产内容包括：房产、车产、存款”。2017 年 9 月 29 日，高某、张某均在该“契约”上签字以示遵守。2018 年，张某与第三者在家中发生婚外情行为再次被高某发现。2018 年 2 月 7 日，张某再次向原告书具“承诺书”，承诺自愿赔偿高某人民币 150 万元整，如在 2018 年 2 月 22 日前未赔偿，就将名下所有财产过户给高某。高某诉诸法院，要求张某履行“契约”及“承诺书”的内容。

法院经审理后认为，张某与高某目前处于婚姻存续期间，双方在 2017 年 9 月 29 日签订的“契约”及高某在 2018 年 2 月 7 日签署的“承诺书”系属夫妻忠诚协议范畴，夫妻是否忠诚属于情感道德领域的范畴，应由当事人本着诚实信用原则自觉履行。高某要求被告张某履行相关忠诚协议内容约定的诉求，不属法院受理民事诉讼的范围，所以法院依法裁定驳回原告高某的起诉。

但是也有部分法院认为，忠诚协议的约定没有违反禁止性、效力性规定，肯定了忠诚协议的效力，以陈某某、杨某某离婚纠纷案③为例。杨某某与陈某某系

---

① 参见李然、郑思清：《夫妻忠诚协议审判问题研究》，载《时代法学》2019 年第 3 期。

② 参见江苏省苏州市姑苏区人民法院民事裁定书，（2018）苏 0508 民初 5795 号。

③ 参见广东省中山市第二人民法院民事判决书，（2012）中二法民一初字第 1112 号；广东省中山市中级人民法院民事判决书，（2013）中法民一终字第 71 号；广东省中山市中级人民法院民事判决书，（2016）粤 20 民再 15 号。

夫妻并进行了结婚登记，2006 年 3 月 2 日，杨某某与陈某某双方签订协议一份，约定："陈某某和杨某某双方共同协议如下：从今天起如果任何一方在外面有婚外情行为而引起双方离婚，那么家庭所有财产归另一方所有（包括房、车、现金、银行存款和流动资金），子女也由另一方抚养。此协议一式两份，双方各执一份。"后陈某某有了婚外情，杨某某诉至法院要求离婚并按照协议约定履行。

一审法院肯定了忠诚协议的效力，认定杨某某与陈某某的夫妻共同财产包括债权 40 万元，全部归杨某某所有。[①] 陈某某不服上诉，并认为 2006 年 3 月 2 日的协议无效，原因在于：一是 2001 年《婚姻法》（修正）第 4 条所规定的忠实义务，是一种道德义务，而不是法律义务；二是该协议违背《宪法》第 37 条关于人身自由的规定。

二审法院对于双方签订的忠诚协议的效力仍持肯定态度，[②]其从三个层面展开效力认定说理：

（1）杨某某与陈某某于 2006 年 3 月 2 日签订的上述协议实为夫妻忠诚协议，本质上是一种民事法律行为，可以适用《民法通则》关于民事法律行为制度的规定。《民法通则》第 55 条规定，民事法律行为应当具备以下三个要件方产生法律效力：行为人具有相应的民事行为能力；意思表示真实；不违反法律或者社会公共利益。本案中，杨某某与陈某某均具备完全民事行为能力，签订夫妻忠诚协议为双方真实意思表示，不存在欺诈、胁迫等情形，且夫妻忠诚协议内容不违反法律强制性规定，也不违反社会公序良俗，并且约定的责任承担方式具有可操作性。因此，杨某某与陈某某于 2006 年 3 月 2 日签订的协议应当有效。

（2）陈某某上诉认为，2001 年《婚姻法》（修正）第 4 条所规定的忠实义务，是一种道德义务，而不是法律义务。然而，即使 2001 年《婚姻法》（修正）第 4 条所规定的夫妻忠实义务并非权利义务规范，而是一种倡导性规范，也不妨碍夫妻双方为赋予忠实义务以法律强制力，自愿以民事协议的形式将此道德义务转化为法律义务，只要此种协议不违背法律、行政法规的禁止性规定，不违背公序良俗，法律就应当承认其效力。

（3）陈某某上诉认为，双方于 2006 年 3 月 2 日签订的协议违背《宪法》第

---

① 参见广东省中山市第二人民法院民事判决书，（2012）中二法民一初字第 1112 号。
② 参见广东省中山市中级人民法院民事判决书，（2013）中中法民一终字第 71 号。

37 条关于人身自由的规定。《宪法》第 37 条规定的公民的人身自由不受侵犯，是指公民的人身自由不受强行限制，任何人不得强制限制或剥夺他人的人身自由，但并不意味着公民不能对其人身自由进行必要的处分或利用。事实上，公民对自己的身体享有支配权和处分权，可以根据自己的意愿在法律许可的限度内自由处分自己的人身自由。夫妻忠诚协议正是已婚公民对自己的性自由进行自愿限制和约束的体现，这种限制完全是夫妻双方合意的结果，完全符合婚姻法的原则和精神，符合婚姻法关于忠实义务的规定，符合社会公序良俗，只要缔约过程中不存在欺诈、胁迫等情形，该协议就应当受到法律保护。

所以，二审法院根据杨某某、陈某某双方的陈述和提供的证据查明，陈某某于婚后确实存在婚外情，并因此导致杨某某与陈某某之间产生离婚纠纷，故根据双方于2006 年 3 月 2 日签订的协议，一审法院判令双方之间的夫妻共同财产应全部归杨某某所有并无不妥。

再审法院支持了前两审法院的意见，认为陈某某和杨某某于 2006 年 3 月 2 日签订的协议是双方真实意思表示，不违反法律的强制性规定，亦不违反社会公序良俗，因此协议对双方具有约束力。①

陈某某、杨某某离婚纠纷案对于认定忠诚协议有效的说理较为典型，而这种认定并非个例。② 上述例子表明，虽然司法适用中对忠诚协议有了较为统一的认定裁判逻辑，但是各地法院对忠诚协议的适用裁判标准仍然存在分歧。

（二）参照适用下的忠诚协议司法适用

《民法典》实施后，虽有了“婚姻、收养、监护等有关身份关系的协议……没有规定的，可以根据其性质参照适用本编”的规定，但司法适用中仍倾向于不予认定忠诚协议的效力。在中国裁判文书网以“忠诚协议”“效力”“《民法典》第464 条”作为关键词进行检索，关联案例共有 14 例，其中不予认定忠诚协议效力的案件有 10 例，包含两例因同居关系签订忠诚协议的案件③，认定忠诚协议效

---

① 参见广东省中山市中级人民法院民事判决书，(2016)粤 20 民再 15 号。

② 参见胡某甲与叶某离婚纠纷案，浙江省金华市中级人民法院民事判决书，(2014)浙金民终字第 723 号。

③ 参见易某某、陈某某同居关系析产纠纷案，福建省厦门市思明区人民法院民事判决书，(2021)闽 0203 民初 7032 号；李某某与涂某某排除妨害纠纷案，湖南省石门县人民法院民事判决书，(2021)湘 0726 民初 207 号。在这两份判决书中，法院认定其为无效协议的原因在于：基于同居关系签订的“同居忠诚协议”，因违反法律规定而无效。

力的案件有 2 例，未进行认定的有 2 例。[①]

1. 参照适用下的否定效力裁判

否定忠诚协议的裁判理由仍沿用之前的裁判思路，如陈某等与王某分家析产纠纷案[②]。王某与申某 2 签订房产协议约定，涉及任何一方如违反夫妻忠实义务，则应放弃财产分配，该内容系夫妻间有关忠诚协议约定，后申某 2 违背了忠诚协议，王某诉至法院要求履行该房产协议。法院经审理认为，夫妻是否忠诚实质属于情感道德范畴，夫妻之间订立的忠诚协议，应由当事人本着诚信原则自觉履行，法律并不禁止夫妻之间签订此类协议，但也不赋予此类协议以强制执行力，不能以此作为分割夫妻共同财产或确定子女抚养权归属的依据，从而否定了忠诚协议的法律效力。对于《民法典》第 464 条的"参照适用"规定，在文某、黄某离婚后财产纠纷案[③]中，法院将其解释为排除适用，即"忠诚协议的内容，系以夫妻关系身份为前提，基于夫妻忠诚协议的身份性，虽以合同形式存在，但基于夫妻身份关系而发生，不属于合同编意义上的合同，故不宜纳入合同编财产关系法律规范调整的范围"。

2. 参照适用下的肯定效力裁判

与《民法典》颁布前同（类）案不同判的情况相类似，仍有部分法院肯定忠诚协议的效力，如冯某与曾某离婚后损害责任纠纷案[④]。冯某与曾某于 2009 年 7 月 17 日登记结婚。2015 年 7 月 23 日，曾某向冯某出具一份保证，载明："本人如出轨造成婚姻破裂，愿意净身出户，并赔偿冯某 100 万元整。"后曾某出现婚外情，2018 年 12 月 11 日，冯某和曾某签订离婚协议，约定双方共有房屋归女方所有，并办理离婚登记手续。2019 年 4 月 7 日，曾某向冯某出具一张欠条，欠条载明："本人曾某由于婚内出轨，导致婚姻破裂，于 2019 年 4 月 7 日欠前妻冯某 100 万元整，承诺于 2022 年 4 月 6 日偿还清全部欠款……"后冯某据此请求法院判决曾某支付相应款项。

法院认为，被告与原告离婚后向原告出具欠条，并非被告向原告借款或被告欠原告其他债务，双方签订的保证和欠条，均属于夫妻"忠诚协议"的范畴，而

① 本数据的最后截止时间为 2022 年 1 月 11 日。

② 参见北京市第三中级人民法院民事判决书，(2021) 京 03 民终 8334 号。

③ 参见湖南省郴州市北湖区人民法院民事判决书，(2021) 湘 1002 民初 3617 号。

④ 参见湖南省邵东市人民法院民事判决书，(2021) 湘 0521 民初 3143 号。

夫妻忠诚协议是已婚公民对自己的性自由进行自愿限制和约束的提醒,是夫妻双方合意的结果,符合《民法典》的原则及公序良俗。该协议系双方对忠实义务的量化,没有违反法律的禁止性规定,所以法院对该忠诚协议的效力予以认定。

由上述案例可以看出,忠诚协议的效力认定分歧,在我国裁判实务中已经屡见不鲜,《民法典》第 464 条虽然规定了"参照适用",但这一规定在司法适用过程中仍然存在较大的分歧,并没有解决忠诚协议在司法适用中的困扰。

忠诚协议在裁判过程中面临的困境,实质是金钱与忠诚衡量的问题。在忠诚协议兼具人身与财产的双重属性下,不能单纯用财产法的规制方法予以适用,也不能因为夫妻间的特殊人身关系而忽略了当事人的合意表达。因此,破解忠诚协议的适用困境,关键是对忠诚协议能否参照适用合同编进行解释。忠诚协议系夫妻双方以忠诚为内容的合意表达,夫妻双方的真实意思表示理应得到法律的认可,也应该对夫妻双方产生法律拘束力,因此忠诚协议应当"参照适用"合同编进行效力判断。也就是说,原则上应依据《民法典》第 464 条规定肯定忠诚协议的效力,但在约定内容、后果违背法律强制性规定或公序良俗时,对忠诚协议的效力应予否定。上述解释,既充分发挥了参照适用规定的积极作用,也尊重了忠诚协议人身属性下的伦理性,有利于解决司法适用过程中忠诚协议裁判的分歧。

参考文献

著作

[1]中共中央党史和文献研究院编:《十九大以来重要文献选编》(中),中央文献出版社 2021 年版。

[2]中共中央党史和文献研究院编:《习近平关于注重家庭家教家风建设论述摘编》,中央文献出版社 2021 年版。

[3]魏振瀛主编:《民法》(第 8 版),北京大学出版社、高等教育出版社 2021 年版。

[4]习近平:《论党的宣传思想工作》,中央文献出版社 2020 年版。

[5]房绍坤、范李瑛、张洪波编著:《婚姻家庭继承法》(第 6 版),中国人民大学出版社 2020 年版。

[6]黄薇主编:《中华人民共和国民法典婚姻家庭编释义》,法律出版社 2020 年版。

[7]夏吟兰、龙翼飞、曹思婕、姚邢、郝欣:《中国民法典释评 · 婚姻家庭编》,中国人民大学出版社 2020 年版。

[8]薛宁兰、谢鸿飞主编:《民法典评注 · 婚姻家庭编》,中国法制出版社 2020 年版。

[9]马忆南:《婚姻家庭继承法学》(第 4 版),北京大学出版社 2019 年版。

[10]王歌雅:《社会排挤与女性婚姻家庭权益的法律保障》,黑龙江人民出版社 2019 年版。

[11]王礼仁、何昌林:《夫妻债务的司法认定与立法完善》,人民法院出版社 2019 年版。

[12]陈苇主编:《婚姻家庭继承法学》(第3版),中国政法大学出版社2018年版。

[13]杨大文、龙翼飞主编:《婚姻家庭法》(第7版),中国人民大学出版社2018年版。

[14]王歌雅主编:《性别与法律》,黑龙江大学出版社2018年版。

[15]潘允康:《婚姻家庭社会学》,北京大学出版社2018年版。

[16]杨遂全:《民法婚姻家庭亲属编立法研究》,法律出版社2018年版。

[17]巫昌祯主编:《婚姻与继承法学》(第6版),中国政法大学出版社2017年版。

[18]夏吟兰主编:《婚姻家庭继承法》(第2版),中国政法大学出版社2017年版。

[19]夏吟兰、薛宁兰主编:《民法典之婚姻家庭编立法研究》,北京大学出版社2016年版。

[20]司丹:《亲子关系的体系建构与制度延展》,法律出版社2016年版。

[21]雷明光主编:《中华人民共和国收养法评注》,厦门大学出版社2016年版。

[22]中共中央文献研究室编:《习近平关于全面依法治国论述摘编》,中央文献出版社2015年版。

[23]房绍坤主编:《亲属与继承法》,科学出版社2015年版。

[24]王歌雅主编:《婚姻家庭继承法学》(第2版),中国人民大学出版社2013年版。

[25]王泽鉴:《人格权法》,北京大学出版社2013年版。

[26]杨大文主编:《亲属法与继承法》,法律出版社2013年版。

[27]杨大文主编:《婚姻家庭法》(第5版),中国人民大学出版社2012年版。

[28]曹贤信:《亲属法的伦理性及其限度研究》,群众出版社2012年版。

[29][德]伊曼努尔·康德:《道德形而上学原理》,苗力田译,上海世纪出版集团2012年版。

[30]孟令志、曹诗权、麻昌华:《婚姻家庭与继承法》,北京大学出版社2012年版。

[31]费孝通:《乡土中国·生育制度·乡土重建》,商务印书馆2011年版。

[32][德]迪特尔·施瓦布:《德国家庭法》,王葆莳译,法律出版社2010年版。

[33]胡苷用:《婚姻合伙视野下的夫妻共同财产制度研究》,法律出版社2010年版。

[34][美]大卫·诺克斯、卡洛琳·沙赫特:《情爱关系中的选择——婚姻家庭社会学入门》(第9版),金梓等译,北京大学出版社2009年版。

[35]裴桦:《夫妻共同财产制研究》,法律出版社2009年版。

[36]王歌雅:《中国婚姻伦理嬗变研究》,中国社会科学出版社2008年版。

[37]王歌雅:《中国亲属立法的伦理意蕴与制度延展》,黑龙江大学出版社2008年版。

[38]蒋月主编:《婚姻家庭法》,浙江大学出版社2008年版。

[39]黄春晓:《城市女性社会空间研究》,东南大学出版社2008年版。

[40][法]皮埃尔·勒鲁:《论平等》,王允道译,商务印书馆2007年版。

[41]周安平:《性别与法律》,法律出版社2007年版。

[42]余延满:《亲属法原论》,法律出版社2007年版。

[43]夏吟兰:《离婚自由与限制论》,中国政法大学出版社2007年版。

[44]陈苇主编:《家事法研究》(2005年卷),群众出版社2006年版。

[45]王利明主编:《中国民法典学者建议稿及立法理由·人格权编、婚姻家庭编、继承编》,法律出版社2005年版。

[46]沈奕斐:《被建构的女性——当代社会性别理论》,上海人民出版社2005年版。

[47]王歌雅:《中国现代婚姻家庭立法研究》,黑龙江人民出版社2004年版。

[48]杨晋玲:《夫妻财产制比较研究》,民族出版社2004年版。

[49]王歌雅、贺铁文:《婚姻家庭法论》,黑龙江人民出版社2004年版。

[50]王丽萍:《亲子法研究》,法律出版社2004年版。

[51]李银河:《女性权利的崛起》,文化艺术出版社2003年版。

[52]杨立新:《家事法》,法律出版社2013年版。

[53]王洪:《婚姻家庭法》,法律出版社2003年版。

[54]马忆南:《婚姻家庭法新论》,北京大学出版社2002年版。

[55]丁文、徐泰玲:《当代中国家庭巨变》,山东大学出版社2001年版。

[56]林秀雄:《婚姻家庭法之研究》,中国政法大学出版社2001年版。

[57]林秀雄:《夫妻财产制之研究》,中国政法大学出版社2001年版。

[58]张岂之、陈国庆:《近代伦理思想的变迁》,中华书局2000年版。

[59]谢振民编著:《中华民国立法史》(下册),中国政法大学出版社2000年版。

[60]夏吟兰:《美国现代婚姻家庭制度》,中国政法大学出版社1999年版。

[61]史尚宽:《亲属法论》,中国政法大学出版社2000年版。

[62]张贤钰主编:《婚姻家庭继承法》,法律出版社1999年版。

[63]李银河、马忆南主编:《婚姻法修改论争》,光明日报出版社1999年版。

[64][英]弗雷德里希·奥古斯特·哈耶克:《自由宪章》,杨玉生、冯兴元、陈茅等译,中国社会科学出版社1999年版。

[65]蒋新苗:《比较收养法》,湖南人民出版社1999年版。

[66][美]加里·斯坦利·贝克尔:《家庭论》,王献生、王宇译,商务印书馆1998年版。

[67]王政、杜芳琴主编:《社会性别研究选译》,生活·读书·新知三联书店1998年版。

[68]王泽鉴:《民法学说与判例研究》(第1册),中国政法大学出版社1999年版。

[69][德]孔汉思、库尔舍编:《全球伦理——世界宗教议会宣言》,何光沪译,四川人民出版社1997年版。

[70]陈棋炎、黄宗乐、郭振恭:《民法亲属新论》,三民书局1997年版。

[71]王新建主编:《香港民商法实务与案例》,人民法院出版社1997年版。

[72]杨大文主编:《亲属法》,法律出版社1997年版。

[73]张锡勤:《中国传统道德举要》,黑龙江教育出版社1996年版。

[74][美]丹尼尔·W.布罗姆利:《经济利益与经济制度——公共政策的理论基础》,陈郁、郭宇峰、汪春译,上海三联书店、上海人民出版社1996年版。

[75]谭仁杰:《婚姻经济学》,河南人民出版社1992年版。

[76]杨大文主编:《婚姻法学》,北京大学出版社1991年版。

[77]张贤钰主编:《外国婚姻家庭法资料选编》,复旦大学出版社 1991 年版。

[78]李景禧主编:《台湾亲属法和继承法》,厦门大学出版社 1991 年版。

[79]张俊浩主编:《民法学原理》,中国政法大学出版社 1991 年版。

[80]杨森、江得水、郭阳主编:《实用婚姻法学大全》,中国妇女出版社 1990 年版。

[81]李志敏主编:《比较家庭法》,北京大学出版社 1988 年版。

[82]孙晓编著:《中国婚姻小史》,光明日报出版社 1988 年版。

[83][法]卢梭:《社会契约论》,何兆武译,商务印刷馆 1963 年版。

期刊论文

[1]张力:《〈民法典〉离婚冷静期条款的适用原理:内涵与外延》,载《法治研究》2022 年第 1 期。

[2]龙翼飞、冯宇雷:《论亲子关系确认制度的适用困境与解决方式》,载《法律适用》2022 年第 1 期。

[3]蒋新苗:《中德跨国收养法律冲突的解决路径》,载《国际法研究》2021 年第 3 期。

[4]汪全胜、王新鹏:《论我国未成年人委托照护制度的立法缺陷及其完善》,载《云南师范大学学报(哲学社会科学版)》2021 年第 4 期。

[5]李瀚琰:《未成年人意定监护的前提与解构——兼论监护原则的理想与出路》,载《前沿》2021 年第 3 期。

[6]司丹:《不完全收养在我国〈民法典〉中的制度构建》,载《学术交流》2021 年第 7 期。

[7]刘征峰:《结婚中的缔约过失责任》,载《政法论坛》2021 年第 3 期。

[8]金眉:《离婚经济补偿的理解与适用研究》,载《江苏社会科学》2021 年第 4 期。

[9]冉克平:《"身份关系协议"准用〈民法典〉合同编的体系化释论》,载《法制与社会发展》2021 年第 4 期。

[10]王歌雅:《民法典婚姻家庭编的价值阐释与制度修为》,载《东方法学》2020 年第 4 期。

[11]龙翼飞:《编纂民法典婚姻家庭编的法理思考与立法建议》,载《法制与社会发展》2020年第2期。

[12]孙大伟:《未成年人保护视角下收养主体问题研究》,载《时代法学》2020年第6期。

[13]蒋新苗:《中瑞收养法的差异化与趋同化溯源》,载《时代法学》2020年第3期。

[14]邓丽:《收养法的社会化:从亲子法转向儿童法》,载《法学研究》2020年第6期。

[15]王雷:《论身份关系协议对民法典合同编的参照适用》,载《法学家》2020年第1期。

[16]夏沁:《民法典登记离婚冷静期条款的解释论》,载《法学家》2020年第5期。

[17]夏吟兰:《婚姻家庭编的创新和发展》,载《中国法学》2020年第4期。

[18]蒋月:《准配偶重疾告知义务与无过错方撤销婚姻和赔偿请求权——以〈民法典〉第1053条和第1054条为中心》,载《法治研究》2020年第4期。

[19]徐国栋:《〈中华人民共和国民法典〉应保留〈婚姻法〉禁止一些疾病患者结婚的规定》,载《暨南学报(哲学社会科学版)》2020年第1期。

[20]张学军:《民法典隐瞒"重大疾病"制度解释论》,载《甘肃政法大学学报》2020年第5期。

[21]夏吟兰:《民法典离婚家务劳动经济补偿制度完善的人权内涵》,载《人权研究》2020年第2期。

[22]王歌雅:《〈民法典·婚姻家庭编〉的编纂策略与制度走向》,载《法律科学(西北政法大学学报)》2019年第6期。

[23]陈业宏、向华萍:《我国收养人条件立法的缺陷与矫正》,载《华中师范大学学报(人文社会科学版)》2019年第3期。

[24]蒋新苗:《我国涉外收养关系成立实质要件法律适用规范的重构》,载《时代法学》2019年第6期。

[25]周友军:《我国民法典编纂中收养制度的完善》,载《广东社会科学》2019年第4期。

[26]杨立新、蒋晓华:《对民法典婚姻家庭编草案规定离婚冷静期的立法评

估》,载《河南社会科学》2019 年第 6 期。

[27]李然、郑思清:《夫妻忠诚协议审判问题研究》,载《时代法学》2019 年第 3 期。

[28]刘征峰:《家庭法中的类型法定原则——基于规范与生活事实的分离和整合视角》,载《中外法学》2018 年第 2 期。

[29]夏吟兰:《民法分则婚姻家庭编立法研究》,载《中国法学》2017 年第 3 期。

[30]习近平:《加快建设社会主义法治国家》,载《求是》2015 年第 1 期。

[31]司丹:《探望权:法律审视与制度重构》,载《黑龙江社会科学》2015 年第 5 期。

[32]陈苇、何文骏:《我国离婚救济制度司法实践之实证调查研究——以重庆市某基层人民法院 2010—2012 年被抽样调查的离婚案件为对象》,载《河北法学》2014 年第 7 期。

[33]王歌雅:《离婚财产清算的制度选择与价值追求》,载《法学论坛》2014 年第 4 期。

[34]李洪祥:《离婚妇女婚姻家庭权益司法保障实证研究——以吉林省中等发达地区某基层法院 2010 - 2012 年抽样调查的离婚案件为对象》,载《当代法学》2014 年第 5 期。

[35]王歌雅:《离婚救济的实践隐忧与功能建构》,载《法学杂志》2014 年第 10 期。

[36]王歌雅:《离婚债务清偿:法律规制与伦理关怀》,载《中华女子学院学报》2013 年第 2 期。

[37]徐国栋:《无效与可撤销婚姻中诚信当事人的保护》,载《中国法学》2013 年第 5 期。

[38]熊金才:《离婚经济补偿的理论创新与实践突破——以妇女儿童权益保障为视角》,载《汕头大学学报(人文社会科学版)》2013 年第 1 期。

[39]夏吟兰:《我国夫妻共同债务推定规则之检讨》,载《西南政法大学学报》2011 年第 1 期。

[40]王歌雅、郝峰:《婚姻关系:价值基础与制度建构——兼评〈中华人民共和国婚姻法〉司法解释(三)》,载《法学杂志》2011 年第 12 期。

[41]王歌雅:《离婚救济制度:实践与反思》,载《法学论坛》2011 年第 2 期。

[42]王歌雅:《家务贡献补偿:适用冲突与制度反思》,载《求是学刊》2011 年第 5 期。

[43]陈苇、于林洋:《论我国离婚经济补偿制度的命运:完善抑或废除》,载《法学》2011 年第 6 期。

[44]王歌雅:《性别排挤与农村女性土地承包权益的救济》,载《求是学刊》2010 年第 3 期。

[45]高兆明:《分配正义的两个考察维度》,载《南京师大学报(社会科学版)》2010 年第 1 期。

[46]王歌雅:《经济帮助制度的社会性别分析》,载《法学杂志》2010 年第 7 期。

[47]高兆明:《道德责任:规范维度与美德维度》,载《南京师大学报(社会科学版)》2009 年第 1 期。

[48]王歌雅:《社会排挤与女性婚姻财产权益的救济》,载《学术交流》2008 年第 1 期。

[49]李立如:《朝向子女最佳利益的婚生推定制度》,载《中原财经法学》2004 年第 13 期。

[50]王歌雅:《关于离婚损害赔偿制度的若干思考》,载《求是学刊》2004 年第 4 期。

[51]郭洪波:《对精神损害赔偿法律制度的若干思考》,载《当代法学》2001 年第 2 期。

[52]邱玉梅:《婚约问题探析》,载《法商研究》2000 年第 5 期。

[53]胡春秀:《试论在我国建立惩罚性损害赔偿制度的必要性与可行性》,载《广西政法管理干部学院学报》2000 年第 2 期。

[54]蒋新苗:《现代收养法趋同化取向》,载《湖南师范大学社会科学学报》2000 年第 6 期。

[55]蒋新苗:《收养概念的内涵与外延透析》,载《中央政法管理干部学院学报》1999 年第 4 期。

[56]张学军:《论中国公民收养未成年人成立的形式要件》,载《中国法学》1998 年第 6 期。

[57]罗丽:《日本关于第三者插足引起家庭破裂的损害赔偿的理论与实践》,载《法学评论》1997 年第 3 期。

[58]徐善敏:《解除与维持收养关系之标准初论》,载《法律适用》1994 年第 2 期。

[59]韩松:《婚姻权及其侵权责任初探》,载《法商研究》1993 年第 3 期。

[60]沃格尔、王来今:《马克思主义和社会主义女权理论》,载《现代外国哲学社会科学文摘》1987 年第 5 期。

[61]申秀:《解除收养关系后,对养父母还要尽赡养义务吗?》,载《法学杂志》1984 年第 1 期。

[62]王贞韶:《谈谈收养关系的解除》,载《法学》1984 年第 11 期。

后　记

《中华人民共和国民法典释论》系列丛书，是国家社科基金重大研究专项："社会主义核心价值观融入民法典的理解与适用研究"（20VHJ011）的阶段性研究成果。该系列丛书的出版，既是社会主义核心价值观融入《民法典》的理解与适用的理论探索，也是社会主义核心价值观引领《民法典》的编纂与施行的实践展示。

《中华人民共和国民法典释论》系列丛书在编写过程中，力图深刻领会《民法典》的核心要义与价值主旨、全面展现《民法典》的精神气质与实践追求、系统阐释《民法典》的制度体系与规范逻辑、客观描述《民法典》的编纂进路与司法期待。因为《民法典》在中国特色社会主义法律体系中，既是一部固根本、稳预期、利长远的基础性法律，也是全面依法治国的重要制度载体。习近平总书记指出："民法典实施得好，人民群众权益就会得到法律保障，人与人之间的交往活动就会更加有序，社会就会更加和谐。"①

《中华人民共和国民法典释论》系列丛书的顺利编写，导源于黑龙江大学民法典编纂课题组组长杨震教授的统辖规划与引领推进，厚植于黑龙江大学民法典编纂课题组的智慧付出与成果积淀，得益于黑龙江大学法学院、黑龙江大学民商法学研究中心的云集响应与踊跃输将，仰赖于黑龙江大学民法同道的细心求索和潜力深耕。在此，致敬所有为《中华人民共和国民法典释论》系列丛书倾心助力、孜孜以求的同人！

砥砺奋进，笃行致远。遥望 2012 年 3 月那些春风劲拂、桃花缤纷的夜晚，回望 2012 年 5 月那些微风低吟、丁香盛开的日子，为起草《中华人民共和国继承法》

---

① 中共中央党史和文献研究院编：《十九大以来重要文献选编》（中），中央文献出版社 2021 年版，第 584 页。

（专家建议稿），黑龙江大学民法典编纂课题组在研讨论证、集思广益、思路整合、字斟句酌……杨震、王歌雅、孙毅、申建平、李宏弢、杨振宏、司丹、任江……那些舒展的笑容、生动的面庞、犀利的言语、碰撞的观点、凝练的表达，清晰如昨。

博采众长，匠心独运。2015 年 4 月，又是桃花绽放、丁香四溢的昼夜。为起草《民法典·总则编》（专家建议稿）中民事法律行为和代理两章，为优化民事法律行为和代理的规范表述、制度设计，黑龙江大学民法典编纂课题组在遍阅法典、中西审夺、激扬论辩、唇枪舌剑……杨震、王歌雅、孙毅、申建平、陈彦晶、杨振宏、王睿、王立兵、严诚、杨健、李宏弢、任江、霍原、项定宜、胡东、龚兵、李憣、赵亮、司丹、马千里……那些勤奋的思考、亢奋的表情、严肃的争论、反复的推敲、飞扬的思维，依稀可见。

精诚合作，携手与共。2017 年 6 月至 7 月，在柳絮飞扬、梨花绽放的夏日，为起草《中华人民共和国人格权法》（专家建议稿），黑龙江大学民法典编纂课题组在研讨体例、设计方案、规划日程、逐条审议、精雕细琢、优化表述……杨震、王歌雅、孙毅、申建平、张铁薇、李丹丹、王立兵、杨振宏、李憣、朴顺善、项定宜、龚兵、马千里……那些温煦的表情、和谐的话语、清晰的流程、经典的表述、智慧的启迪，犹在眼前。

在《中华人民共和国民法典释论》系列丛书付梓之际，尤要感谢法律出版社徐非编辑给予的鼎力支持与真诚鼓励！无论是丛书的策划、设计，还是丛书的编校、审核，均凝聚着徐非编辑的热忱与付出；不论是反复的沟通、磋商，还是合同的草拟、签订，均体现出徐非编辑的素养与敬业。

特别感谢黑龙江省教育厅对黑龙江大学民法典编纂课题组的鼎力支持！

感谢所有为《中华人民共和国民法典释论》系列丛书付出心血与热望的人！

感谢所有为黑龙江大学民法典编纂课题组提供支持与帮助的人！

三千星夜兼程，韶华晨露归处！

十年磨一剑，悠韵砺得香！

功崇惟志，业广惟勤！

黑龙江大学民法典编纂课题组

2022 年 5 月 4 日